보정판　　BFL 총서 ⑭

증권 불공정거래의 쟁점(제1권)

보정판

BFL 총서 ⑭

증권 불공정거래의 쟁점(제1권)

정순섭 · 노혁준 편저

小花

▌일러두기

이 책의 논문들은 필자들이 소속된 기관과는 관계없는 개인의 의견임을 밝혀 둔다.

머리말

자본시장은 투자자들의 신뢰와 효율적인 시스템에 터 잡아 성장한다. 이를 좀먹는 증권 불공정거래는 자본시장 참가자들의 공정한 몫을 왜곡하고, 나아가 금융 전반의 경쟁력을 약화시킨다는 점에서 반드시 근절되어야 한다. 증권 불공정거래 규율은 전통적인 금융법 이슈이지만, 금융기법의 고도화에 따라 불공정행위의 수법도 다기하게 전개된다는 점에서 그 중요성이 더욱 커지고 있는 영역이다.

서울대학교 금융법센터에서는 2010년 9월 "자본시장 불공정거래 최근 동향과 법적 쟁점"(BFL 제43호), 2017년 11월 "증권 불공정거래행위의 쟁점"(BFL 제86호)을 특집으로 다루었다. 그 밖에도 다른 BFL 지면을 통하여 증권 불공정거래의 현안들을 수시로 다룬 바 있다. 이번 총서는 이렇듯 BFL 저널에 발표된 논문들을 중심으로 총 19편의 엄선된 글들을 담고 있다.

증권 불공정거래에 관한 이번 총서는 제1·2권 두 권으로 발간되는바, 각 권에 3부씩 합계 6부로 구성되어 있다. 제1부는 총설적 고찰로서 독자들로 하여금 증권 불공정거래의 현황과 규제시스템 전반을 조망할 수 있도록 마련되었다. 제2부는 미공개정보 이용을 다루는 장이다. 단기매매차익 규율에서 출발하여 미공개정보 이용 규제에 관한 자본시장법상 법리를 살펴본 다음, 중요사례를 구체적으로 살펴보는 형태로 구성되어 있다. 제3부는 시세조종과 부정거래행위를 함께 살펴보고 있다. 각 행위의 성립요건과 유형을 먼저 살펴보고 더 복잡한 이슈로서 주가연계증권에 관해 실무상 발생하는 문제점들을 분석하였다.

제2권의 시작인 제4부에서는 시장질서 교란행위와 공매도를 다루었다. 일반적 요건의 설명 이외에 시장질서 교란행위에 관한 조사 및 제재를 별도의 글로 분석하였다. 나아가 제5부는 불공정행위에 대한 민사책임을, 제6부는 그 형사책임을 상세히 다루고 있다. 최근 구체적인 판례가 나오기 시작하는 증권 관련 집단소송에 대하여도 별도의 지면을 할애하였다.

각종 통계에 따르면, 증권 불공정거래에 관한 규제가 강화되기 시작한 2010년대 중반 이후에도 증권 불공정거래의 접수 및 처벌 건수는 수그러들지 않고 있다. 이는 자본시장법에 시장질서 교란행위 등 새로운 위법유형이 추가된 데 따른 것일 수도 있고, 자본시장에서 불공정한 거래로 이익을 취하려는 시도가 여전함을 반영한 것일 수도 있다. 특히 이른바 화이트칼라 범죄인 증권 불공정거래의 경우, 규제에 발맞추어 그 회피방식도 정교해지는 특성이 있다. 법률가 입장에서는 새로운 이론과 실무로 발맞출 필요가 있음을 뜻한다. 이론과 실무를 체계적으로 조화시킨 본 총서가 이러한 수요를 다소나마 충족시킬 수 있기를 희망한다.

각 주제에 대하여 기고해 주신 필자들은 증권 불공정거래 관련 업무를 담당하면서 현업에서 활발하게 활동하고 있는 전문가들이다. 바쁜 일상 중에도 시간을 쪼개어 쉽지 않은 주제를 다루어 주신 필자 분들께 먼저 감사의 뜻을 전한다. 서울대학교 금융법센터의 설립 이래 동 센터와 BFL의 발전에 든든한 버팀목이 되어 주시는 김건식, 박 준, 한기정 교수님 등

전임 센터장님들께도 심심한 사의를 표하고 싶다. 이 책의 출간과정에서 번거로운 일을 도맡아 처리해 준 도서출판 소화의 관계자들과 금융법센터의 이경희 팀장에게도 깊이 감사드린다.

2019년 4월

편저자 정순섭・노혁준

편저자 주

보정판을 내면서 기존서술의 수정은 2024년 초 기준의 법령 업데이트 등 최소한으로 한정하였다. 본격적인 수정은 개정판을 통해 이루어질 예정이다.

차례

제3부 시세조종행위와 부정거래행위

【제2권】

제4부 시장질서 교란행위와 공매도

제1부

총설

01

증권 불공정거래 법제 개관*

정순섭**

I. 서론

자본시장과 금융투자업에 관한 법률(이하 '자본시장법')은 국내 자본시장의 공정성 유지와 투자자의 신뢰성 확보를 위하여 종래의 미공개중요정보 이용행위와 시세조종에 대한 규제와 함께 일반적 부정거래행위 규제를 도입하고 있다. 이 세 유형은 모두 형벌을 실효성 확보수단으로 하고 있어 유연하고 포괄적인 구성요건을 설정할 수 없는 한계가 지적되어 왔다. 이에 따라 자본시장법은 죄형법정주의의 요청을 준수하면서 불공

---

* 이 논문은 BFL 제43호(2010. 9)에 게재된 "불공정거래 법제의 현황과 해석론적 과제"를 수정 · 보완한 것이다. BFL 제43호 게재 논문은 김건식 / 정순섭, 자본시장법(제4판), 박영사, 2023, 제8~10장에 반영되어 있지만, 세부적인 인용은 생략하였음을 밝혀 둔다.

** 서울대학교 법학전문대학원 교수

정거래 규제의 실효성을 높이기 위하여 행정제재인 과징금을 실효성 확보수단으로 하는 새로운 유형의 불공정거래 규제단위를 신설하였다.[1] 이와 함께 최근 자본시장법 개정으로 미공개중요정보이용행위와 시세조종행위 그리고 일반적 부정거래행위에 대해서도 과징금을 부과할 수 있게 되었다(429조의2 1항).

자본시장법상 불공정거래 규제는 과거에 비하여 규제범위와 집행의 실효성 면에서 개선되고 있다는 평가를 받고 있다. 그러나 미공개중요정보 이용행위의 규제방식과 시세조종 관련 규정 중 일부 조항의 적용범위, 특히 자본시장법에 의하여 대폭 강화된 부정거래행위 등에 대해서는 여전히 해석론상 과제가 많이 남아 있는 것도 사실이다. 이 글은 자본시장법 시행 이후 불공정거래행위와 관련하여 제기된 논점 중 다음 3가지에 대하여 간략히 의견을 정리하는 것을 목적으로 한다.

첫째, 자본시장법은 미공개중요정보 이용행위 규제에서 특히 공개매수와 관련한 특칙을 두고 있는데 그 적용범위가 문제 되고 있다.[2] 구체적으로는 공개매수의 대상증권은 의결권 있는 주식이므로 공개매수 관련 미공개중요정보 이용행위특칙의 적용대상에 의결권 없는 주식도 포함되는

---

1) 〔시행 2014. 12. 30.〕〔법률 제12947호, 2014. 12. 30, 일부개정〕. 시장질서 교란행위에 대해서는 아래 『BFL 총서 15 증권 불공정거래의 쟁점(제2권)』의 「제11장 시장질서 교란행위 규제의 의의와 한계」에서 상세히 논의하고 있어 이 글에서는 상세한 논의를 생략한다.

2) 자본시장법상 미공개중요정보 이용행위 규제의 개선과 관련하여 가장 근본적인 논의사항은 현재의 회사관계중심 규제를 정보보유중심 규제로 전환하는 것이라고 생각한다. 회사관계중심 규제는 미공개중요정보 이용행위의 주체를 대상증권 발행회사와의 관계를 중심으로 규제하는 방식이라면, 정보보유중심 규제는 미공개중요정보를 보유한 채 거래하는 행위 자체를 처벌의 대상으로 하는 입장이라고 할 수 있다. 내부자거래라는 용어 자체가 회사와의 일정한 관계를 개념요소로 하고 있다. 현행 자본시장법상으로도 미공개중요정보 이용행위의 주체는 전통적 의미의 내부자에 한정되지 않는다. 이 글에서는 미공개중요정보 이용행위라는 용어를 사용한다. 추후의 연구과제로 한다.

지 여부의 문제이다. 단순한 실무적인 쟁점에 대한 해석문제라고 볼 수도 있을 것이다. 그러나 공개매수 규제와 미공개중요정보 이용행위 규제의 입법목적상 차이를 고려한 자본시장법상 불공정거래행위 법제의 기본원칙을 정하는 사항이라고 생각한다.

둘째, 연계시세조종행위 규제와 관련한 자본시장법 제176조 제4항 제3호의 적용범위와 관련하여 이익목적시장과 시세조종시장이 모두 자본시장법상 '증권시장'이나 '파생상품시장'에 해당해야 한다고 볼 것인지의 문제이다. 이 문제는 이익목적시장과 시세조종시장이 동일한 일반적인 시세조종행위와 이익목적시장과 시세조종시장이 상이한 연계시세조종행위의 규제목적상 차이점을 고려해야 하는 자본시장법상 불공정거래행위 법제의 기본원칙을 정하는 사항이라고 생각한다.

셋째, 자본시장법상 부정거래행위는 부당이득의 '목적성'을 요구하지 않고, 금지행위유형도 '부정한 수단 · 계획 · 기교 등'으로 일반적 · 포괄적으로 규정되어 있다. 자본시장법상 부정거래행위는 미공개중요정보 이용행위나 시세조종과 같은 전통적인 불공정거래 행위유형이 입증의 곤란성, 새로운 유형의 불공정거래행위에 대한 규제의 실효성 등에 문제가 있는 점을 고려하여 새로이 도입한 제도이다. 그러나 자본시장법상 부정거래행위는 일반적 · 포괄적 행위유형으로서 죄형법정주의의 요소인 구체성과 명확성에 위반할 가능성과 자의적 집행에 대한 우려가 남아 있다. 따라서 부정거래행위의 유형과 유형별 적용기준을 사전에 구체적이고 명확하게 규정해 두지 않을 때 위헌 논란은 물론 조문 자체가 사문화될 가능성이 우려된다. 자본시장법상 부정거래행위 규제의 실효성을 확보하기 위하여 부정거래행위의 유형화 및 유형별 적용기준의 정립하는 것은 자본시장법상 불공정거래행위 법제의 기본원칙을 정하는 사항이라고 생각한다.

이 3가지 문제를 논의할 때 공통적으로 발생하는 것은 죄형법정주의의 관점에서 불공정거래행위 규제를 가급적 제한적으로 해석하려는 입장과 자본시장의 신뢰도 유지라는 입법취지를 강조하여 적용범위를 확대하려는 두 입장의 저촉 내지 충돌상황이라고 할 수 있다.

II. 공개매수 관련 미공개중요정보 이용행위 특칙의 적용범위

1. 의의

자본시장법상 미공개중요정보 이용행위 규제의 전통적인 대상정보는 회사의 내부에서 발생한 내부정보라고 할 수 있다. 그러나 공개매수의 실시 또는 중지에 관한 정보는 주가에 미치는 영향이 큰 점을 고려하여 자본시장법은 공개매수자의 내부자가 대상회사 증권을 거래하는 경우도 미공개중요정보 이용행위로 보기 위해 특칙을 두고 있다(제174조 제2항).[3)]

2. 주체

공개매수에 관한 특칙에서 미공개중요정보 이용행위의 주체는 일반적인 미공개중요정보 이용행위의 경우와 동일하다. 다만 일반적인 미공개중요정보 이용행위의 경우에는 내부자가 '해당 법인'에 관련된 자인 데 반하여 공개매수의 경우에는 '공개매수예정자'에 관련된 자라는 점이 다르다. 공개매수예정자는 공개매수를 하려는 자를 말하며(자본시장법 제

3) 자본시장법상 공개매수 관련 미공개중요정보 이용행위 특칙에 관한 일반적인 논의는 김건식 / 정순섭, 자본시장법(제4판), 박영사, 2023, 439-441면 참조.

174조 제2항 단서), 일반적인 미공개중요정보 이용행위의 경우와는 달리 상장법인에 한하지 않는다. 그리고 공개매수예정자 자신도 내부자에 속한다(자본시장법 제174조 제2항 제1호).

그러나 공개매수 예정자가 공개매수 공고 이후에도 상당한 기간 동안 주식 등을 보유하는 등 주식 등에 대한 공개매수의 실시 또는 중지에 관한 미공개정보를 그 주식 등과 관련된 특정증권 등의 매매, 그 밖의 거래에 이용할 의사가 없다고 인정되는 때에는 내부자에 해당하지 않는다(자본시장법 제174조 제2항 단서).[4] 이는 공개매수 예정자가 공개매수의 신고와 공고를 하기 전에 공개매수를 목적으로 대상회사 증권을 거래하는 경우로서 미공개중요정보의 이용목적이 없는 경우를 제외하기 위한 것이다. 따라서 공개매수를 하고자 하는 자가 공개매수의 신고나 공고 전에 미리 공개매수의 준비를 위하여 행하는 이른바 발판매수는 허용되는 것으로 본다. 이때 문제는 장기보유사실, 즉 "상당한 기간 동안 주식 등을 보유하는 등 주식 등에 대한 공개매수의 실시 또는 중지에 관한 미공개정보를 그 주식 등과 관련된 특정증권 등의 매매, 그 밖의 거래에 이용할 의사가 없다고 인정되는 경우"를 판단하는 기준이 될 것이다. 해석상 최소한 공개매수의 종료일까지는 보유해야 할 것이다. 공개매수의 실시 또는 중단이라는 정보는 공개매수가 종료된 시점부터 중요성을 상실한다고 보아야 할 것이기 때문이다. 자본시장법은 공개매수의 종료에 관하여 구체적으로 규정하고 있지 않다. 그리고 공개매수의 종료일을 객관적으로 확인하는 것은 쉽지 않을 것이다. 그러므로 공개매수의 종료일 후 공개매수자가 그 공개매수의 결과에 관한 공개매수 결과보고서를 금융위원회와 거래소에 제출하는 시점까지는 보유해야 할 것을 보는 것이 타당할 것이다(자본

4) 김건식 / 정순섭, 앞의 책(주 3), 439-440면.

시장법 제143조).

다만 다른 투자자가 공개매수 예정자로부터 공개매수의 실시 또는 중단에 관한 정보를 듣고 공개매수 예정자에게 다시 매도할 목적으로 공개매수대상 주식 등을 미리 취득하는 이른바 응원매수는 여전히 금지되는 것으로 해석할 수밖에 없다.

3. 범위

공개매수에 관한 특칙에서 대상증권은 공개매수의 대상인 '주식 등'과 관련된 특정증권 등을 말한다(자본시장법 제174조 제2항). '주식 등'은 공개매수의 대상증권을 말하므로(자본시장법 제133조 제1항) 주권상장법인의 주식과 무관한 증권은 배제된다. 그런데 공개매수는 주로 의결권 있는 주식을 대상으로 추진된다. 따라서 공개매수에 관한 미공개중요정보 이용행위 규제도 의결권 있는 주식만을 대상으로 해야 하는가 하는 의문이 있을 수 있다. 그러나 공개매수의 규제목적과 공개매수에 관한 미공개중요정보 이용행위특칙의 규제목적은 명백히 구별된다. 의결권 없는 주식의 경우에도 정도의 차이는 있겠지만, 공개매수와 관련된 미공개중요정보 이용행위의 폐해가 발생할 수 있다. 따라서 미공개중요정보 이용행위에 관한 공개매수특칙의 적용대상인 주식에는 의결권 있는 주식은 물론 의결권 없는 주식도 포함된다고 해석해야 할 것이다.[5)]

---

5) 김건식 / 정순섭, 앞의 책(주 3), 440-441면.

III. 연계시세조종행위와 '시장'의 개념

1. 의의

'연계시세조종행위'란 이익목적시장과 시세조종시장이 다른 시세조종행위를 가리킨다.[6] 자본시장법은 파생상품과 그 기초자산 사이의 관련을 이용하여 한쪽의 거래에서 부당한 이익을 얻을 목적으로 다른 한쪽을 거래하는 경우를 말하는 현선연계에 의한 시세조종행위[7]는 물론이고, 증권과 증권 사이의 연계에 의한 시세조종행위도 규제대상으로 포함하고 있다(제176조 제4항 제3호). 구체적으로는 첫째, 파생상품 매매에서 부당한 이익을 얻거나 제3자에게 부당한 이익을 얻게 할 목적으로 그 파생상품의 기초자산의 시세를 변동 또는 고정시키는 행위(자본시장법 제174조 제4항 제1호), 둘째 파생상품의 기초자산의 매매에서 부당한 이익을 얻거나 제3자에게 부당한 이익을 얻게 할 목적으로 그 파생상품의 시세를 변동 또는 고정시키는 행위(동법 동조 동항 제2호), 셋째 증권의 매매에서 부당한 이익을 얻거나 제3자에게 부당한 이익을 얻게 할 목적으로 그 증권과 연계된 증권으로서 시행령으로 정하는 증권(연계증권) 또는 그 기초자산의 시세를 변동 또는 고정시키는 행위(동법 동조 동항 제3호), 증권의 기초자산의 매매등에서 부당한 이익을 얻거나 제삼자에게 부당한 이익을 얻게 할 목적으로 그 증권의 시세를 변동 또는 고정시키는 행위(동법 동조 동항

---

6) 여기에서 이익목적시장과 시세조종시장이라고 할 때의 '시장'은 장외파생상품시장이라는 용어에서 시장이라는 표현을 사용하는 것과 동일한 취지에서 사용한 것이다. 반드시 자본시장법상 증권시장이나 파생상품시장이라고 할 때의 시장에 한정되지 않는다. 자본시장법상 시세조종에 관한 일반적인 논의는 김건식 / 정순섭, 앞의 책(주 3), 477-504면 참조.

7) '현선연계'란 과거 파생상품을 '선물' 그리고 그 기초자산을 '현물'이라고 부르던 데에서 기인한 용어로서, 자본시장법상 정확한 용어라고 할 수 없다. 자본시장법상으로는 '파생상품'과 그 '기초자산'이라고 하는 것이 정확하다.

제4호), 파생상품의 매매등에서 부당한 이익을 얻거나 제삼자에게 부당한 이익을 얻게 할 목적으로 그 파생상품과 기초자산이 동일하거나 유사한 파생상품의 시세를 변동 또는 고정시키는 행위(동법 동조 동항 제5호)를 말한다.

2. 이익목적시장과 시세조종시장의 범위

연계거래에 의한 시세조종 규제의 이익목적시장과 시세조종시장은 모두 상장증권시장이나 장내파생상품시장이어야 하는가. 과거 자본시장법 제176조 제4항에서 "누구든지 상장증권 또는 장내파생상품의 매매와 관련하여"라고 규정하고 있는 것과 관련하여 이익목적시장과 시세조종시장이 모두 동법상 '증권시장'(제9조 제13항)이나 '파생상품시장'(동조 제14항)에 해당해야 한다고 보는 견해가 있을 수 있었다.[8)]

2013년 5월 28일 개정에서 자본시장법은 이를 "증권, 파생상품 또는 그 증권 · 파생상품의 기초자산 중 어느 하나가 거래소에 상장되거나 그 밖에 이에 준하는 경우로서 시행령으로 정하는 경우에는 그 증권 또는 파생상품에 관한 매매, 그 밖의 거래(매매 등)와 관련하여"라고 하여 장내외를 불문하는 것으로 확대하였다(제176조 제4항). '그 밖에 이에 준하는 경우로서 시행령으로 정하는 경우'는 거래소가 장내파생상품 매매의 유형 및 품목의 결정에 관한 업무에 따라 그 파생상품을 장내파생상품으로 품목의 결정을 하는 경우를 말한다(영 제206조의2). 따라서 현행법상 연계시세조종행위 규제의 이익목적시장과 시세조종시장은 모두 상장증권시장이나 장내파생상품시장일 필요가 없다.

---

8) 개정 전 자본시장법 제174조 제4항 제3호의 연계거래를 상장증권 간 연계시세조종행위라고 보는 견해로서 임재연, 자본시장법, 박영사, 2010, 808면. 필자는 이익목적시장과 시세조종시장 중 하나가 거래소가 개설한 증권시장이나 파생상품시장에 해당하면 동조의 적용대상이 된다고 해석하였다[김건식 / 정순섭, 자본시장법(제2판), 두성사, 2010, 368-369면].

IV. 부정거래행위제도의 의의와 법적 지위[9)]

1. 부정거래행위의 의의와 기능

(1) 의의

자본시장법은 미공개중요정보 이용행위와 시세조종행위와는 별도로 부정거래행위의 금지에 관한 일반규정을 두고 있다(제178조). 이 규정은 미국 1934년 증권거래소법 제10(b)조와 그에 따른 증권위원회(Securities Exchange Commission. 이하 'SEC') 규칙 제10b-5조와 마찬가지로 상당히 일반적인 내용으로 되어 있지만, 구체적인 조문은 일본의 금융상품거래법 제157조와 제158조를 도입한 것이다.[10)] 그러나 다음과 같은 이유에서 자

---

9) 이하 부정거래행위에 관한 논의는 정순섭, "각국의 부정거래행위 적용실태와 우리나라에 적합한 적용기준 정립방안 연구," 금융감독원 연구용역보고서, 2009. 9를 수정・보완한 것임을 밝혀 둔다.

10) 일본 금융상품거래법 제157조와 제158조는 다음과 같이 규정되어 있다.
제157조(부정행위의 금지) 누구든지 다음 각 호에 해당하는 행위를 하여서는 아니 된다.
1. 유가증권의 매매, 기타 거래 또는 파생상품거래 등에 관하여 부정한 수단, 계획 또는 기교를 사용하는 것
2. 유가증권의 매매, 기타 거래 또는 파생상품거래 등에 관하여 중요한 사항에 대하여 허위의 표시가 있거나 오해를 발생시키지 아니하기 위하여 필요한 중요한 사실의 표시가 누락된 문서, 기타 표시를 사용하여 금전, 기타 재산을 취득하는 것
3. 유가증권의 매매, 기타 거래 또는 파생상품거래 등을 유인할 목적으로 허위의 시세를 이용하는 것

제158조(풍설의 유포, 위계, 폭행, 협박 등의 금지) 누구든지 유가증권의 모집, 매출 또는 매매, 기타 거래 또는 파생상품거래 등을 위하거나 유가증권 등[유가증권 또는 옵션은 파생상품거래와 관련한 금융상품(유가증권은 제외한다) 또는 금융지표를 말한다. 제168조 제1항, 제173조 제1항 및 제197조 제2항에서 같다]의 시세변동을 도모할 목적으로 풍설의 유포, 위계의 사용, 폭행 또는 협박을 하여서는 아니 된다.

본시장법상 부정거래행위의 해석 적용에서 미국 증권거래소법은 구체적인 기준을 제시할 수 없으며, 오히려 일본의 해석론이 도움이 될 것으로 판단된다. 첫째, 미국에서는 규칙 제10b-5조가 미공개중요정보 이용행위 · 시세조종 등에 폭넓게 적용되고 있지만, 자본시장법은 그에 대해 별도의 규정을 마련하고 있다. 둘째, 미국에서 규칙 제10b-5조는 기본적으로 사기(fraud)에 해당하는지 여부(이론적 근거는 별론으로 하고)[11]를 기준으로 그 적용범위를 정하고 있지만, 부정거래행위 중 특히 '부정한 수단 · 계획 · 기교'(자본시장법 제178조 제1항 제1호)는 사기와는 무관한 규정으로 구성되어 있다. 자본시장법상 일반적 사기금지조항은 '위계 사용'(동법 동조 제2항)으로 규정되어 있다.

자본시장법상 부정거래행위는 금융투자상품의 매매, 그 밖의 거래와 관련하여 일정한 부정행위를 금지하는 것(제178조 제1항)과 금융투자상품의 매매 또는 시세변동을 목적으로 위계의 사용 등의 행위를 금지하는 것(동조 제2항)의 두 부분으로 구성된다. 이들을 광의의 부정거래행위로 볼 수 있지만, 주관적 요건으로서의 목적요건을 포함하고 있는지 여부에 따라 구별할 수 있다.

(2) 제도적 기능

1) 일반적 · 포괄적 부정거래행위 개념의 필요성

자본시장법상 불공정거래행위는 형법상 사기죄 등으로 처벌할 수 있는

---

11) 미국 증권법상 반사기조항의 이론적 근거에 대해서는 특히 미공개중요정보 이용행위의 규제 근거와 관련하여 정보평등 이론(the equal access or parity of information theory), 신인의무 이론(the fiduciary duty theory), 부정유용 이론(the misappropriation theory) 등 3가지가 주장되어 왔다. 간단한 설명으로는 김건식 / 정순섭, 앞의 책(주 3), 407-410면.

행위도 포함하고 있으므로 양자의 경합은 어느 정도 불가피한 면이 있다. 오히려 자본시장법상 불공정거래행위는 자본시장에서의 거래의 복잡성과 발전 속도 등에 비추어 일반 형사법에서 요구하는 요건과 절차를 충족하기 어렵다는 규제기술상 필요에 따라 특별히 규정된 것으로 이해할 수 있다. 자본시장법상 불공정거래행위 자체도 이러한 규제기술상 필요에 따라 일반적 · 포괄적 금융행위유형을 설정하는 방향으로 발전하고 있다.[12)]

종래 자본시장 관련법상 미공개중요정보 이용행위나 시세조종은 첫째 전형적인 행위유형으로서 새로이 등장하는 유형의 불공정거래에 대처할 수 없었고, 둘째 대상상품이 한정적으로 열거되어 적용범위에 제한이 있으며, 셋째 그 요건 특히 주관적 요건의 엄격한 해석과 적용을 통하여 불공정행위규제의 실효성 확보에 한계가 있다는 지적을 받아 왔다.[13)]

이러한 점을 고려하여 자본시장법은 첫째 불공정거래 규제의 적용대상상품을 포괄적인 금융투자상품 개념을 활용하여 확대하고, 둘째 일반적 · 포괄적 금지행위유형으로서 부정거래행위를 새로이 도입하였다(제178조 제1항 제1호). 이러한 관점은 미공개중요정보 이용행위와 시세조종 그리고 부정거래행위의 관계를 정립할 때 고려되어야 할 사항으로 생각된다.[14)]

---

12) 이러한 현상은 원칙중심규제의 적용과 함께 영국 등 주요 금융국가의 경우에도 공통적으로 지적되고 있는 현실이다[Edward J. Swan / John Virgo, Market Abuse Regulation (3rd ed.), Oxford University Press, pp.3-5, pp.13-14 (2019)].

13) 특히 형사적 제재의 효력 확보라는 관점에서 우리 자본시장법상 미공개중요정보 이용행위 규제의 한계와 대안을 검토한 것으로, 박순철, "미공개중요정보 이용행위의 규제에 관한 연구 : 형사적 제재의 실효성 확보를 중심으로," 성균관대학교 법학박사학위 논문, 2010이 있다.

14) 그러나 이러한 문제를 해결하는 방안이 반드시 일반적 추상적인 부정거래행위 개념을 도입하는 것만은 아니다. 오히려 미국과 일본을 제외한 대부분의 국가는 미공개중요정보 이용행위와 시세조종의 개념을 일반화하는 방향으로 대안이 제시되고 있다고 할 수 있다.

2) 부정거래행위와 죄형법정주의

부정거래행위 중 자본시장법에서 새로이 도입하고 있는 '부정한 수단 · 계획 · 기교'(객관적 · 추상적 부정거래행위. 제178조 제1항 제1호)에 대해서는 그 구성요건이 지나치게 포괄적이어서 죄형법정주의에 반한다는 주장이 제기될 수 있다. 자본시장법상 불공정거래 특히 부정거래행위 규정의 적절성에 관한 판단에서는 '자본시장의 신뢰성 및 효율성 확보'와 '투자자의 보호'라는 규제목적이 가지는 제도적 기능을 충분히 고려해야 할 것으로 생각된다. 현대적인 경제활동 특히 국내시장에서 자본시장이 차지하는 역할을 고려할 때 자본시장 기능의 효율성과 신뢰성은 개인의 권리 보호에 준하는 중요한 가치로 인식될 필요가 있다.[15] 대법원도 시세조종행위와 부정거래행위 등의 금지를 규정하고 있는 자본시장법 제176조와 제178조의 보호법익은 주식 등 거래의 공정성 및 유통의 원활성 확보라는 사회적 법익이고 주식 소유자 등 개개인의 재산적 법익은 직접적인 보호법익이 아니라고 판단하고 있다(대법원 2011. 10. 27. 선고 2011도8109 판결).

이 글에서 제안하는 바와 같이 추상적 부정거래행위도 일정한 규제목적 아래 일정한 요건을 갖춘 경우에만 적용되는 행위유형으로서 예측 가능성을 확보할 수 있을 정도의 구체성과 명확성을 갖추고 있는 것으로 판단된다. 자본시장법상 객관적 · 추상적 부정거래행위의 입법모델인 일본 구 증권거래법 제58조 제1호의 '부정한 수단 · 계획 · 기교'에 대해 일본

---

15) 영국에서의 논의를 간략히 소개하면 다음과 같다.
(i) 금융시장의 신뢰도는 영국 경제에 핵심적이다 → (ii) 금융시장은 개인은 물론 영국 경제에도 이윤과 중대한 위험을 향한 중요한 기회를 제공할 수 있다 → (iii) 금융시장에 참여하는 것은 권리(right)가 아니라 특권(privilege)이다 → (iv) 그러한 특권을 얻기 위하여 참가자들은 다른 참가자들과 협력하여 일정한 의무를 이행할 의사가 있어야 한다 → (v) 주된 의무는 시장 참가자들이 시장의 공정하고 효율적인 운영을 저해하지 않고 사무를 처리하거나 투자자의 이해를 불공정하게 침해해서는 아니 된다는 것이다[Swan / Virgo, 앞의 책(주 12), p.9].

최고재판소는 "'부정한 수단'이란 유가증권의 거래에 한정하여, 그에 관하여 사회통념상 부정하다고 인정되는 모든 수단을 말하는 것이고, 문리상 그 의미는 명확하며 그 자체로서 범죄의 구성요건을 명백히 하고 있다고 인정된다"고 판시한 바 있다.[16)]

하급심 판례 중에는 죄형법정주의와 충돌할 우려가 있으므로 "자본시장법 제178조 제1항 제1호를 적용함에 있어서는, 자본시장법의 목적(제1조)에 유념하면서, 같은 항 제2호, 제3호 및 같은 조 제2항을 통하여 보다 구체화된 부정거래행위의 내용, 그 밖에 당해 행위의 불법성 정도가 다른 규정을 통하여 처벌하더라도 자본시장법의 목적 달성에 지장을 초래하지 않는지 등을 종합적으로 고려하여 죄형법정주의와 최대한 조화를 이룰 수 있도록 신중을 기함이 옳다"고 판시한 것이 있다(서울고등법원 2011. 6. 9. 선고 2010노3160 판결).[17)]

---

16) 최고재판소 1965. 5. 25. 제3소법정 결정. 본건은 피고인이 무가치에 가까운 A사의 주식에 흡사 시장성이 있는 것처럼 보이기 위해, A사의 주식 2,000주에 관하여 권리 이전을 목적으로 하지 않는 위장의 거래를 했다고 하여 증권거래법 제58조 제1호에 위반하게 된 사건이다. 증권거래법 제58조 제1호의 부정한 수단의 의의가 문제 된 사안으로서 현행 관련 조문은 금융상품거래법 제157조 제1호 및 제197조 제1항 제5호이다. 일본에서 '부정한 수단'의 의의가 문제 된 유일한 형사판결로서 매우 중요한 의의를 가지는 판결이다. 원심(도쿄고등재판소 1963. 7. 10)은 "증권거래법 제58조 제1호에서 규정하는 '부정한 수단'이란 그 의미내용이 막연하므로 헌법 제31조에 위반하는 무효인 규정이라고 판시하였다. 이에 대하여 최고재판소는 다음과 같은 이유에서 원심의 위헌 주장을 부인하였다. "동조의 '부정한 수단'이란 유가증권의 거래에 한정하여, 그에 관하여 사회통념상 부정하다고 인정되는 모든 수단을 말하는 것이고, 문리상 그 의미는 명확하며 그 자체로서 범죄의 구성요건을 명백히 하고 있다고 인정된다. 제1심 판결이 확정한 사실에 따르면 본건은 피고인이 무가치인 주권에 위장가치를 부여하기 위해 증권회사의 외무원 2명과 공모하여 동인들이 판시회사의 주식에 관하여 권리의 이전을 목적으로 하지 않는 가장의 매매를 하게 한 것이고 이러한 행위가 증권거래법 제58조 제1호의 이른바 '부정한 수단'에 해당한다는 것은 명백하다"고 하였다.

17) 대법원 2011. 10. 27. 선고 2011도8109로 확정. 같은 취지: 서울고법 2019. 10. 8. 선고 2018노752 판결.

2. 부정거래행위의 유형화와 유형별 적용기준

(1) 의의

자본시장법상 부정거래행위의 유형화 및 유형별 적용기준을 정리한다. 첫째 특정한 대상거래가 자본시장법상 불공정거래 규제 위반행위에 해당하고, 미공개정보 이용행위나 시세조종에 해당하지 않는 경우에 부정거래행위에 해당하는지 여부, 둘째 자본시장법상 불공정거래행위로서의 미공개정보 이용행위나 시세조종에 해당하는 경우에 부정거래행위에 해당한다고 볼 것인지 여부의 2가지로 정리할 수 있다. 이는 특히 미공개정보 이용행위나 시세조종에 대한 부정거래행위 규정의 보충성을 부정하는 경우에 문제 된다. 여기에서 필요한 판단사항은 대상행위가 자본시장법상 부정거래행위 중 주관적 부정거래행위와 객관적 부정거래행위에 해당하는지 여부이고, 판단기준은 자본시장법상 부정거래행위의 주관적 요건과 행위유형 특징이라고 할 수 있다.

(2) 부정거래행위의 유형화

1) 의의

자본시장법상 부정거래행위는 행위내용별로 (i) 위계 사용(제178조 제2항), (ii) 풍문 유포(동조 제2항), (iii) 폭행 또는 협박(동조 제2항), (iv) 부실 기재 등(동조 제1항 제2호), (v) 허위시세 이용(동조 제1항 제3호), (vi) 부정한 수단 · 계획 · 기교(동조 제1항 제1호)의 6가지로 유형화할 수 있다. 이 6가지 행위유형 중 추상적 행위유형으로서 적용범위와 순서가 구체적으로 문제 될 수 있는 것은 (i) 위계 사용과 (vi) 부정한 수단 · 계획 · 기교라고 판단된다. 이하 이 장에서의 논의는 (i) 위계 사용과 (vi) 부정한 수단·계획·기교를 중심으로 그 적용범위와 적용순서를 대상으로 한다.

2) 주관적 부정거래행위와 객관적 부정거래행위의 구별

① 의의

자본시장법상 부정거래행위는 주관적 요건의 유무를 기준으로 뒤 '〈표 1〉 자본시장법상 부정거래행위 개념도'에서 보는 바와 같이 주관적 부정거래행위와 객관적 부정거래행위로 구분할 수 있다. 주관적 부정거래행위는 목적요건과 같은 주관적 요건을 요하는 것으로서 다음과 같이 구분할 수 있다.

○ 금융투자상품 거래목적 또는 시세변동목적
  - "금융투자상품거래의 매매, 그 밖의 거래를 할 목적이나 시세변동을 도모할 목적"
  - (i) 위계 사용(제178조 제2항), (ii) 풍문 유포(동조 제2항), (iii) 폭행 또는 협박(동조 제2항)
○ 재산상 이익
  - "재산상 이익을 얻고자 하는"
  - (iv) 부실 기재 등(제178조 제1항 제2호)
○ 금융투자상품 거래목적
  - "금융투자상품의 매매, 그 밖의 거래를 유인할 목적"
  - (v) 허위시세 이용(제178조 제1항 제3호).

객관적 부정거래행위는 목적요건과 같은 주관적 요건을 요하지 않고 행위의 객관적 사정을 고려하여 부정성을 정하는 것으로서 (vi) 부정한 수단 · 계획 · 기교(제178조 제1항 제1호)를 말한다. 부정거래 행위자의 주관적 요건을 요하지 않는 점에서 객관적 부정거래행위가 주관적 부정거래행위의 보충적 개념으로 생각된다.

② '위계 사용'과 '부정한 수단 · 계획 · 기교'

(i) 의의

주관적 · 추상적 부정거래행위로서의 위계 사용(자본시장법 제178조 제2항)과 객관적 · 추상적 부정거래행위로서의 부정한 수단 · 계획 · 기교(동법 동조 제1항 제1호)의 관계에 대해서는 명확히 정리해 둘 필요가 있다. 구 증권거래법상 위계 사용(제188조의4 제1항)의 해석과 관련하여 대법원은 "거래 상대방이나 불특정 투자자를 기망하여 일정한 행위를 유인할 목적의 수단, 계획, 기교 등"이라고 판단한 바 있다(대법원 2008. 5. 15. 선고 2007도11145 판결).

이러한 해석은 주관적 요건으로서의 목적요건과 기망이라는 행위요소를 포함하고 있는 점에서 자본시장법상 위계 사용의 요건과 기본적으로 동일한 것으로 해석되어야 할 것이다. 자본시장법상 객관적 부정거래행위로서의 부정한 수단 · 계획 · 기교는 주관적 요건으로서의 목적요건과 기망이라는 행위요소를 요건으로 하지 않는 점에서 주관적 · 추상적 부정거래행위로서의 위계 사용과는 명확히 구별된다. 이렇게 해석하는 것이 자본시장법상 종래의 주관적 · 추상적 부정거래행위로서의 위계 사용을 그대로 두면서 객관적 부정거래행위를 추가적으로 도입한 입법자의 의도라고 생각한다.

(ii) 부정성의 의미

객관적 · 추상적 부정거래행위로서의 부정한 수단 · 계획 · 기교(자본시장법 제178조 제1항 제1호)에서 '부정성'의 의미를 확정할 필요가 있다. 이에

〈표 1〉 자본시장법상 부정거래행위 개념도

부정거래행위						
유형	주관적부정거래					객관적부정행위
세부유형	위계 사용	풍문 유포	폭행 또는 협박	부실 기재 등	허위시세 이용	부정한 수단 · 계획 · 기교
목적요건	– 금융투자상품 거래목적 – 시세변동목적			– 재산상 이익목적	– 금융투자상품 거래유인 목적	– 없음
행위유형	추상적	구체적				추상적
행위내용	– 위계의 사용	– 풍문의 유포	– 폭행 – 협박	– 허위 기재 또는 표시 – 기재 또는 표시 누락 – 기타 기재 또는 표시	– 허위의 시세 이용	– 부정한수단** – 부정한계획** – 부정한기교**
유형	추상적부정거래	구체적부정거래				추상적부정거래
	* 위계 : "거래 상대방이나 불특정 투자자를 기망하여 일정한 행위를 유인할 목적의 수단, 계획, 기교 등" (대법원 2008. 5. 15. 선고2007도11145 판결)					** "기망의 요소가 없는 일반적인 사회통념 위반행위"

대하여 일본의 판례와 학설을 정리하면 다음과 같다.[18)]

첫째, 사기적 행위로 보는 입장이다. 도쿄고등재판소 1963. 7. 10.은 구 증권거래법 제58조 제1호(금융상품거래법 제157조 제1호에 해당)에 규정된 '부정한 수단'에 대하여 "유가증권의 매매, 그 밖의 거래에 관하여 사기적 행위 즉 사람을 착오에 빠지게 함으로써 자기 또는 타인의 이익을 도모하고자 하는 것"이라고 하였다. 학설 중에는 제157조 제2호와 제3호에서 구체적으로 규정된 행위가 모두 사기적인 것임에 비추어 보면 제1호의 부정한 수단도 고등재판소 판결과 마찬가지로 사기적 행위로 취급하는 것이 옳다고 하여 고등재판소 판결을 지지하는 견해가 있다.[19)]

둘째, 사회통념상 부정하다고 인정되는 모든 수단을 의미한다고 보는 입장이다. 최고재판소 1965. 5. 25.는 동 규정상 '부정한 수단'은 "유가증권의 거래에 한정하여 그에 관하여 사회통념상 부정하다고 인정되는 모든 수단"을 말한다고 판시하였다. 학설 중에는 반드시 사기적 행위로 한정할 근거는 없고 제157조는 부정거래 일반을 대상으로 하는 것이라고 이해하여 최고재판소 판결을 지지하는 견해도 있다.[20)]

자본시장법의 해석론으로도 첫째 대법원에서는 구 증권거래법상의 위계에 대하여 기망과 유인목적을 요건으로 하는 일반적인 사기적 부정거래로 이해하고 있는 점(거래 상대방이나 불특정 투자자를 기망하여 일정한 행위를 유인할 목적의 수단 · 계획 · 기교 등), 둘째 자본시장법상 종래의 위계 개념을 그대로 유지하면서 기망과 유인목적을 요건으로 하지 않는 객

---

18) 일본의 학설과 판례를 정리한 것으로는 竝木和夫, "不正な證券取引の禁止：證券取引法一五七條一號(舊五八條一號)の意義と展開," 法學硏究 第73卷 第12號(2000), 43-49頁.

19) 龍田節, "證券取引法58條1號にいう「不正の手段」の意義," 竹內昭夫 編, 新證券 · 商品判例百選, 1988, 1459頁.

20) 近藤光男 / 吉原和志 / 黑沼悅郞, 金融商品取引法入門(第3版), 商事法務, 2013, 3519頁.

관적 부정거래행위를 추가적으로 도입한 것으로 이해하는 것이 논리적인 점을 고려할 때 사기와의 관계를 단절하고 사회통념에 반한다는 의미의 일반적인 부정으로 이해하는 것이 타당할 것으로 판단된다. 이에 대하여 대법원은 금융투자상품의 매매, 그 밖의 거래와 관련하여 사회통념상 부정하다고 인정되는 일체의 수단ㆍ계획 또는 기교를 일반적ㆍ포괄적으로 금지한 것이라고 판시하였다(대법원 2011. 10. 27. 선고 2011도8109 판결, 대법원 2014. 1. 16. 선고 2013도9933 판결, 대법원 2015. 4. 9.자 2013마1052 결정 및 대법원 2017. 12. 22. 선고 2017도12649 판결). 나아가 "어떠한 행위를 부정하다고 할지는 그 행위가 법령 등에서 금지된 것인지, 다른 투자자들로 하여금 잘못된 판단을 하게 함으로써 공정한 경쟁을 해치고 선의의 투자자에게 손해를 전가하여 자본시장의 공정성ㆍ신뢰성 및 효율성을 해칠 위험이 있는지를 고려해야 한다"고 한다(대법원 2018. 4. 12. 선고 2013도6962 판결).

(iii) 부정성의 정도

부정거래행위로 처벌하기 위해 요구되는 부정성의 정도에 대한 기준이 필요할 것이다. 대법원은 부정성의 판단기준으로 "그 행위가 법령 등에서 금지된 것인지, 다른 투자자들로 하여금 잘못된 판단을 하게 함으로써 공정한 경쟁을 해치고 선의의 투자자에게 손해를 전가하여 자본시장의 공정성, 신뢰성 및 효율성을 해칠 위험이 있는지를 고려해야 한다"고 한다(대법원 2018. 4. 12. 선고 2013도6962 판결). 자본시장법 제443조에서 미공개중요정보 이용행위(제174조), 시세조종(제176조), 부정거래행위(제178조)에 대하여 동일한 형량을 규정하고 있는 점을 고려할 때 최소한 미공개중요정보 이용행위나 시세조종 및 주관적 부정거래행위(제178조 제1항 제2호 및 제3호, 제178조 제2항)에 요구되는 것과 동일한 정도의 악질성을 요한다고 판단된다.

(iv) 구체적 부정거래행위와 추상적 부정거래행위의 구별

자본시장법상 부정거래행위는 행위유형요건의 구체성을 기준으로 구체적 부정거래행위와 추상적 부정거래행위로 구분할 수 있다. 부정거래행위자의 주관적 요건을 요하지 않고 객관적 사정을 기초로 행위의 부정성을 판단하는 객관적 부정거래행위에는 구체적 부정거래행위가 포함되어 있지 않다. 자본시장법상 부정거래행위 중 (i) 위계 사용(제178조 제2항)과 (vi) 부정한 수단·계획·기교(동조 제1항 제1호)는 추상적인 행위유형으로서 추상적 부정거래행위로 유형화할 수 있다. 다음으로 (ii) 풍문 유포(제178조 제2항), (iii) 폭행 또는 협박(동조 동항), (iv) 부실 기재 등(동조 제1항 제2호), (v) 허위시세 이용(동조 동항 제3호)은 구체적인 행위유형을 요건으로 하는 것으로서 구체적 부정거래행위로 유형화할 수 있다.

3. 유형별 적용기준

(1) 의의

자본시장법상 부정거래행위를 추상적 부정거래행위와 구체적 부정거래행위, 그리고 주관적 부정거래행위와 객관적 부정거래행위로 구별할 경우 적용기준이 정의되어야 한다. 여기에서 말하는 적용기준은 유형별 적용순서와 유형별 적용범위를 말한다. '유형별 적용순서'는 부정거래행위의 각 유형에 대하여 각각 어느 유형에의 해당 여부를 우선적으로 판단할 것인지의 적용기준을 말한다. '유형별 적용범위'는 적용순서가 확정된 후 유형별로 적용대상이 될 행위의 구체적인 유형을 정하는 적용기준을 말한다. 효율적인 적용실무를 위해서는 적용순서를 확정한 후 유형별 적용범위를 정하는 것이 타당하다고 생각된다.

(2) 유형별 적용순서

자본시장법상 부정거래행위의 각 유형별 적용순서는 '주관적 유형 우선, 구체적 유형 우선의 원칙'에 따라 정하는 것이 타당할 것으로 생각된다.

1차적으로 주관적 부정거래행위에 해당하는지 여부를 판단한다. 여기에서 주관적 부정거래행위는 목적요건을 요하는 점에서 객관적 부정거래행위보다 우선 적용하는 것이 타당하다. 목적요건은 금융투자상품 거래목적 또는 시세변동목적, 재산상 이익목적, 금융투자상품 거래유인목적을 말한다.

주관적 부정거래행위에 해당할 경우 2차적으로 구체적 부정거래행위에 해당하는지 여부를 판단한다. 여기에서 구체적 부정거래행위는 구체적 행위유형을 요건으로 하는 점에서 추상적 부정거래행위보다 우선 적용하는 것이 타당하다. 구체적 부정거래행위는 구체적 행위유형과 목적요건의 내용을 고려하여 각각 (ii) 풍문 유포(제178조 제2항), (iii) 폭행 또는 협박(동조 제2항), (iv) 부실 기재 등(동조 제1항 제2호), (v) 허위시세 이용(동조 제1항 제3호)에 해당 여부를 판단한다. 주관적 · 구체적 부정거래행위에 해당하지 않을 경우 주관적 · 추상적 부정거래행위인 위계 사용에 해당하는지 여부를 판단한다.

주관적 부정거래행위에 해당하지 않을 경우 3차적으로 객관적 부정거래행위에 해당하는지 여부를 판단한다. 주로 주관적 · 추상적 부정거래행위로서의 위계 사용의 주관적 요건인 금융투자상품 거래목적 또는 시세변동목적이나 행위유형요건인 위계의 내용인 기망의 요소를 갖추지 못한 때 주로 문제 될 것이다.

결과적으로 자본시장법상 부정거래행위의 유형별 적용순서는 (i) 주관적 부정거래행위, (ii) 주관적 · 구체적 부정거래행위, (iii) 주관적 · 추상적 부정거래행위, (iv) 객관적 부정거래행위의 순서가 된다. 대법원 판례 중에는 제178조 제1항 제1호의 부정한 수단 등의 사용과 동조 제2항의 위계의 사용을 함께 적용한 사례(대법원 2017. 7. 18. 선고 2016도4217 판결 및 대법원 2017. 3. 30. 선고 2014도6910 판결), 제178조 제1항 제1호의 부정한 수단 등의 사용과 동조 동항 제2호의 중요사항에 관하여 거짓의 기재 또는 표시를 한 문서 등을 사용하여 금전, 그 밖의 재산상의 이익을 얻고자 하는 행위를 함께 적용한 사례(대법원 2016. 8. 29. 선고 2016도6297 판결)가 있다.

(3) 유형별 적용범위

1) 보충적 부정거래행위

미공개중요정보 이용행위나 시세조종이 문제 되는 사안 중 그 요건을 갖추지 못하여 처벌할 수 없는 경우, 그 행위유형에 따라 주관적·추상적 부정거래행위로서의 위계 사용이나 객관적·추상적 부정거래행위로서의 부정한 수단·계획·기교에 해당할 수 있을 것이다. 그러나 여기에서 말하는 부정거래행위의 보충성이란, 현행 자본시장법상 미공개중요정보 이용행위나 시세조종에 해당하는 행위가 그 요건을 충족하지 못하는 경우의 보충성이 아니라 현행법의 제한적 규정으로 당초부터 적용범위에 포함되지 않는 행위유형만을 대상으로 하는 것임에 주의하여야 할 것이다. 대법원 판례 중에는 자본시장법 제174조 제2항의 시세조종행위와 제178조 제1항 제1호의 부정한 수단 등의 사용 및 제178조 제2항의 위계의 사용을 모두 인정한 사례가 있다(대법원 2018. 4. 12. 선고 2013도6962 판결).

2) 자본시장법상 영업행위규제 위반행위

자본시장법상 영업행위 규제 위반행위에 대해서도 불공정거래에 해당하는지 여부를 판단해야 하는 것은 당연하다. 특히 자본시장법 제71조(투자매매업자 및 투자중개업자), 제85조(집합투자업자) 및 제108조(신탁업자)에서 규정하는 불건전영업행위의 금지에 위반한 경우가 주로 대상이 될 것이다. 자본시장법상 공시규제에 위반한 경우에 대해서는 구 증권거래법하에서도 제188조의4 제4항의 사기적 부정거래로 처벌해 왔다. 이 경우 발행공시에 대해서도 동일한 처리를 하는 것에는 반론도 있었지만, 실무는 발행공시와 유통공시를 특별히 구별하고 있지 않은 것으로 파악된다. 자본시장법에서는 부정거래행위 금지의 적용범위에 증권의 공모와 사모를 명시적으로 포함함으로써(제178조 제1항) 이 규정이 발행시장 공시에도 적용됨을 분명히 하고 있다.

3) 새로운 부정거래행위유형

미국의 Oleksandr Dorozhko 사건(2008)에서[21] 문제 된 정보해킹에 의

---

21) SEC v. Oleksandr Dorozhko, Civil Action No. 07 Civ. 9606 (NRB) (S.D.N.Y.) (filed October 29, 2007).

(i) 사안

이 사안은 민사집행소송(civil enforcement)으로서 금지가처분(preliminary injunction)을 구하는 사건이다. 2007년 10월 초 피고(우크라이나 시민)는 온라인 증권거래 계좌를 인터랙티브(Interactive)증권사에 개설하여 42만 5,000달러를 입금하였다. 비슷한 때 IMS사는 3/4분기 영업실적을 10월 17일 증권시장 폐장 후인 오후 5시 뉴욕에서 발표할 예정임을 고지하였다. IMS사는 톰슨사를 고용하여 투자자 홍보 및 정보 배포업무를 시켰는데, 톰슨사에 맡긴 업무 중에는 IMS의 영업실적보고서의 온라인 배포도 포함되어 있었다. 10월 17일 아침 8시 6분부터 수차에 걸쳐 익명의 해커가 IMS 영업실적보고서에 접근하기 위해 톰슨사의 전산망을 해킹하려고 시도하였다. 오후 2시 15분경 톰슨이 IMS사의 데이터를 수령하고 몇 분 후 해커가 해킹을 성공하여 IMS의 자료에 접근한 뒤 다운로드받았다. 오후 2시 52분부터 피고는 10월 25일과 10월 30일이 청산일인 IMS의 풋옵션을 4만 1,000달러 매수하였다. 이러한 매수행위는 10월 17일

이전 6주 동안 풋옵션을 매수한 거래량의 90퍼센트를 차지하는 것이었다. 청산일이 2일밖에 남지 않은 풋옵션을 매수하여 피고는 IMS의 주가가 매우 빨리 하락할 것이라는 것에 돈을 걸었다. 오후 4시 33분 IMS는 월가의 예상보다 주당 수입이 28퍼센트 낮다는 실적을 발표하였다. 다음 날 아침인 10월 18일 9시 30분에 개장하자 주가는 즉각 28퍼센트 정도 하락하였다. 개장 6분 뒤에 피고는 자신이 가지고 있는 모든 옵션을 매도하여 28만 6,000달러의 이익을 얻었다. 인터렉티브증권사는 이러한 이상 증권거래행위를 포착하여 SEC에 보고하였으며, 현재 SEC는 피고가 해커라고 주장하고 있다. 2007년 10월 29일 SEC는 뉴욕주 연방지방법원 남부지법에 피고가 풋옵션을 거래하여 얻은 이익을 가압류하는 일시적 정지명령(Temporary Restraining Order, TRO)을 신청하였다.

(ii) 원심판결(2008. 1. 8, 696 F.Supp.2d.321)

원심은 규칙 제10b-5조에 기한 책임을 인정하기 위해서는 '수단(device)', '매매와의 관련성', 그리고 '사기'라는 세 요건을 충족해야 한다고 설시하였다. 본 사안은 이 세 요건 중 두 요건은 충족하는데 사기적 수단에 해당하는지에 대해 피고와 원고가 견해를 달리하였다. 원심은 컴퓨터 해킹이 증권거래법 제10조 b항을 해석한 연방대법원의 판례에 비추어 사기적(deceptive)이지 않다고 하였다. 지방법원에 따르면 관련 연방대법원 세 사건(Chiarella, O'Hagen, Zanford)은 사기적 수단이 되기 위해서는 신인의무가 필요하다고 한다. 따라서 제10조 b항에 의해 사기적 수단이 되기 위해서는 정보를 공개할 신인의무나 그와 비슷한 신뢰관계를 위반해야 한다. 지방법원은 피고가 회사 외부자이며, IMS 및 톰슨사와 아무런 관계가 없기 때문에 어떠한 신인의무도 지지 않는다고 판시하였다. 지방법원은 컴퓨터 해킹이 비록 fraudulent 하고 연방형법과 주형법을 다수 어기기는 하였어도, 대상행위는 신인의무 위반을 수행하지 않았기 때문에 제10조 b항을 어긴 것은 아니라고 판시하였다.

(iii) 항소심판결(2009. 7. 22, 574 F.3d 42)

항소심은 다음과 같이 판시하였다. 제1심 법원이 의존한 연방대법원의 세 사건(Chiarella, O'Hagen, Zanford) 가운데 어떤 것도 제10조 b항의 요건으로 신인의무를 요구하고 있지 않고, 적극적인 허위표시가 아니라 침묵 또는 미공개가 사기의 근거였다. 연방대법원은 오직 신인관계에 기하여 말할 의무가 있는 경우에만 침묵을 지키는 것에 소송을 제기할 수 있다고 지적하고 있다. Chiarella에서 연방대법원은 종업원은 말할 의무가 없기 때문에 종업원의 침묵은 사기가 아니라고 판시하였다. O'Hagen에서 연방대법원은 의뢰인의 비밀정보에 기해 거래를 한 변호사는 비밀정보에 기해 거래를 한다는 사실을 소속 로펌에 고지해야 할 의무가 있다고 보았다. Zanford 사건에서도 피고인의 사기는 피고인이 신인의무를 부담하고 있는 위탁고객에게, 고객의 계좌로부터 자산을 훔칠 것이라는 점을 이야기하지 않았다는 점 때문에 사기가 성립된 것이다. Chiarella, O'Hagen, Zanford는 모두 신인의무 위반이 수반된 미공개가 있으면 제10조 b항 요건인 사기적 수단과 계획을 충족한다고 보았다. 제1심 법원이 거론한 연방대법원 판결 중 어떤 것도 제10조 b항의 증권 소송의 청구이유로 신인관계를 요구한다고 한 옵션거래는 자본시장법상 전형적인 부정한 수단 · 계획 · 기교에 해당할 수 있을 것으로 판단된다.[22)]

SEC v. Jon-Paul Rorech, et. al., Civiel Action No 09 CV 4329 (S.D.N.Y.)에서 문제 된 행위도 자본시장법상 부정거래행위에 해당할 수 있을 것으로 본다.[23)] 로레쉬(Rorech) 등의 행위는 적극적으로 시세를 조

주장한 것은 아니다.

위 세 사건 모두 침묵으로서의 사기를 다룬 것이지만, 작위에 의한 적극적인 허위진술은 또 다른 사기의 종류이다. 누구나 관련 사실을 "공개하거나, 공개하지 않으면 거래하지 말아야 한다"는 신인의무가 없다 하더라도, 상거래를 오도하지 아니할 적극적인 책임이 있다. 이 사건에서 SEC는 피고가 "정보를 공개하거나 거래를 삼가해야 할 의무"에 직면하여 사기적으로 침묵을 지켰다고 주장하기보다는 SEC는 피고가 미공개중요정보를 얻어서 사용하기 위해 적극적으로 그 자신에게 허위진술을 하였다고 주장했다. SEC가 제안한 단순한 사기 이론을 제한하거나 금지하는 연방대법원과 당 항소법원의 판례는 없다. 사기적이라는 것이 통상의 의미보다 제한된 의미를 가진다는 관련 판례가 없는 상황에서 새로운 요건을 예상하면서까지 제10조 b항을 굳이 복잡하게 집행할 이유가 없다.

그에 따라 항소심은 Chiarella와 후속 판결을 해석하는 데 SEC가 제안한 바를 채택하였다. 즉 "허위진술은 사기적이지만, 침묵은 오직 공개할 의무가 있는 때에만 사기적이다." 통상적인 의미에서 사기적이라는 말은 속이는 것을 포함하는 많은 행동을 포함한다. 지방법원은 이 사건에서 통상적인 의미에서 사기적이라는 말의 뜻이 컴퓨터 해킹을 포함하는지를 결정하지 않았다. 또한 이 사건에서 컴퓨터 해킹이 허위진술에 해당하는지도 결정하지 않았다. 만약 항소심 법원의 논리가 향후 대법원에서 확정되면, 불공정거래행위 규제의 범위가 크게 넓어질 것으로 보인다.

22) 자본시장법이 새로이 도입한 시장질서 교란행위 중 "해킹, 절취(竊取), 기망(欺罔), 협박, 그 밖의 부정한 방법으로 정보를 알게 된 자"(제178조의2 제1항 제1호 다목)에는 해당할 수 있다.

23) SEC v. Jon-Paul Rorech, et. al., Civiel Action No 09 CV 4329(S.D.N.Y.)
(i) 사안
로레쉬(Rorech)는 DBSI사에 고용된 신용부도스왑(Credit Default Swap. 이하 'CDS') 세일즈맨이었는데, 업무 중에 VNU사가 부채구조를 조정하기 위해 채권을 발행할 것이라는 정보를 취득하였다. VNU사의 채권 발행은 이를 준거자산으로 하는 CDS의 가격을 상승시킬 것이 예상되었다. 이에 로레쉬는 밀레니엄(Millenium)사가 관리하는 헤지펀드의 관리인인 네그린(Negrin)에게 이 정보를 제공하였다. 네그린은 이 정보에 따라 CDS를 매수하여 미화 120만 달러의 이익을 보았다. 이에 SEC는 벌금과 이익 반환을 구하는 소송을 제기하였다.

종한 행위라고 볼 수 없으므로 시세조종에 해당한다고 보기는 어려우며, 미공개중요정보 이용행위에의 해당 여부가 문제 될 것이다. 로레쉬가 자본시장법상 '계약을 체결한 자'로서 내부자의 요건을 충족하고, 채권 발행 관련정보를 이용한 CDS 거래행위를 미공개중요정보를 이용하게 하는 행위 및 이용행위의 요건을 갖춘 것으로 볼 수 있다면 자본시장법상 미공개중요정보 이용행위로 처벌할 수 있을 것이다. 그러나 본 사안에서 문제된 대상상품은 '상장법인이 발행한 일반채권에 기초한 신용파생상품'으로서 자본시장법 제174조 제1항의 미공개중요정보 이용행위 대상 금융투자

(ii) 쟁점과 전망

O'Hagan 사건과 비슷하게 로레쉬에게 신인의무와 비슷한 의무를 인정할 수는 있겠지만, 실제 이익을 얻은 네그린에게도 신인의무와 유사한 신뢰관계를 가지고 있다고 인정하는 데에는 다툼이 있을 것으로 보인다. 그러나 이보다 더 중요한 것은 CDS와 같은 신용파생상품에 대해서도 제10조 b-5항을 적용할 수 있는지 여부라고 할 수 있다. SEC는 이 사건의 CDS가 증권거래법 제10조 b항에서 규정한 대로, Gramm-Leach-Bliliey Act(이하 'GLBA') 제206B조에 따른 '증권기초스왑계약(securities-based swap agreement)'에 해당한다고 주장하고 있다. 만약 CDS가 '증권기초스왑계약'에 해당하지 않게 되면 관할권 없음으로 각하될 것이다. 2000년 상품선물 현대화법(Commodity Futures Modernization Act, CFMA)에서 SEC와 상품선물거래위원회(Commodity Futures Trading Commission, CFTC)의 규제권을 나누었는데, 1934년 증권거래소법 제10(b)조에 따른 SEC의 불공정거래 규제대상은 GLBA 제206B조의 '증권기초스왑'에 한정된다. 피고는 2009년 8월 13일에 제출한 메모랜덤에서 당해 CDS는 증권에 기반한 스왑계약이 아니라고 주장했다. 스왑계약을 정의한 GLBA 제206A조 (a)항 (3)에 열거된 금융상품에는 CDS가 포함되어 있다. GLBA 제206B조에서 증권기초스왑계약은 먼저 제206A조상의 스왑계약에 해당하며 그 스왑계약의 중요한 조건이 특정증권이나 증권의 집합, 또는 증권지수의 가격, 수익률, 가치, 또는 변동성에 기반을 둔 것이라고 규정하고 있다.

피고들은 본 사안의 CDS의 계약구조를 살펴보면, 준거자산인 VNU사의 채권의 가격·수익률·가치 또는 변동성에 기반을 둔 것이 아니라고 주장했다. 오직 신용사건만이 CDS의 가치를 변동시키는데, 신용사건은 회사 자체와 관련 있는 것이지, 준거자산인 VNU사의 채권과는 관련이 없다고 주장하는 것이다. 만약 SEC의 주장대로 CDS가 증권기초스왑거래에 해당하게 되면, CDS에 대한 SEC 규칙 제10b-5조를 최초로 적용하게 되는 것이다.

상품인 '특정증권 등'에 포함되어 있지 않다. 상장법인이 발행한 증권만에 기초한 신용파생상품은 자본시장법 제172조 제4호의 '그 법인이 발행한 증권'만을 기초자산으로 하는 금융투자상품으로서 특정증권 등에 포함될 수 있다. 그러나 자본시장법 제174조 제1항의 위임을 받은 동법 시행령 제196조 제1호에서 전환사채권, 신주인수권부사채권, 이익참가부사채권, 일정한 범위의 교환사채권 이외의 채무증권 즉 일반사채권을 '특정증권 등'의 범위에서 제외하고 있다. 따라서 SEC v. Jon-Paul Rorech, et. al., Civiel Action No 09 CV 4329 (S.D.N.Y.)에서 문제 된 '상장법인이 발행한 일반채무증권만에 기초한 신용파생상품'에 대해서는 자본시장법 제174조의 적용이 불가능하다. 이러한 문제는 자본시장법 제172조 제4호에서 '제1호부터 제3호까지의 증권만을 기초자산으로 하는 금융투자상품'이라고 규정하고 있으므로 해당 증권 이외의 기초자산이 관련될 경우에도 미공개중요정보 이용행위의 규제대상이 될 수 없다.

4) 유사수신행위

유사수신행위의 규제에 관한 법률 위반행위, 즉 유사수신행위와 관련하여 구 증권거래법과 자본시장법 간의 다음과 같은 변화가 고려되어야 한다. 첫째, 자본시장법은 형식적 발행주체를 기준으로 증권의 종류를 구분했던 구 증권거래법과 달리 증권상에 표시되는 권리의 법적 성질을 기준으로 구별하고 있으며, 유사성 판단을 통한 포괄적 개념의 도입을 시도하고 있다. 따라서 자본시장법상 증권에의 해당 여부는 권리의 법적 성질에 기초한 실질적 판단으로 이루어져야 한다. 둘째, 자본시장법은 구 증권거래법과 달리 투자계약증권이라는 포괄적 증권개념을 도입하고 있다. 요컨대 자본시장법에서 유사수신행위의 불공정거래행위에의 해당 여부가 문제 되는 것은 동법상 불공정거래 규제의 변화보다는 금융투자상품

정의의 포괄화에 따른 결과로 이해되어야 한다. 자본시장법상 투자계약증권 개념의 모델인 미국 증권법상으로도 대규모 폰지구조에 대해서는 투자계약에 해당하여 동법상 불공정거래 규제의 대상이 되는 것으로 해석되고 있다.[24)]

V. 결론

이 3가지 문제를 논의할 때 공통적으로 발생하는 것은 죄형법정주의의 관점에서 불공정거래행위 규제를 가급적 제한적으로 해석하려는 입장과 자본시장의 신뢰도 유지라는 입법취지를 강조하여 적용범위를 확대하려는 두 입장의 저촉 내지 충돌상황이라고 할 수 있다. 그러나 자본시장에의 참여 또는 금융투자상품거래에의 참가는 그에게 권리로서 주어진 것이라기보다 일정한 규칙의 준수를 전제로 부여한 특권이라고 이해해야 할 것이다. 그런 관점에서 자본시장의 신뢰도 유지는 개인의 인권에 버금가는 중요한 법익이라고 보아야 할 것이다.

미공개중요정보 이용행위의 공개매수 관련 특칙의 적용범위와 연계시세조종행위에서 이익목적시장과 시세조종시장의 범위에 대해서도 규제취지를 고려한 해석이 이루어져야 할 것이다. 특히 자본시장법에서 새로이 도입된 부정거래행위 규제의 해석과 적용에서는 이러한 인식의 전환이 더욱 필요하다고 생각한다. 자본시장에서 이루어지는 불공정거래행위가 첨단적인 거래기법과 거래수단을 활용하여 나날이 변화·발전되어 가는 점을 고려할 때 사전적으로 구체적이고 명확한 행위유형을 규정할 것

---

24) S.E.C. v. Edwards 540 U.S. 389, 124 S.Ct. 892 U.S., January 13, 2004.

을 불공정거래행위 규제의 전제로 요구하는 것은, 사실상 새로운 유형의 불공정거래행위에 대한 규제가 불가능해지는 것을 의미한다. 물론 죄형법정주의가 가지는 헌법적 가치를 완전히 부정할 수는 없으므로 이러한 해석에도 한계가 있을 수밖에 없는 점 또한 당연하다. 이러한 문제에 대한 논란을 최소화하면서 규제의 실효성을 확보하기 위한 노력의 하나로 과징금이라는 금전적 수단에 의한 행정적 제재의 범위를 자본시장법상 불공정거래행위에 대한 제재로서 도입하였다. 그 적용경과를 지켜보는 것은 특히 중요한 의미를 가진다.

02

증권 불공정거래 및 규제의 현황*

박은석**

I. 서론

증권시장은 기업에게는 자본조달의 창구이고, 투자자에게는 투자수단의 하나이다. 기업이 증권시장을 통해 조달한 자본으로 기술을 개발하고 사업을 확장하여 이익을 창출하면, 그 기업의 주식을 매수한 투자자는 이익을 배당받거나 보유주식을 매도하여 재산을 증식할 수 있다. 이러한 증권시장 본래의 기능이 제대로 작동하기 위해서는 투자자의 증권시장에 대한 신뢰가 필수적이고, 그 신뢰는 증권시장의 투명성과 공정성이 확보될 때 비로소 얻어진다. 증권시장에는 다른 금융시장과 마찬가지로 금융정보의 비대칭성이 존재한다. 증권시장의 공적 규제장치와 자율 규제장

---

* 이 논문은 BFL 제86호(2017. 11)에 게재된 "증권 불공정거래의 현황과 과제"를 수정 · 보완한 것이다.

** 법무법인 린 변호사

치가 제대로 작동되지 않아 증권시장이 특정인에게만 이로운 '기울어진 운동장'이 된다면, 투자자들은 시장을 신뢰하지 않게 되어 시장을 이탈할 것이고, 기업은 증권시장을 통해 자본을 조달하기 어려워질 것이다. 이러한 이유에서 합리적인 공시제도의 운영과 효과적인 불공정거래 규제는 무엇보다 중요하다.

특히 불공정거래에 대한 규제가 제대로 이루어지지 않아 특정 시장참여자들이 쉽게 미공개정보를 이용하여 주식거래를 하거나 시세조종 또는 부정거래 등을 통해 주가를 인위적으로 변동시킬 수 있다면, 증권시장의 공정성이 크게 훼손되어 증권시장은 본래의 기능을 상실하게 될 것이다. 불공정거래의 발생을 방지하기 위해서는 금융당국과 시장참여자들 공동의 노력이 절실하다. 금융당국은 철저한 예방 및 단속 활동을 통해, 시장참여자들은 자발적 규제 및 높은 준법의식을 통해 불공정거래가 우리 증권시장에 발붙이지 못하도록 노력해야 할 책무가 있다.

이 글에서는 자본시장과 금융투자업에 관한 법률(이하 '자본시장법') 제4편에서 규정하는 불공정거래 중 미공개정보 이용행위 · 시세조종행위 · 부정거래행위 및 시장질서 교란행위를 중점적으로 다루되, 먼저 불공정거래의 전체 현황과 유형별 추세 및 사례를 소개한 후 불공정거래의 효과적 규제를 위해 우리에게 놓인 과제들을 간략히 짚어 보고자 한다.[1)]

---

1) 금융감독원 자본시장조사 국장으로 근무하며 불공정거래사건을 처리한 경험을 토대로 이 글을 썼으므로, 이론적 관점보다는 실무적 관점에서 주제를 다루고자 했다.

II. 불공정거래의 현황

1. 총론

불공정거래는 금전적 탐욕을 기초로 하는 불법행위이다. 불공정거래는 형법상의 재산범죄들과 마찬가지로 주로 금전적 이익을 얻기 위해 이루어지지만, 형법상의 재산범죄가 주로 개인의 재산적 법익을 침해하는 것인 데 반하여 불공정거래는 증권시장의 질서를 훼손시키는, 사회적 법익을 침해하는 범죄이다. 즉 피해가 개인에 국한되는 것이 아니라 증권시장에까지 미치므로 그 가벌성과 사회적 비난의 가능성이 훨씬 크다고 할 수 있다. 불공정거래는 단 한 번의 성공으로도 거액의 돈을 벌 수 있는 만큼, 유혹이 매우 클 뿐만 아니라 한번 전력자가 되면 쉽사리 불공정거래에서 손을 씻기가 어렵다. 이러한 속성이 증권시장이 생성된 이래 불공정거래가 끊임없이 발생하는 이유이기도 하다.

불공정거래는 크게 4가지로 분류할 수 있다. 전통적인 3대 불공정거래인 미공개정보 이용행위, 시세조종행위, 부정거래행위와 최근 도입된 시장질서 교란행위가 그것이다. 최근 5년간(2012~2016)의 금융감독원 사건 접수현황에 따르면, 2012년 이후 전체 사건이 점차 감소하다가 2016년에 다소 증가하는 추세에 있다.[2)]

최근 5년간 금융감독원이 접수한 불공정거래사건[3)]은 총 800건으로 자체 인지사건은 387건, 거래소 통보사건은 413건이다. 시장별로는 유가증

2) 이하에서 사용된 불공정거래 관련 통계는 주로 금융감독원의 사건 접수·조사 및 조치에 관한 통계를 기초로 하고 있고, 다른 기관의 사건처리까지 포함된 경우에는 별도로 명기하기로 한다.
3) 3대 불공정거래 및 시장질서 교란행위사건만을 의미한다.

〈표 1〉 사건 접수현황

(단위 : 건)

구분		2012년	2013년	2014년	2015년	2016년	5년 합계
금융감독원 자체인지		134	55	66	67	65	387
거래소 통보		110	96	52	51	104	413
합계		**244**	**151**	**118**	**118**	**169**	**800**
시장별	유가증권	61	53	42	27	51	234
	코스닥	170	83	69	77	110	509
	파생상품 등	13	15	7	14	8	57

권시장 234건, 코스닥시장 509건, 파생상품시장 등이 57건이다.

같은 기간 금융감독원의 불공정거래 검찰이첩 조치(고발 및 수사기관 통보)현황에 따르면, 시세조종행위의 조치건수는 전반적으로 감소하고 있으며, 부정거래행위의 조치건수는 줄어들다가 2016년 증가하였다. 미공개정보 이용행위의 조치건수는 매년 유사한 수준을 유지하고 있으나, 불공정거래 전체 조치건수에서 차지하는 비중이 점차 커지고 있다.

부정거래행위 조치건수는 감소 추세에 있으나, 단순한 형태에서 점차 기획복합형으로 진화하는 양상을 띠고 있다. 즉 과거에는 허위보도자료 배포 · 허위공시 등 단순한 방법을 통해 단기간에 걸쳐 부정거래행위를 하였다면, 최근 들어 장기간에 걸쳐 기획된 계획을 통해 은밀하게 부정거래행위를 꾀하는 동시에 부정거래행위 외에 미공개정보 이용행위 · 시세조종행위가 결합되어 발생하는 사례가 증가하고 있다. 시장질서 교란행위는 2015년 7월 1일부터 규제가 시작된 이후 2016년 첫 사례가 적발되었고, 이후 꾸준하게 조치(과징금 부과) 건수가 증가하고 있다.[4)]

같은 기간 금융감독원에서 검찰에 이첩한 사건을 불공정거래유형별로

---

4) 시장질서 교란행위 조치현황은 20면의 〈표 6〉 참조.

〈표 2〉 검찰이첩 사건의 위반유형

(단위 : 건)

구분	2012년	2013년	2014년	2015년	2016년	5년 합계
시세조종	76	47	49	27	16	215
미공개정보 이용	39	39	36	34	34	182
부정거래	55	34	23	11	39	162
검찰이첩 합계	170	120	108	72	89	559

분석하면 시세조종이 215건으로 가장 많고, 미공개정보 이용 182건, 부정거래 162건이 그 뒤를 따르고 있다(〈표 2〉 참조).

불공정거래 혐의자는 매우 다양하다. 일반투자자, 전업투자자 등 개인투자자에서 상장회사 임직원, 금융투자업자 임직원에 이르기까지 폭넓게 불공정거래로 적발되고 있다. 특히 불공정거래의 규모가 크거나 지능화·고도화된 수법이 동원된 불공정거래에는 전력자가 관여된 경우가 많다. 이하에서는 불공정거래유형별로 그 현상과 추세를 구체적으로 살펴보고자 한다.

2. 미공개정보 이용행위의 현황

(1) 현상과 추세

최근 5년간(2012~2016) 금융감독원에서 미공개정보 이용행위를 적발하여 조치(검찰이첩 및 경고)한 사건은 총 204건이고 위반자는 총 566명이다. 전체 조치대상자 566명 중 157명(27.7퍼센트)을 고발하고 350명(61.8퍼센트)을 수사기관에 통보하였으며, 59명(10.4퍼센트)에게는 경고조치를 하였다(〈표 3〉 참조).

〈표 3〉 미공개정보 이용 사건 조치현황

(단위 : 건, 명)

구분		2012년	2013년	2014년	2015년	2016년	5년 합계
조치사건 수		53	40	37	34	40	204
조치대상자 수		140	85	111	95	135	566
	고발	47	27	32	21	30	157
	수사기관 통보	79	51	74	58	88	350
	경고	14	7	5	16	17	59

미공개정보 이용 혐의자는 내부자[5] · 준내부자[6] · 1차 정보수령자[7]로 분류할 수 있는데, 이 중 내부자가 289명(51.1퍼센트)으로 가장 많았고 1차 정보수령자(184명, 32.5퍼센트) · 준내부자(93명, 16.4퍼센트)가 그 뒤를 따른다. 중요정보에 대한 접근성이 높은 회사 임직원이 가장 큰 비중(210명, 전체 조치대상자의 37.1퍼센트)을 차지한다. 특이한 것은 내부자의 조치건수는 전반적으로 감소하고 있는 반면, 준내부자의 조치건수는 2013년 이후 계속 증가하고 있는 점이다(〈표 4〉 참조).

204건의 조치사건에 포함된 미공개정보는 총 218개이고 이 중 호재정 정보는 90개, 악재성 정보는 128개이다. 호재성 정보의 경우 경영권양수도 관련 정보(44개), 사업 관련 정보 및 자금조달 관련 정보가 대부분을 차지하고 있다. 악재성 정보는 경영실적 악화(32개) 및 이로 인해 파생되는 감사의견 거절 및 무상감자, 회생절차 개시 등의 비중이 높게 나타나

5) 상장법인의 대주주, 임직원 등 회사의 내부에서 직무와 관련하여 해당 법인의 미공개중요정보를 알게 된 자를 의미한다.

6) 상장법인에 대한 감독권한을 가진 자, 상장법인과 계약을 체결 · 교섭하고 있는 자 등으로서 권한 행사, 계약의 체결 · 교섭 · 이행과정에서 해당 법인의 미공개중요정보를 알게 된 자를 의미한다.

7) 내부자 및 준내부자로부터 직접 미공개중요정보를 받은 자를 의미한다.

〈표 4〉 미공개정보 이용 위반자 유형별 현황

(단위 : 명)

구분		2012년	2013년	2014년	2015년	2016년	5년 합계
내부자		78	59	60	49	43	**289**
	대주주	9	5	4	10	10	**38**
	임직원	56	46	44	36	28	**210**
	기타	13	8	12	3	5	**41**
준내부자		16	10	14	17	36	93
1차 정보수령자		46	16	37	29	56	184
합계		**140**	**85**	**111**	**95**	**135**	**566**

〈표 5〉 주요미공개정보의 종류

(단위 : 개)

호재성 정보		악재성 정보	
경영권양수도 관련	44	경영실적 악화	32
사업 관련	19	감사의견 거절 및 무상감자	24
유무상증자/사채 발생	11	회생절차(워크아웃 포함)	16
합병	11	유상증자	11
경영실적 개선	5	기타	45
합계	**90**	**합계**	**128**

고 있다(〈표 5〉 참조).

미공개정보 이용행위가 불공정거래에서 차지하는 비중이 점차 커지고 있는데 그 이유로 몇 가지를 들 수 있다. 우선 상장회사의 수와 규모가 커짐에 따라 미공개정보 이용가능성이 높아지기 때문이다. 현재 코스피·코스닥·코넥스시장 상장회사는 2,000개를 넘어섰고,[8] 회사의 사업

8) 2017년 9월 말 기준 상장회사총수는 2,168개(유가증권 766개, 코스닥 1,252개, 코넥스 150개)이다.

영역과 영업규모도 계속 확대되어 가고 있다. 한편 글로벌 경기침체로 인한 불경기 여파를 못 이기고 도산하는 기업 또한 증가하고 있는 것이 현실이다. 이와 같이 기업들의 설립, 성장 또는 도산이 더욱 빈번하게 발생하면서 이와 관련된 미공개정보가 양산되는 것은 불가피한 일이다.

둘째, 미공개정보에 접근할 수 있는 정보 관련자의 수가 많아지고 있다. 기업의 M & A 등 경영권양수도, 기업 간 대량공급계약 체결, 바이오산업의 의약품 개발 등에 관여하는 임직원수가 증가하다 보니 당연히 미공개정보에 접근하는 관계자 수도 많아지게 된다. 또한 기업의 대형화, 전문화에 따라 인허가, 법률자문, 회계자문 등이 증가하면서 당연히 준내부자의 수도 늘어나고 있다.

셋째, 정보전달매체의 급속한 발달이다. 최근 정보통신기술(Information & Communication Technology. 이하 'ICT') 발달과 대중의 소셜네트워크서비스(Social Network Service. 이하 'SNS') 활용은 정보의 전달 및 공유를 매우 쉽고 빠르게 해준다. 특히 우리 사회는 혈연, 지연, 학연 등이 중시되어 같은 그룹 내 사람끼리 무의식중에 민감한 정보를 교환하는 경향이 있다. SNS를 자주 사용할수록 정보를 빠르게 전달하는 데 익숙해져 그 내용의 위법성을 미처 인식하지 못하는 때가 생기는 것이다.

(2) 대표적 사례

최근에 가장 문제가 된 미공개정보 이용사례를 몇 가지 소개한다.[9]

---

9) 이하에서 소개되는 사례는 최근 3년(2015~2017) 내 조사 또는 조치된 사건들로서 상당수가 아직 수사가 진행 중에 있으므로, 이미 언론보도 등으로 잘 알려진 사건에 한해서만 종목 등 구체적인 내용을 기재하고, 나머지는 혐의자와 종목 등을 익명으로 표기하고 핵심내용만을 기재하기로 한다. 또한 소개되는 사례는 대부분 금융감독원이 조사한 사안이므로, 검찰 또는 금융위원회 자본시장조사단이 수사 또는 조사한 사건에 대하여

첫째, 준내부자가 주식양수도계약 체결의 미공개정보를 이용한 사례이다. 甲(준내부자)은 상장회사인 A사의 최대주주 乙(양도자)과 B사(양수자) 간 주식양수도계약의 중개인으로서 A사 주식의 양수도계약 체결이 확실해지자, 아들 명의의 차명계좌 등을 통해 A사 주식을 매수하여 61억 원의 부당이득을 거두었다.

둘째, 2015년에 발생한 공인회계사의 미공개정보 이용사건이다. 회계법인 소속 공인회계사가 회계감사업무 중 취득한 상장회사의 영업실적 등 미공개정보를 이용하여 주식거래를 한 사례이다.[10] 이 사건에 대한 후속조치로 금융위원회(공정시장과), 금융감독원(회계심사국) 및 한국공인회계사회는 2015년 8월 「공인회계사의 미공개정보 이용 등 불공정거래 방지를 위한 회계법인 주식거래 관리체계 개선방안」을 발표하였고, 이에 따라 한국공인회계사회는 2016년 1월 1일부터 회계법인 소속 임직원은 해당 회계법인이 감사하는 주권상장법인의 주식을 거래할 수 없도록 지침(회계법인 임직원의 주식거래현황 관리지침)을 제정 · 시행하였다. '자본시장의 파수꾼'이라고 불리는 공인회계사가 불공정거래에 가담했다는 점 자체가 상당한 사회적 파장을 불러일으켰다.

셋째, 2016년에 발생한 한미약품의 기술수출계약 해지 미공개정보 이용사건이다. 한미약품은 2016년 9월 29일 19시 6분 베링거인겔하임으로부터 2015년에 체결된 '8,000억 원대 기술수출계약' 해지통보를 받은 후 다음 날 9시 29분에 공시하였는데, 그 공시가 있기 전에 이미 계약 해지

만 별도로 명기한다.

10) 금융위원회 자본시장조사단은 2015년 8월 26일 공인회계사의 미공개정보 이용혐의로 대형회계법인 소속 회계사 9명을 검찰에 이첩하였다[금융위원회 자본시장조사단 보도자료, 자본시장 불공정거래에 대한 조사결과 조치(2015. 8. 26) 참조(금융위원회 홈페이지에서 검색 가능)].

사실이 밴드 등 SNS를 통해 대량으로 유포되었다. 조사 및 수사[11]를 통해 상당수의 미공개정보 이용 혐의자가 미공개정보 이용행위 또는 시장질서 교란행위로 형사처벌 또는 과징금을 부과받게 되었다. 이 사건에서 금융투자업자들이 공시 당일 공시가 이루어지기 전에 대량으로 주식을 공매도한 사실이 밝혀져 언론을 통해 미공개정보를 이용한 공매도라는 의혹이 강하게 제기되었으나, 실제로 사법처리되지는 않았다.

3. 시세조종행위의 현황

(1) 현상과 추세

앞의 통계에서 살펴보았듯이 시세조종행위는 점차 감소 추세에 있는데, 그 이유로 몇 가지를 들 수 있겠다. 첫째, 시세조종 전력자들에 의한 범행의 감소이다. 시세조종은 그 특성상 전력자들의 가담률이 매우 높은 불공정거래행위이다.[12] 금융 및 수사 당국은 시세조종의 중대성을 감안하여 매년 시세조종행위에 대한 집중단속을 실시해 왔고, 그 결과 전력자들이 실형을 선고받아 사회적으로 격리됨으로써 범행이 자연스럽게 감소되었다. 둘째, 시세조종의 경우 시세조종을 한 혐의자들의 주식거래가 매매장, 체결장, 증권 및 예금계좌 등 객관적 자료에 의해 확인될 수 있기 때문에 조사 및 수사에 따른 기소율과 유죄율이 다른 유형의 불공정거래행위보다 상대적으로 높다. 즉 시세조종을 하면 대부분 그 증거가 남게

11) 조사는 금융위원회 자본시장조사단이, 수사는 서울남부지방검찰청이 담당하였다.
12) 시세조종은 인위적인 조작을 통하여 증권의 시장가격을 의도적으로 조정하는 행위이므로, 그 특성상 혼자 하는 경우보다 전력자가 주동이 되어 여러 사람이 공모한 후 각자 역할을 분담하여 범행을 하는 조직적 범죄에 해당하는 경우가 많다.

되므로 시세조종행위에 대한 단속과 제재가 뒤따르는데, 이러한 점도 시세조종 감소의 한 원인이 된다고 볼 수 있다.

이렇듯 시세조종행위의 적발이 이어지자, 시세조종 역시 종전과 다른 양상으로 진화하고 있다. 통상 시세조종은 시세조종성 주문 여부와 정도 및 혐의자의 호가관여율과 주가변동폭 등을 종합적으로 고려하여 그 유무를 판단한다. 종래의 시세조종 혐의자는 중장기적 계획에 따라 상당히 오랫동안 가장매매 및 통정매매, 고가매수주문, 시장가주문, 시가 · 종가관여주문, 허수매수주문 등 시세조종성주문을 선별적으로 혼합하여 주가변동을 시도하여 왔는데, 최근에는 비교적 단기간 내에 다수의 종목에 거쳐 초단타매매를 하면서 시세를 조종한 후 미리 보유해 둔 주식을 처분하는 이른바 '메뚜기형 초단기 시세조종'이 많이 발생하고 있다. 이러한 시세조종은 적은 자금으로도 시세조종이 가능한 중소형주를 대상으로 여러 종목을 옮겨 다니며 치고 빠지는 '박리다매식 초단타매매'에 해당하므로, 호가관여율 · 주가변동폭이 낮아 적발에 어려움이 있다. 또한 이러한 시세조종은 전업투자자 등 개인투자자가 홈트레이딩시스템(Home Trading System, HTS) 또는 모바일트레이딩시스템(Mobile Trading System, MTS) 등 온라인거래를 통해 어렵지 않게 할 수 있으므로, 전력자가 아니더라도 시세조종을 할 수 있다는 문제점이 있다. 앞으로도 온라인거래의 활성화와 알고리즘거래의 등장 등에 따라 새로운 유형의 시세조종이 더 나타날 것으로 예상된다.

코넥스시장이 2013년 7월 중소기업 자금조달의 용이 및 코스닥시장으로의 신속한 이전상장 지원을 목표로 개설되었다. 그런데 최근 코넥스 상장기업 관계자들이 동 기업을 신속하게 코스닥시장으로 이전상장시키기 위해 기업의 시가총액을 끌어올릴 목적으로 시세조종을 꾀하는 사례가 잇따라 적발되었다. 상세한 내용은 뒤에서 다루기로 한다.

(2) 대표적 사례

최근 발생한 시세조종 사례를 몇 가지 소개한다.

첫째, 전업투자자의 시세조종이 지속적으로 발생하고 있다. 미등록 불법 투자일임업자가 인터넷카페를 활용하여 다수의 투자자로부터 일임받은 자금으로 시세조종을 하다가 적발된 사례가 있다. 즉 전업투자자 甲은 금융위원회에 등록하지 아니하고 자신이 운영하는 인터넷카페 회원들로부터 자금운용을 일임받아 주식을 매매하는 과정에서, 시세조종성주문을 제출하고 카페 게시판을 통해 자신이 주가조작을 하고 있다는 사실을 유포하는 등 시세조종행위를 하여 약 12억 원의 부당이득을 취하였다.[13)]

둘째, 많지는 않지만 지속적으로 금융투자업자의 시세조종행위도 발생하고 있다. 최근 자본시장 중개기관으로 신뢰성이 담보되어야 하는 금융투자업자가 압도적인 매수세를 형성시켜 운용자산 평가기준일의 시세를 인위적으로 상승시킨 윈도드레싱(window dressing)[14)]사례가 잇따라 적발되었다. 한 사례를 소개하면, A사(자산운용회사) 주식운용본부장 甲은 자신이 운영하는 B펀드의 운용수익률이 저조하여 위탁자산의 회수가 우려되자, 이를 회피하기 위해 종가 무렵 대량의 매수주문을 통해 종가결정에 관여하는 방식으로 5개 종목의 시세를 조종하였고, 주식운용팀장 乙은 甲의 지시로 B펀드를 대신 운용하면서 甲과 같은 방식으로 시세조종에 가담하여 약 496억 원의 부당이득을 취하였다.[15)]

---

13) 甲에 대하여는 고발조치하였다[금융감독원 보도자료, 2016년 자본시장 불공정거래 조사현황 및 투자 유의사항(2017. 1. 25) 참조(금융감독원 홈페이지에서 검색 가능)].

14) 주식투자와 관련하여 기관투자가들이 결산기를 앞두고 보유주식의 평가액을 높이기 위해 해당 주식을 집중적으로 사고파는 행위를 말한다.

15) 甲과 乙에 대하여는 고발 및 정직 6월을 요구하였고, A사에 대하여도 고발(양벌규정 적용) 및 기관주의를 하였다[금융감독원, 앞의 보도자료(주 13) 참조].

셋째, 최근 2년간(2016~2017. 기간 중) 코넥스 상장기업 관계자들이 코스닥시장으로의 신속한 이전상장을 위해 그 요건[16] 중 하나인 '일평균 시가총액 300억 원 이상'을 충족하기 위해 시세조종을 한 사건들이 잇따라 적발되었다.[17] 총 4개의 코넥스시장 종목에서 시세조종이 있었고, 총 9명이 수사기관에 고발 또는 통보되었다. 이 중 한 사례를 소개하면 코넥스 상장기업의 대표이사와 임원, 그 친척 등 4명은 동사의 코넥스시장 거래량이 저조하다는 점을 인지하고, 동사의 코스닥시장으로의 신속한 이전상장요건을 충족하기 위해 주가 상승을 위한 시세조종을 공모한 후, 2013년 7월에서 2014년 11월까지의 기간 중 회사 사무실에서 직원명의의 차명계좌 등을 통해 총 117회의 시세조종주문을 제출함으로써 주가를 235퍼센트 상승시켰다.[18]

넷째, 기업 경영진이 직접 시세조종에 나선 사건도 있었다. 즉 코스피 상장회사의 대표이사 甲은 자본잠식으로 인한 관리종목 지정 및 상장폐지를 막기 위해 유상증자를 결정한 뒤, 주가가 액면가 이하로 유지되어 증자를 통한 자금조달이 어려울 것으로 예상되자, 유상증자를 성공시키기 위해 증권회사 직원 乙 등과 공모하여 총 934회의 시세조종주문을 제

16) 코스닥시장 상장규정상 코넥스 상장기업의 코스닥시장으로의 신속한 이전상장방법이 3가지 규정되어 있는데, 이 중 "코넥스 상장 후 1년 경과, 일평균 시가총액 300억 원 이상(2013. 2. 22. 신설 당시 '최근 90일간' 일평균 시가총액이었으나 2014. 10. 1. '최근 1년간' 일평균 시가총액으로 변경), 매출액 100억 원 이상, 영업이익 시현"의 요건을 충족하는 방법이 가장 많이 활용되어 왔다. 그러나 한국거래소는 2017년 6월 14일 코스닥시장 상장규정을 개정하여 위 요건 중 '최근 1년간 일평균 시가총액 300억 원 이상'을 '기준시가총액(상장예정 주식수×공모 발행가) 300억 원 이상'으로 변경하였다.

17) 코넥스 상장기업은 기업 성장을 위해 코스닥 이전상장 유인이 크고, 주식의 상당수를 최대주주 · 임직원 및 친 · 인척이 보유하고 있을 뿐만 아니라, 상장법인의 규모가 작고 거래량 · 거래규모도 작아 약간의 시세조종만으로도 큰 주가변동을 가져올 수 있는 등 시세조종의 유인이 큰 특징을 갖고 있다.

18) 대표이사 등 4명을 고발하였다[금융감독원 보도자료, 자본시장 불공정거래 주요 적발 사례 및 투자 유의사항(2016. 9. 20) 참조].

출함으로써 주가를 인위적으로 상승시켜 약 122억 원의 부당이득을 취하였다.[19]

4. 부정거래행위의 현황

(1) 현상과 추세

부정거래행위는 다양한 형태로 발생하고 있다. 부정거래행위는 미공개정보 이용 또는 시세조종과 달리 비상장회사 주식거래에서도 발생할 수 있는데,[20] 이러한 거래를 둘러싼 부정거래행위가 끊이지 않고 발생하고 있다. 또한 중국 관련 사업 추진이 활성화되던 시점에는 허위의 중국 사업 진출 또는 중국 투자자의 거액투자 등을 미끼로 주식매수를 유인하는 부정거래행위가 많이 발생하였다.

그리고 코스닥 상장기업을 무자본으로 인수하여 인위적으로 주가를 부양한 후 주식을 처분하는 등의 방법, 즉 무자본 M&A[21]를 통해 일반투자자를 기망하고 부당이득을 취하는 사례도 종종 발생하고 있다. 특히 최근 코스닥 상장기업의 1세대 경영진이 2세대로의 경영권 승계 곤란, 영업

19) 甲과 乙을 고발하였고, 금융투자업자 직원인 乙에 대하여는 행정조치로 정직 6개월을 요구하였다〔금융감독원, 앞의 보도자료(주 13) 참조〕.

20) 자본시장법 제178조는 부정거래의 대상을 금융투자상품으로 규정하고 있어, 미공개정보 이용이나 시세조종과 달리 비상장회사의 주식도 부정거래의 대상에 포함된다.

21) 차입자금으로 상장기업을 인수한 뒤 허위공시 등으로 주가를 부양한 후 차익을 실현하는 전형적인 부정거래행위의 하나에 해당한다. 무자본 M&A와 관련된 불공정거래(모든 유형 포함)의 연도별 적발건수는 2012년 3건, 2013년 6건, 2014년 8건, 2015년 7건, 2016년 7건이고, 2016년에 발생한 '무자본 M&A 관련 불공정거래의 유형'을 살펴보면 부정거래 4건, 미공개정보 이용 3건, 시세조종 2건, 공시 위반 9건이다(단일종목에 다수의 불공정거래 적발 시 중복하여 계산)〔금융감독원 보도자료, 최근 무자본 M&A의 특징과 불공정거래 적발 사례(2016. 10. 21) 참조〕.

실적 부진 등을 이유로 최대주주 변경을 수반한 경영권양도를 시도하는 경우가 많은데, 이러한 소규모 상장법인을 상대로 마치 정상적인 기업인수를 하는 것처럼 접근하여 무자본으로 기업을 인수한 후 각종 부정한 수단 · 기획 또는 기교를 사용하여 주가를 상승시킨 후, 회사자금을 빼돌리거나 보유주식을 비싸게 처분하는 사례가 늘고 있다.

최근 부정거래행위의 특징 중 하나는 종래에 이용되던 부정거래수법이 다양하게 융합되어 기획적으로 발생하고 있다는 점이다. 그 하나의 예로 최근 투자조합의 형태로 경영권인수한 후 호재성 공시나 기사를 통해 주가를 부양함과 동시에 유상증자 또는 전환사채(Convertible Bond, CB) 발행을 통해 대규모 자금조달을 거친 후, 회사자금을 타 법인에 출자하는 방식 또는 지분매도방식을 가장하는 방법으로 자금을 빼돌리는 사례가 발견되고 있다. 다른 예로는 2017년 4월부터 상장회사와 관련된 허위정보가 담긴 문자메시지가 대량 유포되는 사건이 발생하였다. 문자메시지가 유포되는 기간 중 문자메시지 관련 종목의 주가가 비정상적으로 상승하였고, 같은 시기에 일부 증권계좌에서 보유 중이던 주식이 대량으로 매도되었다. 이 또한 부정거래행위에 해당될 가능성이 높다고 할 것이다.

이러한 신종 부정거래사건은 불공정거래의 경험이 축적된 전력자가 주동이 되어 발생할 가능성이 높다. 이러한 전력자는 조사기관으로부터 조사(수사)를 받은 경험이 있어 조사수단으로부터 추적을 당하지 않을 수 있는 수단과 방법, 예컨대 차명계좌 · 대포폰 또는 자금세탁 등을 동원하기도 한다. 또한 이러한 부정거래행위는 단순히 부정거래행위에 국한되지 않고 그 과정에서 미공개정보 이용행위나 시세조종행위가 동시에 또는 순차적으로 발생하는 경우가 많다.

(2) 대표적 사례

첫째, 비상장주식 관련 부정거래행위이다. 대표적인 사건은 혐의자 甲이 2016년 증권방송 등을 통해 확보한 유명세를 이용하여 투자자를 유인한 후 허위정보 유포 등으로 투자자를 기망하고 부당이득을 취득한 사례이다. 즉 A사(투자상담 · 컨설팅업)의 실질사주 甲이 비상장주식을 사전에 매집한 후 자신의 증권방송 유료회원 약 2,500여 명에게 허위정보를 유포하거나 위계의 방법으로 동 비상장주식의 매수를 유인하여 고가로 매도하였고, 이 과정에서 A사는 금융위원회에 증권신고서를 제출하지 않고 비상장주식을 일반투자자에게 매출하였다.[22]

둘째, 무자본 M&A를 통한 부정거래행위이다. 대표적인 사건은 무자본 M&A로 기업을 인수한 자가 '중국 대기업의 투자'라는 허위의 호재성 테마를 이용, 일반투자자를 기망하여 부당이득을 취한 사례이다. 즉 甲 등 4명은 인수자금전액을 사채업자 및 저축은행으로부터 차입하고 인수주식을 전량 담보로 제공하였음에도 무자본 M& A 사실을 은폐하기 위해 주식대량보유 보고 시 차입 및 담보 제공 사실을 미기재하였고, 소규모 개인법인에 불과한 중국 기업과 형식적 계약만 체결한 후 동 기업이 중국 거대기업의 자회사인 것처럼 언론 · 기업설명회(Investor Relation, IR)를 통해 허위사실을 유포한 후, 주가가 급등하자 인수주식을 처분하고 유상증자를 실시하여 부당이득 약 120억 원을 취하였다.[23]

셋째, 허위표시 · 위계에 의한 전형적인 사기적 부정거래행위이다. 대표적인 사건은 대규모 공급계약이 체결되지 않았음에도 체결된 것처럼

---

22) 甲을 긴급조치(fast track)로 수사기관에 통보하였고, A사에 대해서는 과징금 11억 2,790만 원을 부과하였다[금융감독원, 앞의 보도자료(주 13) 참조].

23) 甲 등 4명을 부정거래혐의 등으로 고발하였다[금융감독원, 앞의 보도자료(주 13) 참조].

공시하여 부당이득을 취한 사례이다. 즉 코스닥 상장회사의 실질사주 甲은 시세차익 획득, 유상증자 성공, 담보주식 반대매매 방지 등의 목적으로 확정된 판매처가 없었음에도 신규사업 관련 대규모 공급계약이 체결된 것처럼 공시하고, 매출이 전혀 없는 상태였음에도 연매출이 120억 원 정도를 기록 중이라고 인터뷰하는 등 위계와 허위표시를 사용하여 약 43억 원의 부당이득을 취하였으며, 대표이사 乙과 사내이사 丙·丁은 甲의 부정거래를 조력하였다.[24)]

마지막으로 앞에서 기술한 신종 부정거래행위이다. 이 사안들은 현재 조사·수사 중이거나 재판 진행 중이므로 상세한 소개는 생략한다. 앞으로 이 조사·수사 및 재판 결과가 어떻게 나올지 주목된다.

5. 시장질서 교란행위의 현황

(1) 시장질서 교란행위 규제의 도입

새로운 종류의 금융상품이 개발되고 ICT 기술과 접목하여 새로운 거래형태가 등장함에 따라 금융시장의 변화가 점점 빠르게 진행되고 있다. 앞에서 지적했듯이 이러한 시장의 변화는 새로운 유형의 불공정거래가 발생할 수 있는 환경이 되기도 한다. 기존의 불공정거래의 규제만으로는 단속할 수 없는 새로운 불공정거래가 발생하면 규제공백이 생기게 되어 그 대응이 필요한데, 이러한 규제공백을 메우기 위한 일환으로 2015년 7월부터 시장질서 교란행위 규제가 신설되었다.

---

24) 甲은 고발, 乙·丙·丁은 각 수사기관 통보조치하였다{금융감독원, 앞의 보도자료(주 13) 참조}.

시장질서 교란행위는 크게 2가지로 나누어 볼 수 있는데, 하나는 정보이용형 시장질서 교란행위(자본시장법 제178조의2 제1항)이고 다른 하나는 시세관여형 시장질서 교란행위(동법 동조 제2항)이다. 전자의 신설로 인해 외부정보도 미공개정보에 포함되었을 뿐만 아니라 정보의 다차 수령자를 규제범위로 포섭할 수 있게 되었고, 후자의 신설로 목적성이 없는 시세조종행위도 제재할 수 있게 되었다. 전통적인 3대 불공정거래의 제재가 형사처벌 위주로 되어 있는 반면, 시장질서 교란행위의 제재는 행정처분인 과징금이다. 다만 시장질서 교란행위는 해당 불공정거래행위가 기존의 3대 불공정거래에 해당되지 않을 때 보충적으로 적용된다.[25] 시장질서 교란행위의 신설은 불공정거래의 규제공백을 다소나마 메울 수 있는 법적 장치가 마련되었다는 점과 엄격한 증명이 요구되는 형사처벌 중심의 규제체계에서 금전적 제재를 부과할 수 있는 행정처분 규제체계로 확대되었다는 점에서 그 의의가 있다고 할 것이다.

시장질서 교란행위 금지규정의 일부 법문이 명확성이 다소 떨어진다는 지적이 있고, 실제로 실무상 규정 해석을 둘러싸고 의견의 차이가 발생하고 있다. 규제공백을 메우기 위해 규정을 지나치게 확대 해석하면, 법적 안정성을 해치게 되어 시장의 불안감과 혼선을 초래할 우려가 있다. 따라서 도입 초기에는 신중한 법률 적용을 통해 법적 안정성을 꾀하는 한편, 중·장기적으로 계속 선례를 축적하고 필요시 적절한 시기에 규정을 개정함으로써 제재의 예측 가능성과 제재의 효율성을 동시에 달성하는 것이 필요하다고 할 것이다.

---

25) 자본시장법 제178의2 제1항 단서 및 제2항 단서에서 "그 행위가 제173조의2 제2항, 제174조, 제176조 또는 제178조에 해당하는 경우에는 제외한다"고 규정한다.

(2) 현상과 추세

금융감독원은 시장질서 교란행위가 도입된 첫해에는 시장의 혼란을 방지하고 법적 안정성을 높이기 위해 적발보다는 홍보와 교육에 힘을 쏟았다.[26] 2016년 첫 사건이 적발되어 과징금부과 조치되었고, 이후 많지는 않지만 지속적으로 시장질서 교란행위 사례가 적발되고 있다. 앞으로도 적발 사례가 증가할 것으로 예상된다.

시장질서 교란행위로 가장 많이 적발되는 행위는 (i) 미공개정보의 다차수령자에 의한 미공개정보 이용행위(자본시장법 제178조의2 제1항 제1목 의가)와 (ii) 풍문을 유포하거나 거짓으로 계책을 꾸미는 등으로 상장증권의 수요 · 공급상황이나 가격에 대하여 타인에게 잘못된 판단이나 오해를 유발하거나 가격을 왜곡할 우려가 있는 행위(동법 동조 제2항 제4목)이다.

후자의 사례는 혐의자가 특정종목의 주식거래에서 시세차익을 얻기 위해 초단타매매를 하여 해당 종목의 주가변동을 가져온 경우이다. 이러한 행위가 '목적성 있는 시세조종행위'와 '목적성 없는 시세관여형 시장질서 교란행위' 중 어느 것에 해당하는지 판단하는 것은 결코 쉬운 일이 아니다. 결국 혐의자의 의도, 매매목적, 매도 · 매수주문양태, 호가관여율, 주가변동폭 등을 종합하여 목적성의 유무를 결정할 수밖에 없을 것이다. 또한 목적성이 입증되지 않아 위 행위를 시장질서 교란행위로 적용한다고 하더라도 위 행위가 자본시장법 제178조의2 제2항 제4목의 '거짓으로 계책을 꾸미는 등'에 해당되는지를 검토하여야 하는데, "거짓으로 계책을 꾸미는 '등'"을 어느 범위까지 적용할 것인지가 문제이다. 결국 증권선물위

---

26) 2015년 5월 금융위원회 등과 함께 『안전한 자본시장이용법』 책자를 발간하였고, 2015년 8월부터 업계의 질의사항을 취합하여 2016년 3월 7일 Q&A형식의 해설서를 발간 · 배포하였으며, 같은 달 10일 금융위원회와 공동으로 시장설명회를 개최하였다.

〈표 6〉 시장질서 교란행위 조치현황

(단위 : 건)

구분	2015년	2016년	2017년 1~9월	합계*
시세관여형	-	-	2	2
정보이용형	-	3	3	6
합계	-	3	5	8

* 금융위원회 자본시장조사단의 조사 건수 포함.

원회의 의결, 수사기관의 공소 제기 및 법원의 판결을 통해 선례와 판례가 축적되면서 그 적용범위가 정해질 것으로 보인다.

(3) 대표적 사례

시장질서 교란행위가 첫 번째로 적용된 사건은 코스닥 상장회사의 유상증자 실시정보를 제공받은 3차 정보수령자가 정보를 이용하여 주식을 매수한 사례이다. 일반투자자 甲은 코스닥 상장회사의 제3자 배정 유상증자 참여자인 乙(준내부자)로부터 나왔다는 정을 알면서도 동 정보를 丙(1차 정보수령자, 乙의 모친)·戊(2차 정보수령자, 乙의 부친)를 거쳐 전해 듣고 동 정보가 공개되기 전에 동사 주식을 매수하여 3,940만 원의 부당이득을 취하였다.[27)]

둘째, 한미약품 관련 사건이다. '한미약품의 기술수출계약 해지' 미공개정보를 1차 수령자를 거쳐 제공받은 다차수령자가 정보를 이용해 주식거래를 한 사례이다. 다차수령자에 의한 정보이용형 시장질서 교란행위

27) 甲에 대하여 과징금 3,940만 원을 부과하였다[금융감독원 보도자료, 시장질서 교란행위 위반 사례 첫 적발(2016. 12. 21) 참조].

가 대량으로 적발되어 과징금이 부과되었다.[28)]

셋째, 초단타매매를 통해 주가에 영향을 준 시세관여형 시장질서 교란 행위이다. 최근 단기간 내에 초단타매매를 통해 다수 종목의 시세에 관여하여 8,346만 원의 부당이득을 취득한 2명에 대하여 과징금 1억 1,430만 원이 부과된 바 있다.[29)]

III. 불공정거래의 규제현황

1. 불공정거래 규제의 변천

(1) 증권거래법

불공정거래에 대한 규제는 1962년 증권거래법 제정 시 시세조종의 금지가 규정되면서 도입되었다. 이후 1976년 내부자의 단기매매차익 반환 제도[30)]가 도입되고, 1982년 개정 시에는 풍설의 유포, 위계 또는 허위표시문서 이용 등을 통한 불공정거래의 금지가 추가되었으며, 1987년에는

---

28) 증권선물위원회는 2017년 5월 금융위원회 자본시장조사단 조사결과 밝혀진 혐의자 14명에 대하여 총 24억 원의 과징금 부과조치를 하였다〔금융위원회 보도자료, ○○약품 시장질서 교란행위자 대규모 과징금 부과조치(2017. 5. 24) 참조〕.

29) 이외에도 2017년 9월 외국인인 홍콩 소재 자산운용사 대표이사가 미공개 시장정보에 해당하는 H사 주식에 대한 대규모 블록딜 진행정보를 지득한 후 H사 주식에 대한 매도스왑(사실상 공매도)거래를 통해 3억 7,767만 원의 부당이득을 취득한 혐의에 대해 과징금 3억 7,760만 원이 부과되었다〔금융감독원 보도자료, 금융당국, 외국인의 시장질서 교란행위 위반 사례 첫 적발(2017. 9. 27) 참조〕.

30) 1976년 증권거래법 개정법에는 “직무 또는 지위에 의하여 지득한 비밀을 이용하여” 주식을 매매한 경우에 단기매매차익을 반환하도록 규정하고 있었다(제188조 제2항).

미공개정보 이용을 금지하는 규정이 신설되었다. 최초 1개의 조항으로 규정되었던 불공정거래 규제는 수차례의 법 개정을 거치면서 별도의 절(불공정거래의 금지 등)에서 내부자의 단기매매차익 반환, 미공개정보 이용행위의 금지 및 시세조종 등 불공정거래의 금지로 구체화되었다.

(2) 자본시장법

2007년 8월 자본시장법이 제정되면서 증권거래법상 불공정거래 규제는 자본시장법에 반영되었다. 또한 자본시장법은 현·선연계 시세조종행위를 금지하고, 미공개정보 이용 금지의 규제대상 법인에 계열회사를 포함하는 등 규제대상범위를 확대하였으며, 부정거래에 대한 포괄적 금지 조항을 시세조종과 별도로 규정하면서 다양한 유형의 불공정거래에 대응하게 되었다. 나아가 2014년 12월에는 기존 불공정거래에 포섭되지 않던 불공정거래유형에 대해 시장질서 교란행위 금지를 도입하여 2015년 7월부터 이를 시행하고 있다.

2. 불공정거래에 대한 제재유형

자본시장법상 불공정거래(시장질서 교란행위 제외)에 대한 주된 제재는 형사처벌이다. 불공정거래 혐의자가 금융투자업자 및 그 임직원인 때에는 형사처벌 외에 행정제재도 부과할 수 있다(자본시장법 제420조, 제422조 및 동법 시행령 제373조 제1항 제19호 내지 제21호). 앞에서 언급하였듯이 규제공백을 메우기 위해 자본시장 교란행위 규제가 신설되면서 불공정거래에 대한 과징금 제재가 처음으로 도입되었다.

형사처벌의 수준은 계속적으로 강화되는 추세이다. 1991년 12월 증권거래법 개정으로 불공정거래에 관한 규정을 위반한 자에 대하여 징역과 벌금을 병과할 수 있게 하였고, 2002년 4월 증권거래법 개정으로 불공정거래로 얻은 이익이나 회피한 손실액이 5억 원 이상 50억 원 미만인 때에는 3년 이상의 유기징역을, 그 이익 또는 회피한 손실액이 50억 원 이상인 때에는 무기 또는 5년 이상의 유기징역에 처하도록 하며, 위반행위로 말미암아 징역에 처하는 때에는 10년 이하의 자격정지를 병과할 수 있도록 하였다. 또한 벌금형을 병과하는 경우에는 위반행위로 얻은 이익 또는 회피손실액의 3배에 상당하는 금액 이하의 벌금에 처하도록 하였다. 2014년 12월 자본시장법 개정으로 징역과 벌금의 임의적 병과에서 필요적 병과로 변경함과 아울러 범행으로 취득한 재산에 대한 필요적 몰수 · 추징규정을 신설하였다. 또한 2017년 4월 자본시장법 개정으로 증권범죄 관련 벌금형의 법정형을 위반행위로 얻은 이익 또는 회피손실액의 1~3배에서 2~5배로 상향조정하였다.

다수의 선진국은 형사적 제재 외에도 민사적 · 행정적 절차를 통해 폭넓게 금전적 제재를 부과하는 등 부당이득의 환수에 보다 탄력적 · 적극적 자세를 취하고 있다. 위와 같이 자본시장법 개정을 통해 징역과 벌금의 필요적 병과 및 필요적 몰수 · 추징제도를 도입한 이유도 종래의 형사처벌 위주의 제재에서 기대하기 어려웠던 부당이득 환수를 충실히 하기 위한 것이다.

3. 불공정거래 규제기관

불공정거래 규제기관으로는 심리기관, 조사기관, 수사기관, 법원이 있다. 심리기관은 주식거래의 이상거래를 심리하여 그 결과를 금융위원회와 금융감독원에 통보하는 한국거래소 시장감시위원회이고, 조사기관은 거래소 통보사건 또는 자체 기획사건을 조사하는 금융위원회의 자본시장조사단과 금융감독원의 자본시장조사국이다. 수사기관은 경찰과 검찰이 있으나 불공정거래사건 대부분은 검찰이 담당하고, 특히 금융중점검찰청으로 지정된 서울남부지방검찰청의 증권범죄합동수사단과 금융조사부가 주로 금융당국으로부터 이첩된 사건 또는 자체 인지사건을 수사한다.[31] 재판기관으로는 법원이 있다. 불공정거래 수사기관이 서울남부지방검찰청이므로 불공정거래에 대한 재판 또한 서울남부지방법원이 주로 담당한다.[32]

통상의 불공정거래사건 처리절차를 도표로 그리면 〔그림 1〕과 같다.

불공정거래 규제기관들은 공조체제를 강화하기 위해 불공정거래 조사·심리기관협의회 개최,[33] 합동세미나 개최, 공동 보도자료 배포 등 다양한 노력을 기울이고 있다.

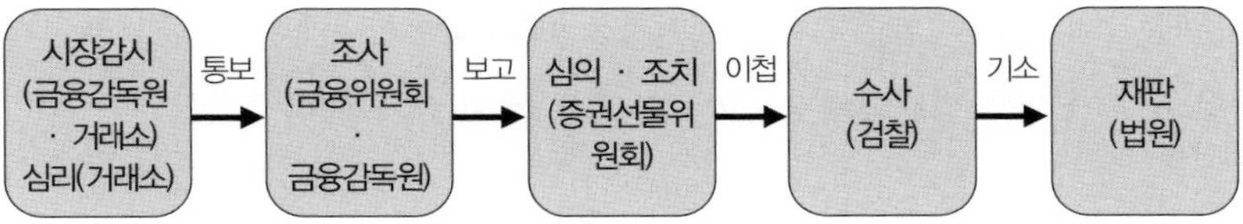

〔그림 1〕 불공정거래사건 처리절차

31) 2013년 4월 18일 수립된 「주가조작 등 불공정거래 근절 종합대책」의 후속조치에 따라 금융감독원에는 특별조사국이, 금융위원회에는 자본시장조사단이 각 신설되었고, 서울중앙지방검찰청(이후 서울남부지방검찰청으로 이전)에는 증권범죄합동수사단이 설치되었다. 현재 서울남부지방검찰청의 경우 동 증권범죄합동수사단과 금융조사 제1·2부가 함께 불공정거래사건을 수사한다.

32) 서울남부지방법원 제11형사부, 제12형사부, 제13형사부에서 주로 불공정거래사범에 대한 재판을 담당한다.

33) 금융위원회(자본시장조사단), 금융감독원(자본시장조사국), 한국거래소(시장감시본부) 등이 참여하며 2015년 16회, 2016년 23회 개최되어 신종 불공정거래사건에 대한 기관 간 공조방안, 조사정책 및 조사방향 등을 협의하여 왔다.

IV. 앞으로의 과제

1. 불공정거래 규제시스템 개편

(1) 규제기관 관련

현재 불공정거래 규제기관은 법원을 제외하면 심리 · 조사 · 수사기관으로 나뉘어 있다. 이러한 구조는 각 기관이 전문성을 최대한으로 발휘할 수 있고, 기관 간 의사소통 및 정보교환이 원활하게 이루어진다면 불공정거래행위를 효과적으로 적발할 수 있다는 장점이 있다. 하지만 규제기관 간 일부 업무 중복, 다수 기관의 관여에 따른 사건 처리의 장기화, 조사기관인 금융당국과 제재기관인 사법당국(검찰 · 법원)의 분리로 인한 혐의자의 증거인멸 및 도주 우려 등이 단점으로 꾸준히 지적되고 있는데, 이러한 문제를 해결하기 위해 향후 규제기관을 어떻게 통합 · 재편해 나갈 것인지를 중 · 장기적 정책과제로 삼아 검토해 볼 필요가 있다고 할 것이다.[34)]

(2) 불공정거래 제재 관련

현재 3대 불공정거래에 대한 주된 제재수단은 형사처벌이다. 형사처벌에 이르기까지는 심리기관의 심리, 조사기관의 조사, 검찰의 수사에 이어 법원의 재판이 필요하다. 이러한 절차를 거치다 보니 불공정거래에 대한 형사적 제재가 확정되는 데에는 통상 2~3년이 소요된다. 불공정거래에

---

34) 참고로 미국 증권거래위원회(Securities and Exchange Commission. 이하 'SEC')는 심리기관의 기능과 함께 조사 및 제재조치기능이 상당히 통합되어 있어 조사와 제재가 신속하게 이루어지고 있다는 평가를 받고 있다.

대한 신속하고 다양한 제재의 도입이 검토되는 이유이다.

선진국의 경우 행정제재가 형사제재보다 우선적 또는 병행적으로 활용되고 있다. 미국은 민사적[35] · 행정적 제재가 동시에 선택적 또는 병행적으로 이루어지고, 중대사건에 대하여는 형사제재까지 가한다. 일본에서도 2004년 불공정거래에 대한 과징금제도를 도입하였다[금융상품거래법(金融商品去來法) 제175조 제1항]. 우리나라도 불공정거래에 대한 신속한 제재와 효과적인 부당이득 환수를 위하여 형사처벌 외에 과징금 등 행정제재의 도입을 검토할 필요가 있다.

다만 우리나라 법제와 외국의 법제는 서로 다른 역사적 토대와 법체계를 갖고 있다는 점을 유념하면서 법률의 개정을 추진하여야 한다. 대륙법계에 속하는 우리나라와 영미법계에 속하는 미국의 경우 법률문제나 법적 분쟁을 해결하는 절차나 방식에 상당한 차이가 있으므로, 신중한 검토 없이 미국 등 선진국의 제도를 그대로 수용하는 것은 우리나라 법체계 또는 관련 법률 간 정합성을 깨뜨릴 우려가 있다. 자본시장법에서도 비록 형사적 제재의 하나이기는 해도 벌금의 필요적 병과, 필요적 몰수 · 추징 등을 통해 부당이득을 환수하는 장치가 마련되어 있으므로, 만약 과징금 등을 도입하여 행정제재를 통해 부당이득을 환수하려고 한다면 기존 벌금 및 몰수 · 추징제도와의 합리적 조정이 선행되어야 할 것이다. 이러한 이유로 과징금 도입 신중론은 자본시장법은 불공정거래에 대한 벌금형이 얻은 이익 또는 회피한 손실의 3배액으로 규정하는데, 이는 미국의 민사제재금 부과기준과 유사하고, 또한 범죄수익 은닉의 규제 및 처벌 등에 관한 법률에 의하여 불공정거래로 인한 부당이득의 환수가 가능하므로, 불공정거래에 대한 과징금 도입은 신중히 결정되어야 한다는 점을 들고

35) 미국의 경우 SEC는 증권법 위반자에 대하여 법원에 민사제재금(civil penalty)의 부과를 청구할 수 있고, 일정한 때에는 직접 부과할 수 있다.

있다.[36] 불공정거래의 제재수단 확대는 간접적으로 불공정거래 규제기관 개편과도 관련이 있으므로, 가능하다면 두 과제를 함께 검토하는 것이 보다 이상적이라 할 것이다.

2. 조사역량의 강화[37]

앞에서 기술한 바와 같이 첨단 ICT의 발달에 따라 불공정거래가 보다 쉽게 이루어질 수 있는 환경이 조성되고, 전력자 중심으로 신종 불공정거래행위가 증가하고 있다. 즉 불공정행위가 지능화, 조직화, 복잡다기화 현상을 보이고 있는 것이다. 조사역량 강화가 무엇보다 중요한 이유이다. 조사역량을 강화하는 방법으로는 첫째 조사원의 조사역량 강화, 둘째 조사수단의 확충을 들 수 있다.

(1) 조사원의 조사역량 강화

조사원의 조사역량은 크게 시장 감시 · 분석기능 역량과 협의의 조사역량을 들 수 있다. 최근의 불공정거래행위는 허위정보 메시지 대량유포 등의 사건처럼 광범위하게 신속히 발생하므로, 면밀한 시장모니터링을 통한 조기대응이 무엇보다 중요하다.

시장의 이상동향을 조기에 파악하여 법적 허용한도 내에서 관계기관 간 정보를 공유하고, 일반투자자의 추종매수 등 피해 발생이 예상되는 경우에는 즉시 소비자경보를 발령하여야 한다. 그리고 신속한 조사 착수를

---

36) 임재연, 자본시장과 불공정거래, 박영사, 2014, 172면.
37) 이곳에서는 조사기관의 조사역량 강화 위주로 기술한다. 다만 수사기관의 수사역량을 강화하는 방안도 이와 유사하다고 할 것이다.

통해 혐의자의 불공정거래행위가 더 이상 진행되지 않도록 차단할 필요가 있다. 이러한 의미에서 한국거래소 시장감시위원회의 기능이 최대한 발휘되어야 함은 물론, 조사기관의 시장 감시 · 분석기능 역시 더욱 강화될 필요가 있다고 할 것이다.

조사원의 조사역량은 장기근속 및 교육 강화 등을 통해서 실현할 수 있다. 조사원은 소속기관의 교육프로그램 제공, 조사원의 자발적 학습 및 시장과의 지속적 교류 등을 통해 자본시장과 증권시장 전반에 대한 이해를 토대로 불공정거래의 최신 동향 및 전력자의 동태까지 파악하여야 한다.

마지막으로 불공정거래 조사지원시스템의 지속적 개발이 필요하다. ICT 발달에 따라 정보통신기기가 첨단화되고, 사람들의 소통 채널이 SNS 등으로 다양해지고 있다. 더 나아가 주식거래가 미리 설정된 알고리즘에 따라 자동적으로 실현될 뿐만 아니라, 인공지능(Artificial Intelligence, AI)이 사전에 입력된 데이터와 프로그램에 따라 스스로 주식거래까지 하는 단계에 와 있다. 이러한 변화에 따라 진화하는 불공정거래에 효과적으로 대응하기 위해서는 지금보다 더욱 선진화된 지원시스템을 지속적으로 개발해 나가야 할 것이다. 금융감독원은 2002년부터 자본시장 불공정거래 조사시스템을 구축 · 운영하여 왔고 2011년 동 시스템을 한층 개선하였으나, 계속 진화하고 있는 복합화 · 고도화된 불공정거래를 적발 · 대응하는데 한계가 있는 것이 사실이다. 따라서 빅데이터를 활용한 시세조종 주문양태 분석 및 인적 연계성 검색기능 강화 등을 꾸준히 추진해 나가야 할 것이다.[38)]

---

38) 2017년 9월 스리랑카 콜롬보에서 개최된 국제증권감독기구(International Organization of Securities Commissions, IOSCO) 아시아 · 태평양지역 조사국장회의에서도 불공정거래조사와 관련된 데이터 분석시스템의 선진화 및 국가 간 시스템 개발정보 공유가 주요 쟁점의 하나로 논의된 바 있고, 국제증권감독기구에서도 이를 주요 과제로 다룰 계획이다. 또한 한국거래소도 급변하는 글로벌 자본시장 환경에 적극 대응하고 점차

(2) 조사수단의 확충

금융감독원은 불공정거래의 조사기관으로 중요한 역할을 담당하고 있다. 그러나 임의조사수단에 의존하고 있어 불공정거래의 사실관계를 명확하게 밝히는 데 한계가 있는 것이 사실이다. 금융감독원은 관련 자료의 요구, 혐의자 등 이해관계인 문답, 금융거래 자금추적 등의 조사수단이 부여되어 있지만, 임의조사방법의 하나인 현장조사권이 위탁되어 있지 않고, 통신사실 확인자료에 접근할 수 있는 사법적 권한도 압수수색을 실시할 수 있는 강제조사권한도 없다. 이렇다 보니 미공개정보 이용사건의 조사에 있어 정보취득경로에 대한 입증을 명확히 하기 어렵고, 결국 금융감독원의 조사수단으로 밝힐 수 있는 데까지 밝힌 후 검찰에 이첩하여 검찰의 수사를 통해 명확히 할 수밖에 없다. 따라서 법률 개정을 통해 금융감독원에게 현장조사권을 부여하거나, 조사기관에게 불공정거래 조사에 필요한 통신사실 확인자료를 통신회사로부터 제공받을 수 있는 권한을 부여하는 방안도 검토해 볼 필요가 있다고 할 것이다.

두 번째로 강구할 수 있는 것이 금융감독원 직원에 대한 특별사법경찰관리(이하 '특사경') 지명이다. 2015년 8월 「사법경찰관리의 직무를 수행할 자와 그 직무범위에 관한 법률」의 개정으로 불공정거래 조사업무를 수행하는 금융위원회 공무원과 금융감독원 직원에게 사법경찰권을 부여할 수 있는 법적 근거가 마련되었다.[39] 이 법적 근거에 따라 금융위원회

지능화하는 불공정거래의 예방 활동을 강화하기 위해 빅데이터 및 인공지능 등 최신 기술을 탑재한 '차세대 시장감시시스템 구축'을 추진하고 있고, 2018년 4월 가동을 목표로 하고 있다[한국거래소 보도자료, 인공지능형 차세대 시장감시시스템 구축 추진(2016. 8. 24) 참조].

39) 금융위원회 공무원은 금융위원장의 제청에 따라 관할 지방검찰청 검사장이 특사경을 지명할 수 있고(동법 제5조 제49호), 금융감독원 직원은 금융위원장이 금융감독원장

또는 금융감독원 직원이 특사경으로 지명될 경우 직원들은 불공정거래에 대한 수사 시 일반경찰과 동일한 수준의 수사권한(체포 · 구속, 압수 · 수색, 통신자료 · 전과 조회, 출국금지 등)을 행사할 수 있게 된다. 이렇게 되면 증권분야에 대한 전문성이 높은 금융감독원 직원이 조사 착수부터 수사까지 모두 담당하게 되므로, 불공정거래에 대한 철저하고 신속한 수사가 가능해지는 장점이 있다.

다만 특사경제도의 도입에는 신중하게 검토해야 할 몇 가지 선행과제가 있다. 첫째 형사소송법에 의한 검사의 수사지휘로 감독당국 고유의 자본시장 불공정거래 규제업무가 위축될 가능성을 배제할 수 없고, 둘째 자본시장법상 증권선물위원회 심의 · 의결절차와 형사소송법상 검사의 수사지휘가 상호 중복 · 충돌될 가능성이 있어 이에 대한 조정이 필요하며, 셋째 금융당국의 특사경은 자본시장법상 조사권과 형사소송법에 따른 수사권을 모두 보유하게 되어 권한 오 · 남용 및 피의자의 기본권 침해 소지가 있다는 지적이 있을 수 있다.[40] 특히 금융감독원은 특수민간기구이어서 그 직원에게 수사공력권을 부여하는 데 신중을 기할 필요가 있다는 의견이 있으므로, 이에 대한 검토와 논의가 필요하다.

결국 금융위원회나 금융감독원 조사원을 특사경으로 지명할 수 있는 법적 근거가 마련되어 있기는 하나, 실제로 특사경 지명을 위해서는 관련 제도의 개선과 관계기관(법무부 · 검찰 · 금융위원회 · 금융감독원 등)의 충분한 공감대 형성이 선행되어야 할 것으로 보인다.

의 의견을 들어 특사경으로 추천하면 관할 지방검찰청 검사장이 특사경으로 지명할 수 있다(동법 제7조의3).

40) 예컨대 금융당국의 조사원은 금융실명거래 및 비밀보장에 관한 법률에 따라 영장 없이 자금을 추적할 수 있는 권한이 있으므로, 여기에 특사경의 강제수사권이 더해지면 검사나 일반 사법경찰관리보다 훨씬 강력한 수사권한을 갖는 결과를 낳게 된다.

3. 제재조치의 실효성 제고

탐욕에 기초한 불공정거래를 억제하고 재범을 예방하기 위해서는 불공정거래에 대한 엄중한 법적 제재가 필요하고, 또한 그 제재가 실효적으로 집행되어야 한다. 따라서 불공정거래에 대하여는 신속한 제재가 뒤따라야 하고, 불공정거래로 얻게 된 부당이득을 최대한 환수할 수 있는 제도적 장치가 갖추어져야 한다. 형사처벌 중심의 불공정거래 규제의 문제점과 과징금 등 행정제재 도입의 필요성, 그리고 행정제재 도입 시 고려할 사항 등에 대해서는 이미 앞에서 언급하였다. 이외에 불공정거래 혐의자에 대한 제재를 보다 효과적으로 하기 위해 이미 도입하였거나 앞으로 도입을 적극 검토할 필요가 있는 조치를 몇 가지 소개하기로 한다.

첫째, 금융감독원은 불공정거래 혐의자의 과세자료를 국세청에 제출하여 불공정거래 조사대상자에 대한 과세를 지원하고 있다. 금융위원회 · 금융감독원 및 국세청은 「주가조작 등 불공정거래 근절 종합대책」(2013. 4. 18)에 따라 불공정거래로 얻은 부당이익에 대한 과세 강화 등을 위해 「금융실명거래 및 비밀보장에 관한 법률」의 비밀보장에도 불구하고 금융거래정보가 포함된 조사기관의 불공정거래 조사자료를 국세청에 제출할 수 있도록 2014년 1월 1일 과세자료의 제출 및 관리에 관한 법률 제6조 제4항을 신설하였다. 이후 금융감독원은 금융거래정보가 포함된 불공정거래 조사자료를 국세청장에게 제출하고 있다.

둘째, 위 종합대책에 따라 긴급조치를 도입하였다. 불공정거래 조사사건 중 수사기관의 강제수사가 필요한 긴급 중대한 사건을 신속하게 검찰에 이첩하는 제도이다. 동 제도의 도입에 따라 일반사건과는 차별적으로 중대사건을 신속하게 검찰에 이첩할 수 있게 됨에 따라 조사 · 수사기간의 단축 및 사건의 신속한 처리가 가능해졌다.

셋째, 금융감독원은 금융위원회와 함께 유죄 확정판결을 받은 상습전력자를 신용정보집중기관에 '금융질서 문란행위자'[41]로 통보하여 경제적 불이익을 받게 하는 방안의 도입을 검토 중이다.[42] 상습전력자가 신용정보집중기관에 금융질서 문란행위자로 등록되면 금융회사들이 동 정보를 신용도 판단정보로 공유하여 신용등급 하락, 카드거래 정지, 신규대출 불가 등 경제적 불이익을 부과할 수 있게 된다.

넷째, 간접적인 제재수단으로 불공정거래에 대한 민사책임 확대를 들 수 있다. 불공정거래로 인해 피해를 입은 투자자가 보다 손쉽게 손해배상을 청구할 수 있는 법적 장치를 마련하는 일이다. 우리나라의 경우 투자자의 손해배상청구가 거의 이루어지지 않고 있다. 증권 관련 집단소송의 요건이 까다로워 집단소송을 제기하기 어려울 뿐만 아니라 집단소송을 제기한다 하더라도 증권 관련 투자자가 손해배상청구와 관련된 증거를 취득하기 어렵기 때문이다. 이러한 문제점을 해결하기 위해 최근 금융당국에서 불공정거래 피해구제소송 지원방안을 긍정적으로 검토하고 있을 뿐만 아니라 국회에서도 집단소송요건을 완화하는 증권 관련 집단소송법 개정안을[43] 심의 중에 있다. 이러한 노력들이 좋은 결실을 맺을 때 피해자의 손해배상 청구제도는 그 실효성을 더할 수 있게 될 것이다.[44]

---

41) 금융질서 문란행위자는 대출사기, 보험사기 등 거짓이나 그 밖의 부정한 방법으로 금융거래 등 상거래와 관련하여 금융질서를 문란하게 한 자를 의미한다(신용정보의 이용 및 보호에 관한 법률 시행령 제28조 제11항).

42) 신용정보의 이용 및 보호에 관한 법률의 하위규정인 신용정보업감독규정을 개정하여 상습 불공정거래자를 '금융질서 문란행위자'에 추가하는 방안이다.

43) 동 개정안의 주요 내용은 남소방지요건 중 '대표 당사자 및 소송 대리인'요건 삭제, 손해배상의 대상 확대, 법원의 금융당국에 대한 기록 제출 · 송부요구권 강화, 소송허가결정에 대한 즉시항고에 대해 집행정지의 효력을 인정하는 조항 삭제 등이다(채이배 국회의원 대표 발의, 법제사법위원회 계류 중).

44) 2018년 3월 자본시장법(제175조, 제177조 및 제179조의 각 제2항)이 개정되어 불공정거래행위자에 대한 손해배상청구의 소멸시효가 '안 날로부터 1년간 또는 그 행위가

그러나 현 시점에서 무엇보다 중요한 것은 불공정거래 혐의자에 대하여 현 실정법상 가능한 법적 제재를 엄중히 부과하는 일이다. 증권시장을 교란한 자에게는 사회적 법익을 침해한 대가를 지불할 수 있도록 최종 법 집행자인 법원의 엄중한 형사적 심판이 필요하다. 법원은 양형위원회가 제정한 양형기준에 따라 형을 선고한다. 증권시장 교란사범에 대해서는 양형기준을 높이는 방안을 검토하거나, 현 양형기준을 그대로 적용하더라도 양형기준 적용에 따라 형성된 구간에서 가급적 높은 형을 선고할 필요가 있다. 형사재판에서 요구하는 엄격한 증명을 충족하였음에도 종국에 가벼운 형사처벌을 받게 된다면, 불공정거래 혐의자의 재범을 차단할 수 없게 된다. 왜냐하면 불공정거래로 얻게 될 이익이 재판에 따른 불이익을 상쇄하고도 남음이 있기 때문이다. 따라서 심리 · 조사 · 수사 · 재판기관은 증권범죄의 반시장적 중대성을 충분히 고려하여 엄중한 처벌이 가능하도록 수시로 교류하며 공감대를 형성해 나갈 필요가 있다.

4. 예방 활동의 강화

불공정거래를 억제하기 위해서는 혐의자에 대한 제재를 엄중히 하는 것이 중요하지만, 그에 못지않게 효과적인 예방 활동을 전개하는 것도 중요하다. 가장 효과적인 예방 활동은 엄정한 조사, 수사, 재판을 통해 '주가조작은 반드시 처벌된다'는 메시지를 시장에 알려 주는 것이다. 하지만 거꾸로 시장에 참여하는 투자자들 또한 주식투자의 최종책임은 투자자 본인에게 있다는 사실을 잘 인식하여야 한다. 투자자들은 공시자료 · 회

있었던 날로부터 3년간'에서 '안 때로부터 2년간 또는 그 행위가 있었던 때로부터 5년간'으로 연장되었는데, 이 또한 증권 관련 집단소송의 활성화에 보탬이 될 것으로 기대한다.

사 재무제표 · 기업설명회 등을 통해 투자대상 기업의 내재적 가치를 객관적으로 평가하고, 가급적 금융투자업자의 조언을 받아 주식투자를 하여야 한다. 검증되지 않은 과장광고 · 허위정보 등에 현혹되어 함부로 추종매수를 하거나, 불공정거래 혐의자들의 꾐에 빠져 큰돈을 벌 욕심으로 자금이나 계좌를 빌려주는 일이 없도록 하여야 한다. 그럼에도 불구하고 외국에 비해 일반투자자의 비중이 높은 우리나라 주식시장에서는 이러한 일이 적지 않게 발생하고 있다. 예방 활동 강화를 위해 필요한 사항을 몇 가지 살펴본다.

첫째, 시장의 이상거래에 즉시 대응이 가능할 수 있도록 시장감시 활동을 강화하여야 한다. 한국거래소의 시장감시본부나 금융감독원의 자본시장조사국 시장정보분석팀이 이러한 역할을 하고 있다. 이상거래나 불공정거래의 의혹이 발생하고 그에 따라 일반투자자의 막대한 손해가 발생할 가능성이 있다면, 적시에 투자자(소비자) 경보[45]를 통해 일반투자자의 신중한 투자를 유도할 필요가 있다.

그런데 시장의 규모가 점차 커짐과 함께 불공정거래의 양태가 다양해지고 그 수법이 고도화 · 복잡화되면서 신속한 감시 활동을 하기가 쉽지 않아지고 있다. 시장정보의 공유 등 관계기관의 공조를 더욱 강화하고 시장감시시스템을 한층 개선해 나가야 할 것이다.

둘째, 보도자료(투자자 유의사항) 배포와 기관 홈페이지 게재 등을 통해 불공정거래의 양태와 적발 사례를 수시로 시장에 안내하고, 상장회사 관계자 등에 대한 교육활동을 더욱 활성화하여야 한다. 일반투자자에게 투자 시 유의사항을 홍보하고 최근의 불공정거래의 양태를 소개함으로써,

---

45) 금융감독원 자본시장조사국은 2017년 4월 허위정보가 담긴 메시지가 대량으로 유포되는 사건이 발생한 후, 문제의 심각성을 확인하고 같은 해 5월 소비자경보를 발령하여 일반투자자의 주의를 촉구한 바 있다.

일반투자자가 보다 신중한 투자를 할 수 있도록 도와주는 것이 필요하다. 또한 상장회사 및 금융투자업자 준법감시인에게 정기 또는 수시 교육을 실시함으로써, 그들이 불공정거래의 심각성을 인식하고 소속기관의 내부통제에 최선을 다하도록 유도하는 것 또한 중요하다.[46)]

5. 제보활성화 유도

불공정거래의 고도화 · 복잡화에 따라 조사 · 수사기관이 모든 불공정거래의 전모를 밝히기는 어려우며, 밝힐 수 있다 하더라도 너무나 긴 시간이 소요된다. 내부자고발이 절실히 필요한 이유이다. 내부자고발의 활성화를 유도하기 위해서는 2가지 조건이 필요하다. 첫째는 내부자에 대한 두터운 보호이고, 둘째는 제보에 대한 인센티브 제공이다.

자본시장법은 신고자 보호를 위해 증권선물위원회는 신고자 등의 신분 등에 관한 비밀을 유지하여야 하고, 신고자 등이 소속된 기관 · 단체 또는 회사는 그 신고자 등에 대하여 그 신고 또는 제보와 관련하여 직접 또는 간접적인 방법으로 불리한 대우를 하지 못한다고 규정하고 있다(제435조 제4항 및 제5항). 공익신고자를 두텁게 보호하기 위해 마련된 법률이 공익신고자보호법인데, 2017년 10월 자본시장법을 공익신고자보호법의 공익침해행위의 대상법률로 포함하는 공익신고자보호법 개정이 이루어짐으

46) 금융감독원은 2016년 19회, 2017년 22회에 걸쳐 상장회사대상 증권시장 교란행위 예방교육 및 「내부자거래 등 불공정거래 예방을 위한 유의사항」 통보를 실시하였다, 또한 한국거래소는 2016년 3월 30일 상장법인대상 불공정거래 예방활동을 위해 상장법인 대표기구들과 다자간 업무협약(참여기관 : 한국거래소 시장감시위원회, 한국상장회사협의회, 코스닥협회, 코넥스협회, 한국IR협의회 ; 주요내용 : 상장법인 임직원 대상 불공정거래 예방교육 및 지원, 불공정거래 예방 교육프로그램 공동개발 및 이용 등)을 체결한 바 있다.

로써 2018년 5월부터 자본시장법 위반행위의 제보자도 공익 신고자로서 공익신고자보호법이 보장하는 두터운 보호를 받을 수 있게 되었다.

또한 금융위원회는 신고자 · 제보자에게 포상금을 지급할 수 있고, 접수된 신고 또는 제보가 불공정거래행위 등의 적발이나 그에 따른 조치에 도움이 되었다고 인정되는 경우에는 20억 원의 범위에서 금융위원회가 정하여 고시하는 기준에 따라 신고자 등에게 금융감독원장으로 하여금 금융감독원의 예산의 범위 내에서 지급하게 할 수 있다(자본시장법 제435조 및 동법 시행령 제384조 제8항). 2013년 불공정거래 신고 포상금의 1건당 최고금액이 1억 원에서 20억 원으로 증액되었는데, 이 또한 제보활성화를 위한 노력의 하나라고 볼 수 있다.[47)]

V. 결어

불공정거래의 현황과 과제를 간략하게 살펴보았다. 시장으로부터 불공정거래를 지키는 것은 특정인이나 특정기관만이 할 수 있는 일이 아니다. 증권시장의 공정성과 투명성을 강화하여 증권시장 발전을 도모하는 것은 금융당국은 물론 시장참여자 모두의 바람이고 책무이다. 위에서 언급한 과제들이 하나씩 해결되어 한국 증권시장이 더욱 공정하고 투명하게 선진화되기를 바란다.

---

47) 금융감독원은 지난 5년간(2012~2016) 특정인의 불공정거래혐의를 구체적으로 적시한 총 30건의 제보에 대하여 3억 5,665만 원(1건당 1,189만 원)의 포상금을 지급하였다.

제2부

미공개중요정보 이용행위

03

미공개중요정보 이용행위 규제 개관*

—성립요건을 중심으로—

안수현**

I. 서론

현행 자본시장과 금융투자업에 관한 법률(이하 '자본시장법')은 자본시장에서의 정보의 평등과 공정한 거래 및 투자자 보호를 위하여 특정증권등을 발행하는 상장회사의 내부자 등에 대하여 당해 법인과 관련되어 생성되는 정보에 있어서 직간접적으로 유리한 입장에 있음을 감안하여, 이들에게 투자자의 투자판단에 중대한 영향을 미칠 수 있는 공개되지 않은 정보의 이용을 엄격하게 규제하고 있다. 2009년 자본시장법 시행 이후 종전 구 증권거래법에 비해 내용 면에서 많은 변화를 가져왔고 이후에도

* 이 논문은 "불공정거래 규제법제의 현황과 과제 : 2011년 자본시장법 개정안의 평가를 포함하여"〔BFL 제50호(2011. 11), 서울대학교 금융법센터〕를 최신화하고 일부 수정 · 보완한 것이다.

** 한국외국어대학교 법학전문대학원 교수

지속적으로 규제의 수위를 높이고 있다.

더욱이 현재 상장회사의 미공개중요정보를 직접 이용하거나 타인에게 이용하게 하는 행위는 자본시장법상 형사처벌 외에도 과징금부과 처분의 위법행위로 하고 있다. 2015년 7월 1일 시장질서 교란행위제도의 도입으로 기존 형사처벌 대상에서 제외되었던 2차 이상 다차 정보수령자에 대해서도 과징금이 부과되기 때문이다.[1] 따라서 간접적으로 미공개중요정보를 전달받은 2차 이상 다차 정보수령자도 행정제재로서 부당이득의 1.5배(동 금액이 5억 원 이하인 경우에는 5억 원 한도) 이하의 과징금이 부과될 수 있다.[2] 이는 모바일 등을 이용한 정보의 전달수단의 발달로 내부자 등으로부터 전달받은 다차의 정보수령자가 많이 발생하고 있는 현실에서 유용한 조치로 평가된다.[3]

그러나 이처럼 법적 정비나 불공정거래행위의 조기차단과 조사를 위한 규제체계의 개편이 이루어졌음에도 불구하고 미공개중요정보를 생성 · 생산하는 주권상장법인(그 계열회사 포함)의 임직원들의 내부자거래는 줄지 않고 오히려 증가 추세를 보이고 있다. 그러한 이유에 대해서는 상장법인의 임직원의 미공개중요정보 이용행위 규제에 대한 인식 내지 내부통제가 제대로 확립되어 작동하고 있지 못하기 때문이라는 지적이 있다.

---

1) 내부자 등으로부터 정보를 직접적으로 수령받은 자가 아닌 2차 이상의 다차 정보수령자에 대한 규제규정인 (i) 정보이용형 시장질서 교란행위, (ii) 지속적이나 반복적인 허수호가행위 등이 아니어서 불공정거래에 이르지는 않지만 불건전거래행위로 추정될 수 있는 시세조종행위를 규제하는 시세조종형 시장질서 교란행위를 규제할 목적으로 도입된 자본시장법 제178조의2는 시장의 건전성과 투명성 제고에 일조할 것으로 기대되고 있다.

2) 2016년 12월 3차 정보수령자에 대한 최초로 과징금이 부과된 후 2017년 5월 2~5차 정보수령자 14명에 대해 총 24억 원의 과징금이 부과되었다.

3) 이외에도 그간 자본시장법 제174조로 규제하기가 어려웠던 내부정보를 이용한 행위뿐 아니라 시장정보, 언론정보, 정책정보 등을 이용하는 경우에도 자본시장법 제178조의2로 규제가 가능하다.

이하에서는 이러한 인식에 터 잡아 상장법인의 임직원에 대한 미공개중요정보 이용행위에 대한 인식 및 교육 차원에 이용될 수 있도록 불공정거래행위 중 특히 미공개중요정보 이용행위의 성립요건에 대하여 개괄적으로 살펴보기로 한다.

II. 미공개중요정보 이용행위 적발현황

대표적인 미공개중요정보 이용행위 적발기관인 금융감독원이 발표한 자료에 의하면 과거 5년간(2012~2016) 동 기관에서 미공개중요정보 이용행위를 적발하여 처리한 사건은 총 204건으로, 위반자는 총 566명으로 집계되었다.

〈표 1〉 금융감독원의 미공개중요정보 이용 사건 처리현황*

(단위 : 건, 명)

	2012년	2013년	2014년	2015년	2016년	계
처리 사건 수	53	40	37	34	40	204
위반자 수	140	85	111	95	135	566

* 출처 : 금융감독원 보도자료, 미공개중요정보 이용사건 처리현황 및 투자자유의사항 : 누구나 상장회사의 내부자가 될 수 있습니다(2017. 6. 26).

금융감독원이 검찰로 이첩한 불공정거래사건 중 미공개정보 이용혐의사안이 가장 많은 것으로 나타나고 있는데 2014년 26.7퍼센트, 2015년 38.2퍼센트, 2016년 32.6퍼센트, 2017년 45.5퍼센트로 최근 지속적으로 증가 추세를 보이고 있다. 이러한 금융감독원의 조사결과는 검찰 수사의 중요단서로 활용된다.

특히 미공개중요정보 이용행위로 적발된 내부자의 수는 전반적으로 감소하고 있는 반면, 준내부자의 수는 2013년 이후 증가 추세로 나타나고 있다. 2016년에는 준내부자 및 준내부자로부터 정보를 수령한 자들의 위반행위 적발이 크게 증가하였는데, 최대주주 변경과정(주식 대량취

〈표 2〉 금융감독원의 검찰고발 · 통보 사건의 위반유형*

(단위 : 건)

구분	2015년	2016년	2017년	전년 대비 증감	
미공개정보이용	34	39	35	△ 4	(△10.3%)
시세조종	27	34	22	△12	(△35.3%)
부정거래	11	16	10	△ 6	(△37.5%)
5% 보고 위반 등	17	15	10	△ 5	(△33.3%)
합계	89	104	77	△27	(△26.0%)

* 출처 : 금융감독원 보도자료, 2017년 자본시장 불공정거래 조사현황 및 투자유의사항 (2018. 2. 5).

〈표 3〉 위반자유형별 현황*

(단위 : 명)

	2014년	2015년	2016년	2017년	전년 대비 증감
내부자	60	49	43	54	+11
대주주	4	10	10	4	△6
임직원	44	36	28	42	+14
기타	12	3	5	8	+3
준내부자**	14	17	36	20	△16
1차 정보수령자	37	29	56	23	△33
계	111	95	135	97	△38

* 출처 : 금융감독원 보도자료, 2017년도 자본시장 불공정거래 주요 적발사례 및 투자유의사항(2018. 2. 5).

** 상장회사와 계약을 체결 · 교섭하고 있는 자 등으로서 계약 체결 · 교섭 · 이행과정에서 당해 상장회사의 미공개중요정보를 알게 된 자(법인인 경우 그 소속 임직원 포함).

득 · 처분, 제3자배정 유상증자 등)에서 매매계약 중개인 · 유상증자 참여자 등 준내부자가 미공개중요정보를 이용한 사례가 다수 적발되었다.

최근 5년간('17~'21)도 마찬가지로 미공개정보이용 불공정거래 현황을 보면 증권선물위원회에 상정 · 의결된 불공정거래 사건중 미공개중요정보이용행위가 119건으로 가장 높은 비중(43.4%)을 차지하고 있다.[4)]

III. 자본시장법상 미공개중요정보 이용행위 규제 개관 : 성립요건을 중심으로

1. 규제 연혁 및 특징

(1) 규제 연혁

2007년 자본시장법이 제정되면서 구 증권거래법 제188조의2에서 "미공개정보 이용행위"라고 하던 것이 "미공개중요정보 이용행위 금지"로 변경되었고 규제대상자 및 규제대상인 증권의 범위가 확대되었다. 아울러 2009년 자본시장법 개정을 통해 이용 금지대상을 보완하였는데 공개매수, 주식 등의 대량취득 · 처분에 관한 미공개중요정보를 공개매수자 및 대량취득자 · 처분자 본인이 이용하거나 타인에게 이용하게 하는 행위가 금지되어 있지 아니하여 처벌하지 못하는 문제가 제기되었다. 이를 감안하여 개정을 통해 이 공개매수자 및 대량취득자 · 처분자 본인을 해당 거

---

4) 금융위원회, 내부자거래 사전공시제도 도입방안 마련– 상장회사 내부자의 주식 거래시 사전 공시하여 일반투자자를 두텁게 보호하고 시장거래질서를 확립하겠습니다.–, 2022. 9.8

래에 관한 미공개중요정보의 이용행위 금지대상으로 규정하였다. 이후 2013년 자본시장법을 개정하여 합병 등을 통해 우회상장하려는 기업의 미공개중요정보를 이용하는 행위도 불공정거래행위로 처벌할 수 있도록 하였고, 2018년 3월 27일 개정된 자본시장법에서는 미공개중요정보 이용행위의 대상범위를 확대하는 외에 처벌 관련 규정을 강화하는 조치 및 적발 후 기소까지의 기간이 장기화됨에 따라 실질적 구제가 어려워지는 것을 감안하여 손해배상청구권이 상실되지 않도록 시효를 확대하는 조치가 함께 마련되었다. 전반적으로 불공정거래행위에 대한 규제조치는 지속적으로 강화되는 움직임을 보이고 있는데, 이는 여전히 불공정거래행위가 근절되지 않고 오히려 증가하는 추세가 있음을 반영한 것이라고 이해된다. 특히 상장회사 임원등 내부자의 대량 주식 매각으로 주가가 급락한 사례가 빈번히 발생하면서 투자자 불만과 사회적 우려가 크다. 이를 문제로 인식해 2022년 9월 정부의 내부자거래 사전공시제도 도입방안이 발표되었고 정부안과 기발의된 입법안(이용우의원 대표발의)을 반영한 자본시장법 개정안이 2023년 12월 28일 국회에서 통과되었다.[5)]

(2) 미공개중요정보 이용행위 규제의 특징

구 증권거래법하에서의 미공개정보 이용행위 규제는 내부자에 의한 규제를 중심으로 하였으나, 자본시장법에서는 기본적으로 "회사관계자"를 중심으로 하되 이를 보완·개선하였다는 점이 가장 큰 특징이다. 즉 구 증권거래법에서 제외되는 증권과 내부자의 범위가 추가·확대되었으며,

---

5) 금융위원회, 일반투자자를 두텁게 보고하고, 자본시장의 공정성을 높이는 내부자거래 사전공시제도가 도입됩니다. 보도자료, 2023.12.28

실무에서 공개매수 등 기업경영권에 영향을 미치는 주식의 대량취득 · 처분과 관련하여 미공개정보 이용행위가 많음을 고려하여 규제행위에 추가되었다. 이외에도 미공개중요정보 이용행위 금지에 관한 규제공백을 없애는 조치들이 지속적으로 시행되었다.

2. 내부자거래 규제내용

(1) 요건

자본시장법 제174조 제1항에서는 "(i) 일정한 요건을 갖춘 회사 내부자 등은 (ii) 상장법인의 업무 등과 관련된 미공개중요정보를 (iii) 특정증권 등의 매매, 그 밖의 거래에 (iv) 이용하거나 타인에게 이용하게 하여서는 아니 된다"고 규정하고 있다.

1) 내부자의 범위

내부자거래 규제의 대상은 크게 내부자(준내부자 포함. 내부자 및 준내부자에서 퇴직 후 1년 미경과자)와 이들로부터 받은 정보수령자로 구분된다.

자본시장법은 구 증권거래법의 법문상 내부자에 해당하지 않아 처벌하지 못한 (i) 계열회사, (ii) 당해 법인과 계약 체결을 교섭 중인 자, (iii) 주요주주나 준내부자의 대리인이 법인인 경우 그 임직원 및 대리인 등을 규제대상자에 추가하였다(제174조 제1항 제1호, 제2호 및 제4호). 임원에 대해서도 이사 · 감사로 정의하고(자본시장법 제9조 제2항), 직원에는 임시직원과 시간제직원도 포함시키고 있다. 여기에 내부자 또는 준내부자의 지위에 해당하는 자에 해당하지 아니하게 된 날로부터 1년 미경과자도 규제대상으로 하고 있다.[6] 요컨대 자본시장법상 다음의 자는 상장법인의 업무 등과 관련하여 취득한 미공개중요정보를 이용하지 못한다(제174조 제1항).

> 1. 그 법인(그 계열회사를 포함한다. 이하 이 호 및 제2호에서 같다) 및 그 법인의 임직원·대리인으로서 그 직무와 관련하여 미공개중요정보를 알게 된 자
> 2. 그 법인의 주요주주로서 그 권리를 행사하는 과정에서 미공개중요정보를 알게 된 자
> 3. 그 법인에 대하여 법령에 의한 허가·인가·지도·감독, 그 밖의 권한을 가지는 자로서 그 권한을 행사하는 과정에서 미공개중요정보를 알게 된 자
> 4. 그 법인과 계약을 체결하고 있거나 체결을 교섭하고 있는 자로서 그 계약을 체결·교섭 또는 이행하는 과정에서 미공개중요정보를 알게 된 자
> 5. 제2호부터 제4호까지의 어느 하나에 해당하는 자의 대리인(이에 해당하는 자가 법인인 경우에는 그 임직원 및 대리인을 포함한다)·사용인, 그 밖의 종업원(제2호부터 제4호까지의 어느 하나에 해당하는 자가 법인인 경우에는 그 임직원 및 대리인)으로서 그 직무와 관련하여 미공개중요정보를 알게 된 자
> 6. 제1호부터 제5호까지의 어느 하나의 자(제1호부터 제5호까지의 어느 하나의 자에 해당하지 아니하게 된 날부터 1년이 경과하지 아니한 자를 포함한다)로부터 미공개중요정보를 받은 자

2) 직무 관련성

한편 자본시장법은 내부자가 정보를 알게 된 것이 자신의 직무와 관련성이 있을 것을 요하고 있다. 다만 직무나 권한·계약관계에 따라 정보 지득경위를 구분하고 있는데, 예컨대 (i) 임직원 대리인은 그 직무와 관련하여, (ii) 주요주주는 그 권리를 행사하는 과정에서, (iii) 법령상의 권한을 가진 자는 그 권한을 행사하는 과정에서, 계약을 체결하고 있거나 체결을

---

6) 물론 이 경우에도 직무와 관련하여 또는 권리를 행사하는 과정에서 미공개중요정보를 알게 된 자이어야 하고, 퇴임 후 알게 된 때에는 정보수령자에 해당하지 않는 한 규제대상이 아니다.

교섭하고 있는 자는 그 계약을 체결·교섭 또는 이행하는 과정에서 그 직무와 관련하여 미공개중요정보를 알게 될 것을 요구하고 있다.

통상 금융감독원 조사실무에서 "직무 관련성"요건이 자주 문제 되나, 현재 이에 관하여 확립된 이론이나 판례는 없는 실정이다. 내부정보면 대부분 직무 관련성요건을 충족한다고 보는 견해도 가능할 것이나 경로상 해당 정보에 접근할 수 있는 우월한 지위 내지 접근수단을 보유하면 충족한다고 보아야 할 것이다.[7]

한편 주요주주의 경우 '권리 행사과정'에서 알게 될 것을 요구하는 것과 관련하여 구체적인 권리 행사인지 아니면 주요주주라는 지위에서 정보를 지득할 수 있는 것인지 견해가 나뉘어 있다. 동법에서 주요주주를 넓게 정의한 점을 고려할 때 구체적인 권리 행사로 제한하는 것은 부합하지 않고, 그 지위상 정보 지득 가능성이 매우 많음을 고려할 때 구체적인 권리행사로 한정할 필요는 없다고 보인다.

3) 정보수령자

정보수령자도 규제대상자이나 미공개중요정보 이용행위규제는 내부자로부터 직접 받은 '1차 정보수령자'만 규제한다(자본시장법 제174조 제1항 제6호). 다만 내부자가 어느 조직에 속하는 개인에게 정보를 제공하였으나, 실제로는 그 개인이 아니라 조직을 상대로 정보를 제공할 의도였던 경우에는 그 조직의 모든 구성원을 1차 정보수령자로 본다.

한편 주요주주로부터 주식을 인수하기로 계약을 체결한 자가 정보수령자에 해당하는지와 관련하여 법원은 내부자로부터 정보를 "받은" 자가 아니라 함께 "주요주주의 변동"이라는 '정보를 생산'한 자이므로 정보수령자

7) 자세한 것은 안수현, "자본시장법 시행 이후 불공정거래 규제변화와 과제," BFL 제40호 (2010. 3), 서울대학교 금융법센터, 72면.

가 아니라고 판시한 바 있다(대법원 2003. 11. 14. 선고 2003도686 판결 : 화승강업 판결). 그 때문에 자기생성정보의 경우 미공개중요정보 이용행위에서 제외될 가능성이 우려되었다. 이에 따라 자본시장법에서는 주식 등의 대량취득·처분에 관해 내부자거래규제 특칙이 적용되는 것으로 하였다(제174조 제3항).

4) 규제대상 증권 : '특정'증권

자본시장법 제174조 제1항에서 미공개중요정보 이용행위 금지대상을 "특정증권"이라고 규정하고, 특정증권 등은 내부자의 단기매매차익 반환에 관한 동법 제172조 제1항이 규정하는 '금융투자상품'으로 하는 규제방식을 취하고 있다. 이에 따라 자본시장법상 내부자거래가 금지되는 대상증권은 구 증권거래법보다 확대되어 당해 법인이 발행한 증권에 한정되지 않고 당해 법인과 관련한 증권을 기초자산으로 하는 증권은 물론 주식예탁증서(Depositary Receipts. 이하 'DR'), 교환사채권을 기초자산으로 하는 금융투자상품까지 확대되었다. 즉 특정증권은 다음과 같다(자본시장법 제172조).

(i) 그 법인이 발행한 증권〔대통령령으로 정하는 증권 제외. 즉 일반회사채, 수익증권, 파생결합증권(법 제172조 제1항 제4호의 파생결합증권 제외. 동조 제1항 제1호)〕
(ii) 그 법인이 발행한 증권(대통령령이 정하는 증권 제외)에 관련된 증권예탁증권(동조 제1항 제2호)
(iii) 그 법인 외의 자가 발행(타인 발행)한 것으로서 그 법인이 발행한 증권 또는 그에 관련된 증권예탁증권과 교환을 청구할 수 있는 교환사채권(동조 제1항 제3호)
(iv) 그 법인이 발행한 증권, 이에 관련된 증권예탁증권, 그 법인 외의 자가 발행한 증권 또는 그에 관련된 증권예탁증권과 교환을 청구할 수 있는 교환사채권을 기초자산으로 하는 금융투자상품(동조 제1항 제4호).

다만 채무증권, 수익증권, 일부 파생결합증권은 대상증권에서 제외되는데(자본시장법 시행령 제196조 제1~3호), 예컨대 일반사채는 내부자거래 규제에서 제외된다.[8] "그 법인이 발행한 증권"에는 신규발행 증권도 규제 대상으로 보아야 하며,[9] 증권과 그 DR은 경제적으로 차이가 없는 점에서 대상증권에 포함시키고 있다.

그 외 자본시장법은 위 (i)~(iii)까지의 증권만을 기초자산으로 하는 파생결합증권, 장내파생상품, 장외파생상품을 규제대상으로 하고 있어 해당 법인의 증권을 기초자산으로 하는 다른 법인이 발행한 교환사채, DR, 주식옵션, 주식선물 등이 포함된다. 이 거래들은 동일한 경제적 효과를 낳을 수 있음을 감안한 것이다.[10]

5) 내부정보

① 특징

미공개중요정보의 이용을 금지하는 경우 대상정보를 수시공시사항에 한정하는 것은 규제의 실효성이 떨어진다. 그 때문에 자본시장법에는 공시사항과 미공개정보 이용과의 관계가 없음을 분명히 밝히고, "중요정보"

---

8) 일반사채가 제외된 것은 입법상 문제라고 지적하고, 일반사채를 제외하게 된 이유는 내부자거래의 대상증권을 규정하면서 단기매매차익 반환대상증권을 정하는 기준인 "특정증권 등"의 개념을 원용하였기 때문이라는 지적이 있다. 이에 대해서는 김건식 / 정순섭, 자본시장법, 박영사, 2011, 326면. 일반사채를 이용한 내부자거래가 불가능하지 않음을 고려하여 포함할 필요가 있다.

9) 임재연, 자본시장법, 박영사, 2009, 734면.

10) 그런데 경제적 효과가 동일하다는 논거에서 "주로" 본문의 (i)~(iii)의 증권을 기초로 만든 금융투자상품을 내부정보를 이용하여 거래하는 것도 규제할 필요가 있다는 견해가 있다. 이러한 견해로는 김건식 / 정순섭, 앞의 책(주 7), 327면. 그러나 이러한 견해에 대해서는 경제적 효과가 거의 유사할 수 있으나, 반드시 동일하지 않은 점에서 형사처벌을 전제로 한 규정을 적용하기 어렵다고 본다.

란 "투자자의 투자판단에 중대한 영향을 미칠 수 있는 정보"로서 대통령령이 정하는 바에 따라 다수인이 알 수 있도록 공개되기 전의 것으로 포괄적으로 정의하여 규율하고 있다.

② '상장법인'의 '업무 등'에 관한 정보

'상장법인에 관한 정보'라고 규정하고 있어 비상장법인의 증권을 거래하는 경우 규제대상에서 제외되나, "6개월 이내에 상장하는 법인"과 "6개월 이내에 상장법인과의 합병, 주식의 포괄적 교환, 그 밖에 대통령령으로 정하는 기업결합방법에 따라 상장되는 효과가 있는 비상장법인을 포함하고 있다. 특히 우회상장을 예정하고 미공개정보를 이용하는 경우가 많아 이에 대한 규제가 포함되었는데, 종전 규정으로는 합병관계자가 당사자인 비상장법인의 주식을 사전에 매수하여 이익을 취하는 것을 막지 못하기 때문에 상장법인은 아니지만 상장법인과 합병이 예정되어 있는 법인의 정보를 이용하는 경우를 규제하기 위함이다. 그 밖에 대통령령으로 정하는 기업결합방법이란, (i) 상장법인이 비상장법인으로부터 자본시장법 제161조 제1항 제7호에 해당하는 중요한 영업을 양수하고 그 대가로 해당 상장법인이 발행한 주식 등을 교부하는 경우, 또는 (ii) 상장법인이 비상장법인의 대주주 등으로부터 자본시장법 제161조 제1항 제7호에 해당하는 중요한 자산을 양수하고 그 대가로 해당 상장법인이 발행한 주식 등을 교부하는 경우, 내지 (iii) 비상장법인의 대주주 등이 상법 제422조에 따라 상장법인에 현물출자를 하고 그 대가로 해당 상장법인이 발행한 주식 등을 교부하는 때에 해당하는 경우로, 그 결과 비상장법인의 대주주 또는 그의 특수관계인이 상장법인의 최대주주가 되는 방법을 말한다(자본시장법 시행령 제201조 제1항 제1~3호).

한편 대상이 되는 정보는 그 법인의 "업무 등과 관련한 정보"여야 한다. "업무 등"과 관련된 정보라는 점에서 업무와 직접 관련되는 정보뿐 아니라 간접적으로 관련되는 정보도 포함된다.[11] 다만 내부자의 유형에 따라 규제대상인지 여부에는 차이가 있다. 예컨대 이하 (i)~(iv)의 유형이 내부자거래유형에 포섭됨에는 이견이 없다.[12]

(i) 모회사 A의 임직원이 모회사 A의 미공개 중요내부정보를 이용하여 모회사 A의 주식 거래 (ii) 자회사 B의 임직원이 자회사 B의 미공개 중요내부정보를 이용하여 자회사 B의 주식 거래 (iii) 모회사 A의 임직원이 자회사 B의 미공개 중요내부정보를 이용하여 자회사 B의 주식 거래 (iv) 자회사 B의 임직원이 모회사 A의 미공개 중요내부정보를 이용하여 모회사 A의 주식 거래

반면 이하의 (v)~(viii)의 경우 규제대상에 포함되는지 여부는 명확하지 않다. 다만 (v)와 (vi)의 경우 자회사에 관한 정보는 재산상태나 영업성적에 모회사가 직접 영향을 받는다고 볼 정도라면 모회사에 관한 정보라고 볼 수 있고,[13] 자회사 임직원과 모회사 임직원 모두 규제대상에 포함되므로 규제대상에 포함하는 데 문제가 없다.

(v) 자회사 B의 임직원이 자회사 B의 미공개 중요내부정보를 이용하여 모회사 A의 주식 거래

11) 임재연, 앞의 책(주 8), 760면.

12) 내부자거래규정의 자세한 분석에 대해서는 조인호, "자본시장과 금융투자업에 관한 법률상 내부자거래 규제규정에 관한 소고," 상사판례연구 제23집 제3권(2010), 한국상사판례학회, 210면 이하 참조.

13) 두 회사 간에 밀접한 거래관계(대규모 납품계약 체결)나 자금관계(보증관계로 인한 연쇄부도 발생 가능성)가 있는 경우, 사안에 따라서 계열회사의 정보가 동시에 해당 상장법인의 정보로 될 수 있을 것이라는 견해로는 임재연, 앞의 책(주 8), 760면.

(vi) 모회사 A의 임직원이 자회사 B의 미공개 중요내부정보를 이용하여 모회사 A의 주식 거래

반면 (vii)과 (viii)의 경우는 명확하지 않다.

(vii) 모회사 A의 임직원이 모회사 A의 미공개 중요내부정보를 이용하여 자회사 B의 주식 거래
(viii) 자회사 B의 임직원이 모회사 A의 미공개 중요내부정보를 이용하여 자회사 B의 주식 거래

③ 시장정보

"업무 등과 관련된 미공개중요정보"라고 하고 있어 특정증권 등에 대한 가격에 영향을 줄 수 있으나 업무와 관련이 없는 경우, 예컨대 시장정보는 내부정보가 될 수 없다. 다만 자본시장법은 공개매수정보와 주식 등의 대량취득 · 처분정보를 이용한 거래에 대하여 별도 규정에서 내부자거래로 보고 규제하고 있다(제174조 제2항 및 제3항).

④ 중요정보

자본시장법은 미공개중요정보를 "투자자의 투자판단에 중대한 영향을 미칠 수 있는 정보"라고 규정하여(제174조 제1항) 포괄적으로 규율하고 있다. 투자판단에 중대한 영향을 미칠 수 있는 정보란, "합리적인 투자자라면 그 정보의 중대성과 사실이 발생할 개연성을 비교 · 평가하여 판단할 경우 유가증권의 거래에 관한 의사를 결정함에 있어서 중요한 가치를 지닌다고 생각하는 정보"(대법원 1994. 4. 26. 선고 93도695 판결) 내지 "합리적인 투자자가 당해 유가증권을 매수 또는 계속 보유할 것인가 아니면 처분할 것인지를 결정하는 데 있어서 중요한 가치가 있는 정보, 바꾸어 말하면 일반투자자들[14]이 일반적으로 안다고 가정하는 경우 당해 유가증권의 가격에 중대한 영향을 미칠 수 있는 사실"(대법원 1995. 6. 29. 선고 95도467 판결) 등으로 보고 있다. 이러한 투자자의 투자판단에 중대한 영향을 미칠 수 있는 정보는 반드시 객관적으로 명확하고 확실한 것에 한정되지 않으며(대법원 1994. 4. 26. 선고 93도695 판결),[15] 정보에 일부 허위 또는 과장된 부분이 포함되어 있다 하더라도 그것을 이유로 정보의 중요성 자체를 부정할 수는 없다(대법원 2010. 2. 25. 선고 2009도4662 판결).

⑤ 중요정보 생성시기

그런데 감독과 집행과 관련하여 미공개중요정보가 언제부터 생성된 것인지를 확정하는 것이 필요하고 필수적인데, 이를 위한 판단기준으로 법원은 "일반적으로 법인 내부에서 생성되는 중요정보란 갑자기 완성되는 것이 아니라 여러 단계를 거치는 과정에서 구체화되는 것으로서, 중요정보의 생성시기는 반드시 그러한 정보가 객관적으로 명확하고 확실하게 완성된 경우를 말하는 것이 아니라, 합리적인 투자자의 입장에서 그 정보의 중대성과 사실이 발생할 개연성을 비교·평가하여 유가증권의 거래에 관한 의사결정에서 중요한 가치를 지닌다고 생각할 정도로 구체화되면 그 정보가 생성된 것"이라고 본다(대법원 2008. 11. 27. 선고 2008도6219

14) 여기에서 합리적인 투자자란 반드시 증권에 문외한인 일반투자자만을 가리키는 것이 아니고 전문투자자도 합리적인 투자자의 범주에 포함된다고 보는 견해로는 임재연, 앞의 책(주 8), 755면.

15) 이러한 해석에 대하여 2가지 문제가 제기되고 있다. 첫째, 객관적으로 명확하고 확실한 것이 아닌 미공개정보를 이용하는 것이 죄형법정주의에 위반되는 것인가? 둘째, 미공개정보가 "객관적으로 명확하고 확실한 것이 아닌 정보"라 하더라도 그것이 "투자자의 투자판단에 중대한 영향을 미칠 수 있는 정보"라면 구성요건이 명확한 것인가? 이에 관해서는 박 준, "자본시장법상 불공정거래규제," 2010년 증권거래와 기업금융의 이해(법관연수자료), 2010. 4, 10면.

판결[16]). 즉 확정된 것에 제한되지 않고 예정된 경우도 중요정보에 해당될 수 있다. 사건별로 중요정보 생성시기를 정리하면 다음과 같다.

〈표 4〉 중요정보 생성시기 예

사업보고	그룹경영진에 대한 사업보고 시(대법원 2008. 11. 27. 선고 2008도6219 판결)
계약교섭	계약의 주요부분에 대한 합의(수원지방법원 2008. 8. 29 선고 2008고합112 판결)
무상증자	대표이사와 회장 겸 대주주 사이에 무상증자하기로 합의한 시점(서울중앙지방법원 2008. 12. 10. 선고 2008노303 판결)
이익소각	회사 내부에서 구체적으로 검토하고 있다는 정보(대법원 2009. 11. 26. 선고 2008도9623 판결)
어음의 부도	발행된 어음의 부도 처리가 확실시되는 때(대법원 2000. 11. 24. 선고 200도2827 판결)

⑥ '미공개'정보

(i) 공개방법

미공개인 내부정보란, 자본시장법상 "대통령령이 정하는 방법에 따라 불특정 다수인이 알 수 있도록 공개되기 전의 것"을 말한다(제174조 제1항). 다만 공개방법을 신문에의 게재, 방송, 거래소의 공시전달매체를 통한 공개에 한정하고 있다(자본시장법 시행령 제201조 제1항). 따라서 법상 제한적

16) 자사주에 대한 주가부양의 방법으로 "자사주 취득 후 이익소각방안"을 검토하고 있다는 내용의 정보를 제3자에게 제공한 사안에서 법원은 "2004년 1월 이미 정보가 현실화될 개연성이 충분히 있었다"는 판단을 전제로, 어느 회사에서 주가부양이 필요하다는 막연한 사실에 관한 주식시장의 인식과 회사 내부에서 실제로 그 방안을 구체적으로 검토하고 있다는 사실의 확인은 정보로서의 가치가 다르다고 할 것이므로, 합리적인 투자자라면 발행회사 내부에서 주가부양방법으로 "자사주 취득 후 이익소각"의 방안이 확정되지는 않았지만 구체적으로 검토되고 있다는 이 사건 정보를 발행회사 주식의 거래에 관한 의사결정의 판단자료로 삼기에 충분하다고 하여 정보 생성을 인정하였다.

으로 정한 방법 이외의 방법을 통해 공개하여도 여전히 미공개정보가 된다.

(ii) 주지기간

한편 미공개중요정보를 공개한 경우에도 주지기간이 있는데, 법령에 따라 금융위원회 또는 거래소에 신고되거나 보고된 서류에 기재되어 있는 정보의 경우 그 내용이 기재되어 있는 서류가 금융위원회 또는 거래소가 정하는 바에 따라 비치된 날로부터 1일, 금융위원회나 거래소가 설치·운영하는 전자전달매체를 통하여 정보가 공개되는 경우 공개 시로부터 3시간, 신문 등의 진흥에 관한 법률에 따른 일반일간신문 또는 경제분야의 특수일간신문 중 전국을 보급지역으로 하는 둘 이상의 신문에 그 내용이 게재된 정보의 경우 게재된 날의 다음 날 0시부터 6시간(다만 해당 법률에 따른 전자간행물의 형태로 게재된 경우에는 게재된 때로부터 6시간), 방송법에 따른 방송 중 전국에서 시청할 수 있는 지상파 방송을 통하여 그 내용이 방송된 정보의 경우 방송된 때부터 6시간, 뉴스통신진흥에 관한 법률에 따른 연합뉴스사를 통하여 그 내용이 제공된 정보의 경우 제공된 때부터 6시간을 주지기간으로 한다(자본시장법 시행령 제201조 제2항 제1~5호). 따라서 이러한 방법으로 공개되지 않는 경우와 일정 시간이 경과되지 않으면 정보가 공개되었다고 볼 수 없다.[17]

(iii) 공개주체

공개주체는 당해 법인과 그 법인으로부터 공개권한을 위임받은 자, 그 법인의 자회사와 그 자회사로부터 공개권한을 위임받은 자를 포함한다.

---

17) 판례도 이러한 취지에서 인수 후 개발 추진사실이 비록 일부 언론에 추측보도된 바 있다고 하더라도 관계법령에 따라 일반인에게 공개된 바 없는 이상 미공개중요정보에 해당한다고 하였다[대법원 2000. 11. 24. 선고 2000도2827 판결. 법원은 한국주강 사건에서 내부자가 부실공시에 따른 문제로 주가 급락을 예상하여 자신의 보유주식을 주지기간(24시간)이 경과한 후에 처분하여야 하였으나 동 주지기간 내에 처분함에 따라 이 거래는 내부자거래에 해당한다고 판시하였다].

그 때문에 유사한 내용이 이미 신문에 보도된 경우에도 회사가 직접 공개하거나 그 정보의 공개를 위임하지 않은 경우에는 내부자거래가 성립할 수 있다.[18)]

(iv) 상대거래에 대한 예외

공개시장에서의 거래가 아니라 거래 당사자 간 직접 협상에 의한 상대거래의 경우, 거래의 목적인 증권 관련 내부정보가 이미 거래 당사자에게 알려진 상태에서 거래가 이루어졌다면 자본시장법 시행령에 정한 방법에 의해 공개되지 않은 정보라도 미공개정보가 되지 않는다.[19)]

6) 금지행위

① 매매, 그 밖의 거래

금지행위는 미공개중요정보를 특정증권 등의 "매매, 그 밖의 거래에 이용하거나 다른 사람에게 이용하게 하는 경우"가 된다(자본시장법 제174조 제1항). 그 밖의 거래는 유상거래[20)]만을 의미하며 매매 외에 주식대차거래 담보설정 등과 같이 소유권 이전이 없는 행위도 포함된다.

② 이용행위

(i) 정보 이용

금지행위는 미공개중요정보를 "특정증권의 매매, 그 밖의 거래에 이용하거나 다른 사람에게 이용하게 하는 경우"가 된다(자본시장법 제174조 제1항). 매매거래 자체가 금지되는 것이 아니라 정보의 이용이 금지되는 것

18) 대법원 1995. 6. 29. 선고 95도467판결 '바로크가구'.
19) 대법원 2006. 5. 11. 선고 2003도4320 판결.
20) 반면 증여와 같은 무상계약은 성질상 규제대상이 아니라고 본다(변제호 / 홍성기 / 김종훈 / 엄세용 / 김유석, 자본시장법, 지원출판사, 2009, 51면).

이며, 문제 되는 미공개중요정보의 이용에는 거래는 물론이고 정보의 제공 등 다른 행위도 포함된다.

자본시장법은 내부정보의 이용을 요구하므로 "이용"했다고 하기 위해서는 정보보유자의 거래가 전적으로 내부정보 때문에 이루어진 것임을 입증할 필요는 없고, 단지 내부정보가 거래를 하게 된 '하나의 요인'이었다는 점을 입증하면 된다.[21)]

(ii) 정보를 이용하지 않은 거래

한편 정보 보유자가 하는 모든 거래가 금지되는 것은 아니고 정보와 관계없이 다른 동기에 의해 거래하는 것은 허용된다. 즉 내부자가 내부정보를 알고 있는 경우에도 그 내부정보를 이용하지 않은 특별한 사정을 반증으로 제시할 수 있다. 그러한 특별한 사정으로는 내부자가 내부정보를 취득하기 전에 이미 매매를 결심한 경우와 내부자가 불가피한 사정으로 거래를 할 수밖에 없는 경우가 있다.[22)] 그 외에 종전의 매매형태에 의하여 정보를 보유하였지만 이용하지 않았다는 것을 증명함으로써 책임을 벗어날 수 있다.[23)]

(iii) 타인에게 이용하게 하는 행위

그 외 자본시장법은 내부자가 직접 정보를 이용하는 경우뿐 아니라 타

21) 김건식 / 정순섭, 앞의 책(주 7), 327면.

22) 김건식 / 정순섭, 앞의 책(주 7), 328면.

23) 서울중앙지방법원 2008. 11. 27. 선고 2008고합236 판결. 이용행위를 인정하지 아니한 사례로 대법원 2008. 11. 27. 선고 2008도6219 판결에서 대법원은 "엘지카드 경영진은 지속적인 자금 부족 때문에 2003년 9월 22일 '추가 자본확충검토(안)'이라는 문건을 작성하면서 확정적으로 자본 확충을 시도하기로 결정하여 2003년 10월 20일 이사회에 보고하였고, 피고인 2는 위 이사회에 참석하여 이 사건 중요정보를 취득한 것으로 보이는데, 이미 위 피고인은 그전부터 동원증권과 일임매매에 관한 협의를 하여 2003년 10월 7일 동원증권과 일임매매약정을 체결한 다음 엘지카드 주식 전량의 매도를 진행하고 있던 상태였으므로 이 사건 중요정보를 이용하였다고 볼 수 없다"고 판시하였다.

인에게 이용하게 하는 행위도 금지하고 있다. 타인에게 이용하게 하는 행위가 되기 위해서는 정보 제공행위와 정보수령자의 정보 이용행위 간에 인과관계가 존재하여야 한다.

한편 다른 사람이 정보를 이용하여 증권을 거래할 가능성이 있음을 인식하면서 정보를 제공한 때 실제로 정보수령자가 이용하지 않더라도 내부자거래에 해당하는지에 관하여 해당한다는 견해[24]와 그렇지 않다는 견해[25]가 있다. 그러나 정보수령자가 거래를 하지 않은 경우라면 적발이 거의 어렵고, 거래 당사자 간의 정보비대칭문제가 없으므로 민형사상의 제재대상으로 삼기 어려운 측면이 있어[26] 규제대상에 포함시키는 것이 타당하다.

(2) 효과

위반 시 10년 이하의 징역 또는 그 위반행위로 얻은 이익 또는 회피한 손실액의 3배 이상 5배 이하에 상당하는 벌금에 처한다. 다만 내부자거래로 얻은 이익 또는 회피손실액이 없거나 산정하기 곤란한 경우 또는 그 위반행위로 얻은 이익 또는 회피한 손실액의 5배에 해당하는 금액이 5억 원 이하인 경우에는 벌금의 상한액을 5억 원으로 한다(자본시장법 제443조 제1항).

24) 김건식 / 정순섭, 앞의 책(주 7), 329면.
25) 임재연, 앞의 책(주 8), 772면.
26) 이러한 점 때문에 정보제공자의 이용하게 하는 행위는 정보수령자가 해당 정보를 이용하는 때에 기수가 되고 처벌대상이 되어야 한다고 한다[임재연, 앞의 책(주 8), 772면]. 반면 그러한 행위가 내부정보 보유자의 수를 증가시켜 결과적으로 불공정하게 이용될 가능성이 크다는 점에서 규제가 필요하다는 견해로는 김건식 / 정순섭, 앞의 책(주 7), 329면.

아울러 내부자거래로 얻은 이익 또는 회피한 손액이 5억 원 이상인 때에는 다음 구분에 따라 가중한다(자본시장법 제443조 제2항). 이익 또는 회피한 손실액이 50억 원 이상인 경우 무기 또는 5년 이상의 징역에 처하며, 이익 또는 회피한 손실액이 5억 원 이상 50억 원 미만인 경우 3년 이상의 유기징역에 처한다. 이 경우 10년 이하의 자격정지를 병과(竝科)할 수 있다(자본시장법 제443조 제3항).

한편 내부자가 중요정보를 이용하는 행위에 대해서는 가중처벌을 하고 있지만, 타인에게 중요정보를 이용하게 하는 행위에 대해서도 가중처벌 규정이 적용되는지 여부가 문제 되고 있다.

(3) 민사 손해배상책임

미공개중요정보 이용자는 해당 특정증권의 매매, 기타 거래 등을 한 자가 그 매매, 기타 거래와 관련하여 입은 손해를 배상하여야 하며(자본시장법 제175조 제1항), 배상청구는 청구권자가 위반사실을 안 때부터 2년, 그 행위가 있었던 때부터 5년 내에 청구하여야 한다(동법 동조 제2항). 이는 불공정거래행위 규제가 엄격하지만 적발에서 기소까지 소요되는 기간을 감안할 때 현행법에 규정된 손해배상시효를 연장할 필요가 있고, 위반행위에 대한 처벌수준도 강화할 필요가 있다는 지적을 수용하여 불공정거래행위에 대한 손해배상시효를 연장하고 위반행위에 대한 처벌수준을 강화할 목적에서 종래 위반사실을 안 때부터 1년, 그 행위가 있었던 때부터 3년 이내 청구하여야 하는 것으로 한 것을 2018년 3월 27일 자본시장법 일부 개정을 통해 소멸시효기간이 연장되었다. 아울러 이 위반행위들에 대해서는 증권집단소송법이 적용된다.

3. 공개매수 등의 특칙

(1) 의의와 특징

공개매수는 주가에 중대한 영향을 미치는 거래이기 때문에 그 정보를 이용한 내부자거래가 행해질 가능성이 높다. 그러나 공개매수의 실시나 중지에 관한 정보는 공개매수 대상회사의 내부정보가 아니다. 따라서 공개매수인의 내부자가 대상회사 증권을 거래하는 경우 내부자거래로 규제할 필요가 있다. 자본시장법에서는 공개매수에 대한 미공개정보 이용행위 금지조항을 별도 조항으로 독립시키면서 구 증권거래법과 같이 내부자거래로 보기 위한 미공개정보 이용행위 금지규정을 보다 자세히 마련하고 있다(제174조 제2항).

(2) 공개매수에 관한 미공개정보 이용 규제대상자

미공개중요정보 이용행위의 규제대상자의 확대에 수반하여 공개매수에 관한 미공개정보를 이용하는 규제대상자의 범위도 확대되었다(자본시장법 제174조 제2항). 특히 공개매수 예정자의 계열회사가 포함됨으로써 구 증권거래법상 규제되지 않은 자회사 등이 공개매수 대상법인의 주식을 매매하는 경우도 규제대상이 된다. 또한 30퍼센트 이상 지분을 가진 모회사가 자회사에 대하여 공개매수를 하는 경우 모회사의 자회사에 대한 특정증권의 매매뿐 아니라 계열회사인 자회사 및 자회사의 임직원 등의 자회사 주식에 대한 매매도 규제대상에 포함된다.

한편 공개매수자가 공매매수를 목적으로 거래하는 경우에는 내부자거래의 규제대상이 아니다(자본시장법 제174조 제2항 단서). 이와 관련하여 공개매수를 하는 자가 미리 공개매수의 준비를 위하여 행하는 이른바 "발판매수"나 다른 투자자가 공개매수자에게 다시 매도할 목적으로 우호지분을 미리 취득하는 "응원매수"가 가능한 것인지는 명확하지는 않다는 지적이 제기되었다. 즉 공개매수신고를 마친 공개매수자의 매수는 면제하되 공개매수 전 즉 공개매수 예정자도 면제되는지는 명확하지 않았다. '공개매수자' 정의규정에 의한다면 금지되는 것으로 해석되었다.[27] 이에 대해 실무에서는 공개매수 예정자의 공개매수 추진과 성공이 불확실해 거래를 위축시킬 수 있다는 문제를 제기하였다. 이를 감안하여 이후 자본시장법 개정을 통해 공개매수자를 공개매수 예정자로 변경하면서 공개매수 이후에도 상당한 기간 동안 주식 등을 보유하여 미공개중요정보 이용의 의도가 없는 경우 조건부로 공개매수 예정자의 발판매수가 허용되었다.[28] 따라서 적어도 공개매수 신고서에 공개매수 대상회사 발행 보유주식을 신고하지 아니하면 미공개중요정보 이용행위로 의심할 가능성이 크다.

한편 공개매수 예정자는 상장법인일 필요가 없다(자본시장법 제174조 제2항). 따라서 비상장법인의 내부자가 공개매수 대상기업의 주식을 거래하는 경우 내부자거래에 해당될 수 있다. 공개매수자의 내부자 또는 회사관계자가 공개매수 대상기업의 주식 등을 거래하는 경우, 공개매수 관련 내부자거래 특칙이 적용된다. 반면에 공개매수 대상회사의 내부자 또는 회사관계자가 공개매수 회사의 주식 등을 거래하는 경우에는 직무와 관련한 정보수령자로서 규제대상이 될 수 있다.

---

27) 김건식 / 정순섭, 앞의 책(주 7), 331면. 자세한 것은 안수현, 앞의 논문(주 6), 74면.
28) 김영록, "자본시장법상 미공개중요정보 이용행위와 법적 규제에 관한 고찰," 국제법무 제9집 제2호(2017. 11), 제주대학교 법과정책연구원, 38면.

(3) 공개매수에 관한 정보

공개매수에 관한 정보는 “주식 등에 대한 공개매수의 실시 또는 중지에 관한 정보”에 한한다. 즉 정보의 중요성은 요하지 않으며[29] 미공개정보에 한한다.

(4) 대상증권

대상증권은 공개매수의 대상인 “주식 등과 관련된 특정증권 등”을 말한다(자본시장법 제174조 제2항). “관련된 특정증권”이라고 할 경우 공개매수의 대상인 주식 등, 그 주식 등을 예탁대상으로 하는 증권예탁증권, 그리고 앞의 증권과 교환을 청구할 수 있는 교환사채권 및 이 증권들을 기초자산으로 하는 금융투자상품을 모두 포함한다.[30] 공개매수에 관한 내부자거래 규제는 무의결권 주식이 포함되는지 이견이 있으나,[31] 의결권 없는 주식도 내부자거래의 폐해가 발생할 수 있으므로 포함된다고 해석하는 것이 타당하다.

(5) 금지행위

금지되는 행위는 그 주식 등과 관련된 특정증권 등의 매매, 그 밖의 거래에 이용하거나 타인에게 이용하게 하는 행위가 된다.

---

29) 중요정보로 변경하여야 한다는 견해로 임재연, 앞의 책(주 8), 764면.
30) 김건식 / 정순섭, 앞의 책(주 7), 332면.
31) 포함해야 한다는 견해로는 김건식 / 정순섭, 앞의 책(주 7), 333면.

4. 주식 등의 대량취득 · 처분

(1) 의의

자본시장법에서는 규제공백 제거 및 규제 실효성 강화를 위하여 기업의 지배권 변동을 초래할 수 있는 주식의 대량취득 · 처분의 정보를 이용하는 경우 공개매수에 준하여 규제하고 있다(제174조 제3항).[32]

(2) 규제대상자

규제대상자는 대량취득 · 처분을 하는 자와 관련된 자가 된다. "대량취득 · 처분"은 경영권에 영향을 줄 가능성이 있는 대량취득 · 처분으로서 대통령령이 정하는 취득 · 처분을 말한다고 하는데(자본시장법 제174조 제3항 및 동법 시행령 제201조 제3항), 이에는 (i) 보유목적이 발행인의 경영권에 영향을 주기 위한 취득일 것,[33] (ii) 10퍼센트 또는 최대주주 변동을 초래

---

32) 구 증권거래법상 내부자거래 관련 규정에 의하면, A회사 주식을 B회사가 대량으로 매집하려고 준비 중인 경우 B회사 직원은 A회사와 아무런 관계가 없기 때문에 B회사 직원이 당해 대량매집정보를 이용하여 A회사의 주식을 매수하더라도 B회사 직원에 대한 처벌근거가 없어 규제의 공백이 있었다. 자본시장법은 이러한 규제공백을 해소하기 위하여 공개매수 특칙과는 별도로 주식의 대량취득 · 처분에 관한 특칙을 마련하였다.

33) 자본시장법 시행령 제154조 제1항

① … 다음 각 호의 어느 하나에 해당하는 것을 위하여 회사나 그 임원에 대하여 사실상 영향력을 행사(「상법」, 그 밖의 다른 법률에 따라 「상법」 제363조의2 · 제366조에 따른 권리를 행사하거나 이를 제3자가 행사하도록 하는 것을 포함한다)하는 것을 말한다.

1. 임원의 선임 · 해임 또는 직무의 정지
2. 이사회등 회사의 기관과 관련된 정관의 변경
3. 회사의 자본금의 변경
4. 회사의 배당의 결정. 다만, 제10조 제3항 제12호에 해당하는 자가 있는 경우에는

할 비율 이상의 대량취득 · 처분일 것(금융위원회 자본시장 조사업무규정 제54조 제1항), (iii) 대량보유보고 대상에 해당하는 취득 · 처분일 것의 3가지 경우가 해당한다(자본시장법 시행령 제201조 제3항).

한편 대량취득 · 처분을 하는 자는 상장법인에 한하지 않는다. 대량취득 · 처분을 하는 자도 내부자에 해당하나 대량취득 · 처분을 목적으로 취득 또는 처분하는 경우에는 내부자거래 규제의 대상에 포함되지 않는다(동법 제174조 제3항 단서).

(3) 정보

대량취득 · 처분에 관한 내부정보는 "주식 등의 대량취득 · 처분의 실시 또는 중지에 관한 정보"에 한한다. 정보의 중요성을 요하지 않으며[34] 미공개정보일 것을 요한다.

(4) 대상증권

대상증권은 대량취득 · 처분의 대상인 주식 등과 관련된 특정증권 등을

적용하지 아니한다.

5. 회사의 합병, 분할과 분할합병
6. 주식의 포괄적 교환과 이전
7. 영업 전부의 양수 · 양도 또는 금융위원회가 정하여 고시하는 중요한 일부의 양도 · 양수
8. 자산 전부의 처분 또는 금융위원회가 정하여 고시하는 중요한 일부의 처분
9. 영업 전부의 임대 또는 경영위임, 타인과 영업의 손익 전부를 같이하는 계약, 그 밖에 이에 준하는 계약의 체결, 변경 또는 해약
10. 회사의 해산

34) 중요정보로 변경하여야 한다는 견해로 임재연, 앞의 책(주 8), 767면.

말한다(자본시장법 제174조 제3항). 주권 등은 공개매수에서 말하는 주식 등의 의미와 같으며, 의결권 있는 주식인지는 불문한다.

(5) 금지행위

금지되는 행위는 "그 주식 등과 관련된 특정증권 등의 매매, 그 밖의 거래에 이용하거나 타인에게 이용하게 하는 행위"가 된다.

5. 내부자거래 관련 기타 규제

(1) 단기매매차익 반환제도

1) 의의

단기매매차익 반환제도는 회사의 내부자가 회사증권을 6개월 내에 매매하여 얻은 이익은 그것이 내부정보를 이용한 것인지 여부와 관계없이 무조건 회사에게 반환하도록 하는 제도이다. 이와 관련해서는 파생상품 매수 · 매도를 이용한 규제 회피 가능성 및 의무대상자에 회사의 내부정보에 접근할 가능성이 극히 희박한 사실상의 업무에 종사하는 종업원도 포함하고 있어 내부자거래 규제취지에 맞지 않는다는 지적이 종래부터 있었고, 실제 내부정보에 접근이 어려운 직원들이 회사주식의 단기매매로 얻은 이익을 반환하는 사례가 적지 않아 제도 개선 요구가 많았다. 자본시장법은 이를 인식하여 법제에 다음과 같이 반영하였다.

2) 대상증권범위

단기매매차익 반환대상은 특정증권 등으로 정의, 모든 증권을 대상으로 하며 주식과 관련성을 불문한다. 증권 발행회사도 당해 법인으로 한정하지 않으며(자본시장법 제172조 제1항 제3호 참조, 제4호), 증권을 기초자산으로 하는 금융투자상품(동법 동조 동항 제4호)으로 하여 신종증권도 포함된다(동법 제74조).

3) 반환대상자

단기매매차익 반환대상자는 임직원이나 임원에는 집행임원, 사실상의 이사가 포함된다(자본시장법 제172조 제1항). 직원의 경우 원칙적으로 규제대상에서 제외하는 것으로 하되, 직무상 미공개중요정보 접근 가능성이 있는 자는 규제대상에 포함된다(자본시장법 제1항).

주요주주는 누구의 명의로 하든지 자기의 계산으로 법인의 의결권 있는 발행주식총수의 100분의 10 이상의 주식(그 주식과 관련된 증권예탁증권 포함)을 소유한 자와 임원의 임면 등의 방법으로 법인의 중요한 경영사항에 대하여 사실상의 영향력을 행사하는 주주로서 대통령령으로 정하는 자를 말하며, 매수 또는 매도의 어느 한 시기에 주요주주가 아닌 때에는 반환의무가 없다(자본시장법 제172조 제6항). 임직원의 경우에는 특정한 조항이 없으므로 자본시장법 제172조 제6항의 반대해석에 의해 매수 또는 매도의 어느 한 시기에라도 임직원의 지위에 있는 경우에는 반환책임이 있다는 것이 학설[35]과 판례[36]의 태도이다.

4) 단기매매행위

규제대상인 단기매매행위는 매수(권리 행사의 상대방이 되는 경우로서

---

35) 고창현, "증권거래법상 단기매매차익 반환의무," 인권과 정의 제277호(1999. 9), 대한변호사협회, 62면.

36) 대법원 2008. 3. 13. 선고 2006다73218 판결.

매수자의 지위를 가지게 되는 특정증권 등의 매도를 포함)한 후 6개월 이내에 매도(권리를 행사할 수 있는 경우로서 매도자의 지위를 가지게 되는 특정증권 등의 매수를 포함)하거나 특정증권 등을 매도한 후 6개월 이내에 매수하여 이익을 얻은 경우이다. 내부정보를 이용하였는지는 묻지 않는다.

매매행위는 장내시장뿐 아니라 장외시장에서의 매매도 포함되며, 전형적인 매매뿐 아니라 제3자 배정방식의 신주 인수, 실권주 인수 등 발행시장에서의 취득행위를 포함된다.[37] 그러나 상속 또는 증여에 의한 무상취득이나 주식배당 및 주식분할 그리고 주식병합 · 합병 등에 의한 주식취득 등에는 적용되지 않는다. 또한 차명계좌를 통하여 공개시장에서 주식을 매도한 후 같은 날 같은 가격으로 매도수량 중 일부를 실명계좌로 다시 매수한 경우, 단기매매차익 반환조항의 적용대상인 매매에 해당하지 않는다(대법원 2005. 3. 25. 선고 2004다30040 판결).

한편 6개월의 기간 산정의 기준은 내부정보의 이용과 관련하여 매매의사를 표시하는 시점이 중요하므로 매매의 결제일이 아니라 체결일로 보아야 한다는 견해와 증권시장에서 거래하는 경우는 시장에서의 매매일이 아니라 2일 이후인 결제일이 되어야 한다는 견해로 나뉘어 있다. 이와 관련하여 하급심이지만 법률행위로서 매매계약의 성립시기에 대한 일반적인 해석 및 당사자가 의도적으로 이행을 6개월 이후로 함으로써 단기매매차익 반환의무를 회피할 수 있는 소지를 없애야 할 필요가 있음을 고려할 때 계약체결일로 보아야 한다는 판시가 있다.[38]

---

37) 변제호 / 홍성기 / 김종훈 / 엄세용 / 김유석, 앞의 책(주 19), 514면.
38) 서울중앙지방법원 2007. 6. 1. 선고 2006가합92511 판결.

5) 매매차익 산정

자본시장법은 단기매매차익 산정기준, 반환절차를 대통령령에서 정하고 있다(제172조 제1항 후단 및 동법 시행령 제195조 제1항 제1~3호). 단기차익을 산출하는 방법으로 평균법, 선입선출법, 최저가·최고가 대비방식 등이 있으나 자본시장법은 기본적으로 선입선출법에 의하고 있다(자본시장법 시행령 제195조 제1항).[39]

6) 단기매매차익 반환 예외

자본시장법은 임직원 또는 주요주주로서 행한 매도 또는 매수의 성격 그 밖의 사정을 고려하여 미공개 내부정보를 이용할 개연성이 크지 않다고 인정되는 경우, 단기매매차익 반환의 적용대상에서 제외하고 있다(제172조 제6항). 이러한 예외사유에 대해 법원은 예외사유가 한정적이나 내부자거래가 아님이 명백한 경우에 대해서도 적용이 면제된다고 본다.[40]

7) 단기매매차익 반환청구 요구 및 대위 행사권자

자본시장법상 단기매매차익의 반환을 청구할 수 있는 자는 당해 법인이며, 자발적으로 청구하지 않는 경우 당해 법인의 주주가 대위청구할 수 있다. 주주의 범위에는 주권 이외의 지분증권(신주인수권 등) 또는 증권예탁증권을 소유한 자도 포함된다(자본시장법 제172조 제2항).

이러한 반환청구 및 반환청구에 대한 요구 및 대위청구는 이익을 취득한 날로부터 2년 이내에 행사하지 아니한 경우에는 소멸한다(자본시장법

---

39) 자세한 사항은 금융위원회가 제정한 단기매매차익 반환 등에 관한 규정 참조.

40) 즉 거래의 유형상 애당초 내부정보 이용 가능성이 객관적으로 없는 경우에는 단기매매차익 반환규정의 적용이 없다고 판시하고 있다(대법원 2008. 3. 13. 선고 2006다73218 판결 참조).

제172조 제5항). 제척기간의 기산일은 이익의 취득이 필요하므로 결제일로 기산하는 것이 타당하다.[41]

(2) 임원 · 주요주주의 소유상황 보고

임원 · 주요주주 등의 특정증권 등의 소유상황 보고제도는 내부자의 거래상황을 공개하여 단기매매차익 반환제도와 내부자거래를 억제하며, 내부자의 거래상황이 공개됨으로써 일반투자자의 투자판단에 도움되는 정보를 제공하는 데 목적이 있다.

특히 자본시장법은 보고대상을 단기차익반환 규제대상과 일치시켜 주식 외에 "특정증권"으로 확대하였다. 이러한 보고의무를 지는 임원은 이사 및 감사 외에 집행임원과 사실상의 이사도 포함된다(자본시장법 제172조 제1항 참조). 다만 임원 또는 주요주주가 그 특정증권 등의 소유상황의 변동을 보고하여야 하는 경우의 변동일은 증권시장이나 파생상품시장에서 매매한 경우에는 결제일, 장외시장의 경우에는 대금과 증권의 어느 쪽이든 먼저 결제되는 날이 된다(자본시장법 시행령 제200조 제4항). 보고는 변동이 있은 날로부터 5일까지 그 내용을 보고하면 된다. 이 경우 증권선물위원회와 거래소는 보고서를 비치하고 인터넷 홈페이지 등을 이용하여 공시하여야 한다(자본시장법 제173조 제2항). 다만 대통령령으로 정하는 부득이한 사유(이에는 주식배당, 준비금의 자본전입, 주식의 분할 또는 병합, 자본의 감소)에 따라 특정증권 등의 소유상황에 변동이 있는 경우와 전문투자자 중 대통령령으로 정하는 자에 대해서는 그 보고내용 및 시기를 대통령령으로 달리 정할 수 있다. 대통령령으로 정하는 자란 시행령 제200조 제7항 각 호의 자로서 특정증권 등의

41) 변제호 / 홍성기 / 김종훈 / 엄세용 / 김유석, 앞의 책(주 19), 519면.

보유목적이 해당 법인의 경영권에 영향을 주기 위한 것이 아닌 자를 말한다.

아울러 의무 위반 시 1년 이하의 징역 또는 3,000만 원 이하의 벌금에 처해진다(자본시장법 제446조 제31호).

(3) 내부자거래 사전공시의무

1) 도입배경

그동안 상장회사 임원 등 내부자의 대량주식 매각으로 주가가 급락한 사례가 빈번히 발생하였고, 특히 내부자들이 미공개정보를 이용하여 사익을 취하는 반면 주가하락 등 피해는 일반투자자에게 전가된다는 지적이 많았다. 이에 따라 정부는 내부자거래 사전공시제도 도입을 2022년 9월 발표하였고, 이후 이용우의원 대표발의의 개정안에 정부 수정의견을 제시하여 2023년 12월 28일 국회에서 통과되었다. 개정법은 공포 후 6개월 후인 2024년 7월부터 시행된다.

2) 공시의무

상장회사 내부자가 당해 회사가 발행한 주식등을 일정규모 이상 거래(매수 또는 매도)하려는 경우에는 매매예정일 이전(30일 이상 90일 이내의 시행령에서 정하는 기간)에 매매목적 · 가격 · 수량 및 거래기간 등에 대해 공시가 의무가 된다(자본시장법 제173조의3 제1항). 사실상 공시기한동안 거래금지효과가 있다.

내부자는 상장회사 임원과 주요주주로 임원은 이사 · 감사 및 사실상 임원(업무집행책임자 등)이고, 주요주주는 의결권 주식 10% 이상 소유, 임원 임면 등 주요 경영사항에 사실상 영향력을 행사하는 자(시행령에서 정하는 자 제외)로, 임원 · 주요주주의 소유상황 보고자와 동일하다. 거래대상은 당해 상장회사가 발행한 주식등으로 지분증권, 전환사채, 신주인수권부사채, 관련 증권예탁증권 등이 포함된다. 쪼개기 매매 방지 등을 위해 과거 6개월간 거래수량 및 거래금액이 합산되며, 거래기간이 겹치는 중복계획 제출은 허용되지 않는다(동법 제173조의 3 제2항).

3) 위반시

거래계획 미공시 · 허위공시 · 매매계획 미이행 등 위반시 시가총액의 1만분의 2(최대 20억원)의 과징금이 부과된다(자본시장법 제429조 제5항).

4) 적용 예외

과도한 부담요인으로 작용하지 않도록 거래 당시의 시장 상황 등을 반영하여 필요한 경우에는 사전 공시한 거래금액의 30% 범위 내(구체적인 비율은 시행령에서 규정)에서 거래계획과 달리 거래할 수 있다. 미공개중요정보 이용소지 및 시장충격 가능성이 크지 않은 거래 등이 해당된다.

또한 상속, 주식 배당 등 시행령으로 정하는 부득이한 사유에 따른 거래는 사전공시대상에서 제외되고, 사망, 파산, 시장변동성 확대로 과도한 손실이 예상되는 경우 등 거래계획 보고자가 사전에 예상하기 어려운 사유가 발생한 경우로 법령에 정한 부득이한 사유가 있는 경우에는 증권선물위원회와 거래소에 보고한 후 거래계획의 변경 · 철회가 허용된다(자본시장법 제173조의3 제4항). 구체적인 사전공시대상, 공시의무면제자, 공시기한 등은 시행령에서 정한다.

(4) 장내파생상품의 불공정거래 특칙

1) 의의

기초자산의 가치 등 장내파생상품의 시세에 영향을 미치는 미공개정보를 이용하여 부당이익을 획득하는 것이 가능한 반면, 내부자거래 규제는 주로 기업과 관련한 일정한 내부자를 중심으로 규제를 하고 있어 한계가 있다. 그 때문에 자본시장법은 장내파생상품과 관련하여 불공정거래의 특칙을 마련, 장내파생상품의 대량보유 보고제도와 장내파생상품의 중요정보 이용행위 금지규정을 신설하였다. 즉 시장정보에 대한 규제가 미치지 못하는 부분을 보충하기 위하여 새로 신설된 것이다. 구 증권거래법에서 내부자거래의 규제대상이 되는 것은 상장법인이 발행한 증권인데, 장내파생상품은 증권회사나 자산운용사 등 상장법인 이외의 자가 발행하여 상장하기 때문에 규제대상이 되지 않았다. 또한 장내파생상품의 기초자산이 상장되어 있지 않을 경우, 기초자산에 관한 정보를 이용하여 장내파생상품을 거하는 행위도 규율할 수 없었다. 이를 감안하여 자본시장법은 기초자산인 돈육이나 석유의 현물정보를 이용하여 그 선물을 거래하는 것을 법으로 규제하고 있다.

2) 장내파생상품의 대량보유 보고

장내파생상품의 기초자산을 대량보유하는 자는 그러한 시장지배력을 이용하여 장내파생상품에 대한 불공정거래행위를 시도할 가능성이 있다. 이를 고려하여 자본시장법은 장내파생상품 보유자로 하여금 보유일부터 5일 이내에 보유상황, 대량보유자 및 그 위탁을 받은 금융투자업자에 관한 사항, 해당 장내파생상품거래의 유형 및 종목, 보유시점과 가격 및 수량, 기타 금융위원회가 정하여 고시하는 사항을 금융위원회와 거래소에 보고

하도록 하고 있다(제173조의2 제1항 및 동법 시행령 제200조의2 제2항).

2007년 자본시장법 제정 시에는 보고대상이 되는 장내파생상품은 '일반상품'(제4조 제1항 제3호)을 기초자산으로 하는 것으로서, 파생상품시장에서 거래되는 즉 장내파생상품만을 포함하였다. 즉 금선물, 돈육선물만이 기초자산이었다. 그러나 2011년 11월 11일 발생한 KOSPI 200 옵션쇼크 시 KOSPI 200 선물 · 옵션과 같이 증권 관련 파생상품도 대량거래를 이용하여 연계 미공개정보 이용행위가 발생할 수 있음이 확인되었다. 이에 따라 자본시장법을 개정하여 이들 KOSPI 200 선물 · 옵션 등 대통령령으로 정한 기초자산에 대해서도 대량포지션보유 보고의무를 부과하여 연계 미공개정보 이용행위를 규제하고 있다.

한편 '보유'상황 · 대량보유자라고 하여 보유 개념을 사용하고 있는데, '보유'란 누구의 명의로든지 자기의 계산으로 소유하는 경우를 포함하고 있어 주식 등 대량보유 보고제도에서의 보유와 동일하다. 보유수량이 금융위원회가 정하여 고시하는 수량 이상으로 변동된 경우에는 그 변동일로부터 5일 이내에 변동내용을 금융위원회와 거래소에 보고하여야 한다(자본시장법 제173조의2 제1항). 대량보유상황이나 그 변동내용을 보고하는 날 전일까지 새로운 보고대상 변동내용이 발생한 경우에는 당초의 대량보유상황 보고나 변동내용 보고 시에 함께 보고하여야 한다(자본시장법 시행령 제200조의2 제3항 후단). 장내파생상품의 대량보유의 보고의무 위반 시 1,000만 원 이하의 과태료가 부과된다(자본시장법 제449조 제2항 제8호의2).

3) 장내파생상품 관련 중요정보의 이용

한편 장내파생상품시장에서의 시세에 영향을 미칠 수 있는 정보를 업무와 관련하여 알게 된 자와 그자로부터 정보를 전달받은 자가 그 정보를 누설하거나 장내파생상품 및 그 기초자산의 매매나 그 밖의 거래에 이용하거나 타인으로 하여금 이용하게 하는 행위는 금지된다(자본시장법 제173조의2 제2항). 규제대상자는 장내파생상품의 시세에 영향을 미칠 수 있는 정책을 입안·수립 또는 집행하는 자와 장내파생상품의 시세에 영향을 미칠 수 있는 정보를 생성·관리하는 자, 그리고 장내파생상품의 기초자산의 중개·유통 또는 검사와 관련된 업무에 종사하는 자가 해당된다. 이러한 금지규정을 위반한 경우에는 3년 이하의 징역 또는 1억 원 이하의 벌금이 부과된다(자본시장법 제445조 제22호의2). 앞에서 설명한 바와 같이 부당한 정보이용행위에 해당하지만 당시 자본시장법상의 요건을 충족하지 못하여 규제하지 못하는 정보이용행위에 대해 규율하는 규정을 신설한 것이다(제173조의2 제2항, 제2항 참조).

IV. 결론

미공개중요정보 이용행위는 자본시장의 정보평등을 해치고 투자자의 자본시장에 대한 투명성과 신뢰성을 훼손시키는 대표적인 범죄행위에 해당한다. 그 때문에 자본시장법에서는 다른 어느 나라와 비교하여 보아도 부족하지 않은 엄격한 규제체계를 갖추고 있다. 여기에 지속적으로 집행과 예방을 위한 인프라[42]도 갈수록 정비하고 있다. 그러나 대주주의 미공개정보를 이용한 손실 회피행위[43]나 사전이용행위는 지속되고 있고,

---

42) 대표적으로 거래소는 불공정거래행위 예방을 위하여 상장회사를 상대로 컴플라이언스 컨설팅을 하고 있다.

43) 대표적으로 한진해운이 자율협약 신청사실을 발표하기 전 미공개정보를 미리 입수해 한진해운 회장과 두 딸은 소유한 한진해운 주식을 모두 매도해 10억 원의 손실을 피한 혐의로 기소되어 징역 1년 6개월과 벌금 12억 원, 추징금 5억 300여만 원이 선고되었

임직원과 같은 전형적인 내부자 외에 최근에는 준내부자의 미공개중요정보의 이용행위가 늘고 있음은 매우 우려할 사항이다. 적어도 상장회사의 임직원의 경우 최고경영자의 준법의식 제고 노력과 교육 등으로 미공개중요정보의 이용행위에 대한 예방과 자율규제를 통해 근절 효과를 일부 기대할 수 있지만, 준내부자의 경우 이들의 준법의식과 교육 등이 체계적으로 이루어지기를 기대하기가 실질적으로 어렵기 때문이다. 다차정보수령자의 경우도 마찬가지인데, 이들에 대해서는 비록 미공개중요정보 이용행위의 규제가 아닌 시장질서 교란행위로 규율되지만 이들을 대상으로 준법의식과 교육 등이 체계적으로 이루어지기 위한 방법이 고안되어 있지 못하다. 이는 미공개중요정보 이용행위의 규제가 강한 처벌만으로 실효적인 규제가 되기 어렵다는 것을 의미한다. 조기 적발과 강한 처벌을 통해 어느 정도 금지행위에 대한 억지효과를 기대할 수 있지만 여전히 근절되지 않고 오히려 미공개중요정보 이용행위가 늘고 있는 현실을 고려할 때, 보다 지속적인 준법교육과 의식 제고를 기대할 수 있는 방안이 다양하게 강구될 필요가 있다.

다(조선일보 2017. 12. 8.자, "미공개정보로 10억 원 손실 피한 최은영 전 한진해운 회장, 징역 1년 6개월").

04

미공개중요정보의 중요성과 정보의 이용행위*

— 대법원 2010. 2. 25. 선고 2009도4662 판결 등을 중심으로 —

노태악**

I. 들어가면서

최근 내부자거래 특히 미공개중요정보 이용행위 등과 관련하여 주목할 만한 대법원 판결들이 선고되었다. 물론 모두 구 증권거래법(2007. 8. 3. 법률 제8635호로 공포되어 2009. 2. 4. 시행된 자본시장과 금융투자업에 관한 법률에 의하여 폐지. 이하 같다)하의 사안이기는 하지만, 앞으로 본격적으로 적용될 자본시장과 금융투자업에 관한 법률(이하 '자본시장법')[1]에도

---

* 이 논문은 BFL 제43호(2010. 9)에 게재된 "미공개중요정보의 중요성 판단과 정보의 이용행위 등에 관하여"를 편저자의 요청에 따라 미공개중요정보 이용행위와 관련하여 같은 쟁점을 다룬 것으로서, 대상판결 이후 최근 2018년 및 2023년까지 나온 대법원 판결을 끝부분 후기에서 간략하게 소개하고자 한다.

** 대법원 대법관(2020~) /前 서울고등법원 부장판사

1) 미공개중요정보 이용행위 금지와 관련하여 2007년 제정된 자본시장법 제174조는 그후 크게 두 차례의 개정이 있었다. 2009년 개정하면서 공개매수자 본인 및 대량취득자·처분자 본인을 규제대상자에 포함시켰으며, 2013년 개정을 통하여 비상장법인이나

많은 시사를 주고 있다.

중요한 판결로서 구 증권거래법 제188조의2 제1항의 '일반인에게 공개되지 아니한 중요한 정보', 제2항에서 말하는 '투자자의 투자판단에 중대한 영향을 미칠 수 있는 정보'의 해석과 관련하여 중요성의 판단기준과 구 증권거래법 제188조의2 제2항과 제186조 제1항 각 호와의 관계, 정보의 구체성과 생성시기 등에 관하여 대법원 2008. 11. 27. 선고 2008도6219 판결, 2009. 5. 28. 선고 2008도11164 판결, 2009. 7. 9. 선고 2009도1374 판결, 2009. 11. 26. 선고 2008도9623 판결, 2010. 2. 25. 선고 2009도4662 판결 및 2010. 5. 13. 선고 2007도9769 판결 등이 선고되었고, 법인의 임직원이 미공개정보를 이용하여 당해 법인의 계산으로 당해 법인의 주식을 거래한 사안인 위 2008도11164 판결과 위 2009도1374 판결, 벌칙조항인 구 증권거래법 제207조의2와 제214조에서 정한 '위반행위로 얻은 이익'의 의미와 관련하여 위 2009도1374 판결이 있으며, 정보수령자의 공범 성립 여부에 관한 대법원 2009. 12. 10. 선고 2008도6953 판결, 구 증권거래법 제188조의2 제1항 제4호의 '당해 법인과 계약을 체결하고 있는 자'에 관한 위 2007도9769 판결 등을 들 수 있다.

이 글에서는 위 대법원 판결 중 미공개중요정보의 중요성 판단과 미공개 여부 및 정보의 취득과 이용행위 등이 쟁점이 된 대법원 2010. 2. 25. 선고 2009도4662 판결(이하 '대상판결')을 중심으로 구 증권거래법의 해석을 살펴보고, 아울러 자본시장법의 해석과 운용에 관하여도 검토해 보고자 한다.

대상판결 이후 나온 중요한 판결로서 준내부자의 범위와 관련하여, 당해 법인과 계약을 체결하고 있는 자에 법인과 계약을 체결함으로써 그

그 특정증권 등도 규제대상에 포함시키는 한편 '상당 기간 주식 등을 보유하는 등 미공개중요정보를 이용할 의사가 없다고 인정되는 경우'의 예외사유를 명시적으로 도입하였다. 이하에서는 특별한 언급이 없으면 현행 자본시장법을 가리킨다.

법인의 미공개중요정보에 용이하게 접근하여 이를 이용할 수 있는 지위에 있다고 인정되는 자는 비록 위 계약이 그 효력을 발생하기 위한 절차적 요건을 갖추지 아니하였다고 하더라도 '당해 법인과 계약을 체결하고 있는 자'에 해당한다고 봄이 상당하다고 한 판결(대법원 2014. 2. 27. 선고 2011도9457 판결), 미공개중요정보의 판단기준과 구체성 및 생성시기 등과 관련한 판결(대법원 2014. 2. 27. 선고 2011도9457 판결, 대법원 2017. 1. 12. 선고 2016도10313 판결, 대법원 2017. 1. 25. 선고 2014도11775 판결, 대법원 2017. 10. 31. 선고 2015도5251 판결, 대법원 2017. 10. 31. 선고 2015도8342 판결 및 대법원 2018. 1. 25. 선고 2017도17303 판결) 등이 있다. 그리고 미공개중요정보의 이용 및 수령행위 여부가 쟁점이 된 판결(대법원 2017. 1. 12. 선고 2016도10313 판결, 대법원 2017. 1. 25. 선고 2014도11775 판결 및 대법원 2017. 10. 31. 선고 2015도8342 판결 등) 등을 들 수 있다. 한편 2007년 자본시장법이 제정되면서 새로 도입된 후 2009년 및 2013년 두 차례에 걸쳐 개정된 주식의 대량취득·처분과 미공개정보 이용 등과 관련하여 구 자본시장법 제174조 제3항(2013. 5. 28. 법률 제11845호로 개정되기 전의 것)의 적용을 둘러싼 대법원 2014. 3. 13. 선고 2013도12440 판결, 대법원 2017. 10. 31. 선고 2015도8342 판결 등이 있다.

II. 미공개중요정보의 이용행위에 대한 규제와 그 연혁

좁은 의미에서의 내부자거래란, 상장법인의 임직원 및 주요주주 등 법인과 일정한 관계에 있는 자가 그 직무와 관련하여 또는 그 권한을 행사하는 과정에서 알게 된 업무 등과 관련한 미공개중요정보를 공개하기 전에 일정한 유가증권의 매매, 그 밖의 거래에 이용하거나 타인에게 이용하게 하는 행위를 말한다. 내부자거래를 규제하는 입법취지는 법인의 미공개중요정보에 쉽게 접근할 수 있어 이를 이용하는 행위를 제한하지 아니할 경우, 거래의 공정성 내지 증권시장의 건전성을 해할 위험성이 많기 때문에 이를 방지하고자 하는 데에 있다.

내부자거래와 관련한 우리나라의 규제연혁과 자본시장법하의 구체적인 규율에 대하여는 생략한다.[2)]

III. 사안의 개요

대상판결과 원심 및 제1심 판결에 나타난 사실관계를 중심으로 사안의 개요를 재구성해 보면 다음과 같다.

1. 미공개정보의 형성과 피고인들의 내부자 지위

(1) 코스닥 상장법인인 플래닛팔이 주식회사(이하 '플래닛팔이')는 2003년 12월 전자부품연구원[3)]과 전자부품연구원이 수행하고 있는 개발과제인 '나노기술을 이용한 초고감도 이미지센서'(이하 '나노 이미지센서')[4)]에 관한 기술을 기술료 50억 원 및 향후 매출액의 2퍼센트를 지급하는 조건으로 인수하기로 하는 기술이전약정을 체결하였다.

---

2) 자본시장법과 내부자거래의 규제에 관하여는 한국증권법학회 / 노태악(집필), 자본시장법 주석서 I, 박영사, 2009, 814면 이하 및 미공개정보 이용행위의 규제연혁에 관하여는 한국증권법학회 / 노태악(집필), 앞의 책, 855면 이하 참조.

3) 1991년 설립된 후 1999년 당시 산업자원부 산하 독립법인이 되었다.

4) 이미지센서는 외부의 빛 신호를 사람이 볼 수 있는 영상으로 바꾸어 주는 반도체로서, 일반적으로 칩 제작업체가 제작한 칩을 제공받아 구동시킴으로써 그 영상을 확인하거나 테스트하는 과정을 거쳐 제작된다.

(2) 전자부품연구원은 외부업체를 통하여 제작한 칩에 대한 테스트를 진행하던 중 그 영상이 구현되는 것을 확인하였고, 이에 2005년 10월 19일 플래닛팔이 대표이사의 참석하에 내부시연회를 마친 후 그에 관한 공개시연회를 개최하기로 결정하였다. 한편 이러한 내용은 같은 해 10월 24일 사내전산망에 "플래닛82 기술시연회(10/24)"이라는 제목의 주간업무보고로 게시되었다.

(3) 2005년 11월 10일 전자부품연구원은 산업자원부와 공동으로 공개시연회를 개최하였고, 같은 날 공정공시를 통하여 이미지센서의 개발이 완료되었으며, 이에 따른 기술시연회를 개최한다는 내용으로 정보를 공시하였다.

(4) 피고인 1은 전자부품연구원의 건설추진실 직원, 피고인 2는 플래닛팔이의 공시담당자, 피고인 3은 전자부품연구원의 홍보담당 선임행정원으로서 위 시연회 개최업무를 담당하였고, 피고인 6과 7은 전자부품연구원의 노조위원장 및 교육연수사업실 실장이고, 피고인 4는 전자부품연구원 계약직 직원으로서 피고인 3의 직장동료, 피고인 5는 피고인 3의 전 직장동료이다.

2. 피고인들의 주식거래행위와 플래닛팔이의 주가 추이

피고인 1은 2005년 10월 25일~11월 3일 플래닛팔이의 주식을 매수한 다음 11월 10일 이후 매도하여 합계 5억 8,400만 원 상당의 부당이득을, 피고인 2는 같은 해 11월 3~7일에 매수한 다음 11월 10일 이후 매도하여 합계 3,283만 6,678원 상당의 부당이득을, 피고인 3은 같은 해 10월 19일~

11월 9일 매수한 후 11월 10일 이후 매도하여 합계 1억 3,349만 1,872원 상당의 부당이득을, 피고인 4는 같은 해 10월 17~27일 매수한 후 11월 10일 이후 매도하여 합계 7억 8,897만 8,157원 상당의 부당이득을, 피고인 5는 같은 해 10월 20~21일 매수한 후 11월 10일 이후 매도하여 합계 6,121만 4,219원 상당의 부당이득을, 피고인 6은 같은 해 10월 25일~11월 8일 주식을 매수한 후 11월 10일 이후 매도하여 합계 8,721만 3,896원 상당의 부당이득을, 피고인 7은 같은 해 11월 2~4일 주식을 매수한 후 11월 10일 이후 매도하여 합계 1억 189만 4,420원 상당의 부당이득을 취득하였다. 한편 위 시기를 전후한 플래닛팔이의 주가는 〈표 1〉과 같다.

〈표 1〉 플래닛팔이의 주가 추이

일자	종가(원)	일자	종가(원)
2005. 10. 14.	1,670	11. 11.	4,300
10. 17.	1,920	11. 14.	4,945
10. 18.	2,205	11. 15.	5,680
10. 19.	2,240	11. 16.	6,530
10. 20.	2,560	11. 17.	7,500
10. 21.	2,600	11. 18.	8,620
10. 24.	2,990	11. 21.	9,400
10. 25.	3,065	11. 22.	10,200
10. 26.	2,910	11. 23.	11,700
10. 27.	2,795	11. 24.	13,450
10. 28.	2,840	11. 25.	15,450
10. 31.	3,180	11. 28.	17,750
11. 1.	3,180	11. 29.	20,400
11. 2.	3,655	11. 30.	23,450
11. 3.	4,200	12. 1.	26,950
11. 4.	4,630	12. 2.	30,950
11. 7.	5,320	12. 5.	35,550

11. 8.	5,000	12. 6.	40,850
11. 9.	4,300	12. 7.	34,750

3. 사건의 경과

제1심(서울중앙지법 2008. 11. 27. 선고 2008고합236 사건)은 피고인 1~6에 대하여 미공개중요정보를 이용한 공소사실을 유죄로 인정하였고, 피고인 7에 대하여는 전자부품연구원 교육연수사업실 실장으로 이 사건 정보와 무관한 업무에 근무하고 2004년 9월경 이래 플래닛팔이의 주식을 매매하였으며, 공소사실의 거래도 평소 피고인의 주식거래형태와 별다른 차이점이 발견되지 아니하므로 피고인이 이 사건 정보를 이용하였다고 보기 어렵고 달리 이를 인정할 증거가 없다는 이유로 무죄를 선고하였다.

원심(서울고법 2009. 5. 15. 선고 2008노3397 판결)은 피고인 1~6의 항소와 검사의 양형부당에 대한 항소를 모두 기각하고, 다만 피고인 7에 대한 검사의 항소에 대하여는 피고인이 공소사실과 같은 주식을 매매함에 있어 이 사건 정보를 이용한 사실을 충분히 인정할 수 있다고 하여 제1심을 파기하고 유죄판결을 선고하였다. 이에 피고인들이 대법원에 상고하기에 이르렀다.

4. 쟁점의 정리

우선 이 사건에 있어서, 피고인 2는 당해 법인[5)]인 플래닛팔이의 직원

5) 구 증권거래법은 '당해 법인'이라는 표현을 사용하였고[일본 금융상품거래법(金融商品取引法)에서 당해 상장법인(當該上場法人)이라는 표현을 사용한다], 자본시장법과 그 시행령 등에서는 '그 법인' 또는 '당해 법인'이라는 용어를 사용한다. 중요한 것은 아니

으로서(구 증권거래법 제188조의2 제1항 제1호), 피고인 1 · 3 · 6 · 7은 당해 법인과 계약을 체결한 법인의 직원으로서(동법 동조의2 제1항 제5호) 구 증권거래법상 내부자 또는 준내부자에, 피고인 4 · 5는 그 정보수령자(동법 동조의2 제1항)에 각 해당한다는 점에는 별다른 의문이 없다.

대상판결에서 피고인들은 이 사건 내부정보에 해당하는 '나노 이미지센서 칩의 개발 완료 및 시연회 개최'라는 정보는 구 증권거래법 제188조의2에서 말하는 '일반인에게 공개되지 아니한 중요한 정보'에 해당하는지 여부 및 피고인들의 위 각 주식거래행위가 이러한 정보를 이용한 거래행위에 해당하는지 여부를 다툰 것이다.

다음에서는 피고인들이 상고이유로 삼은 쟁점을 중심으로 대상판결을 검토하고, 상고이유로 삼지는 않았던 쟁점 즉 피고인들의 이 사건 주식거래행위가 미공개정보의 이용행위에 해당하지 않는다고 한 주장과 판단은 사실인정의 문제이기는 하나 실무상 많이 제기되는 쟁점으로서, 제1심과 원심 판결을 중심으로 검토한다. 아울러 관련 쟁점을 다룬 최근 대법원판결도 소개하기로 한다.

IV. 정보의 중요성과 구체성

1. 피고인들의 주장

피고인들의 주장은 이 사건 정보인 '나노 이미지센서 칩의 개발 완료

나 이 글에서는 원문을 인용하는 외에 현행 법령상의 표현을 원칙으로 사용하되 문맥상 어색한 경우에는 그때그때 달리 사용하기로 한다.

및 시연회 개최'라는 정보는 구 증권거래법 제188조의2에서 말하는 '일반인에게 공개되지 아니한 중요한 정보'에 해당하지 않는다는 것인데, 그 구체적인 근거로서, 첫째 구 증권거래법 제188조의2 제2항은 제186조 제1항 각 호의 사실들만을 미공개정보 이용행위 금지의 대상이 되는 중요한 정보에 해당하는 것으로 제한하고 있으며, 둘째 중요한 정보에 해당하기 위해서는 그 내용이 진실한 정보여야 하는데 이 사건 정보는 허위정보에 해당하여 중요정보에 해당하지 않거나 그와 같은 전제에서 결과 발생이 불가능한 불능범에 해당한다는 것이다.

2. 대법원의 판단

(1) 구 증권거래법 제188조의2 제1항은 일정한 자가 법인의 유가증권거래와 관련하여 일반인에게 공개되지 아니한 중요한 정보를 이용하거나 다른 사람으로 하여금 이용하게 하는 것을 금지하고, 제2항은 '일반인에게 공개되지 아니한 중요한 정보'라 함은 제186조 제1항 각 호의 1에 해당하는 사실 등에 관한 정보 중 투자자의 투자판단에 중대한 영향을 미칠 수 있는 것으로서 당해 법인이 재정경제부령이 정하는 바에 따라 다수인으로 하여금 알 수 있도록 공개하기 전의 것을 말한다고 규정하고 있는바, 위 제2항에서 '일반인에게 공개되지 아니한 중요한 정보'를 정의함에 있어 '제186조 제1항 각 호의 1에 해당하는 사실 등에 관한 정보 중'이라는 표현을 사용하고 있다고 하더라도, 이는 제186조 제1항 및 제2항 등 관계규정에 비추어 볼 때 제186조 제1항 제1~13호 소정의 사실들만을 미공개정보 이용행위 금지의 대상이 되는 중요한 정보에 해당하는 것으로 제한하려고 하는 것이 아니라, 중요한 정보인지의 여부를 판단하는 기준인 '투자자의 투자판단에 중대한 영향을 미칠 수 있는 정보'를 예시하기 위한

것이라고 보아야 한다.[6)]

(2) 구 증권거래법 제188조의2의 입법취지에 비추어 볼 때 '투자자의 투자판단에 중대한 영향을 미칠 수 있는 정보'라 함은, 법인의 경영에 관하여 중대한 영향을 미칠 사실 가운데 합리적인 투자자라면 그 정보의 중대성과 사실이 발생할 개연성을 비교·평가하여 판단할 경우, 유가증권의 거래에 관한 의사를 결정함에 있어 중요한 가치를 지닌다고 생각되는 정보를 가리키는 것이라고 해석함이 상당하고, 더 나아가 그 정보가 반드시 객관적으로 명확하고 확실할 것까지는 필요로 하지 아니한다.[7)] 따라서 이 사건 정보에 일부 허위 또는 과장된 부분이 포함되어 있다 하더라도 그것을 이유로 이 사건 정보의 중요성 자체를 부정할 수는 없다고 판단한 원심은 정당하다.

3. 검토

(1) 내부정보의 중요성 판단

1) 구 증권거래법 제186조와 예시적 열거주의

구 증권거래법 제188조 제2항에서 '업무 등과 관련하여 일반인에게 공개되지 아니한 중요한 정보'라 함은, 제186조 제1항 각 호의 1에 해당하는 사실 등에 관한 정보 중 투자자의 투자판단에 중요한 영향을 미칠 수 있는 것으로서 당해 법인이 총리령이 정하는 바에 따라 다수인으로 하여금

6) 대법원 2000. 11. 24. 선고 2000도2827 판결.
7) 대법원 1994. 4. 26. 선고 93도695 판결.

알 수 있도록 공개하기 전의 것을 말한다고 규정하고 있다. 구 증권거래법 제186조 제1항은 (i) 발행한 어음 또는 수표가 부도로 되거나 은행과의 거래가 정지 또는 금지된 때, (ii) 영업 활동의 일부 또는 전부가 정지된 때, (iii) 법률의 규정에 의한 법인의 정리절차 개시의 신청이 있거나 사실상 정리를 개시한 때, (iv) 사업목적의 변경에 관한 결의가 있은 때, (v) 재해로 막대한 손해를 입은 때, (vi) 상장유가증권 또는 코스닥 상장증권에 관하여 중대한 영향을 미칠 소송이 제기된 때, (vii) 상법 제374조, 제522조, 제527조의2, 제527조의3 및 제530조의2에서 규정한 사실이 발생한 때, (viii) 법률에 의한 해산사유가 발생한 때, (ix) 증자·감자 또는 주식의 소각에 관한 이사회의 결의가 있은 때, (x) 특별한 사유에 의하여 조업을 중단하거나 조업을 계속할 수 없는 때, (xi) 거래은행에서 해당 법인의 관리를 개시한 때, (xii) 자기주식의 취득 또는 처분에 관한 이사회의 결의 또는 대표이사, 기타 대통령령이 정하는 자의 결정이 있은 때, (xiii) 그 밖에 법인의 경영·재산 등에 관하여 중대한 영향을 미칠 사항으로서 대통령령이 정하는 사실이 발생한 때로 규정했다.

여기에서 제186조 제1항 제1호 내지 제13호 소정의 사실들만을 미공개정보 이용행위 금지의 대상이 되는 중요한 정보에 해당하는 것으로 제한하여야 하는지에 관하여, 비록 규정의 형식에도 불구하고 중요성의 판단기준을 포괄적으로만 규정하고 구체적인 판단은 법원의 사법적 판단에 맡겨 실체를 파악·결정하도록 하고, 다만 내부자의 법적 안정성과 예측가능성을 고려하여 중요한 사실을 예시적으로 열거하고 있다고 보는 것이 다수설[8)]이고 판례도 일관된 입장을 취하고 있었다.[9)]

---

8) 예컨대 임재연, 증권거래법(전정판), 박영사, 2006, 557면.
9) 대법원 1995. 6. 29. 선고 95도467 판결 ; 대법원 2000. 11. 24. 선고 2000도2827 판결 등.

그런데 최근 중요한 정보에 해당하기 위하여는 구 증권거래법 제186조 제1항 각 호 또는 이에 의하여 순차로 위임을 받은 구 증권거래법 시행령 제83조 제3항 각 호 및 유가증권의 발행 및 공시 등에 관한 규정 제69조 제1항 각 호에서 예시하는 신고의무사항에 해당하거나 이에 비견할 수 있을 정도로 중요한 것이어야 하며, 아울러 장차 법령의 규정에 의하여 공개될 것으로 예정되어 있는 정보일 것을 요구한다고 엄격하게 본 하급심 판결[10)]과 이와 같은 입장에서, 중요정보의 개념을 수시공시의무에 관한 구 증권거래법 제186조 제1항에 해당하는 사실 등에 관한 정보에 기초하여 정의하고 있고, 죄형법정주의원칙과 삼권분립의 원칙에 따라 한정적 열거주의로 보아 제186조 제1항의 적용을 받지 않는 정보는 원칙적으로 중요정보라도 내부자거래의 규제대상에 해당하기 어렵다고 보는 견해[11)]가 유력하게 제기되었으며, 피고인들은 이를 근거로 주요한 상고이유의 하나로 삼은 것으로 보인다.

대상판결은 이러한 주장에 대하여 다시 한 번 대법원의 입장을 분명히 밝힌 것이다.[12)]

---

10) 서울고등법원 2007. 10. 26. 선고 2007노1733 판결. 그러나 위 판결은 대법원 2010. 5. 13. 선고 2007도9769 판결로서 파기되었는데, 위 대법원 판결은 중요정보가 위 하급심이 들고 있는 법령에서 정한 신고의무사항에 해당하는지 여부와는 직접적인 관계가 없다고 판시하였다.

11) 이상훈, "공정공시제도 검토 : 미국과의 차이점을 중심으로," BFL 제29호(2008. 5), 서울대학교 금융법센터, 85면.

12) 대법원은 2010. 5. 13. 선고 2007도9769 판결에서는 공시나 신고사항이 아니라고 하더라도 미공개중요정보가 될 수 있음을 밝히고 있다(비록 공시규정상으로 자기자본의 5퍼센트 이상의 타 법인 출자에 대해서만 공시의무를 부과하고 있으나, 자기자본금의 3.07퍼센트를 타 법인에 출자한 경우 공시의무를 부담하지 아니하나 미공개중요정보에 해당한다).

2) 일부 허위 또는 과장된 부분이 포함된 정보

내부정보는 해당 법인의 업무 등과 관련한 정보이어야 하므로 그 정보는 상당한 정도로 구체적이고 확실한 개연성이 있는 것이어야 한다. 그러나 정보라는 것은 여러 단계를 거치는 과정에 구체화되는 것으로 반드시 그 자체로 객관적으로 명확하고 확실할 필요는 없다. 종전 판례도 같은 입장이었다.[13] 대상판결은 더 나아가 일부 허위 또는 과장된 부분이 포함되어 있다 하더라도 정보의 중요성 자체를 부정할 수는 없다는 점을 밝히고 있다.[14]

3) 외부적 요인이나 시장정보가 결합된 정보

내부정보에 외부적 요인이나 시장정보가 결합된 경우에도 미공개중요정보에 해당한다. 대법원은 최근 "이 사건 정보는 피고인과 A회사가 유상증자에 참여할지 여부를 결정하는 내심의 의사뿐 아니라 신주 발행의 주체인 B회사가 상대방인 피고인과 교섭하는 과정에서 생성된 정보로서 B회사의 경영, 즉 업무와 관련된 것임은 물론 B회사 내부의 의사결정과정을 거쳐 최종적으로 확정된다는 점에서 B회사의 내부정보라고 보아야 하고

---

13) 대법원 1994. 4. 26. 선고 93도695 판결.

14) 원심이 인용한 이 부분에 관한 제1심의 판단은 다음과 같다. "당시 전자부품연구원이 개발한 나노 이미지센서가 상용화단계에 이르지 못했다고 하더라도 일부 저조도 특성이 발견되는 등 그 기술적 특성이 인정되었으므로 이를 전혀 허구의 기술이라고 단정할 수는 없는 점, 일반투자자의 관점에서도 나노 이미지센서의 개발 완료라는 정보가 상당히 개연성 있는 정보로 인식되었을 것이라는 점, 더욱이 '시연회 개최'라는 정보는 객관적 사실에 부합하는 점, 그런데 당시는 나노 이미지센서의 개발과정에 관한 기사가 수회에 걸쳐 언론에 보도되고 있는 상황이었으므로 기술 개발의 주체가 개발을 완료한 다음 이에 관한 공개시연회를 개최한다는 정보 자체로도 투자판단에 상당한 영향력을 미칠 것으로 보이는 점 등을 고려하면, 이 사건 정보에 일부 허위 또는 과장된 부분이 포함되어 있다 하더라도 그를 이유로 정보 자체의 중요성을 부정할 수는 없다고 할 것이다."

일부 외부적 요인이 결합되어 있다고 하더라도 달리 볼 것은 아니다"라고 판시한 바 있고,[15] 다른 사건에서 "이 사건 정보는 피고인이 신주인수권부사채를 인수할지 여부를 결정하는 내심의 의사뿐만 아니라 신주인수권부사채 발행의 주체인 C회사가 상대방인 피고인과 신주인수권부사채 인수계약 체결을 교섭하는 과정에서 생성된 정보로서, 이는 C회사의 경영 즉 업무와 관련된 것임은 물론이고 C회사의 내부정보에 해당하며 일부 외부적 요인이 결합되어 있더라도 달리 볼 것은 아니다"라고 판시[16]함으로써 이러한 입장을 분명히 하였다.

(2) 합리적 투자자의 투자판단에 중대한 영향을 미칠 수 있는 정보

정보는 여러 단계를 거치는 과정에서 구체화되는 것으로 반드시 객관적으로 명확한 것만 이용이 금지되는 내부정보에 해당하는 것이 아니라 합리적인 투자자라면 그 정보의 중요성과 사실이 발생할 개연성을 비교 · 평가하여 판단할 경우 유가증권의 거래에 관한 합리적인 의사를 결정함에 있어 중요한 가치를 지닌다고 생각하는 정보를 말하고, 이때 투자자는 주관적 기준에 의해서가 아니라 합리적인 투자자를 가정하여 객관적으로 판단하여야 한다.[17]

투자판단에 중대한 영향을 미칠 수 있는 사실이란, 당해 정보가 공개되

---

15) 대법원 2017. 1. 25. 선고 2014도11775 판결. 위 판결에 대한 평석으로, 조 웅, "법인이 계약체결을 교섭하는 과정에서 알게 된 미공개중요정보의 이용행위 — 대상판결 : 2017. 1. 25. 선고 2014도11775판결," BFL 제88호(2018. 3), 서울대학교 금융법센터, 99면 이하.

16) 대법원 2017. 10. 31. 선고 2015도5251 판결.

17) 대법원 1994. 4. 26. 선고 93도695 판결 ; 대법원 1995. 6. 29. 선고 95도467 판결 ; 대법원 2008. 11. 27. 선고 2008도6219 판결 등 참조.

었다면 투자자가 당해 증권을 매수 또는 매도하였거나 그 결정을 보류하였을 상당한 가능성이 있는 정도로 중요한 사실을 의미한다.[18] 여기에서 합리적인 투자자는 반드시 유가증권에 문외한인 일반투자자만을 가리키는 것이 아니라 전문투자자도 이 범주에 포함된다고 보아야 한다.[19]·[20]

종래 견해에 따라서는 '투자자의 투자판단에 중대한 영향을 미칠 수 있는 정보'의 의미에 관하여 판례가 중대성 · 개연성기준과 증권의 가격에 영향을 미칠 수 있는 사실인가 하는 관점에서, 즉 시세 영향(시장가격) 여부라는 두 기준을 선택적으로 사용하여 왔다는 입장이 있다.[21] 그러나 대법원이 위의 두 기준을 서로 선택적으로 활용한 것이라기보다는 기본적으로 중대성 · 개연성기준의 입장에서 시세 영향 여부를 하나의 중요한 판단요소로 삼은 것이 아닌가 생각된다.[22]

---

18) 대법원 1995. 6. 30. 선고 94도2792 판결 참조.

19) 임재연, 앞의 책(주 8), 562면.

20) '전문투자자'란 금융투자상품에 관한 전문성 구비 여부, 소유자산규모 등에 비추어 투자에 따른 위험 감수능력이 있는 투자자로서 국가, 한국은행, 대통령령으로 정하는 금융기관, 주권상장법인, 그 밖에 대통령령으로 정하는 자 등을 말한다. 다만 전문투자자 중 대통령령으로 정하는 자가 일반투자자와 같은 대우를 받겠다는 의사를 금융투자업자에게 서면으로 통지하는 경우 금융투자업자는 정당한 사유가 있는 때를 제외하고는 이에 동의하여야 하며, 금융투자업자가 동의한 경우 해당 투자자는 일반투자자로 본다(자본시장법 제9조 제5항). 일반투자자는 전문투자자가 아닌 투자자를 말한다(자본시장법 제9조 제6항).

21) 강대섭, "2017년 자본시장법 주요 판례의 검토와 평가," 상사판례연구 제31집 제1권(2018. 3), 한국상사판례학회, 241면. 위 견해에 따르면 중대성 · 개연성기준 대신 시세 영향기준을 채택한 판례로서 최근의 대법원 2017. 10. 31. 선고 2015도5251 판결과 대법원 2017. 1. 12. 선고 2016도10313 판결 등을 들고 있다.

22) 즉 앞의 대법원 2016도10313 판결에서는 "합리적인 투자자가 유가증권을 매수 또는 계속 보유할 것인가 아니면 처분할 것인가를 결정하는 데 중요한 가치가 있는 정보, 바꾸어 말하면 일반투자자들이 일반적으로 안다고 가정할 경우에 유가증권의 가격에 중대한 영향을 미칠 수 있는 사실을 말한다"라고 판시하고 있으나, 후에 선고된 대법원 2015도5251 판결에서는 "피고인은 이 사건 정보가 공시된 후에는 그전보다 비싼 가격에 주식을 매수할 가능성이 높다고 판단하였을 개연성이 크고, 이러한 고려가 공시

(3) 정보의 구체성과 생성시기

앞에서 본 것처럼 일반적으로 법인 내부에서 생성되는 중요정보는 갑자기 완성되는 것이 아니라 여러 단계를 거치는 과정에서 구체화되는 것으로서, 중요정보의 생성시기에 관하여 합리적인 투자자의 입장에서 그 정보의 중대성과 사실이 발생할 개연성을 비교·평가하여 유가증권의 거래에 관한 의사결정에서 중요한 가치를 지닌다고 생각할 정도로 구체화되면 그 정보가 생성된 것으로 볼 수 있다.[23] 따라서 특정시점에서 회사 내부에서 주가부양방법으로 '자사주 취득 후 이익소각'의 방안이 확정되지는 않았지만 구체적으로 검토되고 있다는 정보도 여기에 해당한다.[24]

대상판결의 관련 하급심 판결[25]에서, 플래닛팔이가 전자부품연구원과

전에 주식을 대량매수하는 데 하나의 요인으로 작용하였을 것이다"라고 판시했다(위 두 판결은 같은 재판부에서 나온 판결로서 주심대법관이 모두 같다. 밑줄은 필자).

23) 대법원 2008. 11. 27. 선고 2008도6219 판결 : "L그룹 A회사 사장이 2003년 7월 21일 같은 그룹 부회장에게 '수정사업계획 및 주요경영현안'이라는 대외비문건을 보고하면서 2003년 연간적자액이 1조 2,893억 원에 이를 가능성이 있다고 예상하고, 경영정상화를 위해서는 약 4,000억 원 규모의 자본 확충을 검토하여야 한다는 내용이 일부 포함되어 있다는 점을 알 수 있다. 합리적인 투자자라면 위와 같은 내용의 정보는 객관적으로 명확하고 확실하게 완성되지 않은 상태라도 유가증권의 거래에 관한 의사결정에 있어서 중요한 가치를 지닌다고 생각할 정도로 구체화되었다고 할 것이므로 이 사건 중요정보는 2003년 7월 21일 무렵 최초로 생성되었다고 할 것이다" ; 대법원 2009. 5. 28. 선고 2008도11164 판결(대상판결의 해당법인 대표이사와 이사에 대한 사건이다)대법원 2009. 7. 9. 선고 2009도1374 판결 등 참조.

24) 대법원 2009. 11. 26. 선고 2008도9623 판결.

25) 서울고등법원 2008. 11. 13. 선고 2007노1034 판결. 기술이전계약의 내용은 전자부품연구원이 플래닛팔이에 나노광전소자 원천기술 및 응용기술에 대한 특허권 및 기타 지적재산권 등 일체의 권리를 이전하거나 그 전용실시권 또는 독점적 통상실시권을 부여한다는 것이고, 나노광전소자기술은 카메라 휴대폰·디지털카메라의 중요부품인 고감도 이미지센서 개발이 가능한 기술로서 이 기술을 카메라 휴대폰에 장착할 경우 어두운 실내에서도 선명한 촬영과 고화질의 이미지 구현이 가능한 신기술인 사실을 인정하였다. 피고인들은 상고하였으나 위 대법원 2008도11164 판결에서 상고기각으로 확정.

이 사건 기술에 관한 특허권을 취득하는 내용으로 기술이전계약을 체결하였다면, 위 기술이전계약 체결 당시 이 사건 기술의 개발 정도나 상용화에 대한 성공 가능성이 불확실하였는지 여부에 관계없이 위 기술이전계약 체결사실은 투자자의 투자판단에 중대한 영향을 미칠 수 있는 정보에 해당한다고 판단한 것은 정당하다고 할 것이다.

대법원은 최근 다시 한 번 이 점을 분명히 하였다. 즉 "법인 내부의 의사결정절차가 종료되지 않아 아직 실현 여부가 확정되지 않은 정보라고 하더라도 합리적인 투자가가 그 정보의 중대성과 현실화될 개연성을 평가하여 투자에 관한 의사결정에 중요한 가치를 지닌다고 받아들일 수 있을 정도로 구체화된 것이면 중요정보로 생성된 것이라 볼 수 있다"는 것이다.[26)] 위 대법원 2014도11775 판결에서 사안의 개요는 다음과 같다. 코스닥 상장법인 A회사가 악화된 경영상황을 타개하기 위하여 제3자 유상증자를 통한 경영권 매각을 추진하면서 2010년 11월경 피고인에게 유상증자에 참여하여 A의 경영권을 인수한 다음 피고인이 최대주주이자 실질사주인 C회사의 지분을 인수하여 C가 추진하는 사업을 A를 통하여 추진하는 방법을 제안하였으며, 그에 관한 교섭이 진행되고 있던 중 회계법인에 C의 주식가치 평가를 의뢰하여 2010년 11월 25일 그 평가가 완료되었고 2010년 11월 29일 피고인은 A의 주식을 매수하였다. A는 2010년 12월 1일 피고인과 B회사(피고인이 대표이사이자 최대주주인 회사로서 C회사와 함께 피고인이 실질적 사주이다)에 대한 제3자 배정방식의 유상증자에 대한 이사회 결의를 하고, 같은 날 14시경 "B회사 및 피고인을 대상으로 50억 원 규모의 유상증자를 실시하고 그에 따라 최대주주가 변경된다"(이

---

26) 대법원 2017. 1. 25. 선고 2014도11775 판결 ; 대법원 2018. 1. 25. 선고 2017도17303 판결 등.

하 '이 사건 정보')는 취지의 "유상증자 결정 및 최대주주 변경 관련 공시"를 공표하였다. 이에 피고인은, 이 사건 정보는 법인 외부에서 만들어진 정보로 A의 경영권 인수를 위한 교섭이 상당히 진행되었거나 계약사항의 주요 부분에 대한 합의가 이루어진 경우에야 정보의 생성을 인정할 수 있을 것인데, 2010년 11월 25~29일 무렵에는 A의 인수를 위한 계약서는 물론 양해각서조차 작성되지 않았고 A에 대한 실사도 이루어지지 않았으며 피고인은 A에 대한 인수요청을 계속 거절해 온 점 등에 비추어 보면, 그 무렵 이 사건 정보가 생성되었다고 단정할 수 없다는 취지로 주장하였다. 대법원은 "비록 이 사건 정보는 A의 이사회 결의를 얻지 못한 상태에서 객관적으로 명확하고 확실하게 완성된 상태는 아니었다 하더라도 합리적인 투자자의 입장에서 볼 때 그 무렵 유가증권의 거래에 관한 의사결정에 있어서 중요한 가치를 지닌다고 여길 정도로 구체화되었고 평가할 수 있으므로 이 사건 정보는 중요정보로 생성되어 있었다고 보아야 한다"라는 취지로 피고인의 주장을 배척한 원심은 정당하다고 보았다.

한편 자본시장법 제174조 제3항 주식의 대량취득·처분의 실시에 관한 미공개정보의 이용행위와 관련하여, 미공개정보의 구체성을 인정하지 아니한 최근 사례가 있다. 대법원은 이 사안에서, 정보수령자가 알게 된 미공개정보는 대량취득·처분의 실시 또는 중지를 알 수 있을 만큼 구체적이어야 하고, 정보제공자가 제공한 내용이 단순히 미공개정보의 존재를 암시하는 것에 지나지 않거나 모호하고 추상적이어서 정보수령자가 그 정보를 이용하더라도 여전히 일반투자자와 같은 정도의 경제적 위험을 부담하게 되는 경우에는 특별한 사정이 없는 한 미공개정보에 해당하지 않는다고 판시하였다.[27)]

---

27) 대법원 2017. 10. 31. 선고 2015도8342 판결. 위 판결에 대한 평석으로 강대섭, "2017년

(4) 자본시장법하에서의 해석

현행 자본시장법은 구 증권거래법과 달리 주요사항보고서 제출의 대상을 규정한 제161조 제1항을 들지 않고, '상장법인의 업무 등과 관련된 미공개중요정보'라고만 규정하고 있어 구 증권거래법하의 예시적 열거주의 여부를 둘러싼 논란을 피하게 되었다. 따라서 자본시장법 제161조에서 들고 있는 사항이 중요정보에 해당함은 물론 여기에 한정되지도 않을 것이다.[28)]·[29)] 법문상 '중요한'이라는 표현을 덧붙이고 있으나, 그러한 표현이 없는 구 증권거래법상의 해석과 달라질 것으로 보이지는 않는다.

한편 2007년 자본시장법이 제정되면서 제174조 제3항에서 주식의 대량취득·처분의 실시 또는 중지에 관한 미공개정보의 이용행위 금지에 관한 규정이 도입되었다. 위 조항과 일반적인 자본시장법 제174조 제1항 미공개중요정보 이용행위 금지에 관련한 일반적인 논의는 생략한다. 다만 자본시장법 제174조 제3항의 주식 대량취득과 처분정보인 경우에는 중요성이 별도로 요구되지 않는다고 보는 것이 법문상 명백하다. 이에 관하여는 법문의 규정에도 불구하고 규제의 형평상 중요성이 필요하다는

자본시장법 주요 판례의 검토와 평가," 상사판례연구 제31집 제1권(2018. 3), 한국상사판례학회, 259면 이하 참조.

28) 한편 일본은 금융상품거래법 제166조 제2항에서 우리의 미공개중요정보에 해당하는 '중요사실'을 한정적으로 열거하고 있으며, 그 외의 사실은 중요사실에 해당하지 않는다. 이에 대하여는 과잉규제나 과소규제가 될 염려가 있다는 지적이 있다[黑沼悅郎, "インサイダー取引規制と法令解釋," 金融法務事情 第1866號(2009. 5), 金融財政事情研究會, 44頁].

29) 덧붙여 최근 일본에서 위와 같이 규정된 중요사실의 실현 가능성이 쟁점이 된 사건이 있었다. 즉 중요사실의 실현 가능성에 대하여 실현 가능성이 전혀 없는 것은 배제되겠지만, 조금이라도 있다면 그 가능성의 정도는 문제 되지 않는다는 제1심 판결(東京地方裁判所 平成19.7.19)에 대하여 항소심에서는 투자자의 판단에 영향을 미칠 정도의 실현 가능성을 필요로 한다고 선고하였다(東京高等裁判所 平成21.2.3).

소수설과 공개매수에 관한 자본시장법 제174조 제2항과 마찬가지로 미공개정보를 미공개중요정보로 개정함이 타당하다는 입법론[30)]이 있음을 밝혀 둔다.

V. 정보의 미공개 여부

1. 피고인들의 주장

이 사건 정보인 나노 이미지센서의 개발이 완료되었다는 사실은 공정공시를 통하여 일반에 공개된 2005년 11월 10일 이전에 이미 수회 언론에 보도되었는데, 특히 이 사건 정보가 일간신문에 2회 이상 보도되어 구 증권거래법 시행규칙 제36조에 의하여 공개된 정보로 취급되어야 한다.

2. 대법원의 판단

구 증권거래법 제188조의2 제2항은 '일반인에게 공개되지 아니한 중요한 정보'를 '당해 법인이 재정경제부령이 정하는 바에 따라 다수인으로 하여금 알 수 있도록 공개하기 전의 것'이라고 규정하고 있으므로, 어떤 정보가 당해 법인의 의사에 의하여 재정경제부령이 정하는 바에 따라 공개되기까지는 그 정보는 여전히 미공개정보 이용행위 금지의 대상이 되는 정보에 속한다. 원심이 같은 취지에서, 이 사건 정보가 플래닛팔이의

30) 상세한 것은 노혁준, "주식의 대량취득, 처분정보와 미공개정보이용행위 : 대법원 2014. 3. 13. 선고 2013도12440 판례평석," 민사판례연구 제39권(2017), 민사판례연구회, 929-931면 참조.

공정공시를 통하여 일반에 공개되기 전에 신문 등에 나노 이미지센서의 개발이 완료되었다는 취지의 기사들이 게재된 사실은 인정되나, 위 기사들이 플래닛팔이의 의사에 의해 게재된 것으로 보이지 아니하고 위 각 기사에 시연회 개최에 관한 언급이 전혀 없었던 점 등을 고려하면 이 사건 정보는 미공개정보에 해당한다고 판단한 것은 정당하고, 거기에 상고이유로 주장하는 바와 같이 미공개정보 이용행위 금지규정의 해석 및 적용에 관한 법리오해 등의 잘못이 없다.[31)]

3. 검토

(1) 공개의 의미

내부자가 이용한 정보는 '미공개', 즉 불특정 다수인이 알 수 있도록 공개되기 전의 것을 말한다.

정보의 공개 여부는 어떤 정보가 해당 법인의 의사에 의하여 시행령이

---

31) 원심이 인용한 제1심의 판단부분은 다음과 같다. "이 사건 정보가 플래닛팔이의 공정공시를 통해 2005년 11월 10일 일반에 공개되었음은 앞에서 본 것과 같고, 변호인 제출의 증거들에 의하면 2005년 8월 24일자 『서울경제신문』 및 2005년 9월 20일자 『동아일보』에 나노 이미지센서의 개발이 완료되었다는 취지의 기사가 게재된 사실을 인정할 수 있다. 그러나 (i) 변호인들이 제출하고 있는 위 각 기사가 플래닛팔이의 의사에 의해 게재된 것으로는 보이지 아니하는 점, (ii) 위 각 기사에 시연회 개최에 관한 언급이 전혀 없었던 점 등을 고려하면, 결국 나노 이미지센서의 개발이 완료되어 시연회를 개최한다는 이 사건 정보가 당해 법인인 플래닛팔이의 의사에 의해 전국을 보급지역으로 하는 신문에 게재되었다고 할 수 없다. 한편 일부 변호인은 위와 같은 주장의 근거로 2005년 6월 23일자 『스포츠한국』의 기사를 제출하였으나, 『스포츠한국』은 정기간행물의 등록 등에 관한 법률이 정한 일반일간신문 또는 경제분야의 특수일간신문에 해당하지 아니하고, 그 기사 역시 플래닛팔이의 의사에 의해 게재된 것으로는 보이지 않는다."

정하는 공시절차에 따라 공개되기까지 그 정보는 미공개 내부정보에 해당한다. 따라서 해당 법인에 의하여 시행령이 정하는 바에 따라 위와 같이 공개하기 전의 정보는 아무리 실제와 근사한 내용이 일간지나 경제 전문지에 여러 차례 게재되었다고 하더라도 이를 공개된 정보라고 할 수 없으며,[32)·33)] 비록 일부 언론에 추측 보도된 바 있다고 하더라도 관계법령에 따라 일반인에게 공개된 바 없는 이상 미공개정보에 해당한다.[34)]

판례는 당해 거래가 공개증권시장을 거치지 아니하는 경우 증권시장의 공정성이나 일반투자의 신뢰성이 문제 되지 않고 오로지 거래 당사자의 인식만을 기초로 미공개 여부를 가리는 이른바 상대거래[35)]의 예외를 인정하고 있다. 즉 거래의 당사자가 거래의 목적인 유가증권 관련 내부정보를 전해 들어 이를 잘 알고 있는 상태에서 거래에 이르게 되었음이 인정되는 경우에는 공개되지 아니한 중요한 정보를 이용한 것으로 볼 수 없다는 것이다.[36)] 이러한 상대거래의 당사자 사이에 정보의 불평등이나 비대칭이 없기 때문이다.

한편 이때의 미공개 여부는 당사자 본인의 해당 내부정보에 대한 인식

---

32) 대법원 1995. 6. 29. 선고 95도467 판결.

33) 대법원 2000. 11. 24. 선고 2000도2827 판결.

34) 대법원 2006. 5. 12. 선고 2004도491 판결.

35) 이른바 '상대거래' 또는 '상대매매'란 공개증권시장을 통하지 아니하고 개별적 교섭에 의하여 이루어지는 거래를 말하는데, 이러한 상대거래의 경우 일반투자자의 신뢰성이나 정보의 불공정한 격차문제가 발생하지 않는다.

36) 대법원 2003. 6. 24. 선고 2003도1456 판결. 대법원은 피고인 甲이 한국산업은행으로부터 해외전환사채 300만 달러 상당을 매수할 당시 한국산업은행 측에서도 피고인 乙로부터 삼애실업이 금괴발굴사업을 추진하고 있다는 정보를 전해 들어 알고 있었고, 피고인 甲이 해외전환사채를 주식으로 전환한 뒤 금괴발굴사업이 공시되기 이전에 일반인들에게 주식을 매각한 부분은 공개되지 아니한 중요한 정보를 이용한 것으로 볼 수 없다고 한 원심의 무죄판단을 지지하였다.

여부를 기준으로 하여야 할 것인데, 당사자가 법인이라면 회사의 대표이사 또는 의사결정권자의 인식을 기준으로 하여야 할 것이고 거래의 당사자가 이러한 대표권한이 없는 거래 관련 업무담당자에 불과하다면 위 예외가 적용되지 않을 것이다.[37)]

(2) 자본시장법하의 해석

대상판결도 이와 같은 입장에서 다시 한 번 미공개의 의미를 분명히 하였고, 앞에서 본 바와 같이 자본시장법하에서도 해석이 달라지지 않을 것이다.

한편 자본시장법 시행령에서는 공개의 방법과 공개에 필요한 경과시간을 규정하고 있다. 공개에 필요한 경과시간은 규제를 풀더라도 거래의 불공정이 생기지 않게 되는 시점을 말하는 것이고, 내부자의 입장에서 보면 거래를 하기 위하여 기다려야 하는 기간이다. 이러한 대기기간이 필요한 것은 일반투자자가 보도에 접하여 투자 여부를 결정할 시간적 여유가 필요한 반면, 내부자들은 이미 정보를 입수하고 투자 여부를 결정할 시간적 여유가 있다고 보기 때문이다.[38)]

자본시장법 시행령은 구 증권거래법에 비교하여 대기기간을 대폭 단축하였다. 법령에 의하여 금융감독위원회와 거래소에 신고되거나 보고된

---

37) 따라서 거래 당사자인 법인의 담당직원이 거래의 상대방으로부터 그 유가증권 관련 내부정보를 전해 들었음에도 이를 정식으로 법인의 의사결정권자에게 보고하거나 그에 관한 지시를 받지 아니한 채 거래의 상대방으로부터 거래 성사를 위한 부정한 청탁금을 받고 법인에 대한 배임의 의사로 거래가 이루어지도록 한 경우에는 거래 당사자에 대하여 위 내부정보의 완전한 공개가 이루어졌다고 볼 수 없다(대법원 2006. 5. 11. 선고 2003도4320 판결).

38) 임재연, 자본시장법, 박영사, 2010, 750면.

서류에 기재되어 있는 정보로서 그 내용이 기재되어 있는 서류가 금융감독위원회와 거래소가 정하는 바에 따라 비치된 날로부터 1일이 경과된 정보는 종전과 같이 규정하고 있으나, 그 외의 경우는 구체적으로 나누어 대기기간을 상당한 정도로 단축하였는데, 예컨대 금융위원회 또는 거래소가 설치 · 운영하는 전자전달매체를 통하여 내용이 공개된 정보는 공개된 때로부터 종전 24시간에서 3시간으로, 신문이나 방송의 경우 대체로 24시간 또는 12시간에서 6시간으로 단축하였다.

VI. 정보의 취득과 이용행위

1. 피고인들의 주장

피고인들의 이 사건 주식거래행위는 미공개중요정보를 취득하여 이용한 행위에 해당하지 않는다는 취지의 주장을 하였는데 법률상 의미 있게 정리하면 다음과 같다.

첫째, 피고인 1은 전자부품연구원의 건설추진실 직원으로서 이 사건 정보와는 무관한 업무에 종사하였고 이 사건 정보가 내부전산망에 게시되었는지도 알지 못한 채 이 사건 주식을 매입하였으므로 이 사건 정보를 직무와 관련하여 취득하였다고 할 수 없다.

둘째, 피고인들의 이 사건 거래는 이 사건의 정보의 취득과는 무관하게 평소와 같이 거래를 하던 중 스스로의 판단에 의하여 매수한 것이다.

이는 사실인정의 문제로서 대법원에서 다루어진 쟁점은 아니다. 그러나 이러한 정보 취득의 직무관련성과 취득한 미공개중요정보의 이용행위의 인정과 관련되어 실무상 종종 제기되고 있다.

2. 제1심 및 원심의 판단

제1심은 피고인 1~6에 대하여 피고인들이 직무와 관련하여 이 사건 정보를 취득하고 이러한 미공개중요정보를 이용하여 이 사건 주식거래를 한 것으로 인정하였고, 원심에서도 이러한 제1심의 결론을 그대로 받아들였다. 그러나 피고인 7에 대하여 제1심은 (i) 전자부품연구원 교육연수사업실 실장으로 근무하였으므로 이 사건 나노 이미지센서의 개발이나 홍보업무와는 전혀 무관하였던 점, (ii) 피고인은 2004년 9월경 이래 계속하여 플래닛팔이 주식을 매매하였고, 2005년 10월 25일에는 1,350주를 매도하기도 하였으며, 그 이후에도 2007년 말경까지 계속하여 플래닛팔이 주식을 매수하거나 매도하였던 점, (iii) 특히 구 증권거래법 제188조의2 제1항은 유가증권의 매매, 기타 거래와 관련하여 미공개정보를 '이용'하는 행위를 금지하고 있기 때문에, 미공개정보 이용행위로 처벌하기 위해서는 단순히 미공개정보를 '보유'하고 있는 상태에서 유가증권을 거래한 것만으로는 부족하고 그것을 '이용'하여 유가증권을 거래한 것이 인정되어야 할 것인바, 공소 제기된 2005년 11월 2일 및 같은 해 11월 4일의 주식거래는 평소 피고인의 주식거래형태와 별다른 차이점이 발견되지 아니하므로, 피고인이 이 사건 정보를 '이용'했다고 보기도 어려운 점 등을 고려하면, 피고인이 이 부분 주식거래를 함에 있어 이 사건 정보를 사전에 취득·이용하였다고 단정하기 어렵고 달리 이를 인정할 증거가 없다고 하여 무죄를 선고하였다.

이에 대하여 원심은 다음과 같은 이유로 제1심을 파기하고 유죄를 선고하였다. 즉 이 사건 주식매입 당시 이 사건 정보와 관련된 업무회의가 열렸던 점, 피고인은 10년 이상 가입해 놓았던 생명보험금을 담보로 약관대출을 받아 이 사건 주식매수자금을 마련하였던 점, 피고인이 2005년 10월

19~21일 위 주식을 무려 1만 1,900주나 매수한 점에 비추어 보면, 위 피고인이 2005년 10월 25일 위 주식 1,350주를 매도한 사실이 피고인이 이 사건 정보를 모르고 있었다거나 이를 이용하지 아니하였음을 추단할 만한 근거가 될 수 없는 점, 비록 피고인이 전자부품연구원 교육연수사업실 실장으로 근무하여 나노 이미지센서 개발 및 홍보업무에 직접 관여하지 않았다 하더라도 일반투자자에는 접근이 허용되지 아니하는 전자부품연구원 업무회의를 통해 이 사건 정보를 취득하였으므로, 위 정보를 취득함에 있어서 피고인의 직무관련성이 인정되는 점, 그리고 내부자의 거래가 전적으로 내부정보 때문에 이루어졌음이 요구되는 것이 아니라 단지 거래를 하게 된 하나의 요인이기만 하면 정보의 '이용'이라는 요건을 충족하는 것으로 해석함이 상당하다. 따라서 단순히 피고인이 위 공소사실을 전후하여 위 주식을 매매한 사실이 있다는 사정만으로 위 피고인의 위 공소사실과 같은 주식거래가 평소 피고인의 주식거래형태와 별다른 차이점이 없다고 단정할 수 없는 점(피고인은 2005년 10월 19일~11월 4일 위 주식을 대량매수하였다) 등을 종합하여 보면, 피고인이 위 주식을 매매함에 있어 이 사건 정보를 이용한 사실을 충분히 인정할 수 있다는 것이다. 피고인은 이에 상고하였으나, 대법원은 위와 같은 원심의 판단에 법리오해나 채증법칙의 위반은 없다고 하여 결론을 그대로 유지하였다.

3. 검토

(1) 정보의 취득과 직무 관련성

내부자가 미공개중요정보를 직무와 관련하여 알게 되어야 한다. 구 증권거래법에서는 직무의 관련성에 관한 별다른 규정이 없었으나, 자본시장법에서는 내부자의 유형별로 직무관련성을 규정한다. 즉 법인의 임직원의 경우는 그 직무와 관련하여, 주요주주의 경우는 그 권리를 행사하는 과정에서, 법인에 대하여 법령에 따른 허가, 그 밖의 권한을 가진 자는 그 권한을 행사하는 과정에서, 그 법인과 계약을 체결하거나 교섭하고 있는 자는 그 계약을 체결 · 교섭 또는 이행하는 과정에서 알게 된 경우라고 구체적으로 규정하고 있다(자본시장법 제174조 제1항 제1～4호).

실무상 이러한 직무관련성에 관한 주장도 드물지 않게 제기되며 직무관련성의 인정 여부에 관한 구체적인 한계를 설정하기가 까다로운 경우가 많다. 대상판결의 사안에서는 피고인 1이 전자부품연구원의 건설추진실 직원으로서 이 사건 정보 관련 업무에 직접 관여하지 않았다고 하더라도 평소 주식 투자에 관심이 있는 피고인이 이 사건 주식을 매수하기 직전 일반투자자에게는 접근이 허용되지 아니하는 전자부품연구원의 내부전산망에 게시된 주간업무보고서를 통하여 이 사건 정보를 취득한 것이라고 하여 직무관련성을 인정한 제1심과 원심의 결론을 그대로 유지하였다.[39]

일본의 경우 임원이나 직원이 그 직무의 내용으로서 내부정보를 알 수 있는 입장에서 취득하였다면 직무관련성이 인정되는 것이고, 다른 부서나 회의실에 우연히 들어가 단순한 물리적인 접근을 통하여 다른 부서의 내부정보를 알게 되었다면 직무관련성을 부정하여야 한다고 본다.[40]

---

39) 자신의 사무실에서 같은 회사의 주식 담당직원이 기안하였다가 파기한 이사회 결의서(안)를 통하여 정보를 얻은 경우 직무 관련성을 인정한 하급심 판결이 있다[서울지방법원 2002. 1. 23. 선고 2001고단10894 판결(확정)].

40) 木目田裕 / 山田將之, "インサイダー取引規制における實務上の諸問題(1) : 規制の概要と法一六六條の成立要件〔上〕," 商事法務 第1840號(2008. 5), 商事法務硏究會, 96-97頁. 예컨대 해당 법인의 각 부서에 우편물을 배포하는 업무에 종사하는 직원이 배포 도중 임의로 배포되어야 할 우편물을 개봉하여 알게 된 경우는 직무 관련성을 인정하고, 배포 도중 M & A업무를 담당하는 부서에 몰래 들어가 직원의 책상 위에 있는 극비서류를 우연히 보고 알게 된 경우는 직무 관련성을 부정한다. 또 해당 법인의 청소담당

대상판결 이후 직무관련성과 관련하여 주목할 만한 대법원판결이 있었다. 일반적으로 어느 법인의 주요주주가 자기 소유의 주식을 처분하면서 경영권을 양도한다는 정보와 관련하여 자기소유주식을 처분한다는 것은 주주로서의 직무가 아니므로 위 정보는 당해 주주가 직무와 관련하여 알게 된 정보는 아니라고 본다. 그러나 주요주주의 주식양도와 경영권양도와 관련된 사안에서, 대법원은 "피고인들이 A회사 주식의 매도에 이용한 이 사건 정보는 B회사의 적대적 인수 · 합병 시도 중단 또는 A회사와 경영자문용역계약을 체결하는 형식으로 그 적대적 인수 · 합병 시도 중단의 대가를 지급하기로 하는 내부정보가 결합되어 있는 정보로서 법인인 A회사의 영향력범위 내에 있고, 이러한 정보에 쉽게 접근할 수 있는 사람이 이를 이용하는 행위를 제한하지 아니할 경우 거래의 공정성 내지 증권시장의 건전성을 해할 위험성이 많으므로… 위와 같은 정보는 A회사의 업무와 관련된 정보이자 A회사의 이사인 피고인이 직무와 관련하여 알게 된 정보임이 분명하고, B회사의 입장에서 보더라도 이는 A회사와 구두계약을 체결하는 과정에서 그 계약 당사자로서의 특수한 지위에 기하여 그 생성과정에 관여함으로써 직무와 관련하여 알게 된 정보라고 봄이 상당하다고 한 원심 판결이 정당하다"고 판시했다.[41]

자가 청소작업 중 버려진 함에 폐기되어 있는 서류를 보아 알게 된 경우는 직무 관련성이 인정되겠지만, 청소작업을 위하여 사무실에 들어갔다가 책상 위에 놓인 서류를 우연히 보아 알게 된 경우는 직무 관련성이 부정된다고 본다. 또 해당 법인의 중요사실인 신규사업의 개시가 예정된 상태에서 그 업무와 무관한 영업부원이 신상품의 홍보활동에 관한 협의를 위하여 홍보부에 들어갔다가 우연히 담당직원의 책상 위에 놓여 있는 서류를 보고 신규사업을 알게 된 경우는 직무 관련성을 부정하고, 사장의 비서가 극비정보가 논의되고 있는 회의실로 사장과의 연락을 위하여 조용히 들어가다가 논의되는 내용을 듣게 되어 알게 된 경우는 직무 관련성을 인정한다(內部者取引規制研究會 編, 一問一答 インサイダー取引規制, 商事法務研究會, 1988).

41) 대법원 2014. 2. 27. 선고 2011도9457 판결. 위 판결에 대한 평석으로 장근영, "자본시장법상 정보생성자의 미공개중요정보 이용행위 규제," 사법 제32호(2015), 사법발전

(2) 정보의 보유와 이용행위

미공개중요정보를 단순히 보유하고 있는 것만으로는 내부자거래의 규제대상이 될 수 없고, 해당 법인의 유가증권 또는 특정증권 등의 매매, 그 밖의 거래에 이용하거나 타인에게 이용하도록 하여야 한다.[42)]

1) 정보의 이용행위

정보의 이용행위란 내부정보를 이용하여 직접 주식 등을 거래하는 행위뿐 아니라 내부자가 경제적 이득을 얻기 위한 모든 행위를 포함한다. 이때 자신의 이익을 추구할 목적으로 자기의 계산으로 하는 것이든 당해 법인에게 이익이 귀속될 자사주식의 처분처럼 타인의 이익을 위하여 타인의 계산으로 하는 것이든 어떠한 제한이나 구별이 없다.[43)] 따라서 법인의 임직원이 미공개중요정보를 이용하여 당해 법인의 계산으로 당해 법인의 주식을 거래한 경우에도 이에 해당함은 물론이다.[44)]

정보를 이용하는 데 내부정보의 기여를 어느 정도 요구할 것인가. 우리 학설은 대체로 '하나의 요인(a factor)'이면 충분하다고 본다.[45)] 물론 단

재단, 124면 이하 참조

42) 일본의 경우는 금융상품거래법 제166조 제2항 각 호의 미공개중요사실을 알고 매매 등을 하는 것이 위반행위가 되므로 '정보의 이용'을 요건으로 하지 않는다. '안다'는 것은 미필적 인식의 경우도 포함한다고 본다〔木目田裕 / 山田將之, "インサイダー取引規制における實務上の諸問題(1) : 規制の概要と法一六六條の成立要件〔中〕," 商事法務 第1842號(2008. 9), 商事法務硏究會, 34頁〕. 한편 중요사실을 알기 이전에 이미 투자결정을 한 사실을 입증할 수 있다면 내부자거래 위반행위로 인정되지 않을 것이다(금융상품거래법 제166조 제6항 제12호).

43) 대법원 2002. 4. 12. 선고 2000도3350 판결 ; 대법원 2009. 7. 9. 선고 2009도1374 판결.

44) 대법원 2009. 5. 28. 선고 2008도11164 판결.

45) 김건식 / 정순섭, 자본시장법, 두성사, 2009, 293면 ; 임재연, 앞의 책(주 38), 769면.

지 정보를 보유한 상태에서 매매, 그 밖의 거래를 한 것만으로는 부족하고 그 정보를 이용하여 거래를 한 것으로 인정되어야 한다. 매매, 그 밖의 거래에서 그 정보가 거래 여부 · 거래량 · 거래가격 등 제반 거래조건의 결정에 중요한 요인으로 작용하여 만일 그러한 정보가 없었더라면 다른 결정을 내렸을 경우에는 이에 해당한다.[46] 거래량이 문제 되는 경우로서는 주식의 대량보유자가 일시 대량매각에 의한 시장가격의 폭락을 피하기 위하여 매일 일정 수량의 주식을 시장에 처분하던 중 미공개중요정보를 알게 된 때 종전의 매매형태와 달리 대량투매하였다면 정보의 이용행위에 해당할 가능성이 크지만, 종전과 같은 매매형태로 주식을 처분하는 경우는 이에 해당한다고 볼 수 없을 것이다.

대상판결의 제1심은 피고인들의 이 사건 주식거래행위가 비록 종전에도 해당 법인의 주식을 거래한 적이 있다고 하더라도 이 사건 정보의 공시 전후로 한 주식투자의 행태나 방식, 예컨대 종전에 해당 법인의 주식을 거래한 적이 있다고 하더라도 한동안 그 법인의 주식을 거래하지 않다가 이 사건 정보의 공시 직전에 집중적으로 매입하고 공시 이후 순차로 매도하거나, 기존에는 여러 종목에 분산투자하는 방식으로 이루어졌으나 이 사건 정보 공시 직전에 다른 종목의 주식들마저 처분하여 집중적으로 해당 법인의 주식을 매수하였고, 주식매수대금의 상당액이 대출이나 현금서비스 등을 통하여 이루진 것으로 기존의 방식에 비하여 매우 이례적인 것으로 나타나는 점, 기존 투자는 자신의 명의로 하였으나 이 사건 주식거래는 갑자기 차명거래를 이용한 점 등을 들고 있다. 사안에 따라 달라질 수 있으나 위와 같은 요소 등이 피고인이 부인하는 경우 객관적으로 판단될 수 있는 중요한 기준으로 작용할 것이다.

---

46) 임재연, 앞의 책(주 38), 769면.

2) 정보를 이용하게 하는 행위

타인에게 이용하게 하는 행위란 미공개중요정보를 다른 사람에게 제공하여 직접 거래 또는 기타 경제적 이득을 취할 수 있도록 하는 행위를 말한다.

먼저 정보 제공행위와 정보 이용행위 간에 인과관계가 있어야 한다. 따라서 내부자가 정보수령자에게 정보를 제공하였더라도 그 정보수령자가 이미 다른 경로로 그 정보를 얻고 거래를 결심한 상태라면 정보 제공행위와 정보수령자의 이용행위 간에 인과관계가 존재하지 아니하므로 내부자가 미공개중요정보를 타인에게 이용하게 하는 행위를 한 것으로 볼 수 없다. 또 이때 정보는 상당한 정도로 구체적일 것을 요하지만, 이러한 정보를 제공하는 정도면 족하고 꼭 그 정보를 이용하여 주식거래를 하도록 권유할 필요까지는 없을 것이다. 여기에서 타인에게 이용하는 행위는 내부자뿐 아니라 제1차 정보수령자에 의하여도 가능하다.[47)]

정보수령자가 정보를 이용하여 거래할 가능성을 인식하면서 정보를 제공한 경우 정보수령자가 실제로 정보를 이용하지 않더라도 내부자거래에 해당한다는 견해[48)]가 있으나, 타인에게 정보를 제공하더라도 정보수령자가 그 정보를 이용하여 거래행위에까지 나아가지 않았다면, 형사적으로는 미수범으로 처벌하는 규정이 없어 처벌할 수 없고 민사상 손해배상책임의 문제도 생기지 않는다. 자본시장법 제174조 제1항은 구 증권거래법과 마찬가지로 "정보를 제공하여서는 아니 된다"고 규정하지 않고 "이용

47) 독일 증권거래법은 내부자가 정당한 권한 없이 정보를 제공하는 행위 자체를 금지하고 있다[Wertpapierhandelsgesetz(WpHG) 제14조 제1항 제2호].

48) 김건식 / 정순섭, 앞의 책(주 45), 295면. 다만 비난 가능성에는 차이가 있으므로 정보수령자에 의한 이용 가능성을 인식하지 못한 단순한 정보 제공의 경우에는 형량을 감경할 필요가 있다고 한다.

하게 하여서는 아니 된다"라고 규정하므로 내부자가 정보를 제공하였더라도 정보수령자가 그 정보를 이용한 거래를 하지 않은 경우에는 여기에서 '이용하게 하는 행위'에 해당하지 않는다고 보아야 할 것이다. 그리고 내부자가 타인에게 정보를 제공함으로써 적극적으로 정보를 이용하게 하여야 하고, 비록 내부자 자신의 정보라 하더라도 내부자가 정보를 제공한 사실이 없는 한 타인의 정보 이용행위를 방지하지 못하였더라도 '이용하게 하는 행위'에 해당하지는 않는다.[49]

3) 정보의 제공행위와 수령에 대한 인식

대법원은 이와 관련하여 최근 정보수령자가 정보제공자로부터 정보를 전달받았다고 인정하기 위해서는 단순히 정보의 이동이 있었다는 객관적 사실만으로는 충분하지 않고 정보제공자가 직무와 관련하여 알게 된 미공개정보를 전달한다는 점에 대한 인식이 있어야 한다는 법리를 분명히 한 바 있다. 자본시장법 제174조 제3항에서 금지하는 주식 등의 대량취득·처분의 실시 또는 중지에 관한 사안이지만 제174조 제1항의 일반적인 미공개중요정보 이용행위의 경우와 다를 이유가 없다. 이 사안의 사실관계는 다음과 같다. (i) 피고인은 자신이 경영하는 A회사의 거래처인 B회사가 곧 매각될 것이라는 소식을 접하고 2012년 3월 중순 무렵 평소 친분이 두터운 C회사 회장인 乙에게 위 소식을 알려 주었으며 2012년 3월 20일 B회사의 주식을 매수하였다. (ii) 乙은 피고인으로부터 B회사의 매각 관련 소식을 알게 된 직후인 2012년 3월 25일 B회사 대주주를 대표하는 이사회 의장 丙을 만나 B회사의 주식과 경영권을 양수하기로 합의하였다. (iii) 피고인은 2012년 4월 9일 B회사 건물에서 B회사에 대한 실

49) 임재연, 앞의 책(주 38), 772-773면.

사를 나온 C회사의 상무이사 丁을 우연히 만났다. (iv) 丁은 피고인이 '웬 일이냐'고 묻자 '실사를 나왔다'라고만 말하였고, 실사대상이 B회사라는 사실을 말하지 않았다. 대법원은 이러한 사실관계를 전제로 丁이 피고인에게 위와 같은 말을 할 당시 C회사가 어느 회사의 M&A를 검토하고 있다는 것을 넘어 B회사라는 상장법인 주식의 대량취득에 관한 미공개정보를 피고인에게 제공한다는 사실에 대한 인식이 있었다고 보기 어려울 뿐만 아니라 위와 같은 말이 구체성 있는 미공개정보에 해당한다고 볼 수도 없다는 것이다.[50)]

4) 이용행위 해당 여부에 대한 판단기준

미공개정보의 존재를 알고 있다는 사실만으로 그 정보를 이용하였다고 단정할 수는 없는 일이다. 실무상 여러 복잡한 사실관계하에서 이용행위가 있었는지 여부가 종종 쟁점이 된다. 이 점과 관련하여 최근 대법원에서 나온 두 판결을 눈여겨 살펴볼 필요가 있다. 먼저 하나는, 구 자본시장법 제174조 제1항의 각 호의 어느 하나에 해당하는 자가 미공개정보를 인식한 상태에서 특정증권 등의 매매나 그 밖의 거래를 한 경우, 그 거래가 전적으로 미공개중요정보 때문에 이루어지지는 않았다고 하더라고 미공개중요정보가 거래를 하게 된 요인의 하나임이 인정된다면 특별한 사정이 없는 한 미공개중요정보를 이용하여 거래를 한 것으로 볼 수 있으나, 미공개중요정보를 알기 전에 이미 거래가 예정되어 있었다거나 미공개중요정보를 알게 된 자에게 거래를 할 수밖에 없는 불가피한 사정이 있었다는 등 미공개중요정보와 관계없이 다른 동기에 의하여 거래를 하였다고 인정되는 때에는 미공개중요정보를 이용한 것이라고 할 수 없다는 판결

50) 대법원 2017. 10. 31. 선고 2015도8342 판결.

이다.[51] 위 판결에서 피고인의 미공개중요정보 이용행위가 인정되지 않았다. 다른 하나는 미공개중요정보 이용행위를 인정한 사안이다. 즉 "미공개중요정보를 이용하였다고 하려면 그 정보가 매매 등 거래 여부와 거래량·거래가격 등 거래조건을 결정하는 데 영향을 미친 것으로 인정되어야 하고, 이는 피고인이 해당 정보를 취득한 경위 및 그 정보에 대한 인식의 정도, 해당 정보가 거래에 관한 판단과 결정에 미친 영향 내지 기여도, 피고인의 경제적 상황, 거래를 한 시기, 거래의 형태나 방식, 거래의 대상이 된 증권 등의 가격 및 거래량의 변동 추이 등 여러 사정을 종합적으로 살펴서 판단하여야 한다"는 판결이다.[52] 위 사안에서 나타난 중요한 사실관계를 추려 보면, (i) 피고인은 이 사건 정보를 인식한 상태에서 이 사건 주식을 매수하였다. (ii) 피고인이 이전부터 코스닥 상장법인인 A의 주식을 보유하고 있었고 거래를 한 적이 있기는 하나, 이 사건 주식매수는 이전에 비하여 거래량이 많고 매수대금 역시 컸다. (iii) 2010년 10월 중·하순 무렵부터 A의 주가가 상승하고 거래량도 증가하였으나 A회사가 그 지분을 인수하려는 C회사에 대한 가치평가 이후 A의 주가와 거래량은 더욱 상승·증가하였다. (iv) 무엇보다 A회사의 경영권 인수를 제안받는 과정에서 유상증자를 통한 대규모 자금조달 등 특단의 조치가 없는 한 부도가 불가피한 상태라는 사실을 잘 알고 있던 피고인이 이 사건 주식을 매수한 점에 주목하지 않을 수 없다. 이러한 사정을 종합하면 피고인이 이 사건 정보를 단지 보유만 하고 있었다고 보기는 어렵고 이를 이용하여 주식을 매수하였다고 봄이 타당하다는 것이다.

---

51) 대법원 2017. 1. 12. 선고 2016도10313 판결.
52) 대법원 2017. 1. 25. 선고 2014도11775 판결.

(3) 정보의 이용행위에 대한 증명

미공개중요정보의 이용 여부에 대한 증명책임이 감독당국과 수사기관 등에게 있고, 따라서 감독당국 등이 내부자가 미공개중요정보를 이용하였거나 타인으로 하여금 이용하게 한 것을 입증하여야 함은 형사책임에 관한 원칙상 당연하다.

이때 이용했다고 하기 위해서는 정보보유자의 거래가 전적으로 내부정보 때문에 이루어진 것을 입증할 필요는 없고 앞에서 본 것처럼 단지 내부정보가 거래를 하게 된 하나의 요인이었다는 점을 입증하면 충분하다. 따라서 그 책임을 면하기 위해서는 미공개중요정보가 거래의 요인이 아니라는 점을 증명하여야 한다.

대상판결에서 정보수령자인 피고인 4 · 5가 각자의 판단에 따라 주식거래를 한 것이라고 다투었으나, 제1심은 앞에서 든 피고인 3과 피고인 4 · 5의 관계 및 피고인 4 · 5의 주식 투자형태 등에 비추어 이 사건 정보를 알게 된 피고인이 피고인 4 · 5에게 알려 주어 이들로 하여금 주식거래를 하게 하였다는 공소사실을 유죄로 인정하고, 원심 및 대법원에서도 그대로 유지되었다.

(4) 정보생성자의 미공개중요정보 이용행위

정보생성자도 미공개중요정보 이용행위의 주체가 될 수 있는가 하는 문제이다. 즉 법인과 계약을 체결하고 있거나 체결을 교섭하고 있는 자로서 그 계약을 체결 · 교섭하는 과정에서 미공개중요정보를 알게 된 자(법 제174조 제1항 제4호의 이른바 '준내부자')도 법 제174조 제1항의 규제대상이 되는지 여부는 실무상 종종 다투어지는 쟁점이다.

정보를 생성한다는 것과 정보를 알게 된다는 것이 양립 불가능한 개념이 아니며, 정보생성자의 이용행위는 오히려 거래의 공정성이나 시장의 건전성에 더 위험이 크다는 점을 감안하면 이를 부인하기는 어렵다.

관련하여 우선 구 증권거래법 제188조의2 제1항의 규제대상 정보에 공동생성한 정보가 해당된다고 판단한 원심판결이 정당하다고 대법원이 받아들인 사례가 있다.[53] 원심은 정보를 '알게 된' 경우에는 당해 정보를 '받은' 경우의 해석과 달리 그 문언 및 입법취지에 비추어 볼 때 이미 생성되어 존재하는 정보를 수동적으로 수령하여 알게 된 경우뿐만 아니라 그 정보의 생성과정에 적극적으로 관여하거나 공동으로 생성하는 과정에서 알게 된 경우도 포함된다고 봄이 상당하다고 하여, 2008년 8월 24일 무렵 경영자문용역계약 체결을 통한 대가 지급을 전제로 적대적 M&A를 중단하기로 하는 구두계약이 甲회사를 실질적으로 대표하는 C와 乙회사의 대표이사인 A와 B 사이에 법적 구속력이 있을 정도로 이루어졌다는 사실인정을 전제로 A와 B는 구 증권거래법 제188조의2에서 말하는 '당해 법인과 계약을 체결하고 있는 자'로서 규제대상로서의 지위를 갖추었다는 결론을 도출하였다.

최근 자본시장법이 적용된 사례에서도 대법원은 위와 같은 결론을 다시 한 번 확인한 바 있다. 즉 피고인은 이 사건 주식을 매수하기 전부터 A회사와 경영권 인수에 관한 계약의 체결을 교섭하고 있었고 그 과정에서 이 사건 정보의 생성에 관여함으로써 이 사건 정보를 알게 되었다고 봄이 상당하므로, 피고인이 자본시장법 제174조 제1항의 미공개중요정보를 이용하여 이 사건 주식을 매수하였다는 이 사건 공소사실을 유죄로

53) 대법원 2014. 2. 27. 선고 2011도9457 판결 및 원심인 서울고등법원 2011. 7. 8. 선고 2011노441 판결.

인정한 원심판결은 정당하다[54]고 하였다.[55]

VII. 공소사실 특정의 정도

1. 피고인의 주장

피고인 7에 대한 이 사건 공소사실은 "피고인은 2005년 10월경 전자부품연구원에서 교육연수사업실장으로 근무하여 수차례 주간업무회의 등에 참석하면서 이 사건 정보를 지득하고, 같은 해 11월 2일부터 같은 해 11월 4일까지 피고인 명의의 대신증권 계좌를 통하여 플래닛팔이 주식 5,900주를 매수한 다음, 위 정보가 일반인에게 공시된 2005년 11월 10일 이후에 이를 매도하여 합계 1억 189만 4,420원 상당의 부당이득을 취득한 것이다"라는 것인바, 피고인은 위와 같은 공소사실은 피고인의 방어권 행사가 가능할 정도로 특정되지 않았다고 주장하였다.

2. 대법원의 판단

공소사실의 기재에 있어 범죄의 일시, 장소, 방법을 명시하여 공소사실

54) 대법원 2017. 1. 25. 선고 2014도11775 판결.

55) 다만 당해 법인의 주요주주와 경영권양도계약을 체결한 자가 경영권 양도라는 미공개중요정보를 받은 자에 해당하는지 여부가 쟁점이 된 사안에서 당해 정보를 내부자인 주요주주로부터 전달받은 자가 아니라 주요주주와 이 사건 주식 양수계약을 체결한 계약 당사자로서 주요주주와 공동으로 당해 정보를 생산한 자에 해당하며 미공개중요정보를 받은 자에 해당하지 않는다는 이른바 '화승강업 사건'(대법원 2003. 11. 14. 선고 2003도686 판결)과의 관계에 대하여는 장근영, 앞의 논문(주 41), 139-142면 및 조 웅, 앞의 논문(주 15), 107면 참조.

을 특정하도록 한 법의 취지는 법원에 대하여 심판의 대상을 한정하고 피고인에게 방어의 범위를 특정하여 그 방어권 행사를 쉽게 해주기 위한 데 있는 것이므로, 공소사실의 특정은 공소의 원인이 된 사실을 다른 공소사실과 구별할 수 있는 정도로 그 일시 · 장소 · 방법 · 목적 · 물건 등을 적시하여 특정하면 족한 것이고, 그 일부가 다소 불명확하게 적시되어 있다 하더라도 그와 함께 적시된 다른 사항들에 의하여 그 공소사실을 특정할 수 있는 한 그 공소 제기의 효력에는 아무런 영향이 없다.[56)]

이 사건 정보를 지득한 일시 · 경위가 다소 불명확하게 적시되어 있기는 하나, 위 주식의 매수 및 매도시기 · 수량 · 금액 등이 모두 구체적으로 적시되어 있으므로, 전체적으로 보아 위 피고인의 방어권 행사에는 아무런 지장이 없을 정도로 특정되어 있다고 할 것이다.

3. 검토

공소사실의 특정과 미공개중요정보의 이용행위에 관해 특유의 법리가 적용되는 쟁점은 아니나 피고인이 미공개중요정보의 취득과 이용행위를 부인하고 있다면, 실무상 이 사건 공소사실과 같은 정도로 특정할 수밖에 없을 것이고, 대상판결은 이러한 하급심의 실무를 받아들인 셈이다.

VIII. 맺으면서

대상판결을 비롯한 최근 일련의 대법원 판결은 최근 제기된 여러 쟁점

56) 대법원 2008. 7. 10. 선고 2008도1664 판결 참조.

에 관하여 종전의 입장을 단순히 확인하는 데 그치지 않고 더 적극적으로 구체적인 법리를 밝히려 한 점에서 상당히 고무적일 뿐 아니라 앞으로 적용될 자본시장법의 운용과 해석에 있어서도 상당한 시사를 주고 있다.

예컨대 대법원 2010. 5. 13. 선고 2007도9769 판결(이른바 진양제약 사건)은 구 증권거래법 제188조의2 제1항 제4호에서 '당해 법인과 계약을 체결하고 있는 자'를 내부거래의 규제 범위에 포함시킨 입법취지를 고려하여 법인과 계약을 체결함으로써, 그 법인의 미공개중요정보에 용이하게 접근하여 이를 이용할 수 있는 지위에 있다고 인정되는 자는 비록 그 계약이 그 효력을 발생하기 위한 절차적 요건을 갖추지 아니하였다고 하더라도 '당해 법인과 계약을 체결하고 있는 자'에 해당한다고 보았다.[57] 이는 해당 법인과 계약을 체결하고 있는 자에 한하여 준내부자로 보고 당해 주식의 양수계약을 체결한 계약 당사자는 당해 정보를 생산한 자로서 구 증권거래법 제188조의2 제1항 제4호의 '당해 법인과 계약을 체결하고 있는 자' 또는 동법 제188조의2 제1항 소정의 '당해 정보를 받은 자'에 해당하지 아니한다고 엄격하게 본 종래의 판례[58]에 비하여 상당히 전향적인 입장을 취한 것이다. 물론 현행 자본시장법에 따르면, 계약을 체결하려 하였다가 계약조건이 맞지 않아 계약의 체결에 이르지 못한 경우에도 계약의 체결·교섭 또는 이행과정에 있는 자에 해당하여(제174조 제1항 제4호) 내부자거래의 규제대상이 된다.

---

57) 대법원 2010. 5. 13. 선고 2007도9769 판결. 당해 법인과 신주인수계약을 체결함으로써 그 법인의 미공개중요정보에 용이하여 접근하여 이를 이용할 수 있는 지위를 취득하였다고 볼 것이고, 위 계약 당시 회사의 이사회 결의가 없었다고 하여 달리 볼 것은 아니다.

58) 예컨대 대법원 2003. 11. 14. 선고 2003도686 판결. 이에 대한 평석으로 문용선, "증권거래법 제188조의4 제4항 제2호 소정의 '중요한 사항', '허위의 표시', 제188조의2 제1항 소정의 '당해 정보를 받은 자', 제207조의2 제1항 단서 소정의 '위반행위로 얻은 이익' 등," 대법원판례해설, 법원도서관, 2004, 434면.

끝으로 자본시장법이 본격적으로 시행되면서 또 다른 새로운 쟁점이 제기될 수 있고, 이에 증권시장의 공정성과 건전성 유지라는 내부자거래 규제의 입법취지에 맞추어[59)] 가능한 실무상의 요구를 반영하고 더 나아가 증권과 금융파생상품에 관한 불공정거래를 둘러싼 예측 가능한 법적 환경이 조성될 수 있도록 대법원 판결과 그에 따른 하급심의 실무가 빠른 시기에 정착되기를 기대해 본다.

〈후기(後記)〉

자본시장법 제174조 제1항에 따른 미공개중요정보 이용행위는 타인이 미공개중요정보를 당해 특정증권 등의 매매, 그 밖의 거래에 이용하려 한다는 정을 알면서 그에게 당해 정보를 제공하거나 당해 정보가 제공되도록 하여 위 정보를 특정증권 등의 매매, 그 밖의 거래에 이용하게 하는 것을 말하고, 이때 타인은 반드시 내부자 및 제1차 정보수령자(수범자)로부터 정보를 직접 수령한 자로 한정된다고 볼 수 없어 정보의 직접 수령자가 당해 정보를 거래에 이용하게 하는 경우뿐만 아니라 위 직접 수령자를 통하여 정보전달이 이루어져 당해 정보를 제공받은 자가 위 정보를 거래에 이용하게 하는 경우도 위 금지행위에 포함된다고 보아야 한다(대법원 2020. 10. 29. 선고 2017도18164 판결). 한편 자본시장법 제443조 제1항 단서와 제2항의 '위반행위로 얻은 이익'과 관련하여 대법원 2021. 9. 30. 선고 2021도1143 판결이 있고, '위반행위로 회피한 손실액'에 관하여 대법원 2021. 10. 14. 선고 2017도19859 판결 등이 있다.

---

59) 위 대법원 2007도9769 판결에서, 구 증권거래법에서 내부자거래의 규제범위에 '당해 법인과 계약을 체결하고 있는 자'를 포함시킨 취지는 당해 법인과 계약을 체결하고 있는 자는 그 법인의 미공개중요정보에 쉽게 접근할 수 있어 이를 이용하는 행위를 제한하지 아니할 경우 거래의 공정성 내지 증권시장의 건전성을 해할 위험성이 많으므로 이를 방지하고자 하는 데 있다고 한 판시는 자본시장법하에서도 여전히 유효함은 두말할 필요가 없다.

05

주식 대량취득·처분정보의 이용*

—대법원 2014. 3. 13. 선고 2013도12440 판례평석—

노혁준**

I. 사실관계

D회사는 코스닥 상장법인인바, 그 주식은 계열사들인 I회사가 24.47퍼센트(최대주주), K실업이 2.71퍼센트 각기 보유하고 있었다. 피고인 甲은 위 회사들이 소속된 X그룹 회장으로서, D회사의 이사인 동시에 I회사와 K실업의 대표이사를 맡고 있다. 피고인 甲을 포함한 5명의 X그룹 경영위원회는 2010년 8월 4일 I회사가 보유한 D회사 주식 및 신주인수권부사채 등을 K실업에 매각하는 방식으로 D회사의 최대주주를 변경하기로 하였다. 실제 최대주주의 변경은 9월 말경에 이루어졌다. 즉 K실업은 같은 해 9월 28~30일 장내에서 D회사 주식을 매수하였고, 장외에서 I회사로

* 이 논문은 『민사판례연구』 제39권(2017)에 발표된 "주식 대량취득·처분정보와 미공개정보 이용행위"를 해당지의 승인을 얻어 수정·보완하여 게재하는 것이다.

** 서울대학교 법학전문대학원 교수

부터 신주인수권부사채 및 신주인수권증권을 매수하였다. 위 거래 이후 D회사 주식은 K실업이 23.32퍼센트(최대주주), I회사가 21.76퍼센트 보유로 D회사의 최대주주가 변경되었다. 다만 당초 계획과 달리 K실업이 장내에서 D회사 주식을 취득하였기 때문에, I회사는 여전히 상당한 지분을 유지하게 되었다. 위 주식대량거래에 관한 정보는 최대주주가 된 K실업이 2010년 10월 4일 대량보유 상황보고서를 공시함으로써 공개되었다.

사안에서 주로 문제 된 것은 피고인 甲이 2010년 8월 5일부터 9월 3일까지 사이에 차명으로 D회사 주식을 460만 161주를 매수하였다가 같은 해 9월 28일부터 10월 4일까지 사이에 매각하여 약 4억 7,000만 원에 달하는 매매차익을 얻은 것이다.[1)] 위 행위가 구 자본시장과 금융투자업에 관한 법률(이하 '구 자본시장법')[2)] 제174조 제3항이 금지하는 주식 등의 대량취득 · 처분의 실시 또는 중지에 관한 미공개정보를 이용한 것인지 문제 되었다.

II. 쟁점 및 법원의 판단

제1심[3)]에서 대법원에 이르기까지 피고인 甲의 행위는 구 자본시장법 제174조 제3항에 위반한 것으로 인정되었다. 대법원은 원심[4)]의 판단을

1) 이 밖에도 I회사 역시 그 대표이사인 피고인 甲이 회사업무와 관련하여 D회사 주식 197만 1,921주를 매수하였다는 이유로 기소되었으나, 이 쟁점은 본 평석에서 다루지 아니한다.

2) 2013년 5월 28일 법률 제11845호로 개정되기 이전의 것. 한편 '자본시장법'이라고만 하면 특별한 언급이 없는 이상 현행 자본시장법을 가리킨다.

3) 서울중앙지방법원 2013. 6. 18. 선고 2013고단831 판결.

4) 서울중앙지방법원 2013. 9. 27. 선고 2013노2064 판결.

그대로 인정하고 있으므로 이하에서는 원심의 판시사항을 중심으로 살펴보기로 한다.

쟁점이 된 것은 크게 2가지였다. 먼저 피고인 甲의 행위가 구 자본시장법 제174조 제3항 단서, 즉 "대량취득·처분을 하는 자가 대량취득·처분을 목적으로 거래하는 경우에는 그러하지 아니하다"에 해당할 것인지 여부이다. 피고인 甲은 K실업이 피고인 甲의 1인회사로서 페이퍼컴퍼니에 불과하다는 점 등을 들어, 피고인 甲의 취득이 실제로 위 단서의 대량취득을 목적으로 거래하는 경우에 해당한다고 주장하였다. 이에 대하여 원심법원은 "자본시장법 제174조 제3항 단서가 미공개정보 이용행위 금지의무에 예외를 둔 것은 '대량취득·처분을 하는 자'가 대량취득·처분을 목적으로 거래한 경우는 원래 목적의 실현이지 이를 이용하는 행위로 볼 수 없기 때문이다. 따라서 해당 거래를 대량취득·처분을 하는 자가 한 거래로 볼 수 없다면 자본시장법 제174조 제3항 단서에 해당하지 않는다"고 하였다. 법원은 이 사안에서 피고인 甲이 차명계좌 등을 이용하여 D회사 주식을 취득한 것을 곧 K실업이 거래한 것으로 보기는 어렵고, 피고인 甲과 K실업을 동일한 주체라고 볼 수도 없다고 판단하였다.

두 번째 쟁점은 피고인 甲의 이용행위가 있었는지 여부이다. 피고인 甲은 D회사 주식 취득이 피고인 甲과 K실업 간 의사합치에 의해 (K실업을 돕기 위해) 이루어진 것이므로 스스로 미공개정보를 이용한 것으로 볼 수 없다고 주장하였다. 이에 대하여 원심법원은 "대량취득·처분을 하는 자의 요청이 있다는 사유 등에 의하여 그 배제범위가 확대된다면 실질적으로 대량취득·처분을 하는 자와 통모하여 거래하는 경우를 처벌하지 못하게 됨으로써 사실상 미공개정보 이용행위 금지규정의 실효성이 상실될 우려가 있는 점 등에 비추어 보면, 거래의 목적이 대량취득·처분을 하는 자의 요청에 의한 것이라고 할지라도 그와 같은 목적에 따라 미공개정보의 이용 여부가 좌우된다고 볼 수 없다"고 판단했다. 사안에서 대량취득 · 처분을 하는 K실업의 요청 등 목적을 불문하고 피고인 甲이 D회사 주식을 취득하는 행위 자체가 미공개정보 이용행위에 해당한다고 보았다.

III. 평석

1. 들어가면서

사안에서 문제 된 구 자본시장법 제174조 제3항은 2007년 8월 3일 과거의 증권거래법에 바탕한 자본시장법이 제정되면서 처음 도입된 조항이다. 평석대상 판결은 위 조문 도입 이래 최초로 내려진 대법원의 판단이다. 이 조문은 경영권에 영향을 미치는 주식의 대량취득 · 처분을 전제로 하고 있으므로 기업인수 · 합병(M & A) 일반에 관련되어 있다. 특히 통상적으로 합병보다는 지배주식양도에 의해 기업지배권거래가 이루어지는 우리나라의 현실에서[5] 활동영역이 넓다. 다양한 형태로 발현되는 지배주식거래의 실무를 고려할 때 자본시장법 제174조 제3항의 구체적 요건 및 적용 예외사유를 어떻게 해석할 것인지에 관하여는 논란의 소지가 많다. 위 조문이 2009년과 2013년 두 차례에 걸쳐 개정된 것도 이러한 논란이 반영된 것이다.

한편 본 사안에서 흥미로운 것은 동일한 기업집단 내부에서 계열사 간

5) 공정거래위원회 보도자료, 2015년 기업결합 동향 및 주요특징(2016. 2. 29), 8면에 의하면, 2015년 공정거래위원회에 보고된 비계열사 간 기업결합건 중 주식취득방식에 의한 것이 172건인 반면, 합병에 의한 것은 2건에 그치고 있다(www.ftc.go.kr에서 다운로드 가능).

지배주식거래라는 점이다. 이렇듯 그룹 내 거래인 경우 미공개정보 이용행위의 관점에서 통상적 거래와 차이점이 있는지도 고찰해 볼 필요가 있다.

이하의 논의는 다음 순서에 의한다. 먼저 일반론으로서 자본시장법 제174조 제3항의 의의(2)와, 주식 대량거래정보 이용행위의 규제이론(3)에 관하여 살펴본다. 이러한 이론적 바탕 위에 본건 판결의 내용을 분석해 본다(4). 마지막은 결론이다(5). 자본시장법은 전형적인 미공개정보 이용금지조항인 제174조 이외에 보충적 형태로서 부정거래행위(제178조)와 시장질서 교란행위(동조의2)도 규정하고 있다. 미공개중요정보 이용행위 중 일부는 제174조가 아닌 위 보충적 유형에 포섭되기도 한다.[6] 다만 본 평석에서는 부정거래행위와 시장질서 교란행위에 관한 논점은 검토하지 않기로 한다.

2. 자본시장법 제174조 제3항의 의의

(1) 주요내용과 연혁

1) 주요내용

자본시장법 제174조 제3항은 일정한 자들이 주식 등 대량취득·처분의 실시 또는 중지에 관한 미공개정보를 그 주식 등과 관련된 특정증권 등의 매매, 그 밖의 거래에 이용하거나 타인에게 이용하게 하는 행위를 금지한다. 규제대상이 되는 이용주체는 대량취득·처분을 하려는 자(계열

---

6) 자본시장법 제174조의 적용대상에서 제외되는 제2차 정보수령자가 제178조의2 제1항의 시장질서 교란행위로 제재받는 것이 대표적인 예이다.

회사[7] 포함), 그의 임직원·대리인·주요주주 등의 내부자, 준내부자, 정보의 1차 수령자이다. 규제대상에 포함된 내부자, 준내부자 및 1차 수령자의 범위는 일반적 미공개중요정보 이용금지에 관한 제174조 제1항의 그것과 유사하다. 대량취득·처분의 대상이 되는 주식 등에는 의결권 있는 주식 이외에 전환사채 등 주식으로 전환될 가능성을 지닌 잠재적 증권이 포함된다.[8] 매매 금지의 대상인 특정증권 등은 대량취득·처분의 대상인 증권 이외에 이를 기초자산으로 한 금융투자상품 등도 포함된다.[9]

본 조에서 이용이 문제 되는 미공개정보는 주식 등 대량취득·처분의 실시 또는 중지이다. 취득이든 처분이든 경영권에 영향을 줄 가능성이 있는 대규모의 것에 한정된다. 구체적으로는 다음 세 요건을 모두 충족하여야 한다.[10] 즉 (i) 그 취득목적이 경영에 관해 회사 또는 임원에게 사실상 영향력을 행사하기 위함일 것(주식처분이 아닌 주식취득에만 해당), (ii) 발행주식총수의 10퍼센트 이상 또는 최대주주 지위 변동을 초래하는 비율을 거래대상으로 할 것,[11] (iii) 그 취득 또는 처분이 자본시장법 제147조 제1항의 대량보유보고 대상에 해당할 것이 그 요건이다.

2) 연혁

원래 위 조항은 자본시장법 제174조 제1항의 규제 공백을 메우기 위해

7) 독점규제 및 공정거래에 관한 법률에 따른 계열회사를 가리킨다(자본시장법 제25조 제5항 제4호).
8) 이는 공개매수의 대상이 되는 증권과 동일하다(자본시장법 시행령 제139조 참조).
9) 자본시장법 제172조 제1항 참조.
10) 자본시장법 시행령 제201조 제4항 및 자본시장조사 업무규정 제54조 제1항. 다만 이에 대하여는 범죄구성요건인 지분율은 금융위원회 규정으로 정하는 것은 죄형법정주의에 반한다는 비판도 있다(임재연, 자본시장법과 불공정거래, 박영사, 2014, 359면).
11) 위 지분율 판단 시 특별관계자 보유분을 합산한다(자본시장조사 업무규정 제54조 제2항 및 자본시장법 시행규칙 제17조 제2항).

2007년에 도입된 것이다. 이 조항의 도입에는 대법원 2003. 11. 14. 선고 2003도686 판결이 결정적인 역할을 하였다. 사안은 S로부터 T회사 지배주식 매수교섭 중이던 P(피고인)가 그 정보를 이용하여 T회사 주식을 미리 매입한 경우였다. 대법원은 "S가 위 피고인에게 T회사 주식 290만 주를 양도하여 T회사의 경영권을 양도한다는 정보는 S가 그 소유의 주식을 위 피고인에게 처분함으로써 스스로 생산한 정보이지 직무와 관련하여 알게 된 정보가 아니고, 위 피고인은 당해 정보를 S로부터 전달받은 자가 아니라 S와 이 사건 주식 양수계약을 체결한 계약 당사자로서 S와 공동으로 당해 정보를 생산한 자에 해당한다 할 것"이라고 하면서 P의 행위가 미공개중요정보 이용에 해당하지 않는다고 보았다. T회사의 경영권 양도 정보가 T회사 주가에 큰 영향을 미치기는 하지만, 그 정보 자체는 T회사와 무관하게 생성되었다는 것이다. 이에 따르면 특히 T주식을 미리 거래한 S, P의 임직원 등을 처벌할 수 없게 된다. 이러한 문제점을 해소하기 위한 것이 자본시장법 제174조 제3항이다.

평석대상 사안에는 현행 조문이 아니라 구 자본시장법이 적용되었으므로, 조문의 연혁을 살펴보면 다음과 같다. 2007년 도입되었을 당시 행위주체는 "대량취득 · 처분을 하는 자의 계열회사 및 대량취득 · 처분을 하는 자의 임직원, 대리인으로서…"라고 되어 있었다.[12] 따라서 대량취득자 · 처분자 자신은 규제대상이 아니었다. 이러한 조문형태에 대하여는, 일반적인 미공개중요정보 이용행위 규제조문이 "그 법인(그 계열회사를 포함한다) 및 그의 임직원, 대리인으로서…"라고 규정하고 있는 것과[13] 형평에 맞지 않는다는 비판이 있었다.

---

12) 2007년 8월 3일 제정 자본시장법(법률 제8635호) 제174조 제3항 제1호.
13) 위 구 자본시장법 제174조 제1항 제1호.

2009년 개정법은[14] 이러한 비판을 수용하여 대량취득자·처분자 자신을 규제대상에 포함시켰다.[15] 나아가 단서로서 "대량취득·처분을 하는 자가 대량취득·처분을 목적으로 거래하는 경우에는 그러하지 아니하다"라는 문구를 추가하였다. 다수설은 위 개정이 대량취득자·처분자의 사전 소수지분 취득 또는 처분(이른바 발판취득 또는 처분)을 전면적으로 금지한 것이라고 해석하였다.[16] 즉 단서는 대량취득·처분 자체를 실행하는 경우에 한정되는 것으로 보았다.[17] 뒤에서 설명하듯 이러한 다수설의 해석이 타당하였는지는 의문이 있다. 어찌 되었든 발판취득·처분 금지로 해석될 여지가 있는 조항은 보완되어야 한다는 비판의 소리가 높았다.[18]

---

14) 2009년 2월 3일 법률 제9407호.

15) 당시 개정된 자본시장법 제174조 제3항 제1호는 "대량취득·처분을 하는 자(그 계열회사를 포함한다. 이하 이 호 및 제2호에서 같다) 및 대량취득·처분을 하는 자의 임직원, 대리인으로서 그 직무와 관련하여 대량취득·처분의 실시 및 중지에 관한 미공개정보를 알게 된 자"라고 규정하였다(밑줄은 필자 추가).

16) 동일한 구조에 의하는 공개매수특칙(제174조 제2항 단서) 해석에 관해서는 이 책의 「제1장 불공정거래 법제 개관」, 26면 ; 임재연, 앞의 책(주 10), 356면 참조.

17) 당시 금융위원회의 개정법률안 입법예고문(금융위원회 공고 제2008-109호)에 나타난 입법취지는 "(i) 공개매수, 주식 등의 대량취득·처분에 관한 미공개중요정보를 공개매수자 및 대량취득자·처분자 본인이 이용하거나 타인에게 이용하게 하는 행위는 금지대상으로 규정하고 있지 않아 동 행위를 처벌하지 못하는 문제가 있음, (ii) 공개매수자 및 대량취득자·처분자 본인도 해당 거래에 관한 미공개중요정보의 이용행위 금지대상에 포함, (iii) 공개매수자 및 대량취득자·처분자 본인의 미공개중요정보 이용행위를 효과적으로 금지할 수 있게 됨에 따라 미공개중요정보 이용행위 금지에 관한 규제 공백을 제거할 수 있을 것으로 기대됨"이라고 되어 있었다(http://www.fsc.go.kr/know/law_prev_view.jsp?bbsid=BBS0078&page=6&sch1=&sch2=&sch3=&sword=&r_url= &menu=7410300&no=18861).

18) 임재연, 앞의 책(주 10), 357면은 매입자가 특정증권의 매매, 기타 거래에 이용할 의사가 없는 경우까지 규제대상으로 삼은 것은 불합리하다고 보았고, 장근영, "자본시장법상 외부자거래의 규제와 개선방안," 법제연구 제41호(2011), 한국법제연구원, 375면은 자본시장법 제147조 제1항이 대량보유보고제도를 두고 있으므로 발판취득을 허용하더라도 큰 부작용이 없다고 주장하였다.

2013년 개정법은[19] 위 비판을 반영한 것이다. 이 개정은 행위주체를 기존의 '대량취득 · 처분을 하는 자'에서 '대량취득 · 처분을 하려는 자'로 바꾸면서, 제174조 제3항 단서를 "다만 대량취득 · 처분을 하려는 자가 제149조에 따른 공시 이후에도 상당한 기간 동안 주식 등을 보유하는 등 주식 등에 대한 대량취득 · 처분의 실시 또는 중지에 관한 미공개정보를 그 주식 등과 관련한 특정증권 등의 매매, 그 밖의 거래에 이용할 의사가 없다고 인정되는 경우에는 그러하지 아니하다"로 변경하였다. 이에 따르면 대량취득 · 처분을 하려는 자 스스로가 발판취득 · 처분하는 것은 미공개정보 이용행위로 규제받지 않게 된다.

평석대상 사안은 2010년 하반기에 발생한 것으로서 2009년 개정법이 적용되었다.

(2) 다른 제도와의 비교

1) 자본시장법 제174조 제1항 : 일반적인 미공개중요정보 이용행위금지

앞에서 언급한 바와 같이 자본시장법 제174조 제3항은 제174조 제1항 소정의 일반적 미공개중요정보 이용규제의 공백을 메우기 위한 것이므로 원칙적으로 규제대상을 달리한다. 즉 (i) 전자는 증권 발행회사 외부에서 발생하는 주식 대량취득 · 처분을 정보내용으로 하는 반면, 후자는 발행회사 자체에 관한 기업정보(corporate information)를 대상으로 한다. 그 밖에도 조문상으로 다음과 같은 요건상 차이가 있다. (ii) 전자는 단서에서 예외사항을 규정하는 반면 후자에는 명시적 예외조항이 없다. (iii) 다수설에 따르면 전자는 정보의 중요성이 요구되지 않는 반면 후자는 '투자자

---

19) 2013년 5월 28일 법률 제11845호.

의 투자판단에 중대한 영향을 미치는' 정보여야 한다.[20)]

하나의 행위가 자본시장법 제174조 제1항과 제3항을 동시에 위반하는 경우는 어떻게 처리할 것인가? 예컨대 발행회사가 상당 분량의 자기주식을 제3자에게 처분하기로 결정하면서, (이러한 미공개정보를 호재로 보아) 발행회사 또는 그 내부자가 미리 발행회사의 주식을 매입하는 경우이다. 이때 행위자들은 일반적인 미공개중요정보(자본시장법 제174조 제1항)를 이용한 것이면서 동시에 미공개 주식 대량처분정보(동법 동조 제3항)를 이용한 것이기도 하다. 이에 대하여는 자본시장법 제174조 제3항이 특별한 경우에 적용되므로 이를 우선해야 한다는 견해(법조경합설)도[21)] 있으나, 원래 다른 형태의 위반행위를 전제로 하는 것이므로 상상적 경합관계에 있다고 볼 것이다.[22)]

한편 특히 그룹 내부의 지배주식거래인 경우 각 회사의 직책을 겸직함으로써 하나의 주식거래가 자본시장법 제174조 제1항 및 제3항에 동시에 해당하는 경우가 발생할 수 있다. X회사의 이사 Z가 동시에 X회사 지배주주인 Y회사의 이사인 한 상태에서, Z가 직무상 Y회사의 X회사 주식 대량처분을 알게 되었고 이를 이용하여 X회사 주식을 거래한 경우이다. 이때 Z는 (i) Y회사의 내부자라는 점에서 보면 미공개 주식 대량처분정보

---

20) 이는 조문의 규정양식에 근거한 해석으로서 상세는 뒤에서 설명한다.

21) 변제호 / 홍성기 / 김종훈 / 김성진 / 엄세용 / 김유석, 자본시장법(제2판), 지원출판사, 2015, 639면은 제174조 제1항과 제2항의 관계에 대하여 발판취득의 특칙이 제2항에만 있으므로 제2항이 우선한다는 취지로 설명한다.

22) 유사한 문제는 이른바 자기공개매수(self tender offer)의 경우에도 발생한다. 발행회사가 자기주식에 대하여 공개매수를 실시하려는 경우, 미공개 자기공개매수정보를 이용하여 주식 등을 미리 매입한 발행회사 또는 그 내부자 등은 자본시장법 제174조 제1항 및 제2항을 동시에 위반한 것이 된다〔神田秀樹 · 松尾直彦 · 黑沼悅郞 / 神作裕之(執筆), 金融商品取引法 コンメンタール 4：不公正取引規制 · 課徵金 · 罰則, 商事法務, 2011, 163頁 참조〕.

를 이용한 것이므로 자본시장법 제174조 제3항의 규제대상이고, (ii) X회사의 내부자라는 점에서 보면 미공개중요정보(대주주 교체)를 이용한 것이므로 제174조 제1항의 규제대상이다. 이러한 경합은 이사 Z의 독특한 지위에 따른 것인바, 자본시장법 제174조 제1항과 제3항의 법정형이 동일하므로 어떤 법조를 적용해도 무방하다고 할 것이다.[23] 다만 위 두 조문의 적용요건의 차이점 중 '정보의 중요성'이 크게 작용할 여지가 있다. 다수설에 따르면 자본시장법 제174조 제3항에는 중요성 요건이 적용되지 않으므로, 이 조항에 터 잡은 처벌이 더 용이할 가능성이 있다.

2) 자본시장법 제174조 제2항 : 미공개 공개매수정보 이용행위 금지

자본시장법은 일반적인 미공개중요정보 이용금지에 대한 특례로서 주식 대량취득 · 처분정보의 이용 이외에 공개매수정보의 이용 역시 금지하고 있다(제174조 제2항). 즉 공개매수 예정자, 그 내부자, 준내부자, 1차 수령자는 주식 등에 대한 공개매수의 실시 또는 중지에 관한 미공개정보를 그 주식 등과 관련된 특정증권 등의 매매, 그 밖의 거래에 이용하거나 타인에게 이용하게 하여서는 안 된다. 미공개 공개매수정보의 이용은 우리나라에서 내부자거래를 규제한 초기부터 금지되어 왔으며,[24] 미국 · 일본 등 해외에서도 금지되고 있다.[25]

자본시장법 제174조 제3항과 제2항은 원칙적으로 유사한 구조를 갖추고 있다. 가장 큰 차이점은 전자는 주식 대량취득 · 처분정보가 이용금지 대상인 반면 후자는 공개매수정보가 그 대상이라는 점이다. 자본시장법

---

23) 원래 상상적 경합의 경우 가장 중한 죄에 정한 형으로 처벌하도록 되어 있다(형법 제40조).

24) 구 증권거래법 제188조의2 참조.

25) 미국의 증권거래위원회(Securities and Exchange Commission. 이하 'SEC') Rule 14e-3 ; 일본의 금융상품거래법 제167조.

제133조 제1항에 따라 전형적으로 이루어지는 공개매수와 달리 주식취득·처분은 다양한 형태로 전개될 수 있으므로, 제174조 제3항의 해석·적용에는 더 까다로운 문제가 발생할 수 있다. 일례로 공개매수는 통상 공개매수자 1인이 매수주체가 된다. 반면 주식 대량취득인 경우 매입주체 다수가 동시다발적으로 대상회사의 주식을 취득하는 형태를 상정하기 어렵지 않다. 이는 뒤에서 설명하는 공동취득의 규율문제로 이어진다. 또한 이른바 발판취득에 관하여도 차이가 있다. 공개매수는 공개매수신고서 이후 매수기간 도래 이후 시작되는 것이므로,[26] 그 이전에 이루어지는 공개매수 예정자의 취득은 모두 발판취득이다. 반면 주식 대량취득인 경우, 이러한 공식절차가 별도로 이루어지지 않으므로 발판취득의 시점을 잡기가 모호할 수 있다. 극단적으로 대량취득 예정자가 매입을 결정한 후 행하는 모든 취득행위가 전부 주식 대량취득행위 자체인 것으로 해석될 수도 있다.[27] 그러나 자본시장법 제174조 제3항이 자본시장법 제정 이전부터 있었던 미공개 공개매수정보 이용행위에 준하여 도입된 것임을 감안하면 이러한 확대해석에는 무리가 있다고 생각된다.

3) 자본시장법 제147조 제1항 : 대량보유보고의무

주식의 대량취득·처분과 관련하여 자본시장법은 제147조 제1항에서 별도의 지분공시의무를 부과한다. 자본시장법 제174조 제3항이 미공개된 주식 대량취득·처분정보의 이용을 금지하는 반면, 제147조 제1항은 대량보유정보를 일반에 공개할 것을 요구한다. 자본시장법 제147조 제1항

26) 공개매수기간은 공개매수 공고일로부터 20~60일 사이에서 공개매수자가 정하게 된다(자본시장법 시행령 제146조 제3항).

27) 실제로 이 사건 대상판결의 원심에서는 실제 K실업에 의한 대량취득은 2010년 9월 28일부터 3일간 이루어졌음에도 불구하고 대량취득의 결정이 이루어진 2010년 8월 5일을 '대량취득 실시가 이루어진' 날짜라고 표현했다.

에 따르면, 본인과 그 특별관계자가 보유하게 되는 주식 등의[28] 합계가 그 주식 등의 총수의 5퍼센트 이상인 경우 5일 이내에 그 보유상황 · 보유목적 등을 금융위원회와 거래소에 보고하여야 한다. 보유주식 등의 합계가 주식 등의 총수의 1퍼센트 이상 변동된 경우에도 마찬가지이다. 위 비율 산정 시 본인 이외에 특별관계자가 보유[29]하는 주식 등을 합산하는 바, 특별관계자에는 특수관계인[30]과 공동보유자[31]가 포함된다.[32] 보고의무자는 5퍼센트 이상을 보유하게 된 본인이다. 특별관계자가 있는 경우에는 함께 보고하여야 하며, 이때 보유주식 등의 수가 가장 많은 자를 대표자로 선정하여 연명으로 보고할 수 있다.[33]

주식취득에 한정해서 볼 때, 미공개정보 이용의 관점에서 뒤에서 설명하듯 발판취득 · 응원취득 · 공동취득의 위법성에 관한 논란이 있다. 반면 주식 대량보유보고의 관점에서 보면, 대량취득자의 주도하에 이루어지는 취득은 발판취득 · 응원취득 · 공동취득을 불문하고 합계 5퍼센트가 넘어서는 순간 연명 보고의무의 대상이 된다. 이렇듯 일정 지분범위 내에서 자본시장법 제147조 제1항에 의한 별도의 지분공시장치가 갖추어져 있다

---

28) 의결권 있는 주식 및 주식으로 전환될 가능성을 갖는 모든 잠재적 증권을 포함한다(자본시장법 시행령 제139조 참조).

29) 자본시장법상 제133조 제3항에 따르면 보유는 소유, 그 밖에 이에 준하는 경우를 뜻하며 넓게 주식 등에 대하여 실질적 지배권이 있는 상태를 포괄한다. 구체적 유형은 자본시장법 제142조에 규정되어 있다.

30) 일정한 친족 및 관련 법인을 가리키는바, 본인이 법인 · 기타 단체인 경우 임원 · 계열회사 · 30퍼센트 주주 등을 포함한다(자본시장법 제9조 제1항 제1호 및 동법 시행령 제8조).

31) 본인과의 합의나 계약에 따라 (i) 주식 등을 공동으로 취득 · 처분하거나, (ii) 주식 등을 공동 또는 단독으로 취득한 후 그 취득한 주식을 상호 양도하거나 양수하거나, (iii) 의결권(의결권 행사지시권 포함)을 공동으로 행사하기로 합의한 경우를 말한다(자본시장법 시행령 제141조 제2항).

32) 자본시장법 제133조 제3항, 제147조 제1항 및 동법 시행령 제141조 제1항.

33) 자본시장법 시행령 제153조 제4항.

는 점은 발판취득, 응원취득, 공동취득의 적법성을 검토할 때에도 감안되어야 할 점이다.[34)]

3. 규제 필요성

(1) 시장정보 중 특히 주식 대량거래정보의 이용을 규제할 필요가 있는가

1) 개념

시장정보(market information)란, 해당 회사의 증권가격에 영향을 줄 수 있는 사항이지만 해당 회사에서 발생한 정보가 아닌 것을 가리킨다.[35)] 이에 대응하는 개념은 기업정보(corporate information)이다. 정부의 경제정책이나 금리에 대한 결정, 해외 원자재가격의 변동이 시장정보의 대표적 사례이다. 이른바 대체적 내부자거래(substitute insider trading)도 넓은 의미에서 시장정보를 이용한 거래형태라고 할 수 있다. 즉 A회사의 내부자가 A회사의 미공개중요정보(악재)가 경쟁사인 B회사의 호재로 작용할 것으로 생각하고 B회사 주식을 취득하는 경우가 대체적 내부자거래 사례이다.[36)] B회사 입장에서 볼 때, 위 A회사의 미공개중요정보는 시장정보

---

34) 물론 제147조 제1항의 지분공시는 그 일차적 목적이 기존 경영진에게 방어기회를 부여하는 것이므로〔김건식 / 정순섭, 자본시장법(제3판), 두성사, 2013, 302면〕, 일반투자자 보호 및 자본시장 건전성 유지를 목적으로 하는 미공개정보 이용 금지와 다소 다른 측면이 있음은 사실이다. 그러나 제147조 제1항 역시 투자자에게 정확한 정보를 제공하여 가치판단에 도움을 주는 기능을 함께 갖고 있으므로 미공개정보 이용 금지와 전혀 다른 원리로 작동된다고 보기도 어렵다.

35) 송옥렬, "미국의 최근 증권사기 수사사례 및 판례의 동향," 대검찰청 연구용역 보고서, 2008. 12, 26면 ; 장근영, "자본시장법상 정보생성자의 미공개중요정보 이용행위 규제," 사법 제32호(2015), 사법발전재단, 136면.

36) Ian Ayres / Joe Bankman, Substitutes for Insider Trading, 54 Stan. L. Rev. 235, 238 (2001).

라고 할 수 있다. 주의할 것은 구체적 결정이 외부에서 이루어지기는 하지만[37] 해당 회사에 직접 관련되는 사항이라면, 일반적으로 시장정보가 아니라 기업정보로 분류된다는 점이다.[38] 해당 회사를 상대로 한 소송의 제기, 과징금 부과, 감사의견 거절 등이 대표적이다.

대상회사의 주식을 취득하거나 처분하는 것은 그 주주의 판단에 따라 이루어지는 것으로서, 대상회사 입장에서 볼 때 원칙적으로 시장정보에 해당한다.[39] 다만 대주주 변경이 대상회사와의 협의를 거쳐 이루어지는 때에는 대상회사 입장에서도 기업정보가 될 여지가 있다.

2) 미공개 주식 대량거래정보 이용 규제 근거에 관한 이론

전통적인 내부자거래 규제의 대상은 증권 발행회사의 내부정보이다. 시장정보 중 주식 대량거래정보를 일반적인 내부정보와 마찬가지로 취급할 것인가? A회사의 중요정보를 직무와 관련하여 알게 된 A회사의 이사 R이 이를 이용하여 A회사 주식을 거래한 행위와, L회사가 추진하는 M회사 지배주식 취득정보를 직무와 관련하여 알게 된 L회사 이사 Q가 이를 이용하여 M회사 주식을 거래한 행위를 동등하게 취급할 것인지의 문제이다. 극단적으로 Q의 이용행위는 전혀 규제할 필요가 없다는 입장도 가능하다. 또한 주식 대량거래정보에 관해 그 생산자인 대량거래자의 재산권이 인정된다는 전제하에, 대량거래자가 그 정보를 제3자에게 임의 유통시킬 수 있다는 견해도 가능할 것이다. 그러나 증권의 수급 및 주가에 영향

37) 이를 넓게 외부정보(outside information)이라고 부르기도 한다[변제호 / 홍성기 / 김종훈 / 김성진 / 엄세용 / 김유석, 앞의 책(주 21), 637면 등 참조].

38) 장근영, 앞의 논문(주 35), 136면.

39) 神田秀樹 · 松尾直彦 · 黑沼悅郞 / 神作裕之(執筆), 앞의 책(주 22), 158頁도 발행자 이외의 자에 의한 공개매수는 시장정보라고 본다.

을 미치는 중요한 정보라는 점,[40] 주식 대량거래는 경영권 이전이 수반됨에도 규제하지 않는 것은 불공평하다는 점[41] 등 추상적인 근거에 근거하여 Q의 행위를 규제대상으로 보는 것이 일반적이다. 이하에서는 규제 근거에 관해 조금 더 구체적인 분석을 시도해 보기로 한다.

먼저 정보평등성에 터 잡은 설명이다. 이는 기본적으로 미공개된 정보를 보유하였다는 것 자체를 책임 근거로 본다.[42] 즉 경위를 불문하고 주식 대량거래정보라는 중요한 미공개정보를 갖고 유리한 지위에서 거래하는 행위는 금지되어야 한다고 본다. 이러한 접근법에 따르면 미공개 시장정보를 이용한 거래는 모두 규제대상이 된다.

두 번째로 신인의무(fiduciary duty) 관점에서 분석하는 설명이다. 이에 따르면 미공개정보 이용행위에 대한 규제는 그 배신적 성격에 기초한다. 위 예에서 이사 R은 A회사에 대한 신인의무를 위반한 것이고, 마찬가지로 이사 Q도 L회사에 대한 신인의무를 위반한 것이다. 이러한 논리대로라면 신인의무 위반의 상대방이 이를 양해한 경우 미공개정보 이용행위는 가벌성이 없다. 즉 L회사의 양해 또는 요청에 따라 그 이사 Q가 M회사 주식을 취득한 것이라면 적어도 L회사에 대한 신인의무 위반으로 볼 수는 없게 된다.

세 번째로 일반적인 시장정보와 달리 미공개 주식 대량거래정보의 이용은 소속 회사에게 피해를 입히기 때문에 규제 필요성이 크다는 주장이

40) 정순섭, 앞의 논문(주 16), 7면 ; 神田秀樹·松尾直彦·黑沼悅郎 / 神作裕之(執筆), 앞의 책(주 22), 162頁.

41) 박임출, "대량취득·처분정보를 이용한 내부자거래 : 대법원 2014. 3. 13. 선고 2013도12440 판결을 중심으로," 기업법연구 제29권 제1호(2015), 한국기업법학회, 235면.

42) 일찍이 미국의 SEC v. Texas Gulf Sulphur Co., 401 F.2d 833 (2nd Cir. 1968)에서 택한 입장이다.

제기될 수 있다.[43] L회사의 M회사 지배주식 취득정보가 미리 시장에 유포되는 경우, M회사 주가가 상승할 것이고 이는 L회사 매수자금의 증대로 귀결된다. 결국 L회사 이사 Q에 의한 M회사 주식매입은 L회사 매수자금 증대로 이어질 가능성이 크다. 다만 이러한 접근법의 경우에도 소속회사의 피해가 문제 되는 것이므로 소속회사의 양해 또는 요청이 있으면 규제필요성이 사라지게 된다.

네 번째로 규제형평성을 강조하는 입장이다. 형평성의 문제는 2가지로 고찰할 수 있다. 첫 번째로 다른 기업인수유형과의 형평성이다. 기업인수의 방법으로서 합병을 택하였고, L회사와 M회사의 합병 교섭 중 L회사 이사인 Q가 M회사 주식을 거래하였다면 준내부자로 인정되었을 것이다.[44] 기업인수의 방식으로 합병이 아닌 주식인수가 선택되었다고 하여 Q가 규제대상에서 제외되는 것은 형평에 맞지 않는 측면이 있다.[45] 두 번째로 주식인수방식을 전제로 할 때 매매대상 및 주체에 관한 형평성이다. 주식 대량거래라는 정보를 이용한 행위라는 동일한 본질에도 불구하

---

43) 김건식 / 송옥렬, 미국의 증권규제, 홍문사, 2001, 350면은 내부자거래의 일반적인 규제논리로서 적대적 인수 · 합병을 계획하는 회사의 내부자가 비밀리에 대상회사의 주식을 매입하는 경우 대상회사의 주가가 상승하여 경영권 장악에 필요한 자금규모가 증가하게 된다는 점을 들고 있다. 또한 神田秀樹 · 松尾直彦 · 黑沼悅郎 / 神作裕之(執筆), 앞의 책(주 22), 162頁도 공개매수자의 이익을 해하는 측면을 일본 금융상품거래법 제167조의 입법이유의 하나로 들고 있다.

44) 자본시장법 제174조 제1항 제4호는 "그 법인과 계약을 체결하고 있거나 체결을 교섭하고 있는 자로서 그 계약을 체결, 교섭 또는 이행하는 과정에서 미공개중요정보를 알게 된 자"를 준내부자로 규정한다.

45) United States v. O'Hagan, 521 U.S. 642 (1997)에서는 또 다른 측면의 형평성이 문제된 바 있다. 사안에서는 '공개매수자'를 대리하는 법률회사에 근무하는 O'Hagan의 대상회사 주식거래의 책임이 문제 되었는바, 연방대법원은 O'Hagan이 대상회사를 대리하고 있었다면 당연히 준내부자로서 대상회사 주식거래가 금지되었을 것임에 비추어 보면, 같은 정보에 관하여 우연히 대리하는 고객이 다르다고 하여 별도의 원칙이 적용되는 것은 형평에 맞지 않는다고 보았다.

고 어떤 주식을 누가 거래하였는지에 따라 가벌성에 큰 차이를 두는 것은 합당하지 않다는 주장도 설득력을 갖는다.

3) 검토

정보평등성만을 강조하여 모든 시장정보에 관하여 미공개정보 이용금지 법리를 확장하는 것은 바람직하지 않을 것이다. 이는 자칫 사회적으로 유용한 정보의 생성 및 유통을 차단하는 결과를 초래할 수 있기 때문이다. 반면 주식 대량거래정보를 단순한 시장정보로 보아 이를 이용한 거래를 방치하거나 주식 대량거래정보를 하나의 재산권으로 인정하여 매수 또는 매도주체에게 정보 처분권한을 자유롭게 인정하는 방식도 찬성하기 어렵다. 실제로 주식 대량거래정보를 미리 입수한 거래가 많이 이루어져 왔고,[46] 재산권적 접근법은 결국 임의규정화에 따른 실효성 약화를 초래할 수 있기 때문이다.

주식 대량거래정보 역시 통상적인 내부정보에 준하여 취급함이 타당하다고 볼 것이다. 우리 자본시장법 제174조 제2항 및 제3항은 미공개된 공개매수에 관한 정보, 주식 대량거래정보를 통상적인 내부정보에 준하여 규율하는 입장이다. 그렇다면 남은 문제는 시장정보 중 유독 주식 대량거래정보만을 별도로 볼 이론적 근거가 무엇인지 여부이다. 정보평등론 및 신인의무론은 구분의 논거를 제시하지 못한다. (i) 세 번째 논거인 **소속회사에 피해**를 입히는 측면, (ii) 네 번째 논거인 **규제형평성**과 아울러 (iii) **증권시장 공정성에 관한 투자자의 신뢰에 미치는 영향**을 종합적으로 고려할 때, 주식 대량거래정보는 일반 시장정보보다 엄격하게 규제함이 타당하

46) James D. Cox / Robert W. Hillman / Donald C. Langevoort, Securities Regulation : Cases & Materials (6th ed.), Aspen, p.912 (2009).

다고 생각된다. 이하에서는 위 '**규제형평성**' 문제를 더 상세히 고찰해 보고자 한다.

① 전형적인 (준)내부자거래와의 형평성

어떤 회사(Target Company. 이하 'T')의 경영권 변동을 초래할 수 있는 주식 대량거래에는 해당 회사 이외에 그 지배주식을 매수하는 회사(Purchasing Company. 이하 'P'), 이를 매도하는 회사(Selling Company. 이하 'S')가 관련된다. 각 회사가 상장되어 있어서 각 발행주식이 미공개중요정보 이용규제대상이 될 수 있다고 할 때, 각 회사의 내부자들이 어떤 주식을 거래하는지에 따라 9가지 유형이 나타날 수 있다. 여기에서의 내부자는 일단 각 회사의 임직원, 대리인, 주요주주를 가리킨다.[47] 또한 이하의 논의는 주식의 거래 상대방, 즉 P와 S 간 기업인수·매각에 관한 협의가 이미 개시되었음을 전제로 한다.[48]

먼저 T주식을 거래한 경우이다. 매수회사인 P의 내부자 또는 매도회사인 S의 내부자가 T주식을 거래한 경우, 자본시장법 제174조 제3항이 적용된다. 본디 이 조항은 이러한 내부자들을 규제하기 위한 것이다. T의 임직원이 T주식을 거래한 경우는 어떠한가?[49] 만약 P 또는 S로부터 대량주식거래에 관한 정보를 받은 것이라면 자본시장법 제174조 제3항 제6호의

47) 자본시장법 제174조 제1항 제1호 및 제2호.

48) P가 일방적으로 주식 대량취득을 결정하고 아직 S와 어떠한 협의가 없는 경우에도 자본시장법 제174조 제3항 위반이 성립할 여지가 없는 것은 아니다. 하지만 일반적으로 현재의 지배주주와 아무런 교감 없이 지배권거래가 이루어지기는 어렵고, 이러한 협의가 개시되지 않은 경우의 주식 대량거래정보는 아직 그 실현 가능성이 크지 않은 상태라고 할 수 있다.

49) T의 주요주주의 경우에도 원칙적으로 임직원과 마찬가지의 논의가 가능하다. 다만 기존 주주인 S의 경우 지배주식을 매각한다는 정보가 스스로 주주권을 행사하면서 알게 된 정보라고 볼 수는 없으므로 자본시장법 제174조 제1항의 규제를 받지는 않게 된다(대법원 2003. 11. 14. 선고 2003도686 판결 참조).

1차 수령자로서 규제된다.[50] 나아가 T와 P 사이 또는 T와 S 사이에 기업인수, 매각과 관련한 협의가 진행 중이었다면 자본시장법 제174조 제3항 제4호의 준내부자로 구성될 수도 있다. 마지막으로 그 직무와 관련하여 대주주 교체에 관한 사항을 알게 되었다면 그 자체가 T 회사의 주요정보가 될 수 있다. 이러한 때에는 자본시장법 제174조 제1항의 규제를 받게 될 것이다.[51]

다음으로 P주식이 거래대상인 경우이다. P의 내부자가 거래를 하였다면 전형적인 제174조 제1항 제1호 및 제2호 적용사안이다. 즉 직무와 관련하여 해당 회사의 M&A 호재 또는 악재를 알게 되어 거래에 나선 행위가 된다. S의 내부자가 P주식을 거래하였다면 이는 제174조 제1항 제4호의 준내부자에 해당한다. 주식매매계약 체결 교섭 중 알게 된 정보를 이용한 것이기 때문이다. 한편 T의 내부자가 P주식을 거래한 경우에도 제174조 제1항이 적용될 여지가 있다. 즉 P 또는 S로부터 주식 대량거래에 관한 정보를 받은 것이라면 자본시장법 제174조 제1항 제6호의 1차 수령자로서 규제를 받는다. 나아가 P와 기업인수·매각 협의가 진행 중이었다면 제174조 제1항 제4호의 준내부자로 구성될 수도 있다.

마지막으로 S주식이 거래대상인 경우는 위 P주식이 거래대상인 경우와 유사한 구조이다. S의 내부자인 경우 제174조 제1항 제1호 및 제2호가 적용되고, P의 내부자인 경우 제174조 제1항 제4호가 적용된다는 점에서

---

50) 임재연, 앞의 책(주 10), 358면.

51) 2013년에 개정된 일본 금융상품거래법 제167조 제1항 제5호는 공개매수자로부터 매수정보를 전달받은 경우에는 공개매수의 대상회사 및 그 내부자도 규제대상임을 명시하였다. 종래 준내부자로서의 처벌 또는 1차 수령자로서의 처벌이 충분하지 못한 것을 보완하기 위한 취지라고 한다[西村あさひ法律事務所, インサイダー取引規制の實務(第2版), 商事法務, 2014, 451頁]. 위 조항의 실질적 의미는 매수대상 회사의 내부자로부터 정보를 수령한 제3자의 처벌이다. 구법에 따르면 이러한 제3자는 2차 정보수령자로서 처벌이 어려웠지만, 신법하에서는 1차 정보수령자에 해당하게 된다.

다를 뿐이다. T의 내부자인 경우 마찬가지로 제174조 제1항 제6호 또는 제4호의 적용 여지가 있다.

〈표 1〉 주식 대량거래와 미공개정보 이용 규제

		거래대상		
		T주식	P주식	S주식
거래주체	T내부자	제174조 제1항 또는 제3항 적용 가능성	제174조 제1항 적용 가능성	제174조 제1항 적용 가능성
	P내부자	제174조 제3항 적용	제174조 제1항 적용(내부자)	제174조 제1항 적용(준내부자)
	S내부자	제174조 제3항 적용	제174조 제1항 적용(준내부자)	제174조 제1항 적용(내부자)

〈표 1〉에서 몇 가지 추가적으로 언급할 부분이 있다. 첫 번째는 제174조 제3항의 역할이다. 위 조항이 도입되기 이전에는 주식 대량매매의 당사회사들(P 또는 S)의 내부자가 대상회사(T) 주식을 거래한 경우, 즉 〈표 1〉의 음영부분은 규제 공백상태였다. 이러한 관점에서 보더라도 주식 대량취득정보를 일반적 시장정보와 달리 규제대상으로 삼는 것은 규제 공백을 채우는 것으로서 타당하다. 앞에서 언급한 규제 형평성이 논거가 될 수 있을 것이다. 두 번째로 위 표에서 주식매매의 당사회사인 P · S회사의 내부자인 경우, 구조적으로 제174조 제1항과 제3항이 당연히 적용되는 구조이다. 반면 T회사의 내부자인 경우 구체적인 사실관계에 따라 주식매매에 관한 정보를 어떠한 형태로 알게 되었는지를 따져 보아야 한다. 이는 대상회사인 T회사를 배제하고 T회사 지배주식 매매가 이루어지는 것이 불가능하지 않기 때문이다. 세 번째로 위 표는 거래주체가 'T · P · S회사의 내부자'인 것을 전제로 하는바, 'T · P · S회사 자체'가 거래주체인 경우에는 추가적 고찰을 요한다. 준내부자나 1차 정보수령자가 법인인 경우에

도 개인과 마찬가지로 규제대상이고, 나아가 자본시장법 제174조 제1항 제1호 및 제3항 제1호가 해당 법인 자체를 포함하고 있으므로 원칙적으로 위 논의가 그대로 적용된다고 할 것이다. 다만 대량매매정보가 공개되기 전에 P회사가 T주식을 매수하거나 S회사가 T주식을 매도하는 것은 정보 이용이라기보다는 원래의 대량매매 자체를 실현하는 행위라고 볼 여지가 많다. 이는 발판취득·처분의 문제로서 나중에 다루어지게 된다.

② 포괄적 주식교환 등과의 형평성

앞에서 시장정보 중 주식 대량매매를 특별히 규제하는 논거 중 하나로 다른 기업인수방식과의 형평성을 들었다. P회사가 T회사의 지배주주인 S회사로부터 T회사의 지배권을 인수하는 방법에는 다양한 형태가 있다. 이른바 자산결합형으로서 P회사가 T회사를 합병하거나 그 영업을 양수하는 방식도 있는 반면, 주식결합형으로서 P회사가 S회사로부터 지배주식을 양수하거나 포괄적 주식교환방식으로 100퍼센트 주식을 취득하는 방법이 있다. 앞에서 〈표 1〉에서 검토한 것은 지배주식을 매입하는 방식인바, 이하에서는 주식결합형으로서 구조가 유사한 포괄적 주식교환방식을 이와 대비해 보기로 한다. 포괄적 주식교환이란 위 예에서 P회사가 해당 회사 및 T회사 주주총회의 특별결의를 거쳐 T회사 주식 100퍼센트를 취득하고 그 주주들에 대하여는 P회사 주식을 발행하여 주는 형태이다.[52] P회사가 T회사 지배주식을 취득하는 것이기는 하나, 이는 조직법적인 거래이므로 개인법적 매수를 전제로 하는 자본시장법 제174조 제3항의 적용대상은 아니다.[53] 주식교환 자체는 P회사와 T회사 사이에서 이루어지

52) 상법 제360조의2 이하 참조.

53) 松尾直彦, 金融商品取引法(第4版), 商事法務, 2016, 620頁도 조직 재편에 의한 주식 취득은 일본 금융상품거래법 제167조의 매집에 해당하지 않는다고 본다. 우리 자본시장법 시행령 제201조 제4항에 따르면 동법 제174조 제3항의 규제대상인 주식 대량취득은 동법 제147조 제1항의 대량보유 보고대상에 해당하여야 하나, 포괄적 주식교환

지만, 주주총회의 특별결의를 거쳐야 하므로 이하에서는 P회사와 기존 지배주주인 S회사[54] 및 대상회사인 T회사 간 사전협의가 진행 중인 상태라고 전제한다. 이러한 경우 위 〈표 1〉은 어떻게 변화하는가?

〈표 2〉 포괄적 주식교환과 미공개정보 이용 규제

		거래대상		
		T주식	P주식	S주식
거래주체	T내부자	제174조 제1항 적용(내부자)	제174조 제1항 적용(준내부자)	제174조 제1항 적용(내부자)[55]
	P내부자	제174조 제1항 적용(준내부자)	제174조 제1항 적용(내부자)	제174조 제1항 적용(준내부자)
	S내부자	제174조 제1항 적용(내부자)	제174조 제1항 적용(준내부자)	제174조 제1항 적용(내부자)

위 〈표 2〉에서 보듯이 이러한 경우 T · P · S주식의 거래는 기존의 제174조 제1항에 의하여 규제된다. 여기에서 주목할 부분은 음영으로 표시된 부분, 즉 P의 내부자 또는 S의 내부자가 T주식을 거래한 경우이다. P의 내부자인 경우 P가 T회사와 주식교환 협의를 하는 중이었으므로 자본시장법 제174조 제1항 제4호의 준내부자로 규제받는다. 한편 S의 내부

에 의한 주식취득은 대량보유 보고대상이 아니라 주요사항보고서 제출대상이다(제161조 제1항 제6호).

54) 물론 앞의 주식 대량취득에서 언급한 것과 마찬가지로, P가 일방적으로 포괄적 주식교환을 결정하고 아직 S와 어떠한 협의가 없는 상태에서도 자본시장법 제174조 제1항 위반이 성립할 여지가 있기는 하다. 하지만 일반적으로 현재의 지배주주와 아무런 교감 없이 지배권거래가 이루어지기는 어렵고, 이러한 협의가 개시되지 않은 경우의 포괄적 주식교환정보는 실현 가능성이 크지 않은 상태라고 할 수 있다.

55) 이때 T의 임직원은 S의 계열사(피지배회사)인 T의 내부자로서 직무와 관련하여 S의 내부정보(피지배회사에 관한 주식교환 실시)를 알게 되어 이용한 것이므로 제174조 제1항 제1호 적용이 가능할 것이다.

자인 경우 S가 T회사의 주요주주로서 위 포괄적 주식교환에 관한 정보는 주주로서의 권리행사과정에서 알게 된 것이므로 자본시장법 제174조 제1항 제2호의 규제를 받는다. 〈표 1〉과 〈표 2〉를 비교해 보면, 제174조 제3항이 없었더라면 매우 유사한 사안에서 주식 대량거래인 경우 규제공백이 발생함을 알 수 있다. 이 점에서도 미공개 주식 대량취득정보를 통상적인 시장정보와 달리 취급하는 것은 설득력이 있다.

(2) 주식 대량취득자 측의 사전취득행위를 규제할 필요가 있는가

1) 문제의 소재

앞에서 언급한 것은 주식 대량거래 정보가 제3자에게 사전에 전달되어 남용되는 상황을 전제로 하였다. 이러한 행위는 주식 대량거래자의 피해, 규제형평성, 증권시장 공정성 침해에 비추어 엄격히 규제되어야 한다. 그런데 이러한 논리는 그 사전적 취득 및 처분이 주식 취득주체, 처분주체 자신에 의하여 또는 그들을 위하여 이루어진 경우에도 적용될 수 있는가? 주식 대량처분의 경우 보유하고 있지 않은 주식을 타인을 위하여 처분한다는 개념이 성립할 수 없으므로, 이하의 논의는 좀 더 복잡한 문제가 있는 '취득'을 중심으로 살펴본다. 주목할 부분은 이러한 사전취득행위는 주식 대량거래정보의 '이용'이 아니라 실현으로 볼 여지가 있다는 것이다. 주식 대량취득의 궁극적 목적은 기업지배권 취득이기 때문에 그러한 정보의 공유 및 이용이 위 궁극적 목적의 실행수단인 경우가 많다. 주식 대량거래정보를 미리 빼돌려 부당한 차익을 얻으려는 행위와 달리, 위 정보를 이용하여 기업지배권거래를 원활하게 하려는 행위를 일률적으로 금지할 필요가 있는지 의문이 제기될 수 있다.

구체적 논의에 앞서 주식 대량취득자 측의 사전취득행위를 몇 가지 유형으로 나누어 보기로 한다. 이 개념들은 거래계에서 혼용되고 있는바, 이 글에서는 다음과 같이 정의한다. (i) 발판취득이란 앞에서 언급한 바와 같이 대량취득자 자신이 본격적인 대량취득에 앞서 미리 일부 대상회사의 주식을 취득해 두는 것이다. (ii) 응원취득이란 대량취득자의 순조로운 매입을 돕기 위해 그의 요청에 따라 이루어지는 제3자의 취득이다. 대량취득자를 위한 것이므로 적어도 매입 당시에는 향후 대량취득자에게 위 취득분을 매도할 것을 의도하고 있다.[56] (iii) 공동취득이란 다수의 취득자들이 함께 매입주체가 되는 경우이다. 취득자들 상호 간의 인식으로는 부족하고 공동매입 합의가 필요하다고 할 것이다.[57] 주도적 대량취득자와 부수적 취득자가 처음부터 공동취득을 하기로 한 경우 이외에 후발적으로 부수적 대량취득자들이 가담하는 형태도 가능하다. 취득자 사이에 의사의 합치가 있다는 점에서는 응원취득과 동일하다. 응원취득과 다른 것은 모든 취득자가 취득 당시부터 계속하여 해당 주식을 보유할 것이 예정되어 있다는 점이다.

본건 판결의 사안에서 피고인은 대량취득의 주체인 K실업의 요청에 의하여 D회사 주식을 매입한 것(응원취득)이라는 주장과 K실업과 동일시할 수 있는 피고인이 대량취득을 위해 D회사 주식 일부를 먼저 매입한 것(발판취득)이라는 주장을 하고 있다. 나아가 사안에서 구체적으로 문제 되지 않았지만, 다수인이 매수주체로 나서는 경우에는 공동취득 여부가 논의될 여지가 있다. 이하에서는 먼저 자본시장법 제174조 제3항 단서와 발판취득과의 관계를 살펴본 다음 응원취득, 공동취득의 허용 여

56) 일본 금융상품거래법 제167조 제5항 제4호는 이를 명시하고 있다. 다만 매입 당시에 이러한 의사가 있었다면 이후 실제로 대량취득자에 대한 매각이 이루어지지 않았더라도 응원취득이 부인되는 것은 아니다[西村あさひ法律事務所, 앞의 책(주 51), 468頁].
57) 西村あさひ法律事務所, 앞의 책(주 51), 454頁.

부를 검토하기로 한다.

2) 발판취득 : 자본시장법 제174조 제3항 단서의 해석

현행 자본시장법 제174조 제3항의 구조를 보면, 대량취득자는 (i) 미공개 주식 대량취득정보를 그 주식 등과 관련된 특정증권 등의 매매, 그 밖의 거래에 이용하거나 타인에게 이용하게 하여서는 안 되지만(본문), (ii) 위 미공개정보를 그 주식 등과 관련된 특정증권 등의 매매, 그 밖의 거래에 이용할 의사가 없는 경우에는 이러한 규제를 받지 않도록 되어 있다(단서). 위 본문과 단서를 비교하여 보면 단서는 당연한 것을 정한 주의적 조항으로 생각된다.[58] 원래 특정증권 등의 매매, 그 밖의 거래에 이용할 의사가 없는 경우 미공개정보의 이용행위 자체가 없는 것이므로 원천적으로 본문상 요건을 충족하지 못한다.[59]

2009년 개정법이 대량취득자·처분자 자신을 규제대상에 포함시키는 한편 그 단서에서 "대량취득·처분을 하는 자가 대량취득·처분을 목적으로 거래하는 경우에는 그러하지 아니하다"라는 문구를 추가하였다는 점은 앞에서 언급한 바와 같다. 이에 대하여 다수설은 위 개정으로 발판취득이 금지되었다고 보는바, 그 설득력은 크지 않다고 생각된다. 발판취득은 원래의 목적, 즉 주식 대량취득의 실현과정일 뿐이지[60] 별도의 이용이라고 보기는 어렵다.[61] 따라서 본문의 '특정증권 등의 매매, 그 밖의

58) 박임출, 앞의 논문(주 41), 239면도 이러한 때에는 이용행위가 없어서 본문의 구성요건을 충족하지 못한다고 본다.

59) 한편 임재연, 앞의 책(주 10), 357면은 단서의 '그러하지 아니하다'라는 것은 결국 미공개정보를 이용할 수 있다는 것인데, 이는 이용할 의사가 없다는 단서의 전제사실과 상충된다는 문제점을 제기한다.

60) 黑沼悅郎, 金融商品取引法, 有斐閣, 2016, 453頁은 자기가 결정한 사실을 실행하는 것을 방해할 수는 없다고 표현한다.

61) 이 점에서 발행회사가 스스로 생성한 내부정보를 이용하여 자사주를 거래하는 것과

거래에 이용'하는 행위가 없다고 할 것이고, 따라서 단서를 떠나 본문의 금지행위에도 해당하지 않는다고 할 것이다.[62] 발판취득을 허용하더라도 앞에서 살펴본 바와 같이 자본시장법 제147조 제1항은 대량보유보고의무를 규정하고 있으므로 미공개정보 이용에는 어느 정도 한계가 있다. 결국 현재의 제174조 제3항 단서도 주의적 규정이지만, 2009년 개정법하의 자본시장법 제174조 제3항 단서도 주의적 조항으로 보아야 할 것이다.

결국 현행 자본시장법뿐 아니라 2009년 개정법에 의하더라도 발판취득은 허용된다고 봄이 타당하다. 정책적으로도 발판취득을 미공개중요정보 이용이라는 관점에서 규제하는 것은 타당하지 않다. 아래에서 보듯이 미국과 일본의 입법례도 발판취득을 미공개중요정보 이용행위로 보지 않는다.

3) 응원취득과 공동취득

이렇듯 발판취득은 정책적으로도, 우리 법제의 해석상으로도 허용됨이 타당하다. 응원취득과 공동취득은 어떠한가? 이는 자본시장법 제174조 제3항 본문의 '이용행위'가 응원취득, 공동취득까지 규제하는 것인지의 문제이다. 구체적 분석에 앞서 먼저 미국과 일본의 입법례를 살펴보기로 한다.

차이가 있다. 발행회사가 특정사업에 진출하기로 결정하고 주가 상승을 예상하여 자사주를 매입한다면, 이는 미공개중요정보를 '이용'하여 거래한 것이므로 제174조 제1항 위반이 된다(제1호에서는 해당 법인도 규제대상에 포함시킨다). 반면 인수희망회사가 인수를 결정한 다음 대상회사 주식을 일부 취득하는 경우, 이는 정보의 이용이 아니라 정보내용의 실현으로 보아야 한다.

62) 2009년 2월 3일 개정에서 대량취득을 하는 자를 주체에 포함시킨 것은, 발판취득을 금지하기 위함이 아니라 미공개 주식 대량취득정보를 타인에게 이용하게 하는 행위를 규제하려는 취지라고 풀이할 것이다. 또한 대주주가 일정 수량의 주식 대량매각을 결정한 상태에서(대상회사 주가에 호재) 대상회사 주식을 추가 취득해 두는 것은 미공개중요정보인 주식 대량매도의 실현이 아니라 그 정보의 이용이라고 할 것인바, 위 2009년 2월 3일 개정으로 비로소 규제대상이 되었다고 할 수 있다.

① 미국의 SEC Rule 14e-3

미국에서는 미공개정보 이용행위 규제에 관하여 주식 대량취득정보 이용행위를 별도로 규정하지 않고, 다만 공개매수정보 이용을 금지하고 있다. 즉 SEC Rule 14e-3은 우리 자본시장법 제174조 제2항과 마찬가지로 미공개 공개매수정보 이용을 금지한다. 우리 자본시장법상 미공개 주식 대량취득정보 이용 금지는 미공개 공개매수정보 이용 금지와 같은 맥락에 있으므로, 응원취득에 관한 Rule 14e-3의 논의가 참조가 될 수 있다.

일반적인 미공개정보 이용 금지와 달리 Rule 14e-3은 (신인의무이론 또는 부정유용이론이 아닌) 정보평등 이론에 입각한 것으로 풀이된다.[63] 동 조항에 따르면 공개매수 예정자가 공개매수를 위한 실질적 단계(substantial step)에[64] 들어간 이후에는 공개매수 예정자 외 어떤 자도 그로부터 미공개 공개매수정보를 받아 대상회사 주식을 거래할 수 없다.

위 조항에 의할 때 공개매수 예정자에 의한 발판취득이 허용됨은 분명하다. 응원취득에 관하여, 미국에서는 공개매수 예정자가 성공적 공개매수를 위하여 우호적인 세력에게 공개매수정보를 주고 대상회사 주식을 매입하도록 하는 것은 'warehousing'이라고 한다.[65] 이는 곧 우호세력에

---

63) United States v. Chestman, 947 F.2d 551 (2d. Cir. 1991).

64) 매수예정자가 발판취득에 나선 경우, 설사 매수예정자가 대상회사를 접촉한 적이 없더라도 실질적 단계에 들어간 것으로 볼 것이다[SEC. v. Warde, 151 F. 3d 42, 49 (2d. Cir. 1997)]. 실질적 단계에 들어갔다면 이후 실제 공개매수가 이루어지지 않았더라도 무방하다[O'Connor & Assoc. v. Dean Winter Reynolds, Inc., 529 F. Supp. 1179 (S.D.N.Y, 1981)]. 실질적 단계의 구체적 의미에 관하여는 SEC v. Mayhew, 123 F. 3d 44 (2d. Cir. 1997).

65) John C. Coffee, Jr. / Hillary A. Sale, Securities Regulation : Cases & Materials (11th ed.), Foundation Press, p.295 (2009)는 warehousing을 다음과 같이 정의한다.
"The practice by which bidders leak advance information of a tender offer to allies and encourage them to purchase the target company's stock before the bid is announced."

의한 넓은 의미의 응원취득을 뜻한다. Rule 14e-3은 공개매수 예정자 이외의 어떤 자도 미공개 공개매수정보를 이용할 수 없도록 함으로써 응원취득을 명시적으로 금지하고 있다.[66]

마지막으로 공동취득에 관하여는, 위 조문 자체가 공개매수를 전제로 하고 있으므로 공동으로 공개매수주체가 되는지 여부에 의해 판단하게 될 것이다. 공동공개매수자가 되지 않는 자에 의한 공개매수정보 이용은 모두 금지된다.

② 일본의 금융상품거래법 제167조

미국과 마찬가지로 일본 금융상품거래법 제167조도 일반적인 미공개중요정보 이용 이외에 미공개 공개매수정보 이용도 금지하고 있다. 나아가 위 조항은 5퍼센트 이상의 매집정보의 이용 역시 마찬가지 법리에 의해 금지하고 있으나,[67] 이하에서는 공개매수정보 이용을 중심으로 살펴보기로 한다.

먼저 발판취득과 관련하여 일본 금융상품거래법 제167조 제1항은 공개매수자를 적용대상에서 제외하고 있으므로[68] 공개매수자 자신에 의한 사전취득은 금지되지 않는다.[69]

다음으로 일본 금융상품거래법 제167조 제5항 제4호는 명시적으로 응원취득을 허용하고 있다. 이에 따르면 공개매수자의 요청(공개매수자가 회

---

66) Coffee, Jr. / Sale, 앞의 책(주 65), p.295. United States v. O'Hagan, 521 U.S. 642 (1997) 사건에서 SEC가 응원취득을 금지할 권한이 있는지에 대해 언급되었으나 법원은 이에 대한 판단을 유보한 바 있다[Cox / Hillman / Langevoort, 앞의 책(주 46), p.913].

67) 금융상품거래법 시행령 제31조에 의한 의결권의 5퍼센트 이상의 매집에 관한 정보가 규율대상이다.

68) 이러한 조문형식은 우리나라의 2009년 2월 3일 개정 이전 자본시장법 제174조 제2항과 유사하다.

69) 黑沼悅郞, 앞의 책(주 60), 453頁 ; 松尾直彦, 앞의 책(주 53), 621頁.

사인 경우 그 이사회의 결의 필요)에 의하여 대상회사의 증권 등을 매수하는 경우로서 해당 공개매수자에게 해당 증권 등을 매도할 목적이 있었다면 이는 위법하지 않다.[70)] 공개매수자에 의한 발판취득과 동일시될 수 있는 것이라면 증권시장의 공정성, 건전성에 대한 투자자의 신뢰를 손상시키지 않는다는 점을 고려한 것이다.[71)] 공개매수자의 요청에 의한 것이고 최종적으로 공개매수자가 재매입을 한다면 해당 공개매수자를 해하는 것이 아니라는 점도 입법의 근거이다.[72)] 원칙적으로 응원취득은 공개매수자에게 매도하기 위한 것이어야 하지만, 이러한 의도는 응원취득 당시에만 있으면 족하고 실제 매도가 이루지지 않더라도 무방한 것으로 해석되고 있다.[73)] 공개매수자의 이사회 결의를 밟도록 한 것은 응원취득이 미공개 공개매수정보 이용 금지를 회피하기 위한 수단으로 쓰이는 것을 억제하기 위함이다.[74)]

공동취득에 관하여는 공개매수자, 5퍼센트 이상 매집자와 공동으로 공개매수 또는 매집행위를 하려는 경우 공동취득자들이 각기 발판취득이 가능하다고 본다.[75)]

③ 검토

앞에서 주식 대량취득자 자신의 발판취득은 정책상, 해석상 허용됨이

---

70) 한편 금융상품거래법 제167조 제5항 제5호는 공개매수에 대항하는 대상회사 이사회의 결의에 근거하여 이루어지는 대상회사 증권취득도 허용하고 있다.

71) 神田秀樹・松尾直彦・黑沼悅郎 / 神作裕之(執筆), 앞의 책(주 22), 172頁.

72) 神田秀樹・松尾直彦・黑沼悅郎 / 神作裕之(執筆), 앞의 책(주 22), 172頁.

73) 西村あさひ法律事務所, 앞의 책(주 51), 468頁. 다만 사후적으로 매도하지 않은 사정은 원래 의도가 있었는지 여부를 판단함에 있어서 불리하게 작용할 것이다[松尾直彦, 앞의 책(주 53), 630頁].

74) 西村あさひ法律事務所, 앞의 책(주 51), 468頁.

75) 黑沼悅郎, 앞의 책(주 60), 453頁 ; 西村あさひ法律事務所, 앞의 책(주 51), 454頁도 금융상품거래법 제167조 제1항 및 동법 시행령 제31조의 문리상 공동매입자는 제167조의 규제대상이 아니라고 본다.

타당하다는 점을 밝힌 바 있다. 공동취득인 경우에도 마찬가지로 보아야 할 것이다. 기업인수형태 중 합병, 주식교환의 방식에 의하거나 주식취득이더라도 공개매수에 의하는 경우 인수주체인 존속회사, 교환회사, 공개매수자는 단독인 것이 보통이다. 반면 주식 대량취득인 경우 다수 주체가 협의하여 각각 대상회사의 주식을 일부 취득하는 경우가 드물지 않다. 예컨대 일부 회사(주도적 취득자)는 대상회사 주식을 10퍼센트 이상 취득하고 나머지 회사들(부수적 취득자)은 소량을 취득하는 경우도 많다. 이러한 때 부수적 취득자는 주도적 취득자로부터 정보를 수령한 것이 아니라 정보를 함께 생산한 경우이므로 함께 대량취득자의 지위에 서게 된다고 할 것이다.[76] 이러한 해석이 주식 대량취득비율 산정 시 공동보유자가 취득하는 비율을 합산하도록 하는 시행령 및 자본시장조사 업무규정의 취지와도 부합한다고 생각된다.[77] 대법원은 주식양수도거래의 상대방인 경우 "당해 정보를 甲(주식매도인)으로부터 전달받은 자가 아니라 甲과 이 사건 주식양수계약을 체결한 계약 당사자로서 甲과 공동으로 당해 정보를 생산한 자에 해당한다"고 하여 정보수령자 지위를 부인한 바 있다.[78]·[79]

---

76) 박임출, 앞의 논문(주 41), 237면도 공동취득인 경우 준매수자나 정보수령자가 아니라 대량취득자로 보아야 한다는 입장이다.

77) 자본시장법 시행령 제201조 제4항 및 자본시장조사 업무규정 제54조 제1항에 의하면 지분비율의 계산은 자본시장법 시행규칙 제17조에 의하게 되고, 위 시행규칙 제17조 제2항에 따르면 본인과 특별관계자 보유분을 합산하게 된다. 자본시장법 시행령 제141조에 의하면 특별관계자란 특수관계인과 공동보유자를 합한 개념인바, 주식을 공동으로 취득하거나 처분하기로 한 자는 공동보유자에 해당한다.

78) 자본시장법 제174조 제1항 제6호(제174조 제3항 제6호도 유사)의 미공개중요정보를 받은 자란 이미 존재하는 정보를 수동적으로 수령한 자를 가리킨다. 위 주식양수도계약에서 양수인은 능동적 정보생산자이지 수동적인 정보수령자가 아니다[문용선, "증권거래법 제188조의4 제4항 제2호 소정의 '중요한 사항', '허위의 표시', 제188조의2 제1항 소정의 '당해 정보를 받은 자', 제207조의2 제1항 단서 소정의 '위반행위로 얻은 이익' 등(2003. 11. 14. 선고 2003도686 판결)," 대법원 판례해설 제48호(2004), 법원도서관, 434면]. 마찬가지 논리가 부수적 취득자에 대하여도 적용될 수 있을 것이다.

결국 공동취득이 이루어진 때에는 부수적 취득자에 의한 사전 주식취득은 주도적 취득자로부터 정보를 수령한 자에 의한 취득(자본시장법 제174조 제3항 제6호의 이용)이 아니라 정보생산자 자신의 발판취득으로서 허용된다고 볼 것이다.

문제는 응원취득의 경우이다. 입법례를 보더라도 미국은 이를 금지하는 반면, 일본은 엄격한 절차적 요건하에 이를 허용한다. 뒤 〈표 3〉은 응원취득을 둘러싼 쟁점을 명확하게 하기 위하여 응원취득과의 비교대상을 도표화한 것이다. (i) 세로축의 관점에서, 응원취득은 공동취득·발판취득과 일반적인 제3자에 의한 취득의 중간에 위치한다고 볼 수 있다. ⓐ 응원취득자는 주도적 취득자와의 의사합치에 따라 취득에 나서게 되는바, 자본시장법 제147조 제1항의 대량보유보고의무 산정 시 취득분에 합산된다는 점에서[80] 공동취득·발판취득과 유사하다. 반면 ⓑ 취득자가 경영권 인수에 직접 관여하는 것은 아니라는 점에서는, 공동취득·발판취득과는 다르고 일반적인 제3자가 정보를 이용하여 주식을 취득하는 것과 유사한 점이 있다. 만약 응원취득을 공동취득·발판취득과 동일시하면 이는 허용되는 것으로 보아야 하고, 반면 제3자의 정보 이용으로 본다면 마찬가지로 금지시켜야 한다.

(ii) 가로축의 관점은, 〈표 2〉에서 보았듯이 주식인수의 또 다른 형태인 포괄적 주식교환과의 비교이다. 만약 인수회사가 포괄적 주식교환 실행

---

79) 한편 대법원 2014. 2. 27. 선고 2011도9457 판결은 甲회사와 乙회사가 경영자문계약을 체결한다는 정보는 비록 乙회사가 정보생성과정에 관여하였더라도 乙회사 또는 乙회사의 내부자가 이를 이용하였다면, 자본시장법 제174조 제1항의 규제대상이라고 밝힌 바 있다. 정보생산자라고 하여 당연히 자본시장법 제174조 제1항 제1~5호 소정의 '알게 된 자'의 범위를 벗어나는 것은 아니다.

80) 구체적으로는 공동취득자이든 응원취득자이든 자본시장법 시행령 제141조 제2항의 공동보유자에 해당할 것이다.

〈표 3〉 인수회사로부터 정보를 수령한 자의 미공개정보 이용(대상회사 주식취득)

	포괄적 주식교환에 의한 대상회사 주식취득 사안	대주주와의 계약에 의한 대상회사 주식 대량취득 사안
정보수령자인 제3자의 일반적 취득	불허	불허
응원취득	불허	불허(해석상)
공동취득	개념 없음[81]	허용(해석상)

에 앞서 (대상회사 주주총회 결의 승인을 용이하게 하기 위하여) 제3자에게 위 인수계획을 알렸고 제3자가 대상회사 주식을 취득하였다면 어떠한가? 이때 인수회사는 대상회사와의 관계에서 준내부자의 지위에 있으므로,[82] 그로부터 정보를 받은 제3자는 주식교환 정보를 이용하여 대상회사 주식을 거래할 수 없다(자본시장법 제174조 제1항 제6호). 위 제3자가 개인적 이익이 아니라 인수회사를 돕기 위하여 또는 후에 인수회사에 매도할 목적으로 대상회사 주식을 매입한 것이었어도 마찬가지이다. 이용행위는 미공개정보를 지득한 상태에서 그 정보를 알지 못했더라면 내렸을 결정과 다른 결정을 내리는 것이므로,[83] 1차 수령자의 주식취득이 설사 인수회사의 요청에 따라 이루어진 것이라 하더라도 위법한 이용행위로 볼 것이다. 결국 포괄적 주식교환의 경우 제3자에 의한 응원취득은 내부자거래로서 금지된다. 이와의 형평상 주식 대량취득 사안의 경우에도 응원취득이 금지되어야 한다는 주장이 가능하다.

81) 앞의 개념 정의에 따르면 공동취득은 취득 이후 계속하여 주식을 보유할 것은 의도하는바, 주식교환 · 합병의 경우 그 거래구조상 공동취득자들이 주식교환 · 합병 이후에도 계속 대상회사 주식을 보유할 수는 없다.

82) 자본시장법 제174조 제1항 제4호.

83) 금융감독원, 자본시장 불공정거래 및 기업공시 판례분석, 2015. 12, 80면.

해석론상으로는 응원취득은 자본시장법 제174조 제3항 위반이라고 볼 수밖에 없을 듯하다. 첫째로 ⓐ 대량취득자가 정보수령자에게 이익을 주기 위해 주식 대량취득정보를 알린 경우와 ⓑ 대량취득자가 향후 재매입하는 등 스스로의 이익을 위해 정보수령자에게 주식 대량취득정보를 알린 경우를 구분하기가 대단히 어렵다. 응원취득을 넓게 허용하는 경우 자본시장법 제174조 제3항이 무력화할 가능성이 크다. 두 번째로 앞 (ii)에서 본 바와 같이 포괄적 주식교환과의 형평성 측면에서도 규제 필요성이 있다.[84)]

다만 향후 입법적으로는 응원취득을 허용하는 방안을 검토할 수 있다고 생각한다. 앞 (i)에서 지적하였듯이 응원취득은 발판취득, 공동취득과 유사한 측면이 있고 어찌 보면 주식 대량취득 정보를 이용한 것이 아니라 이를 실현하는 방식으로 볼 여지가 있기 때문이다. 다만 제174조 제3항이 무력화되지 않도록 일본의 예에서 보듯이 응원취득의 절차를 명확하게 할 필요가 있다. 또한 형평성의 관점에서 포괄적 주식교환의 경우에도 이러한 응원취득을 허용하는 방안이 검토될 수 있을 것이다.

4. 사안의 분석

(1) 발판취득, 응원취득, 공동취득의 점

본 사안에서 피고인 甲은 매수주체인 K실업의 대표이사이자 매도주체

84) 형평성의 또 다른 측면인 주식 대량취득구조 내에서의 형평성(〈표 1〉 참조)은 응원취득, 공동취득의 경우에 큰 시사점을 주지는 못한다. 응원취득·공동취득은 정보내용인 대상회사 주식취득의 실현을 위해 이루어진다는 특성을 갖는바, 이는 대상회사의 주식이 아닌 매수회사·매도회사의 주식거래 시에는 나타나지 않는 현상이기 때문이다.

인 I회사의 대표이사로서, 직무상 알게 된 K실업의 D회사 주식 대량취득 정보가 미공개인 상태에서 D회사 주식 등을 거래하였다. 피고인 甲이 위 주식을 K실업과 함께 공동취득한 것으로 볼 수 있는가? 그룹 경영위원회의 결정내용과 피고인 甲의 매각형태를 고려할 때 D회사 지배주식을 K실업이 단독으로 매수하기로 한 것으로 보이므로, 공동취득 사안으로 구성하기는 어렵다. 남은 문제는 피고인 甲의 취득이 (i) 실질적으로 K실업의 발판취득으로서 또는 (ii) 응원취득으로서 허용되는지 여부이다. 다만 이 사건은 2013년 개정 이전의 자본시장법이 적용되므로, 제174조 제3항 단서는 "대량취득·처분을 하는 자가 대량취득·처분을 목적으로 거래하는 경우에는 그러하지 아니한다"의 문구였다는 점에 주의할 필요가 있다.

1) 발판취득에 대한 법원의 판단

발판취득과 관련하여 2013년 개정 전 자본시장법 제174조에 관한 다수설의 입장에 따르면 발판취득 자체가 금지되는 것이지만, 법원은 이를 근거로 피고인 甲의 주장을 배척하지는 않고 다른 이유를 들었다. 즉 위 단서는 주체는 "대량취득·처분을 하는 자"이므로 해당 거래를 대량취득·처분을 하는 자가 한 거래로 볼 수 없다면 위 단서의 적용을 받지 못한다는 것이다.

위 논리가 일단 발판취득 자체의 적법성을 인정한 것인지는 확실하지 않다. 피고인 甲의 행위가 실제 K실업의 행위로 볼 수 있는지 여부를 상세히 분석했다는 점에서 발판취득 자체는 적법하게 본 것이라는 입장도 가능하다. 다만 이에 대하여는 법원의 발판취득의 적법성에 관한 판단을 회피한 채 더욱 간단한 방법, 즉 피고인 甲의 행위와 K실업의 행위가 다르다는 점에 방점을 두었다는 반론도 가능하다. 원심법원이 "'대량취득·처분을 하는 자'가 대량취득·처분을 목적으로 거래한 경우는 본래 목적의 실현이지 이를 이용하는 행위로 볼 수 없다"고 판시하였으나, 이는 대량취득·처분 자체만 허용한다는 뜻으로 해석될 여지가 있다. 실제 2009년 법하의 다수설이 이러한 입장이었다.

판례는 피고인 甲의 취득행위를 곧 K실업의 발판취득으로 인정할 수 있는지에 관해 상세히 검토하였다. 피고인 甲의 이 부분 주장은 크게 2가지로 요약된다. 첫째로 K실업의 실체가 곧 피고인 甲이라는 주장이다. 피고인 甲은 K실업이 피고인 甲을 1인주주로 하는 페이퍼컴퍼니에 불과하다고 주장하였다. 두 번째로 피고인 甲의 거래행위를 K실업의 거래와 동일시할 수 있다는 주장이다. 특히 피고인 甲이 사전매입분을 장내매도하였고 동일한 시기에 K실업이 장내매수한 점 등을 주장하였다.

피고인 甲의 위 주장은 모두 받아들여지지 않았다. 법원은 설사 페이퍼컴퍼니라 하더라도 독립된 권리주체로서의 효용이 있는 이상 100퍼센트 주주와 법인은 별도의 권리주체로 보아야 한다고 보았다. 위 두 번째 주장은 아래 응원취득과도 연결되는 주장이다. 피고인 甲이 D회사 주식 매수단가 그대로 이를 K실업에 장외거래한 것이 아니라 장내에 시가로 매도한 점 등이 지적되면서 위 주장 역시 받아들여지지 않았다.

2) 응원취득에 대한 법원의 판단

피고인 甲은 D회사 주식취득이 매수주체인 K실업과의 의사합치하에 K실업에 대량취득해 준다는 일환으로 이루어진 것이라고 주장하였다. 법리적으로는 이러한 응원취득은 자본시장법 제174조 제3항의 이용행위 개념에 포함되지 않는다고 다투었다.

이에 대하여 법원은 자본시장법상 응원취득은 허용되지 않는다고 하면서 위 주장을 배척하였다. 즉 "거래의 목적이 대량취득·처분을 하는 자의 요청에 의한 것이라고 할지라도 그와 같은 목적에 따라 미공개정보의 이용 여부가 좌우된다고 볼 수 없다"고 보았다. 구체적인 논거로서는 대량취득자의 요청에 따른 취득을 규제대상에서 제외한다면, 미공개 주식 대량매입정보를 이용한 거래규제의 실효성이 상실된다는 점을 들었다. 이에 따라 피고인 甲이 D회사 주식을 취득하는 행위는 그 자체로 미공개정보를 이용한 행위라고 판단하였다.

3) 평가

법원의 결론은 타당한 것으로 보인다. 매수주체가 100퍼센트 자회사라고 하여 그 1인주주에 의한 취득을 곧 자회사의 취득으로 볼 수 있는 것은 아니다. 또한 매수주체(K실업)의 응원세력(피고인 甲)에 의한 취득을 곧 매수주체의 발판취득으로 인정하려면, 단순히 동 시기 거래가 있었다는 점만으로는 부족하여 거래의 외양에도 불구하고 실제 매수주체의 거래로 인정할 만한 특별한 사정이 있어야 할 것이다. 더욱이 사안에서는 피고인 甲이 매매차익을 노리는 등 독자적인 경제적 이해관계하에서 움직였으므로, 피고인 甲의 거래를 곧 K실업의 발판취득으로 보기는 어렵다. 다만 법리적인 측면에서 자본시장법상 발판취득이 허용된다는 것을 명시적으로 밝히지 않은 것은 다소 아쉬운 부분이다.

응원취득에 대한 법원의 해석 역시 현행법에 충실한 것으로 보인다. 우리 자본시장법은 대량매입자에 의한 취득만을 허용함으로써 제3자에 의한 응원취득을 미공개정보 이용행위로 금지하고 있다고 보아야 한다. 이는 미국 SEC Rule 14e-3의 입장과 동일하다. 엄격한 절차적 요건하에 응원취득을 허용하여야 한다는 입법론이 제기될 수 있음은 앞에서 검토한 바와 같다.

다만 원심법원은 "거래의 목적이 대량취득·처분을 하는 자의 요청에 의한 것이라고 할지라도 그와 같은 목적에 따라 미공개정보의 이용 여부가 좌우된다고 볼 수 없다"면서, 피고인 甲이 차명으로 주식을 취득한 이상 "그 주식의 매도 여부를 불문하고 미공개정보를 이용한 행위에 해당하고 대량취득·처분을 하는 자의 요청 등 목적을 불문하고 피고인 甲이 실제로 운용하는 차명계좌를 이용하여 D회사 주식을 취득하는 행위 자체로 미공개정보를 이용한 행위에 해당한다"고 판시하였다. 앞에서 언급한 바와 같이 공동취득은 다양한 형태로 이루어질 수 있다. 최초 주식 대량취득 결정 당시부터 공동취득자로 예정되어 있을 수도 있으나, 사후적으로 주된 대량취득자의 요청에 따라 공동취득자가 추가되는 경우를 상정할 수 있다. 위 판시사항이 주도적 대량취득자·처분자에 의한 취득, 처분 이외에 공동취득, 특히 후발적으로 이루어진 공동취득의 적법성을 일반적으로 부인한 것인지 의문이 생길 수 있다. 그러나 주된 대량취득자의 요청에 따라 참여하게 된 공동취득자라 하더라도 그 자신이 대량취득·처분을 하는 자라 할 것이므로, 위 판시사항이 공동취득을 위법하다고 판단한 것으로 볼 수는 없다. 구체적 사안에서도 피고인 甲의 공동취득 의사를 인정하기는 어려워서 발판취득과 응원취득만이 문제 되었다.

(2) 기업집단 내 경영권 변동정보 이용의 점

1) 문제의 소재

본건의 특이한 점은 지배주식거래가 기업집단 내부에서 발생하였다는 점이다. 즉 그룹 차원의 경영위원회에서 D회사의 지배주주를 I회사로부터 K실업으로 변경하기로 하였고, 이에 따라 I회사의 지분비율은 24.47퍼센트에서 21.76퍼센트로 감소하고 K실업의 지분비율은 2.71퍼센트에서 23.32퍼센트로 증가하였다. D회사, I회사 및 K실업은 모두 독점 규제 및 공정거래에 관한 법률 제2조 제2호 소정 기업집단의 계열사 관계였다.

또한 피고인 甲은 위 계열사들이 포함된 기업집단인 X그룹 회장으로서 D회사의 이사인 동시에 I회사, K실업의 대표이사였다.

미공개정보 이용행위의 관점에서 볼 때 기업집단 내 경영권의 변동이기 때문에 주의 깊게 살펴볼 부분은 다음과 같다. 첫 번째로 이렇듯 기업집단 내부의 경영권 변동을 중요한 정보로 볼 것인지의 문제이다. 실질적인 경영주체가 바뀌지 않는다는 점에 초점을 맞추면 위 정보는 일반적 투자자의 입장에서는 의미가 크지 않은 정보일 수 있기 때문이다. 두 번째로 이렇듯 계열사 내부의 거래에서, 또한 겸직 중인 내부자의 거래를 어떻게 법률구성할 것인지이다. 이는 곧 자본시장법 제174조 제1항과 제3항의 관계에 관한 문제이기도 하다.

2) 기업집단 내 경영권 변동과 정보의 중요성

① 자본시장법 제174조 제3항에서의 정보의 중요성

일반적인 미공개정보 이용행위인 경우 자본시장법은 정보의 중요성(materiality)을 요구한다. 즉 제174조 제1항은 명시적으로 해당 정보가 "투자자의 투자판단에 중대한 영향을 미칠 수 있는 정보일 것"을 요구한다. 대법원은 중요정보인지를 판단함에 있어서 합리적인 투자자가 해당 증권을 매수 또는 계속 보유할 것인가 아니면 처분할 것인가를 결정하는 데 중요한 가치가 있는지 여부, 즉 일반투자자들이 일반적으로 안다고 가정할 경우 해당 유가증권의 가격에 중대한 영향을 미칠 수 있는지 여부를 기준으로 제시하고 있다.[85)]

반면 공개매수정보(자본시장법 제174조 제2항), 주식 대량취득 · 처분정

85) 대법원 1995. 6. 29. 선고 95도467 판결.

보(동법 제174조 제3항)의 경우에는 위 정보의 중요성을 별도로 명시하지 않는다. 다수설은 주식 대량취득·처분정보인 경우 중요성이 별도로 요구되지 않는다고 본다.[86] 주식 대량거래는 그 자체가 중대한 사안으로서 투자자의 투자판단에 중대한 영향을 미친다는 점을 근거로 한다.[87] 소수설은 증권규제의 일반원칙에 비추어 볼 때, 중요하지 않은 정보에 관하여 미공개정보 이용행위책임을 묻기는 어렵다고 본다.[88]

자본시장법 제174조 제1항과 제174조 제3항을 비교해 보면, 해석상 주식 대량취득·처분정보에 중요성 요건을 부과하기는 쉽지 않다. 제3항에는 "투자자의 투자판단에 중대한 영향을 미칠 수 있는 정보"라는 문구가 명시적으로 누락되어 있기 때문이다. 그러나 이러한 입법방식은 비판의 소지가 크다. 어떤 정보가 자본시장법 시행령 제201조 제2항이 정하는 5가지 공개방식에 따라 공개된 것은 아니지만 이미 시장에 잘 알려졌다면, 이는 중요하지 않은 것으로서 미공개중요정보 규제대상에서 제외된다. 그런데 주식 대량취득·처분정보인 경우에만 이미 시장에서 잘 알려진 경우에도 이를 이용하였다고 하여 규제대상으로 삼는 것은 형평에 맞지 않는다.[89] 입법적 보완이 필요하다고 생각된다.

---

86) 일본 금융상품거래법 제167조 제2항 단서는 투자자의 투자판단에 미치는 영향이 경미한 것으로서 내각부령에 정한 기준에 해당하는 것은 규제대상에서 제외하는바, 금융상품거래법 내각부령 제62조에 의하면 의결권수가 2.5퍼센트 미만인 것을 경미기준에 해당하는 것으로 규정하고 있다. 따라서 공개매수 등에 해당하는 이상 원칙적으로 정보의 중요성을 따지지 않는 것으로 보인다.

87) 박임출, 앞의 논문(주 41), 327면 ; 임재연, 앞의 책(주 10), 358면 참조(공개매수정보에 관한 설명).

88) 송옥렬, 앞의 보고서(주 35), 56면.

89) 임재연, 앞의 책(주 10), 358면은 공개매수정보에 관하여 다수설에 의하면서도 이와 같은 이유로 자본시장법 제174조 제2항에 관하여 '미공개정보'를 '미공개중요정보'로 개정함이 타당하다고 본다.

② 사안의 검토

사안에서는 그룹 내부의 지배주식 이전이었는바, 법원은 다수설에 따라서 법령상의 주식 대량취득기준에 해당하는지만을 판단하였을 뿐 별도로 정보의 중요성을 판단하지 않았다. 조문의 해석상 불가피한 측면이 있다고 생각된다. 만약 자본시장법 제174조 제1항과 마찬가지로 정보의 중요성이 요구된다면 어떠하였을까? 계열사 간 거래라고 하더라도 누가 지배주주가 될 것인지는 투자자의 투자판단에 중대한 영향을 미칠 수 있으므로 이를 당연히 중요하지 않은 정보로 치부할 수는 없다. 다만 그룹 외부 매수자에 의한 경영권 인수와 비교할 때 정보의 중요성이 상대적으로 크지 않은 상황이 존재할 수 있을 것이다.

3) 기업집단 내 경영권 변동과 내부자의 지위

사안에서 피고인 甲은 대상회사인 D회사뿐 아니라 지배주식 매도자인 I회사, 매수자인 K실업의 내부자였다. 피고인 甲에 의한 대상회사 D주식 취득은, (i) I회사(또는 K실업)의 내부자라는 점에서 보면 미공개 주식 대량처분(또는 취득) 정보를 이용한 것이므로 자본시장법 제174조 제3항의 규제대상이고, (ii) D회사 내부자라는 점에서 보면 미공개중요정보(대주주 교체)를 이용한 것이므로 동법 제174조 제1항의 규제대상이다.

이처럼 겸직을 하지 않은 경우에도 기업집단 내 경영권의 변동은 자본시장법 제174조 제1항과 제3항의 중첩적인 적용을 초래할 여지가 있다. 즉 피고인 甲이 D회사의 내부자일 뿐 I회사 또는 K실업의 대표이사 등 내부자가 아니라고 하더라도, 그에 의한 D주식 취득은 (자본시장법 제174조 제1항의 일반적 미공개중요정보 이용행위 금지 이외에) 제174조 제3항 위반 행위가 될 여지가 있다. 각 회사가 계열사 관계에 있기 때문이다. 자본시장법 제174조 제3항 제1호는 대량취득자, 대량처분자 이외에 그의 계열사 역시 규제대상으로 규정한다. 피고인 甲은 I회사(또는 K실업)의 계열사인 D회사의 내부자이므로, 만약 직무상 주식 대량취득·처분정보를 알게 된 것이라면 제174조 제3항 위반에도 해당하게 된다.

이렇듯 그룹 내부의 경영권 거래인 경우 제174조 제1항과 제3항이 중첩적으로 적용될 가능성이 많다. 이 사건에서 검찰이 제174조 제3항을 적용법조로 선택한 것은 정보의 중요성 등 입증의 부담이 더 적음을 고려한 것인지도 모른다.[90)]

5. 맺으면서

기업집단 내부에서 그룹 재편을 위해 계열사 지배주식을 거래하는 상황은 흔히 발생한다. 이 글은 이러한 경우 자본시장법상 미공개정보 이용 규제의 관점에서 어떠한 규제가 가하여질 것인지에 초점을 맞추고 있다.

평석대상 판결에서 주로 문제 된 것은 발판취득, 응원취득의 적법성이었다. 발판취득과 관련하여 법원은 피고인 甲의 취득을 대량취득자 K실업의 취득과 동일시할 수 없다고 보았다. 사안에서 설사 피고인 甲이 K실업의 100퍼센트 주주인 점 등을 고려하더라도 갑의 취득을 곧 K실업의 발판취득으로 볼 수는 없으므로 법원의 판단은 타당하다. 다만 본건 판결이 법리적으로 발판취득의 적법성을 명시적으로 인정한 것인지는 다소 불분명한다. 주식 대량거래정보를 규제하는 이론적 근거와 우리 법의 규정형식으로 볼 때 발판취득은 구 자본시장법하에서도 허용된다고 할 것인바, 이러한 법리를 명시하지 않은 아쉬움이 있다.

응원취득과 관련하여 법원은 법리적으로 응원취득이 허용될 수 없다고

---

90) 박임출, 앞의 논문(주 41), 248면도 이러한 가능성을 언급한다.

판단하였다. 자본시장법의 해석에 있어서는 적절한 것으로 보인다. 다만 입법적으로 엄격한 절차 요건하에 응원취득을 허용할 필요가 있다.

나아가 평석대상 판결이 주식 대량취득 · 처분정보의 중요성을 따지지 않은 것은 자본시장법 해석상 불가피한 측면이 있으나, 향후 입법적인 보완이 필요한 부분으로 생각된다. 이처럼 기업집단 내부에서 주식 대량취득 · 처분정보가 이용된 경우 제174조 제1항 및 제3항을 모두 적용할 수 있는바, 한쪽에만 정보의 중요성을 요구하는 것은 형평에 맞지 않는다. 예컨대 시장에서 이미 잘 알려져서 정보가치가 거의 없는 취득 · 처분정보에 대하여 무조건 자본시장법 제174조 제3항을 적용하는 것은 타당하지 않다.

06

단기매매차익 반환청구의 이론과 실무*

김상철**

I. 서론

내부자거래의 규제는 내부자거래를 한 경우에 민형사상 제재를 가하거나(사후적 · 직접적 방식) 일단 내부자의 증권거래는 허용하되 내부자거래의 개연성이 있는 일정한 기간 동안의 거래에 관해서는 내부정보의 이용 여부를 불문하고, 일체의 입증도 불허한 채 그 증권거래로 얻은 차익을 회사에 반환하도록 하는 방식(사전 예방적 · 간접적 방식)이 있다. 내부자거래의 특성상 내부정보의 부정 이용을 입증하기가 어려우므로 후자인 단기매매차익 반환제도(disgorgement of short-swing profits)가 먼저 고안되었다.[1] 우리나라는 정부의 기업공개정책으로 많은 기업이 상장된 1970년

---

* 이 논문은 BFL 제86호(2017. 11)에 게재된 글을 수정 · 보완한 것이다.

** 법무법인(유한) 태평양 변호사

1) 미국 증권거래법(Securities Exchange Act of 1934. 이하 'SEA')은 내부자거래를 직접

대 중반부터 내부자거래의 폐해가 생기기 시작하여 1976년 증권거래법 개정으로 단기매매차익 반환제도를 규정하였다. 단기매매차익 반환제도가 내부정보의 이용 여부에 관계없이 획일적 · 기계적으로 엄격책임을 묻는 제도이기 때문에 그 성립요건을 상세하게 규정하고 형사적 제재가 아닌 민사적 책임만을 규정하고 있음에도 불구하고, 제도 도입 당시부터 현재까지 그 효용성에 의문을 제기하면서 규정을 모르는 선량한 내부자만 과도하게 제재한다는 이유로 제도의 존폐 논란이 이어지고 있다. 우리나라에 도입된 지 40년이 지난 단기매매차익 반환제도에 관하여 실무상 여러 문제가 제기되었고, 이를 반영한 법률 개정이나[2] 다양한 쟁점에 관한 법원의 판결이 있었다.[3] 이 글에서는 그동안 제기된 단기매매차익 반환

규제하는 것은 그 입증의 곤란 등을 이유로 현실적이지 않다고 생각하여 내부자가 행하는 거래에서 생기는 이익을 박탈하여 내부자거래를 사전 예방적 · 간접적으로 규제하는 제16조를 규정하였다. 당시 제정된 SEA 16(a)는 내부자에게 소유주식의 변동이 생기는 경우 10일 이내의 신고와 공시의무를, SEA 16(b)는 내부자가 주식을 6개월 이내에 거래하여 이익이 발생한 경우 해당 이익의 반환의무를 규정하고 있다.

2) 1976년 개정 증권거래법은 내부자가 '그 직무 또는 지위에 의하여 지득한 비밀을 이용하여'라는 내부정보의 이용사실을 입증하도록 하였으나, 그 입증이 어려워 내부자거래의 단속규정으로서 실효성이 없었다. 1987년 증권거래법 개정 시 내부정보를 이용하지 아니하였다는 것에 관한 입증책임을 내부자에게로 전환시켰으나, 입증책임만이 전환되었을 뿐이고 여전히 내부정보의 이용이 요건이어서 제도의 실효성이 감소되었다. 1991년 증권거래법 개정 시에는 제188조 제2항 단서를 삭제하여 내부정보의 이용 여부에 관계없이 반환의무를 인정하고, 제188조 제8항에 '매도 또는 매수의 성격, 기타 사정 등을 감안하여 대통령령이 정한 경우'에는 반환책임을 지지 않는 것으로 규정하였다. 자본시장과 금융투자업에 관한 법률(이하 '자본시장법')은 공매도 금지규정을 단기매매차익 반환규정과 분리하여 제180조에 규정하고, 단기매매차익 반환을 제172조에 규정하고 있다.

3) 2000년 이후 증권시장이 활성화되면서 단기매매차익 반환제도가 적용되는 사례가 빈번해짐에 따라 구체적 사건에 관하여 각급 법원에서 단기매매차익 반환규정의 해석과 적용 예외사유에 관한 판단을 하기 시작하였다. 2002년에는 내부정보의 이용 유무를 불문하고 일률적으로 적용하는 증권거래법상 단기매매차익 반환규정의 위헌성에 관한 헌법재판소의 결정이 있었고(99헌바105, 2001헌바48), 2004년에는 단기매매차익 반환규정의 해석을 통한 적용 예외사유의 인정과 그 기준을 제시하는 대법원의 판결이 있었

제도의 쟁점들과 그에 관한 논의 및 판결들을 단기매매차익 반환의 '성립요건'과 '적용 예외사유' 및 '권리 행사'의 순서로 살펴본다.

II. 성립요건

1. 내부자

(1) 임원

임원이란, (주권상장법인의) 이사 및 감사를 의미하고, 상법 제401조의2 제1항 각 호의 자도 포함된다(자본시장법 제172조 제1항, 제9조 제2항).[4] 임원이 직무집행정지 가처분이나 휴직·구속 등의 사유로 일시적으로 업무 집행에 관여하지 아니하여도 회사 내 인적 네트워크나 내부정보에 접근할 수단의 단절은 개별적·구체적 사정에 따라 달라질 수 있으므로, '유형적'으로 내부정보의 이용 가능성이 완전히 배제되었다고 보기는 어렵다.[5]

다(2003다60396).

4) 김건식 / 정순섭, 자본시장법, 두성사, 2009, 308면은 상법 제401조의2 제1항 각 호의 자들은 대부분 직원이나 주요주주에 해당할 것이므로 별도로 내부자에 포함시킬 실익이 그리 크지 않을 것이라고 한다.

5) 대법원 2008. 3. 13. 선고 2006다73218 판결 : "甲이 정직처분을 받아 직원으로서의 신분 및 임무 수행상의 제한을 받고 있는 상태에서 주식을 매수하였다 할지라도 甲 스스로 경제적 이해득실을 따져본 후 임의로 결정한 다음 공개시장을 통하여 매수한 것으로 보일 뿐 비자발적 유형의 거래로 볼 수 없을 뿐만 아니라, 정직처분을 받은 자와 회사 경영자 등과의 관계가 우호적인지 적대적인지는 개별 사안에 따라 다를 수 있고 또한 같은 사안에 있어서도 시기별로 차이가 있을 수 있으므로 그 적대적 관계성은 결국 개별 사안에서 시기별로 구체적 사정을 살펴본 이후에야 판단할 수 있는 사항

(2) 직원

구 증권거래법은 담당업무와 지위 고하를 막론하고 해당 법인의 '모든 직원'을 내부자로 규정하여 논란이 있었다. 이에 자본시장법은 직원을 단기매매의 주체인 내부자로는 규정하되, 그 범위를 직원 중에서 직무상 제174조 제1항의 미공개중요정보를 알 수 있는 자로서 증권선물위원회가 인정하는 자로 제한한다.[6] 직원은 특정증권등 소유상황 보고의무자에서 제외되어 있다. 사전예방적 규제로서의 실효성을 높이기 위해서는 증권 소유상황 보고의무자와 단기매매의 내부자를 일치시킬 필요가 있다.

(3) 주요주주[7]

주주는 소유와 경영의 분리 및 주주의 유한책임에 따라 회사의 경영으로부터 단절된 지분소유자에 불과하나, 일정한 정도 이상의 주식을 소유

이어서, 甲이 정직처분을 받은 자의 지위에서 주식을 거래하였다는 외형 자체만으로 내부정보에의 접근 가능성이 완전히 배제된다고 볼 수는 없다."

이 사건은 내부자가 A회사 연구소 수석연구원을 역임한 직원이었으나, 임원의 경우에도 동일할 것이다.

6) 자본시장법 제172조 제1항 및 동법 시행령 제194조. 단기매매차익 반환 및 불공정거래 조사·신고 등에 관한 규정(증권선물위원회고시 제2011-1호. 이하 '단기매매차익 반환고시') 제5조는 '증권선물위원회가 미공개중요정보를 알 수 있는 자로 인정하는 자'로 '그 법인의 재무·회계·기획·연구개발·공시 담당부서에 근무하는 직원'을 규정하고 있다.

7) 1976년 단기매매차익 반환제도가 증권거래법에 도입될 당시(법률 제2920호)에는 주요주주는 10퍼센트 이상 소유주주만을 의미하다가 1991년 증권거래법 개정 시(법률 제4469호) '사실상의 지배주주'가 추가되었다. 그러나 어떤 주주가 해당 법인의 '사실상의 지배주주'에 해당하는지가 불분명하여 2007년 개정된 증권거래법(법률 제8527호) 제2조 제20항 제2호 나목에 '임원의 임면(任免) 등의 방법으로 법인의 중요한 경영사항에 대하여 사실상의 영향력을 행사하는 주주로서 대통령령으로 정하는 자'를 주요주주의 범위에 포함하도록 규정하였다.

한 주주는 회사에 대한 자신의 지위와 관계를 이용하여 회사의 경영에 직간접적으로 관여하여 회사의 미공개내부정보를 부당하게 이용할 가능성이 있다.[8) 자본시장법은 이러한 자들의 유형을 '10퍼센트 이상 소유주주'와 '사실상 지배주주'로 분류하여 단기매매의 내부자로 규정한다.

10퍼센트 이상 소유주주의 기준으로 '누구의 명의로 하든지 자기의 계산으로' 소유한 주식을 포함시키고 있는데,[9) 법원은 '본인 명의 계좌 1개와 차명계좌 19개로 A회사 발행주식총수의 10.73퍼센트의 주식을 소유한 甲'에 대하여 주요주주로서 단기매매차익 반환의 책임을 인정하였다.[10)

사실상의 지배주주와 관련하여[11) B회사가 甲을 자신의 자회사인 A회사의 대표이사로 선임하여 그를 통하여 A회사의 중요한 경영사항에 지배적인 영향력을 행사하고 그러한 영향력을 이용하여 A회사 주식을 거래하였다고 하여, B회사에 대하여 사실상 지배주주로서의 단기매매차익 반환을 인정한 판례가 있다.[12)

---

8) 김상철, "자본시장법상 단기매매차익 반환제도의 매매 개념과 적용 예외사유에 관한 연구," 사법논집 제48집(2009), 법원도서관, 156면.

9) 자본시장법 제9조 제1항 제2호 가목 및 제172조 제1항. 이에 대하여 배우자나 직계존·비속과 같이 본인과 일정한 관계에 있는 자의 주식에 대해서는 본인의 계산 여부에 관계없이 본인 소유의 주식으로 간주하여 그 판단기준을 5퍼센트로 낮추며, 그 산정에 '의결권 있는' 발행주식총수 외에도 '의결권 있는 주식으로 전환·교환 또는 인도를 청구할 수 있는' 권리(전환사채·신주인수권부사채·교환사채·증권예탁증권·파생결합증권 등)를 포함시키는 것이 바람직하다는 견해로는 김상철, 앞의 논문(주 8), 각주 36 참조.

10) 서울고등법원 2007. 11. 29. 선고 2006나101207 판결.

11) 일본 금융상품거래법 제163조 및 제164조 미국 SEA 16(a)·(b)는 우리나라의 사실상의 지배주주 또는 이와 유사한 규정을 두고 있지 않다.

12) 서울고등법원 2012. 7. 12. 선고 2011나8012 판결 : "B회사는 2008년 5월 2일 甲과 자신의 자회사인 A회사에 대한 주식 및 경영권을 양도하기로 약정한 후 A회사의 2008년 6월 27일자 임시주주총회에서 甲 등 6명의 이사를 선임하였고, 같은 날 위 이사들이 참여한 이사회에서 甲이 A회사의 대표이사로 선임된 점, 甲은 B회사의 모회사인 C회사의 경영권을 인수한 이후 2009년 3월 25일 B회사의 대표이사로 취임하여 이 사건

(4) 내부자 지위의 존재시기

임직원이 매도·매수시점 중 어느 시기에 임직원의 신분을 구비하여야 하는지에 관하여 명문규정은 없으나, 매도나 매수 어느 한 시점에만 그 지위를 가지고 있으면 단기매매의 내부자가 된다.[13] 따라서 임직원이 주식을 매수한 후 퇴임하고 매수일로부터 6개월 이내에 주식을 매도하거나,[14] 취임 전에 주식을 매도하였다가 취임 후 매도일로부터 6개월 이내에 매수한 경우[15]에는 단기매매차익 반환규정이 적용된다.

반면 주요주주는 매수와 매도 양 시기 모두에 주요주주의 신분을 구비

주식거래가 완료될 때까지 B회사와 A회사의 대표이사를 겸임하였고 2009년 12월 2일 D회사 등에게 B회사 소유의 A회사 주식 및 경영권을 양도하는 계약을 주도한 점, 甲이 수사기관으로부터 수사를 받자 A회사의 주가가 하락할 가능성에 대비하여 A회사의 주식을 매도한 것으로 보이는 점 등에 비추어 보면, B회사는 甲을 A회사의 대표이사로 선임하였고 甲을 통하여 A회사의 중요한 경영사항에 대하여 지배적인 영향력을 행사하였으며 그러한 영향력을 이용하여 이 사건 주식거래를 하였다고 봄이 상당하므로 B회사는 자본시장법 시행령 제9조 제1호 및 제2호에서 정한 주요주주에 해당한다."

13) 대법원 2008. 3. 13. 선고 2006다73218 판결.

14) 서울지방법원 남부지원 2003. 1. 23. 선고 2002가합6594 판결. A회사의 사외이사 甲은 단기매매차익 산정의 종기는 최종매도일인 2001년 8월 1일이 아니라 자신이 A회사의 사외이사에서 퇴임한 2001년 7월 18일로 보아야 한다고 주장하였으나, 법원은 "임원·직원의 경우에는 매도·매수한 시기 중 어느 한 시기에 그 지위에 있었던 경우 이후에 그 지위에 있지 않게 되었다 하더라도 단기매매차익 반환의 예외로 인정되지 않는다"고 하여 甲의 주장을 배척하였다.

15) 서울남부지방법원 2008. 7. 17. 선고 2008가단5848 판결. A회사의 이사 甲은 이사로 선임되기 전에 거래한 부분에 대응하는 거래분은 단기매매차익 반환규정이 적용되지 않는다고 주장하였으나, 법원은 "이 사건 주식거래 중 매수 또는 매도의 한 시기에는 甲이 A회사의 이사로 재직하고 있었던 이상 단기매매차익 반환의 책임을 부담하고, 甲이 이사로 취임한 이후의 주식매수 거래시점으로부터 이전 6개월 이내의 주식매도 거래는 위 규정의 적용대상 거래에 해당한다"고 하였다. 이에 대하여, 노태악, 내부자거래 등 관련행위의 규제, 증권거래에 관한 제 문제(상), 법원도서관, 2001, 466면은 "해당 법인의 임직원으로의 취임을 전혀 예상하지 못한 경우까지 일률적으로 적용함은 무리이다"라고 한다.

하여야 하나(자본시장법 제172조 제6항), 단기매매기간 동안 계속하여 그 지위에 있어야 하는 것은 아니다.[16)]

주요주주가 아닌 자가 주식을 매수함으로써 비로소 주요주주가 된 경우 '매수시점'에서 주요주주였다고 할 수 있는지에 관하여 견해의 대립은 있으나, 입법론[17)]은 별론으로 하고 자본시장법 제172조 제6항 후단의 명문규정이 있음에도 내부자거래 규제의 필요성에 따라 그 범위를 확대하는 것은 엄격책임을 규정한 제도의 성격에 반한다. 자본시장법 제172조 제6항의 '매도한 시기'는 '매도를 할 당시'라는 의미로 해석되므로 주요주주가 주식을 매도하여 주요주주의 지위를 상실하는 경우에도 해당 매도분은 단기매매차익 반환의무의 적용대상이 된다. 하루에 여러 차례의 거래로 10퍼센트 이상을 취득하거나 상실한 때에는 당일 중 거래횟수에 상관없이 매수 또는 매도를 합산하여 일별로 계산하여야 한다.[18)]

(5) 실질기준판단

내부정보의 이용 여부에 관계없이 획일적·기계적으로 엄격책임을 묻

16) 서울서부지방법원 2008. 7. 25. 선고 2007가합521 판결. "6개월이라는 기간 동안 계속 주요주주의 지위가 유지되어야 하는데, 甲은 A회사의 주요주주가 된 후 3개월이 채 되지 아니하여 주요주주의 지위를 상실하였으므로 단기매매차익 반환의무가 없다"는 甲의 주장에 대하여, 법원은 "규정의 문언 및 단기매매차익 반환제도의 취지에 비추어 볼 때, 주권상장법인 등의 주요주주가 6개월 이내에 그 법인의 주식 등을 매수 및 매도하여 이익을 얻은 경우 매수 및 매도의 양 시기에 주요주주의 지위에 있었으면 족하고, 그 기간을 포함한 6개월 동안 주요주주의 지위를 지속하여야만 단기매매차익 반환의무가 발생하는 것은 아니다"라고 하여 甲의 주장을 배척하였다.

17) 미국 SEA 16(b) 규정을 가져와서 규정한 것으로 보이나, 미국과는 다른 기업지배구조와 기업환경을 가진 우리나라에도 임원과 주요주주를 달리 볼 필요성이 있는지는 의문이다. 김건식, 증권거래법, 두성사, 2006, 280면은 "이 경우 내부정보를 이용할 가능성이 높으므로 이러한 주주도 입법론상으로 적용대상으로 삼아야 한다"고 한다.

18) 한국증권법학회, 자본시장법 주석서 I, 박영사, 2009, 827면.

는 제도의 취지상 내부자는 그 유형 자체에서 내부정보를 이용할 가능성과 위험성이 있어야 하고, 그 판단은 '형식'이 아닌 '실질'을 기준으로 하여야 한다. 대법원도 "단기매매의 내부자가 그러한 주식거래의 직접적인 주체이거나, 그 주체의 행위를 내부자의 행위와 동일시할 수 있는 경우에 해당하여야 하고, 내부자가 차명계좌를 이용하여 자신의 계산으로 단기매매를 하였다면 그 계좌명의에도 불구하고 단기매매차익 반환의 책임을 부담한다(다만 차명계좌를 이용한 거래에 대한 입증책임은 이를 주장하는 측에 있다)"고 한다.[19]

「주권상장법인 A회사 부사장 甲의 처 乙이 그 언니 丙 명의의 증권거래 위탁계좌를 이용하여 2003년 3월 18일부터 A회사 주식을 매수하였다가, 그 매수일로부터 6개월 이내에 위 주식을 모두 매도한 사안」에서, 법원은 위 증권거래 위탁계좌의 실질상 계좌주는 A회사 부사장인 甲으로, 처 乙에게 그 차명계좌를 이용한 주식거래를 위임한 데 불과하다고 하여 甲의 단기매매차익 반환책임을 인정하였다.[20]

---

19) 대법원 2007. 11. 30. 선고 2007다24459 판결. 대법원 2013. 6. 28. 선고 2013다19991 판결의 원심은 甲이 차명계좌를 사용하여 단기매매를 하였는지에 관하여 "이 사건 계좌에서 인출된 돈의 사용처에 일부 의심할 만한 사정이 있으나, 이 사건 단기매매자금의 원천인 A회사의 주식매수자금이 甲이 아니라 乙에게서 나온 것임이 인정되는 이상 이 사건 계좌는 甲의 것이 아니라 乙의 것이라고 볼 수밖에 없고, 이 사건 단기매매는 乙의 계산으로 이루어진 것으로 볼 수밖에 없다"고 하였다(서울고등법원 2013. 2. 1. 선고 2012나47854 판결).

20) 서울고등법원 2007. 3. 16. 선고 2006나90055 판결 : "(i) 乙은 甲의 처인 전업주부로서 甲으로부터 월급 등 수입의 관리를 일임받아 이 사건 차명계좌를 개설하였으나 주식취득을 위해 입금된 액수가 거액인 점에 비추어 실제로는 甲에 의하여 계좌가 관리되고 있었던 것으로 봄이 상당한 점, (ii) 이 사건 차명계좌의 주식매수자금도 대부분 甲의 것으로 그 계산주체가 甲이라고 보이는 점, (iii) 甲은 언제든지 처인 乙에게 요청하여 이 사건 차명계좌를 이용한 주식매매로 인한 경제적 이익을 자신에게 귀속시키도록 지시할 수 있는 것으로 보이는 점, (iv) 甲의 처 乙이 실제로 甲 몰래 계좌를 개설하여 주식거래를 하였다면 굳이 언니인 丙 명의를 차용할 필요조차 없었을 것으로 보이는 점 등에 비추어 보면, 이 사건 차명계좌의 실질상 계좌주는 甲으로서 처인

금융실명거래 및 비밀보장에 관한 법률에 따라 금융기관의 실명 확인을 거친 주식이나 예금의 명의인이 금융기관에 대하여 그 주식이나 예금에 관한 권리를 주장할 수 있다 하더라도, 내부자가 명의인계좌를 관리하면서 실질적으로 단기매매에 따른 경제적인 이익을 얻었다면, '명의인계좌에 예치된 주식'은 '내부자의 계산'으로 취득된 것이다.[21)]

2. 특정증권등

자본시장법은 '금융투자상품'이라는 포괄적 · 추상적 개념을 규정함에 따라 단기매매의 객체도 제한적으로 열거하던 증권거래법과는 달리,[22)] 금융투자상품 중에서 뒤 〈표 1〉의 증권 등을 '특정증권등'이라 칭하며 단기매매의 대상으로 규정하고 있다(제172조 제1항).

단기매매차익 반환규정의 입법목적과 내용, 내부정보의 이용 가능성이라는 점에서 차이가 없으므로, 매도대상 특정증권등과 매수대상 특정증권등이 동일할 필요는 없다.[23)] 자본시장법도 이를 전제로 다른 특정증권

乙에게 이 사건 차명계좌를 이용한 주식거래를 위임한 데 불과하다고 봄이 경험칙에 부합한다."

21) 서울고등법원 2014. 9. 5. 선고 2014나9917 판결.

22) 구 증권거래법은 1976년 제도 도입 시 '상장법인의 주식'만을 대상으로 하다가 1987년 개정 시 '등록법인'을 추가하였고, 1991년 개정으로 주식뿐만 아니라 전환사채권, 신주인수권부사채권, 신주인수권을 표시하는 증서 및 이익참가부사채권도 대상으로 하였다. 이후 1997년 개정 시 '등록법인'을 삭제하였다가 1999년 개정 시 '협회등록법인'을 추가하였다.

23) 광주지방법원 순천지원 2001. 1. 12. 선고 2000가합1366 판결 : "(i) 유가증권을 여러 차례에 걸쳐 매수하여 증권예탁원에 이를 예탁한 투자자가 그중 일부를 증권거래소 등을 통하여 매도하고자 하는 경우에 먼저 매수한 유가증권만을 선별하여 매도할 수 없는 것이고, 또한 일반적으로 이를 의식하여 매도하는 것도 아니고, (ii) 증권거래법이 매수 후 매도한 경우뿐만 아니라 사실상 동일한 증권을 반대매매할 것을 기대할 수 없는 매도 후 매수의 경우에 대하여도 그 차익 반환의무를 인정하고 있으며, (iii) 규정

〈표 1〉 특정증권등의 종류

<table>
<tr><td rowspan="5">①</td><td rowspan="5">해당 주권상장법인 발행의 증권(자본시장법 시행령 제196조 제1호)</td><td>㉮</td><td>채무증권 중 ⓐ 전환사채권, ⓑ 신주인수권부사채권, ⓒ 이익참가부사채권, ⓓ 위 사채권(이와 관련된 증권예탁증권 포함) 또는 지분증권과 교환청구할 수 있는 교환사채권</td></tr>
<tr><td>㉯</td><td>지분증권</td></tr>
<tr><td>㉰</td><td>증권예탁증권</td></tr>
<tr><td>㉱</td><td>투자계약증권</td></tr>
<tr><td>㉲</td><td>파생결합증권 중 제4호에 해당하는 파생결합증권</td></tr>
<tr><td>②</td><td colspan="3">제1호의 증권과 관련된 증권예탁증권(자본시장법 시행령 제196조 제2호)</td></tr>
<tr><td>③</td><td colspan="3">해당 주권상장법인 외의 자가 발행한 것으로 제1호 또는 제2호의 증권과 교환을 청구할 수 있는 교환사채권(자본시장법 시행령 제196조 제3호)</td></tr>
<tr><td rowspan="2">④</td><td rowspan="2">제1～3호까지의 증권만을 기초자산으로 하는 금융투자상품(자본시장법 시행령 제196조 제4호)</td><td>㉮</td><td>제1～3호까지의 증권만을 기초자산으로 하는 파생결합증권</td></tr>
<tr><td>㉯</td><td>제1～3호까지의 증권만을 기초자산으로 하는 파생상품</td></tr>
</table>

등 간의 이익 산정기준에 관한 규정을 두고 있다(동법 시행령 제195조 제2항 및 제3항).

「주권상장법인 A회사의 이사 甲이 A회사 발행 신주인수권부사채권을 매수한 후 6개월 이내에 A회사의 경영권과 함께 보통주를 양도한 사안」에서, 법원은 "甲이 양도한 보통주는 매수한 신주인수권부사채권과 무관하게 기존에 소유하던 주식이라고 하더라도 신주인수권부사채권 매수와 보통주의 매도로 인한 단기매매차익을 반환하여야 한다"고 하였다.[24)]

문언상 '주권 등을 매수 또는 매도한 후 6개월 이내에 매도 또는 매수하여 이익을 얻을 것'을 요구할 뿐 매수 또는 매도한 당해 주권 등을 반대매매할 것으로 요구하지 않고 있어서 앞선 거래 시의 증권과 그 반대매매 시의 증권이 동일하지 않더라도 그 차익의 반환의무가 인정된다."

24) 서울동부지방법원 2016. 9. 22. 선고 2015가합3059 판결 : "(i) 매수한 특정증권등과 무관하게 기존에 보유하고 있던 특정증권등을 매도한 경우에도 미공개내부정보를

3. 단기매매

(1) 6개월 이내의 기간

단기매매는 '특정증권등을 매수한 후 6개월 이내에 매도하거나 특정증권등을 매도한 후 6개월 이내에 매수'한 경우이다(자본시장법 제172조 제1항). 이는 내부자가 6개월의 기간 내에 특정증권등을 매수·매도하였다면 내부정보의 부정이용이 있었다고 보는 '대강의 조악한 규정(crude rule of thumb)'을 채택한 것으로, 6개월간의 주가변동을 거치면 내부정보의 가치가 희석되어 거래가 무용해질 것이라는 계산도 작용한 것이다.[25)]

내부정보를 이용할 가능성이 높은 단기매매를 6개월이라는 기간요건 하에 간접적으로 규제하려는 제도의 취지와 민법상 매매는 당사자 일방이 재산권을 상대방에게 이전하고 상대방이 그 대금의 지급을 약정함으로써 효력이 생긴다는 점을 고려하면, 6개월 이내의 단기매매인지 여부는 '계약체결일'을 기준으로 판단하여야 한다.[26)] 이때 초일은 산입한다(자본

이용하여 이득을 취득할 개연성이 높고, (ii) 자본시장법령에서 매수한 특정증권등과 매도한 특정증권등이 다른 종류일 경우의 단기매매차익의 산정방법에 관하여 규정하고 있으며, (iii) 甲의 신주인수권부채권 매수와 보통주 매도가 비자발적인 유형의 거래, 내부정보에의 접근 가능성을 완전히 배제할 수 있는 유형의 거래라고 인정하기에 부족한 점 등을 종합하면, 甲이 신주인수권부사채권을 매수한 후 6개월 이내에 위 사채권과 무관하게 보유하고 있던 보통주를 매도하였다 하더라도 단기매매차익을 반환하여야 한다." 같은 취지의 대법원 2023. 8. 31. 선고 2022다253724 판결 등.

25) 이철송, "유가증권의 단기매매차익 반환과 정보이용의 요건성," 증권법연구 제5권 제1호(2004. 6), 한국증권법학회, 175-176면.

26) 서울고등법원 2001. 5. 9. 선고 2000나21378 판결 : "甲은 1998년 2월 16일 K산업 주식회사와 주식양수도계약을 체결하고 그에 따라 주식을 양도한 다음 1998년 7월 10일에 이르러서야 영수증을 교부받고 양도절차를 종결한 것이어서 위 주식거래는 6개월 이내의 단기매매에 해당하지 아니한다는 취지로 다투나, 위에서 규정한 6개월은 주식매계약 체결일을 기준으로 할 것이지 대금수수일을 기준으로 할 것은 아니다."

시장법 시행령 제195조 제1항. 민법 제157조 초일불산입 원칙의 예외).[27]

(2) 매도 · 매수

1) 단기매매의 매도 · 매수 개념에 관한 견해

자본시장법은 필요한 경우 매매의 개념을 별도로 규정하면서도 단기매매의 '매수' · '매도' 개념에 관하여는 별도의 규정을 두고 있지 않다.[28] 따

서울중앙지방법원 2009. 9. 16. 선고 2009가합8142 판결. 「A회사 대표이사 甲이 2007년 1월경 A회사 주식을 매수한 후 (i) 2007년 1월 24일 B회사와 甲이 보유하는 A회사 주식 등을 B회사에게 양도하기로 하는 A 발행 구주인수 및 A의 경영권양수도 합의각서를 체결하고, (ii) B회사와 2007년 8월 14일자 주식매매계약서가 작성되고(甲이 2007. 8. 14. B회사에 A 발행주식을 매도하면서 B회사로부터 대금 234억 원을 지급받되 그중 120억 원은 B회사가 기존에 甲에게 대여한 대여금과 상계처리하기로 약정하였다), 2007년 8월 14일 장외에서 B회사에게 A 발행 보통주를 매도한 것으로 주식 등의 대량보유 상황보고가 되고, A 발행주식의 주권을 B회사에 교부한 사안」에서, 법원은 "이 사건 합의각서상 A회사의 임원 선임방법에 관한 약정은 합의각서 작성 이후 정식으로 주식매매계약이 체결될 때까지 B회사로 하여금 A회사의 경영을 감시하면서 회사현황을 실사하는 기회를 부여하려는 의미로 볼 수 있는 점, 甲이 취득 또는 보유한 A 발행주식에 대하여 질권을 설정하는 것 자체를 주식의 매도로 보기 어려운 점, 이 사건 합의각서 문언상 대여 · 질권 · 매매계약 등의 용어가 구별되어 사용될 뿐만 아니라, 그것이 행하여지는 시기도 구체적으로 특정되어 있는 점 등을 종합적으로 고려해 볼 때, 甲과 B회사는 추후 별도의 확정적인 매매계약 성립을 전제로 우선 甲이 매매대상에 포함될 乙 등 보유주식을 확보하는 방안 등의 예비적인 사항들을 합의하기 위하여 이 사건 합의각서를 작성하고, 매매계약 체결 여부 등은 2007년 8월경까지의 제반 진행상황을 보아 가면서 추후 결정하기로 합의한 것으로 봄이 상당하므로, 결국 甲의 B에 대한 A 발행주식 매도는 2007년 8월 14일에 이루어졌다고 보아야 한다"고 하여 단기매매차익 반환책임을 부정하였다.

27) 서울중앙지방법원 2007. 6. 1. 선고 2006가합92511 판결 : "A회사 발행주식 매수계약 체결일인 2005년 10월 28일로부터 기산하여 역(歷)에 의하여 6개월이 되는 날인 2006년 4월 27일까지가 '주식을 매수한 지 6개월 이내'의 기간임이 명백하므로, 그다음 날인 2006년 4월 28일 비로소 내부자 甲이 위 주식을 매도한 것은 단기매매차익 반환의 대상이 되는 거래라 할 수 없다."

28) 자본시장법은 공개매수의 '매수' · '매도' 개념에 다른 증권과의 교환을 포함시키고, '매수 · 교환 · 입찰, 그 밖의 유상취득'을 '매수 등'으로 규정하고(제133조 제1항), 단기매

라서 민법상의 매도·매수 개념에는 해당되지는 않으나,[29] 미공개내부정보를 부정하게 이용할 가능성이 있는 특정증권등의 거래도 단기매매의 매도·매수 개념에 포섭될 수 있는지가 문제된다.

① 확대해석 부정설

미국 SEA와는 달리 매수 및 매도 개념을 규정하지 않는 이상[30] '매수'란 금전의 지급을 대가로 해당 법인의 특정증권등을 이전받기로 하는 약정을, '매도'란 해당 법인의 특정증권등의 이전을 대가로 금전을 받기로 하는 약정이라는 견해이다.[31] 교환이나 대물변제에 의한 취득 등이 단기매매의 매수 개념에서 제외되어 부당한 결과가 초래될 수 있지만, 현행법의 해석보다는 법령의 개정으로 해결하는 것이 타당하다고

매의 매수·매도에 대한 개념 정의 대신 매수와 매도 중 거래방향이 반대되는 경우를 명확히 하기 위하여 매수의 개념에 '권리 행사의 상대방이 되는 경우로서 매수자의 지위를 가지게 되는 특정증권등의 매도'를, 매도의 개념에 '권리를 행사할 수 있는 경우로서 매도자의 지위를 가지게 되는 특정증권등의 매수'를 각 포함하도록 규정하고 있을 뿐이다(제172조 제1항).

29) '상속'과 같은 당사자의 계약이 아닌 법률의 규정에 의한 권리 변동이나 '대물변제'와 같은 요물계약, '증여'와 같은 무상·편무계약, '교환'과 같은 대금의 지급을 대가로 하지 않는 유상계약, '회사합병, 주식의 포괄적 교환·이전'과 같은 당사자의 법률행위에 의한 것이 아닌 단체법적 행위로 인한 거래는 민법상의 '매매' 개념에 포함되지 않는다.

30) SEA 3(a)(13)은 매수에 관하여 "The terms 'buy' and 'purchase' each include any contract to buy, purchase, or otherwise acquire," SEA 3(a)(14)는 매도에 관하여 "The terms 'sale' and 'sell' each include any contract to sell or otherwise dispose of"라고 규정한다.

31) 고창현, "증권거래법상 단기매매차익 반환의무," 인권과 정의 제277호(1999. 9), 대한변호사협회, 71-72면 ; 최민룡, "단기매매차익의 반환 : 매매의 개념을 중심으로," 상사판례연구 제19집 제4권(2006. 12), 한국상사판례학회, 171면 : "단기매매차익 반환제도가 내부자거래를 규제하기 위하여 일정한 거래를 금지하고 그 위반에 대하여는 제재를 가하는 규정이기 때문에 미국의 SEA와 같이 명확한 개념규정이 없는 증권거래법 하에서는 매매의 개념을 그와 같이 확대해석하기는 어려우므로, 동일하게 규제할 필요성이 있는 형태의 거래에 대해서는 향후 입법적 보완을 통하여 규제가 이루어져야 한다."

한다.[32)]

② 확대해석 긍정설

내부정보의 부정한 이용을 방지하기 위하여 단기매매의 매수 · 매도를 SEA와 같이 비전형적 거래도 포섭할 수 있는 개념으로 이해하여, 민법상의 매수 · 매도 이외에 신주의 인수 · 교환과 같은 유상취득이나 처분 등도 단기매매의 매수 · 매도 개념에 포함된다는 견해이다. 다만 확대해석의 범위에 관하여는 (i) 자본시장법 제172조 제1항의 입법목적상 매매 이외의 유상거래(유상 취득 및 처분 포함)도 단기매매의 매수 · 매도 개념에 포함된다는 견해,[33)] (ii) 단기매매의 '매수'란 금전을 대가로 특정증권등을 이전(취득과 처분 포함)받는 것을, '매도'란 특정증권등을 타인에게 이전(취득과 처분 포함)하고 그 대가로서 금전을 수령하는 것을 말한다는 견해[34)] · [35)] 및 (iii) 개인법적 유상거래로 해석하는 견해가 있다.[36)]

---

32) 고창현, 앞의 논문(주 31), 71-72면 : "(i) 상속 · 증여에 의한 취득, (ii) 주식배당에 의한 주식의 취득, (iii) 전환사채의 전환권의 행사에 의한 주식의 취득, (iv) 주식분할 · 병합에 의한 취득, (v) 합병신주의 취득 등을 단기매매의 '매수'로 보지 않아도 큰 문제는 없으나, (vi) 교환이나 대물변제에 의한 취득 등을 단기매매의 '매수' 개념에서 제외하면 부당한 결과가 초래될 수 있다."

33) 김건식, 앞의 책(주 17), 280면 ; 김건식 / 정순섭, 앞의 책(주 4), 310면 : "법문에서는 매도와 매수 같은 용어를 사용하고 있으나 규정의 취지상 교환도 포함되는 것으로 볼 것이다" ; 이기수 / 최병규, 증권거래법(전정판), 세창출판사, 2003, 232면 : "법문언을 엄격하게 해석하게 되면 매매가 아닌 기타의 유상계약, 가령 교환 등에 의한 거래에 의해 차익이 발생하는 경우에는 반환의무가 없는 것으로 볼 수도 있지만, 동 조항의 입법목적을 볼 때 매매 이외의 유상계약도 동 조항이 적용되는 것으로 보아야 한다" ; 임재연, 증권거래법(전정판), 박영사, 2006, 505면 : "교환은 민법상으로는 매매와 구분되는 개념이지만, 교환목적물을 서로 일정한 가격으로 정하여 교환하는 경우에는 매매에 준하여 단기매매차익 반환의무가 적용된다고 보아야 한다."

34) 이 견해는 금전을 대가로 하는 '계약뿐만 아니라 금전을 대가로 하는 발행시장에서의 '취득'과 '처분' 등을 포함한다는 점에서 확대해석을 부정하는 견해와는 차이가 있다.

35) 松尾健一, "會社內部者の短期賣買差益返還義務, 米國における展開(完)," 民商法雜誌 第128卷 第1號(2003. 4), 有斐閣, 注 120. 금융감독원 인력개발실, 금융감독개론(2007개정판), 금융감독원, 2007, 각주 277은 "장내 · 장외에서 이루어지는 전형적인 매

2) 검토

단기매매차익의 반환제도의 입법취지상 민법상 매수 · 매도 이외의 다른 유상거래와 비전형적 거래도 단기매매의 개념에 포함시킬 필요가 있고, 미국은 SEA에 매수 · 매도 개념을 규정하였음에도 불구하고 각종 사례에서 매수 · 매도의 개념 해석이 주요한 법률 쟁점이 되어 온 점 등에 비추어 보면, 비록 자본시장법 제172조 제1항의 대상거래가 매수 · 매도로만 규정되어 있어도 이는 민법상의 매수 · 매도 이외의 다른 유사한 거래 등을 포함하는 것으로 확대해석할 수 있다.[37] 다만 자본시장법령 내 다른 규정들과의 체계적 관련성 등을 고려하여 확대해석의 구체적 범위를 정하여야 하는데, '교환'과 같이 금전을 대가로 하지 아니하는 유상거래도 단기매매의 매수 · 매도에 포함된다고 할 것이다.[38] 판례 또한 매수가 민법상의 매매와 같은 전형계약에 한정되지 않고, 기타 비전형적인 유상취득행위도 포함된다고 한다.[39]

매는 물론 신주인수, 실권주인수 등 발행시장에서의 취득 등 금전을 대가로 취득하거나 처분하는 일체의 행위를 말하며, 여기에서 매매가 아닌 상속이나 증여에 의한 무상취득 · 주식배당 · 주식분할 · 주식병합 · 합병 등에 의한 주식취득 등은 단기매매차익 반환의 대상거래에 해당하지 않는다"고 한다.

36) 이철송, 앞의 논문(주 25), 186면은 자본시장법 제174조가 '매매, 그 밖의 거래'로 적용대상을 넓히고 있는 반면, 자본시장법 제172조 제1항은 '매수 또는 매도'로 규정하고 있는데, 이는 해석의 차이를 기대하고 입법된 것으로 보이는바, 전자는 정보이용이 개재될 수 있는 유상취득 · 처분을 폭넓게 포섭하고자 한 것이고, 후자는 민법상의 매매에 국한하려는 의도는 아니라 하더라도 정보 이용에 대한 증명을 요하지 않는 만큼 그 대상을 개인법적 유상거래로 좁히려 한 것으로 해석하여야 한다는 견해로, 자본거래(전환사채권 · 신주인수권 등의 행사 및 합병 등으로 인한 특정증권등의 취득 등)를 통한 주식 등의 취득과 처분은 내부자의 자유로운 결정에 따른 것이 아니므로 단기매매의 '매수' · '매도' 개념에 포함되지 않는다고 한다.

37) 김상철, 앞의 논문(주 8), 187-189면.

38) 따라서 무상거래, 즉 '상속'이나 '증여'에 의한 주식의 무상취득, '주식배당', '주식분할 · 주식병합', '무상증자'에 의한 주식취득은 단기매매의 '매수' · '매도'에 해당되지 않는다.

39) 서울고등법원 2001. 4. 13. 선고 2000나22272 판결. 상법 제418조 제1항에 근거한

(3) 파생상품의 거래와 매수 · 매도의 개념

1) 파생상품의 매매 간주규정과 권리 행사로 인한 증권취득

파생상품 거래의 법적 성질은 전형적인 민법상의 '매매'와 달리 비전형적 계약의 성격을 가진다.[40] 이에 자본시장법은 '파생상품 즉 선도계약, 옵션계약, 스왑계약 중 매매계약이 아닌 계약의 체결은 매매계약의 체결로 간주'한다(제5조 제4항).[41] 따라서 선도계약 · 옵션계약 · 스왑계약에

제3자배정에 의한 신주인수(사모유상증자)가 단기매매의 매수에 해당하는지에 대하여, 법원은 "(i) …내부자정보의 남용이라는 측면에서 똑같은 위험성이 있음에도 불구하고 거래방식이 매매계약이 아닌 교환계약이나 대물변제 등에 의하였다는 점만으로 이를 '매수'의 범위에서 제외하게 된다면, 내부자거래의 규제를 위하여 도입된 단기매매차익 반환규정의 실효성을 크게 해하게 될 것이기 때문에 '매수' 또는 '매도'의 개념을 위와 같이 한정적으로 해석하는 것은 위에서 본 단기매매차익 반환제도의 입법취지에 비추어 문제가 없지 아니하고, (ii) …단기매매차익 반환의 예외를 정한 증권거래법 시행령 및 증권거래위원회의 규정도 이러한 처분행위를 예상하여 '발행인 또는 매출인으로부터의 직접적인 취득, 전환사채권 · 신주인수권부사채권 · 신주인수권을 표시하는 증서의 권리 행사에 의한 유상신주의 취득, 유상신주 발행 시 발행한 실권주 또는 단수주의 취득, 영업을 위한 주권 등의 인수' 등의 경우를 들고 있는바, 이는 결국 증권거래법 제188조 제2항의 '매수'가 민법상의 매매와 같은 전형계약에 한정되지 않고, 기타 비전형적인 유상취득행위도 포함된다는 점을 전제로 한 것으로 볼 수 있으며, …나아가 구체적으로 민법상의 매매 이외의 다른 어떤 전형계약 혹은 비전형계약까지 '매수'나 '매도'의 범위에 포함시켜 규제할 것인가 하는 점은, 위에서 본 증권거래법 제188조 제2항의 연혁 및 입법취지, 관련 하위법규의 규정내용 등을 고려하여, 당해 거래의 성격이나 비자발성의 정도, 거래의 동기 및 결과 등에 따라 법원이 합목적적이고도 실용적으로 해석하여야 할 것이다"라고 하였다.

40) 김중곤, 파생금융상품제도 재판자료 : 증권거래에 관한 제 문제(상) 제90집, 법원도서관, 227-230면.

41) 미국증권거래위원회(Securities and Exchange Commission. 이하 'SEC') Rule 16b-6(a)에서 "'매수옵션 상당 지위(call equivalent position)의 설정 또는 증가'나 '매도옵션 상당 지위(put equivalent position)의 해소 또는 감소'는 SEA 16(b)의 적용목적상 기초증권(underlying securities)의 '매수'로 보고, '매도옵션 상당 지위의 설정 또는 증가'나 '매수옵션 상당 지위의 해소 또는 감소'는 SEA 16의 적용목적상 기초증권의 '매도'로 본다"고 규정하여, 파생상품 자체의 취득이나 처분을 기초증권의 취득이나 처분으로 간주하여 단기매매차익 반환의 대상거래로 본다.

의하여 그 계약상 권리를 매수 또는 취득하거나 매도 또는 설정하는 경우, 단기매매의 매도 · 매수에 해당한다. 그러나 '파생상품상 권리의 행사'는 그 이전에 이루어진 투자판단(파생상품의 취득)의 결과 실현의 수단에 지나지 않고,[42] 그로 인하여 기초증권의 간접적 소유에서 직접적 소유로 변화되는 것에 불과하므로 이를 단기매매의 매도 · 매수로 볼 수는 없다.[43]

2) 풋옵션거래에 관한 매수 · 매도의 특별규정

단기매매의 선행거래와 후행거래는 그 대상이 동일할 필요는 없으나, 그 방향은 반대이어야 한다. 풋옵션은 매도와 매수로만 규정하면 거래의 방향이 실제로는 동일하여 단기매매에 해당하지 않게 된다.[44] 이에 따라 자본시장법은 매수의 개념에 풋옵션의 매도 즉 '권리 행사의 상대방이 되는 경우로서 매수자의 지위를 가지게 되는 특정증권등의 매도'를, 매도의 개념에 풋옵션의 매수 즉 '권리를 행사할 수 있는 경우로서 매도자의 지위를 가지게 되는 특정증권등의 매수'를 각 포함시키고 있다.[45]

---

42) 석명철, 미국증권관계법, 박영사, 2001, 563면.

43) Thomas Lee Hazen, Treatise on the Law of Securities Regulation (4th ed.), Practitioner Treatise Series Volume 3, West Group, p.46 (2002). 임재연, "내부자거래규제에 관한 연구 1 : 증권거래법 제188조, 제188조의2에 관한 연구," 법조 제474호(1996. 3), 법조협회, 79면 : "SEC는 1991년 옵션의 행사, 전환증권의 전환 등은 SEA 16(b)가 규정하는 매수나 매도에 해당하지 않는다는 내용의 SEC Rule 16b-6을 제정하여 전환증권의 전환을 SEA 16(b)의 적용대상에서 제외하였는데, 특기할 만한 점은 대상증권만 같으면 다른 성격을 가진 파생증권의 매매도 SEA 16(b)의 적용대상으로 규정한다. 예를 들어 매수옵션을 취득하고 동일한 대상증권에 관한 전환사채를 매도한 경우에도 단기매매차익 반환책임을 인정한다."

44) 선행거래가 매수인 경우에는 이에 연계되는 후행거래가 매도이어야 하고, 선행거래가 매도인 경우에는 이에 연계되는 후행거래가 매수이어야 한다(자본시장법 제172조 제1항). '콜옵션의 경우 그 취득'이 '기초증권의 처분' 또는 '상당한 콜옵션의 처분'과 서로 대응하여 문제가 없으나, '풋옵션의 경우 그 취득'이 '기초증권의 취득' 또는 '상당한 풋옵션의 처분'과 서로 대응하여 문제가 된다[Hazen, 앞의 책(주 43), p.588].

45) 자본시장법 제172조 제1항. 단기매매차익 산정방식에 관한 자본시장법 시행령 제195조

3) 단일거래(single transaction)

내부자가 미공개내부정보를 이용하여 주가의 하락 또는 상승을 예상하고 개별 주식선물 · 옵션을 매도(발행)하고, 그로부터 6개월 이내에 반대매매 없이 만기일에 거래소에 의하여 자동청산(만기청산)되는 경우(단일거래)에도 선물 · 옵션의 매도(발행)시점과 만기청산시점이 6개월 이내라면 단기매매로 규제할 필요가 있다.[46] 이는 권리 행사의 포기나 만기청산의 경우를 선물 · 옵션의 매도(발행)에 대응하는 반대매매인 매수의 개념에 포함시킬 수 있는지에 관한 것인데, 규제의 필요성이 인정된다고 하더라도 SEC Rule 16b-6(d)[47]와 같은 규정이 없는 이상 만기로 자동청산되는 것까지 단기매매의 매수 · 매도 개념에 포함된다고 볼 수는 없다.[48]

도 매수, 매도의 개념에 관하여 위와 같은 규정을 두고 있다.

46) 김정수, 현대증권법원론, 박영사, 2002, 699면은 "주가 하락을 예상하고 주식 콜옵션을 매도하거나 주가 상승을 예상하고 주식 풋옵션을 매도하고, 거래 상대방이 만기일에 외가격(外價格 · Out of the Money, OTM) 상황(콜옵션의 경우 기초자산의 가격이 행사가격보다 낮은 상황, 풋옵션의 경우 기초자산의 가격이 행사가격보다 높은 상황)에 처하게 되어 6개월 이내에 그 옵션의 행사를 포기하여 만기청산이 된 경우 옵션을 매도한 내부자는 이러한 단일거래로 인하여 단기매매차익을 얻게 되는데, 증권거래법 시행규칙은 내부자의 콜옵션매도 및 풋옵션매수를 금지하고 있어 주가 하락을 예상한 단일거래에 의한 차익 실현은 불가능하나 주가 상승을 예상한 풋옵션매도의 경우에는 단일거래에 의한 이익 실현이 가능하다"고 한다.

47) SEC Rule 16b-6(d)는 "옵션 발행일로부터 6개월 이내에 옵션의 포기나 만기청산의 경우 옵션 발행으로 생긴 이익은 SEA 16(b)의 적용대상이고, 그 이익은 옵션 발행으로 인한 수수료(premium)를 초과할 수 없으며, 파생증권상 권리의 포기나 만기 도래로 인한 처분 또는 상실로 취득한 이익이 없는 경우에는 SEA 16(b)가 적용되지 않는다"라고 규정하여, 단일거래를 단기매매로 규정한다.

48) 김상철, 앞의 논문(주 8), 196면. 또한 이러한 권리 행사의 포기나 만기청산이 내부자가 아닌 거래 상대방인 제3자에 의하여 이루어질 수도 있다.

4. 차익의 실현

(1) 이익의 개념

자본시장법은 단기매매의 이익 개념을 규정하고 있지 않으나, 엄격책임과 내부자거래의 사전예방적 규제라는 점을 감안하면 직접적이고 금전적인 이익으로 제한되어야 한다.[49] 그 차익의 반환범위를 산정함에 있어서도 단기매매의 판단기준과 마찬가지로 '매매계약 이행일'이 아닌 '매매계약 체결일'을 기준으로 하여야 한다.[50]

---

49) 자본시장법은 그 이익의 구체적 산정방식과 관련하여 매도단가에서 매수단가를 뺀 금액에서 매매일치수량을 곱하여 계산한 금액에서 일정 비용을 공제한 금액을 매매차익으로 규정하는바(동법 시행령 제195조 제1항), 이는 직접적·금전적 이익을 전제로 한 것으로 보인다[김상철, 앞의 논문(주 8), 각주 103 참조].

50) 대법원 2010. 8. 19. 선고 2007다66002 판결. 6개월 이내에 단기매매차익을 실현하였는지 여부는 주식의 매매계약 체결일이 아닌 '이익이 실현된 시점'인 계약 이행일을 기준으로 하여야 한다는 피고의 주장에 대하여, 대법원은 "단기매매차익 반환청구 제도의 입법취지에 더하여 (i) 단기매매차익 반환의무의 대상이 되는 거래는 내부자가 매매계약의 의사를 대외적으로 표시하는 매매계약 체결일을 기준으로 하여야 하는 점, (ii) 매매거래의 시기를 매매계약 체결일로 보는 이상 반환할 매매차익의 범위도 실제 대금의 수령일이 아닌 매매계약 체결일을 기준으로 산정하여야 비용공제 등 반환의무의 범위를 정함에 있어서도 통일된 기준이 될 수 있는 점, (iii) 매매계약의 당사자는 매매계약에서 정한 매매대금을 기준으로 하여 경제적 손익 내지 매매차익의 실현 여부를 가늠하여 매매계약을 체결하였을 것이라는 점 등을 고려하면, 단기매매차익의 반환범위를 산정함에 있어서도 매매계약 체결일을 기준으로 하여야 한다. 만일 그렇지 않고 매매계약 체결일이 아닌 매매대금 지급일이나 매매차익 실현일을 매매차익 반환범위의 산정기준 시로 삼게 되면, 단기매매차익 반환의무의 발생시기와 매매차익 산정시기가 다르고 그 시기도 불확실하여 혼선을 초래할 수 있고, 계약 체결일기준으로 산정하면 매매차익이 없는 거래가 이행일까지 여러 사정의 변동으로 차익이 발생하면 단기매매차익을 반환하여야 하고, 반대로 계약 체결일 당시에는 매매차익이 있음에도 불구하고 당사자가 임의로 매매차익을 발생시키지 않거나 감소시키기 위하여 이행기를 변경하는 방법으로 단기매매차익 규정의 적용을 회피할 수 있어 단기매매차익의 반환 여부가 매매거래 이외의 요소에 의하여 좌우

지배주식을 양도하면서 경영권이 이전된 경우 '경영권 프리미엄'을 주식의 거래로 인하여 얻은 이익으로 볼 수 있는지에 관하여, 대법원은 "지배주식의 양도와 함께 경영권이 이전하는 경우 그와 같은 경영권의 이전은 지배주식의 양도에 따르는 부수적인 효과에 불과하고, 그 양도대금은 지배주식 전체에 대하여 지급되는 것으로서 주식 자체의 대가임이 분명하다"고 하여, 단기매매로 얻은 이익으로 본다.[51)]

(2) 매매차익의 산정방식

1) 1회의 단기매매의 경우

매도단가에서 매수단가를 뺀 금액에 매수수량과 매도수량 중 적은 수량(매매일치수량)을 곱하여 계산한 금액에서 해당 매매일치수량분에 관한 매매거래 수수료와 증권거래세액 및 농어촌특별세액을 공제한 금액을 이익으로 계산한다(자본시장법 시행령 제195조 제1항 제1호 전문). 매매차익을 계산한 결과 오히려 손해가 생긴 때, 즉 매도단가에서 매수단가를 뺀 금액에 매매일치수량을 곱하여 계산한 금액에서 거래비용을 공제한 금액이 0원 이하인 경우에는 이익이 없는 것으로 간주한다(자본시장법 시행령 제195조 제1항 제1호 후문).[52)]

된다는 점에서 부당한 결과를 초래한다"라고 한다.

51) 대법원 2004. 2. 12. 선고 2002다69327 판결. 「협회등록법인 A회사의 주요주주인 甲(33.86퍼센트)이 2000년 5월 중순 B회사에 208만 6,138주를 장외매도하고, 2000년 5월경 A회사 주식 15만 2,550주를 장내매수한 사안」이다.
대법원 2004. 2. 13. 선고 2001다36580 판결. 「주권상장법인 A회사의 (대표)이사인 甲이 차명계좌 17개를 이용하여 A회사 주식 36만 5,570주를 매수(평균단가 4,861원)한 다음 그로부터 6개월 이내에 합계 34만 5,951주를 장내 또는 장외매도한(평균단가 9,824원) 사안」이다.

52) 위 간주규정이 헌법상 보장된 재산권 침해인지에 관하여 대법원 2005. 3. 25. 선고

2) 해당 매수 또는 매도 후 6개월 이내에 2회 이상 매도 또는 매수한 경우

가장 시기가 빠른 매수분과 가장 시기가 빠른 매도분을 대응하여 제1호에 따른 방법으로 계산한 금액을 이익으로 산정하고, 그다음의 매수분과 매도분에 대하여는 대응할 매도분이나 매수분이 없어질 때까지 같은 방법으로 대응하여 제1호에 따른 방법으로 계산한 금액을 이익으로 산정한다(자본시장법 시행령 제195조 제1항 제2호, 선입선출방식[53]). 이 경우 대응된 매수분이나 매도분 중 매매일치수량을 초과하는 수량은 해당 매수 또는 매도와 별개의 매수 또는 매도로 보아 대응의 대상으로 한다.

3) 주식양도소득세의 거래비용 공제 여부

주식양도소득세도 증권거래세액과 같이 차익 산정 시 거래비용으로 공제되는지에 관하여, 단기매매차익 반환제도의 입법목적과 단기매매는 장내거래와 장외거래를 불문하므로 자본시장법 시행령 제195조 제1항의 증권거래와 관련된 세금과 비용은 예시적이라는 점 등을 근거로 주식양도소득세도 차익 산정에서 공제되어야 한다는 견해도 있다.[54] 그러나 대법

2004다30040 판결 : "증권거래법 시행령 제83조의5가 채용한 방식은 선입선출법을 기본으로 한 것으로서 종전의 가중평균법과 비교하여 볼 때 이익과 손실 사이의 상쇄를 허용하지 않는다는 측면에서 단기매매차익 반환제도의 입법목적에 보다 충실한 것으로 보이며, 또한 전체적으로 볼 때 합리적인 방식의 하나라고 볼 수 있다."

53) 이외에도 수수료 및 거래세를 감안한 매도대금총액과 매수대금총액의 차액을 산정하는 '총액차감방식', 6개월 내의 거래량을 가중치로 한 매도평균가격에서 매수평균가격을 공제하여 차액을 산정하는 '가중평균방식', 6개월 내의 매수분은 최저가부터, 매도분은 최고가부터 순서대로 배열하고, 거래량을 가중치로 하여 매도가격에서 매수가격을 공제하여 차익만 합산하고 차손은 공제하지 않음으로써 가능한 최대의 이익을 산정하는 '최저가매수 · 최고가매도 대비방식' 등이 있다.

54) 서울고등법원 2007. 8. 23. 선고 2006나89550 판결 : "(i) 시행령 제83조의5의 각 호는 유가증권시장 내에서의 거래를 전제로 한 규정이어서 이 사건에서와 같은 장외거래에서의 공제범위를 이에 국한된다고 볼 필요는 없다는 점, (ii) 구 단기매매차익 반환고시 제7조는 '단기매매차익을 산정하는 경우에는 무상증자 또는 배당에 대한 세금과

원은, "단기매매차익 반환제도의 입법목적, 양도소득세는 양도차익에 과세되는 직접세로서 단기매매차익을 반환하여야 하는 모든 주식 등의 거래에서 필연적으로 발생하거나 수반하는 거래세 내지 거래비용으로 볼 수 없고,[55] 내부자가 단기매매차익을 모두 반환함으로써 납부한 양도소득세 상당의 손실을 입게 되더라도 이는 단기매매차익 반환제도에 기인한 것이 아니라 양도소득세 관련 법령이 적용된 결과이므로, 단기매매차익을 산정할 때에 양도소득세를 공제하여야 한다고 볼 수 없다"고 한다.[56]

(3) 가격의 산정

1) 규정(자본시장법 시행령 제195조 제2항)

우선주와 보통주같이 같은 종류, 다른 종목인 특정증권등의 가격 산정은, (i) 매수 후 매도하여 이익을 얻은 경우에는 매도한 날의 매수 특정증

기타 매매와 관련한 미수연체이자, 신용이자 등은 고려하지 아니한다'고 규정하고 있고, 위 규정의 반대해석은 물론 형평의 원칙에 비추어 보더라도 당해 거래와 관련된 세금 및 비용은 공제하여 그 이득을 산정하는 것이 상당하다고 보이는 점, (iii) 단기매매차익 반환제도는 내부자거래를 억제하고자 하는 예방적 목적에 그 주된 취지가 있는 것이라는 점 등을 모두 종합해 보면, 이 사건 주식매도에 따른 법률비용 및 양도소득세와 이에 부수하는 주민세는 피고가 이 사건 주식매도로 인하여 이익을 얻었음을 전제로 한 것으로서 주식매도에 당연히 수반되는 비용이라 할 것이므로 매매거래수수료 및 증권거래세액과 마찬가지로 피고가 얻은 매매차익에서 공제함이 상당하다."

55) 증권거래세는 증권의 '양도가액'을 과세대상으로 매매차익 발생 여부와 상관없이 증권거래가 발생하면 납부하여야 하는 세금으로서(증권거래세법 제1조) 증권거래에서 직접 발생하는 비용이나, 양도소득세는 '양도로 발생하는 소득'(양도로 인한 총수입금액에서 취득가액 등 필요경비를 공제한 금액), 즉 주식의 '양도차익'을 과세대상으로 하는 것으로서(소득세법 제94조 제1항 제3호), 양도차익이 존재하여야만 과세가 가능하여 주식의 거래에 반드시 수반하는 '거래세' 내지 '거래비용'이라 볼 수 없다(서울고등법원 2013. 7. 18. 선고 2012나95044 판결).

56) 대법원 2016. 3. 24. 선고 2013다210374 판결.

권등의 최종가격을 매도 특정증권등의 매도가격으로, (ii) 매도 후 매수하여 이익을 얻은 경우에는 매수한 날의 매도 특정증권등의 최종가격을 매수 특정증권등의 매수가격으로 한다.

전환사채와 주식같이 다른 종류인 특정증권등의 가격 산정은, 지분증권 외 특정증권등의 가격을 금융위원회가 고시하는 방법에 따라 지분증권으로 환산하여 계산한 가격, 즉 '해당 특정증권등의 매매일의 해당 특정증권등의 권리 행사의 대상이 되는 지분증권의 종가'로 하여 산정한다(단기매매차익 반환고시 제6조 제1항).

2) '같은 종류'의 해석

① 가격 산정과 동종증권의 개념

자본시장법령은 가격 산정에 관하여 '종류는 같으나 종목이 다른 경우', '종류가 다른 경우'를 달리 규정하고 있으나, '종류'나 '종목'에 관한 개념 정의를 하고 있지 않아 그 해석에 따라 가격 산정의 방식과 결과가 달라지는 문제가 발생한다.[57] 자본시장법 제4조에서 규정한 지분증권이라도 주식과 워런트의 가치 산정이 달라서 그 증권의 가치가 상이하므로, 특정증권등의 가격산정에 있어서 자본시장법 제4조의 구분에 따르는 것은 부적절하고, 제도의 취지에 맞게 '종류'나 '종목'의 개념을 규정할 필요가 있다.[58]

---

57) 자본시장법 제4조에서 '증권의 구분'에 관한 규정을 하고 있다. 신주인수권은 원칙적으로 자본시장법 제4조 제4항의 지분증권에 해당하나, 그 가격의 산정에 관하여도 지분증권으로 해석하는 경우에는 보통주와 동종증권으로 자본시장법 시행령 제195조 제2항 제1호에 따라 한다. 그러나 신주인수권의 최종가격(종가)이 없어 차익 산정이 불가능해져 단기매매차익 반환채무가 발생하지 않는 문제가 있다.

58) 성희활, "단기매매차익 반환제도에서 이종증권 간 차익 산정의 문제 : 미국의 사례를

② 판례(신주인수권과 보통주 간의 가격산정)

「코스닥상장법인 A회사의 대표이사 甲은 2013년 8월 28일 A회사가 발행한 사모분리형 신주인수권부사채로부터 분리된 신주인수권 표시증서(행사가격 4,029원을 기준으로 18만 5,230주의 A회사 보통주를 취득할 수 있는 수량)를 매수하였고, 2014년 1월 28일 A회사의 보통주 16만 주를 1주당 9,537원에 장내매도한 사안」에서,[59] 甲은 이 사건 신주인수권은 자본시장법 제4조 제4항의 지분증권에 해당하므로, 그 가격 산정은 자본시장법 시행령 제195조 제2항 제1호에 따라 이 사건 보통주를 매도한 2014년 1월 28일의 이 사건 신주인수권의 최종가격이 매도가격으로 간주되나, 이 사건 신주인수권의 최종가격(종가)이 없어 차익 산정이 불가능하므로 단기매매차익 반환채무도 성립되지 않는다고 주장하면서 A회사를 상대로 채무부존재 확인의 소송을 제기하였다.

법원은 아래와 같은 점들에 근거하여, "단기매매차익 산정방법에 관한 자본시장법 시행령 제195조 제2항 제2호의 지분증권의 개념을, 자본시장

중심으로," 기업법연구 제25권 제3호(2011. 9), 한국기업법학회, 27면. 자본시장법이나 상법의 규정에 얽매일 필요 없이 단기매매차익 반환규제에 필요한 범위 내에서 감독당국이 독자적으로 종류와 종목을 구분하는 것이 바람직하다고 한다. 미국의 경우 같은 증권과 다른 증권으로만 구분하고 있는데, 기초증권이 되는 주식과 주식 간의 거래 또는 파생증권과 동일한 속성(행사가격과 만기 동일)을 가진 파생증권 간 거래는 같은 증권 간 거래로서 그 주식 또는 파생증권 간의 가격 차이가 차익 산정의 기준이 되고, 이외의 모든 거래 유형은 다른 증권 간 거래가 되고 이 경우 차익 산정의 기준이 되는 가격 차이는 거래일의 기초증권의 가격 차이를 초과할 수 없다(성희활, 앞의 논문, 23면).

59) 금융감독원은 2015년 7월 7일경 A회사에 신주인수권 매수 및 보통주 매도로 甲이 8억 7,786만 6,365원의 단기매매차익을 취득하였다고 통보하였는데, 매도단가를 '2014년 1월 28일 보통주 장내매매의 가중평균단가 9,380.7157원'으로, 매수단가를 '2013년 8월 28일 보통주의 종가로 환산한 가격 3,820원'으로, 매매일치수량을 '매매일치수량 : 매수한 신주인수권증권을 보통주로 환산(매수한 신주인수권증권 권면액총액을 행사가액으로 나눈다)한 후 매도한 보통주 수량과 대응된 것'으로 하여 단기매매차익을 계산하였다.

법 제4조 제4항이 정한 증권의 분류에도 불구하고, '종가가 있으면서 증권 그 자체에 출자지분이 표시된 증권'으로 해석하여, 신주인수권과 같이 '증권에 출자지분을 취득할 권리가 표시된 증권'의 경우에는 위 규정의 지분증권에 해당하지 않는다"고 하였다.[60]

"(i) 특정증권등의 권리 행사대상이 되는 증권의 존재 여부와 매매거래 대상인 증권의 가치를 동등하게 평가할 필요가 있고, 자본시장법 시행령 제195조 제2항의 '종류'와 '종목'에 대한 정의규정이 없어서, 자본시장법 제4조의 같은 종류의 증권이라도, 매매단위와 가격결정요소 등이 달라 가치 산정이 동일하다고 할 수 없는 경우에는 자본시장법 시행령 제195조의 '같은 종류'에 해당한다고 볼 수 없고, (ii) 신주인수권증권은 옵션의 성격을 갖고 있고, 보통주와 매매단위 및 가격결정요소 등이 달라 가치 산정이 동일하다고 볼 수 없으므로, 매매차익 산정을 함에 있어 보통주와 매매대응을 시키기 위해서는 수량 환산이 필요하고, 자본시장법 시행령 제198조 제6호에서 '지분증권', '신주인수권이 표시된 것'을 구분하여 기재하고 있어서, 보통주와 신주인수권증권을 자본시장법 시행령 제195조의 '증권의 종류가 같은 경우'에 해당한다고 볼 수 없으며, (iii) 단기매매차익 반환 관련 규정의 취지는 다른 종류의 증권 사이의 단기매매차익도 포괄적으로 환수하려는 것이어서 단기매매차익 산정에 관한 규정들이 다소 불명확하다는 이유로 단기매매차익 반환의무 자체가 발생하지 않거나 성립하지 않는다고 볼 수 없고(그렇지 않을 경우, 내부자가 신주인수권 거래를 통해 단기간에 실제 상당한 이익을 얻은 때에도 그 이익을 반환하지 않아도 되는 부당한 결과를 초래한다), (iv) 자본시장법 제4조 제4항은 '자본시장법'

---

60) 서울고등법원 2016. 10. 6. 선고 2016나2022194 판결(제1심 서울중앙지방법원 2016. 3. 23. 선고 2015가합549897 판결) ; 서울고등법원 2016. 9. 22. 선고 2016나2022033 판결(제1심 서울중앙지방법원 2016. 3. 18. 선고 2015가합549873 판결).

에서의 지분증권의 개념을 규정하고 있을 뿐 단기매매차익 규제와 관련한 시행령 규정도 위 조문의 분류만을 근거로 '지분증권'의 의미를 제한하는 것은 아니다."

(4) 수량의 산정

같은 종류, 다른 종목의 특정증권등의 수량의 산정은 별다른 전환 없이 각자 증권의 수량으로 계산한다. 종류가 다른 경우 그 수량의 계산은 금융위원회가 고시하는 방법에 따라 계산된 수량, 즉 '해당 특정증권등의 매매일에 해당 특정증권등의 권리 행사가 이루어진다면 취득할 수 있는 것으로 환산되는 지분증권의 수량'으로 한다.[61)]

III. 적용 예외사유

1. 자본시장법 시행령 제198조의 적용 예외사유

내부정보를 이용한 매매가 아닌 것이 분명한 경우 법 개정 없이도 단기매매차익 반환의 적용을 배제할 수 있도록 하기 위하여, 자본시장법 제172조 제6항은 그 적용 예외를 행정기관이 정할 수 있도록 위임하고 있고, 이에 따라 자본시장법 시행령 제198조에서 그 적용 예외사유를 규정하고 있다(제1~13호). 헌법재판소는 대통령령에 의하여 규정될 내용은

---

61) 자본시장법 시행령 제195조 제3항 ; 단기매매차익 반환고시 제6조 제2항. 다만 환산되는 지분증권의 수량 중 1주 미만의 수량은 절사한다.

'불공정하다고 볼 수 없거나 미공개정보를 이용하지 않은 매매인 경우'인 것으로 그 내용의 대강을 미리 예측할 수 있다고 하여, 포괄위임 금지원칙에 반하지 않는다고 한다.[62)]

(1) 법령에 따른 불가피한 매수 또는 매도(제1호)

「A회사의 주요주주 甲은 2002년 1월경 A회사 주식 170만 8,000주를 매도하였는데, 금융감독원이 2001년 말경부터 A회사의 주식을 보유한 계열회사인 B회사에 대하여 계열사의 출자한도 초과를 이유로 A회사 발행주식을 처분하라는 매각처분명령을 하였고, 이에 甲이 2002년 6월경 B회사의 요청에 의하여 B회사가 보유한 A회사의 주식 160만 주를 매수한 사안」에서, 법원은 "甲의 거래행위는 증권거래법 시행령 제83조의6에서 정한 예외사유에 해당하지 아니할 뿐만 아니라, 금융감독원의 매각처분명령의 대상은 甲이 아닌 B회사여서 甲이 위 매각명령에 따라 비자발적으로 매수하였다고 볼 수 없으므로, 객관적으로 볼 때 애당초 내부정보의

62) 헌법재판소 2002. 12. 18. 선고 99헌바105, 2001헌바48(병합) 전원재판부 : "(i) 증권시장에는 다양한 형태의 거래가 있고 금융의 제도나 환경이 빠르게 변화하기 때문에 법률에서 예외가 되는 모든 사항을 구체적으로 정할 경우 오히려 시장에서 일어나고 있는 사항을 효과적으로 반영하기 어려워 거래자의 불편을 초래할 우려가 있으므로 시장에 근접해 있는 증권선물위원회가 다양한 많은 사례를 감안하여 그 적용 예외대상을 시의적절하게 반영할 필요가 있고, (ii) 위임체제는 위임된 부분이 국민들에게 불이익을 가하는 등 기본권을 제한하는 것이 아니고 예외를 인정하여 그 제한을 해제하는 것인데, 증권거래법 제188조 제2항에서 이미 규제의 대상과 요건에 관한 것이 명시되어 있으므로 그 예외의 내용과 범위를 일응 예측할 수 있으며, (iii) 입법목적, 미공개내부정보의 이용 금지에 관한 규정 및 시세조정 등 불공정거래행위 금지규정과 같은 절에 규정되어 있는 점, 위 위임규정상의 '성격 등을 감안하여'라는 문언취지 등을 종합적으로 고려하면, 대통령령에 의하여 규정될 내용은 '불공정하다고 볼 수 없거나 미공개정보를 이용하지 않은 매매인 경우'인 것으로 그 내용의 대강을 미리 예측할 수 있다."

이용 가능성이 전혀 없는 유형의 거래에 해당한다고 단정할 수 없다"고 하였다.[63)]

「A회사의 주요주주 甲이 2008년 5월 21일 A회사에의 경영 참여를 위하여 주식을 보유한다는 취지로 공시하여 5일간 A회사 주식을 추가로 취득할 수 없는 상태였음에도(구 증권거래법 제200조의3 제2항) 이러한 제한을 모르는 상태에서 A회사 주식을 매수하였다가 위 규정을 준수하기 위하여 그 기간 동안 매수한 주식 90만 2,778주를 포함하여 107만 2,912주를 매도한 사안」에서, 甲은 적용 예외사유인 '법령에 의하여 불가피하게 매매하는 경우'에 해당한다고 주장하였으나, 법원은 "증권거래법 제200조의3 제2항에서는… 주식 등의 보유목적을 발행인의 경영권에 영향을 주기 위한 것으로 보고하는 자는 그 보고일부터 5일 동안 당해 발행인의 주식 등을 추가로 취득하거나 보유주식 등에 대한 의결권을 행사할 수 없다고 규정하고,[64)] 위반 시 제209조 제9호에서 2년 이하의 징역 또는 1,000만 원 이하의 벌금에 처한다고 규정하고 있을 뿐이어서, 법령상 위 의무에 위반하여 취득한 주식을 매도할 의무를 부담한다고 보기 어렵다"고 하였다.[65)]

(2) 정부의 허가 · 인가 · 승인 등에 따른 매수 또는 매도(제2호)[66)]

63) 서울중앙지방법원 2004. 7. 9. 선고 2003가합13913 판결.
64) 구 증권거래법 제200조의3 제2항. 그러나 자본시장법 제150조 제3항은 "제2항을 위반하여 주식 등을 추가로 취득한 자는 그 추가 취득분에 대하여 그 의결권을 행사할 수 없으며, 금융위원회는 6개월 이내의 기간을 정하여 그 추가 취득분의 처분을 명할 수 있다"고 처분명령을 규정한다.
65) 서울중앙지방법원 2009. 12. 2. 선고 2008가합115562 판결.
66) 거래유형 자체에 해당 거래의 임의성이 인정되지 않는 경우가 대부분일 것으로 예상

(3) 안정조작이나 시장 조성을 위한 매수 · 매도 또는 매도 · 매수(제3호)[67]

(4) 모집 · 사모 · 매출하는 특정증권등의 인수에 따라 취득과 처분(제4호)[68]

(5) 주식매수선택권의 행사에 따른 주식의 취득(제5호)[69]

(6) 이미 소유하고 있는 지분증권, 전환사채권 등의 권리 행사에 따른 주식의 취득(제6호)[70]

하고 규정한 것으로 보이나, 제1호의 '법령에 의하여 특정증권등을 매수하거나 매도' 하는 경우에도 '불가피하게' 매수 또는 매도한 경우로 제한하고 있음에 비추어, 정부의 허가 · 인가 · 승인 등에 따른 특정증권등의 매수 또는 매도에도 '불가피하게'의 문구를 추가하여 제한적으로 규정할 필요가 있다[김상철, 앞의 논문(주 8), 202-203면].

67) 자본시장법은 시세의 고정과 안정행위를 금지하면서도 공모로 인한 시장의 충격을 완화하기 위하여 안정조작과 시장조성에 대하여는 그 예외를 인정하고 있고(제176조 제3항), 마찬가지로 투자매매업자가 안정조작이나 시장조성을 위하여 매매하는 경우에는 내부자에 준하여 단기매매차익 반환의 규정이 준용되도록 규정하면서도(제172조 제7항 및 동법 시행령 제199조 단서), 안정조작이나 시장조성을 위하여 매수 · 매도 또는 매도 · 매수하는 경우를 적용 예외사유로 규정하고 있다. '매수 · 매도 또는 매도 · 매수하는 경우'로 규정함으로써 이를 위한 취득뿐만 아니라 취득한 증권의 처분도 그 예외로 인정한다[김상철, 앞의 논문(주 8), 203-204면].

68) 주권상장법인이 모집 · 사모 · 매출하는 특정증권등을 인수한 투자매매업자는 기업정보에 정통하고 이를 남용할 염려가 있으므로, 자본시장법은 이러한 투자매매업자도 단기매매차익 반환의 규정을 준용하도록 규정하면서도(제172조 제7항 및 동법 시행령 제199조 본문), 모집 · 사모 · 매출하는 특정증권등의 인수에 따라 특정증권등을 취득하거나, 인수인이 위와 같이 취득한 주식을 처분하는 것을 그 적용 예외사유로 규정한다[김상철, 앞의 논문(주 8), 204-205면].

69) 구 증권거래법은 주식매수선택권을 행사하여 취득한 주식을 매도하는 경우까지 단기매매차익 반환의 적용 예외사유로 규정하였는데(동법 시행령 제83조의6 제5호), 이는 단기매매차익 반환규제 적용 예외규정의 취지에도 맞지 아니할 뿐만 아니라 적용 예외사유의 일관된 체계를 훼손시킨다는 비판이 있었다. 이에 따라 자본시장법은 주식매수선택권의 행사에 따라 주식을 취득하는 경우만을 적용 예외사유로 규정하고, 주식매수선택권을 행사하여 취득한 주식을 매도하는 경우를 적용 예외사유에서 삭제하였다[김상철, 앞의 논문(주 8), 206면].

「주권상장법인 A회사의 사외이사 甲이 1998년 6월 11일 유상증자에 따라 3만 6,000주의 인수대금을 입금하여 배정받고, 1998년 7월 21일부터 1998년 9월 14일까지 22회에 걸쳐 21만 5,000주를 매수한 후 1998년 12월 10일 10만 주를 매도한 사안」에서, 법원은 "甲이 A회사 발행주식 10만 주의 매도시점인 1998년 12월 10일부터 6개월 이내인 1998년 6월 11일부터 위 매도 시까지 A회사 발행주식 21만 5,000주를 매수하였고(단 유상증자에 의하여 배정된 주식을 인수하는 것은 내부정보의 이용과 무관하여 단기매매의 규제대상인 매수에 해당하지 아니하므로, 1998년 6월 11일 유상주 인수대금 납입으로 인하여 보유하게 된 A회사 발행주식은 매수수량에서 제외된다), 매수단가보다 매도단가가 높아 甲이 위 매수 및 매도로 이익을 얻었으므로, 그 이익을 반환할 의무가 있다"고 하였다.[71]

(7) 증권예탁증권의 예탁계약 해지에 따른 원증권의 취득(제7호)

(8) 교환사채권의 권리 행사에 따른 증권의 취득(제8호)[72]

70) 이미 소유하고 있는 지분증권 · 신주인수권이 표시된 것, 전환사채권 또는 신주인수권부사채권의 권리 행사에 따라 주식을 취득하는 경우는 내부자의 의사에 기한 유상거래로 매매와 유사하나, 내부정보보다는 시가와 발행가격의 차이에 따라 좌우된다는 점에서 이러한 주식의 취득을 적용 예외사유로 규정한 것으로 보인다〔김건식, 앞의 책(주 17), 284면〕.

71) 광주지방법원 순천지원 2001. 1. 12. 선고 2000가합1366 판결. 당시 시행되던 구 증권거래법 시행령 제83조의6 및 금융감독위원회의 기업지배권변동의 공시 등에 관한 규정 제23조는 '기소유 주권, 전환사채권, 신주인수권부사채권, 신주인수권증서(주권 등)의 권리 행사에 의한 유상신주의 취득'을 적용 예외사유로 규정하고 있었다.

72) 교환가액이 주식의 시가보다 낮으면 교환사채권을 행사할 유인이 있으므로 적용 예외로 규정한 것은 타당하나, 교환가액이 주식의 시가보다 높은 경우에는 교환사채권을 행사한다는 것은 비정상적인 것이므로 미공개내부정보를 이용했을 가능성이 높기 때문에 적용 예외사유로 규정하는 것은 부당하다〔김상철, 앞의 논문(주 8), 210면〕.

(9) 모집 · 매출하는 특정증권등의 청약에 따른 취득(제9호)[73)]

「주요주주 甲이 코스탁상장법인 A회사의 2009년 2월 25일자 유상증자시 주주배정 결과 발생한 실권주 2,023만 3,578주에 대한 일반공모절차에서 A회사 신주 2,021만 5,620주를 취득하였다가 2006년 5월 19일 위 주식을 매도한 사안」에서, 법원은 위 신주인수를 단기매매차익 반환의 예외로 인정하였다.[74)]

(10) 우리사주조합원 우선배정주식의 청약에 따른 취득(제10호)

(11) 주식매수청구권의 행사에 따른 주식의 처분(제11호)[75)]

(12) 공개매수에 응모함에 따른 주식 등의 처분(제12호)[76)]

---

73) 모집 · 매출하는 특정증권등의 청약에 따른 취득은 법률 및 정관의 규정, 이사회 결의 등의 제도적 장치에 의하여 이루어지므로 내부자가 내부정보를 이용할 개연성이 적고, 내부자의 특정증권등의 취득이 법인의 적법한 의사결정에 의하여 이루어진 경우로서 공개된 정보에 의한 것이고 내부정보에 기한 것이 아니어서 적용 예외로 규정한 것으로 보인다[김상철, 앞의 논문(주 8), 210면].

74) 서울중앙지방법원 2012. 5. 17. 선고 2011가합69195 판결. 위 판결은 단기매매차익 반환고시 제8조 제1호에 근거하여 적용 예외를 인정하였으나, 실권주를 일반공모절차에서 취득하였으므로 자본시장법 시행령 제198조 제9호에 근거하여 적용 예외가 인정된다.

75) 주식매수청구권은 그 행사에 주주총회의 특별결의 등의 절차가 요구되어 유형 자체에 내부정보의 이용 가능성이 인정되기 어려우므로, 단기매매차익 반환규제의 예외사유로 규정한다. 미국 SEC Rule 16b-3(e)도 회사에 주식을 처분하는 비임의적 거래는 포상 또는 다른 특정목적 여부를 불문하고 그 처분이 사전에 이사회나 주주총회의 동의가 있는 경우 SEA 16(b)의 적용 예외로 규정한다[김상철, 앞의 논문(주 8), 211면].

76) 공개매수의 경우 대상회사의 주주가 자신이 다른 주주들보다 불리한 대우를 받을지도 모른다는 불안감으로 조급하게 매도결정을 내리는 '매도 압력으로 인한 처분'의 가능

(13) 기타 증권선물위원회가 인정하는 경우(제13호)[77)]

1) 유상신주 발행 시 발생한 실권주나 단수주의 취득(단기매매차익 반환고시 제8조 제1호)[78)]

2) 집합투자규약에 따라 집합투자업자가 행하는 매매(단기매매차익 반환고시 제8조 제2호)

성이 있고, 절차상 다른 주주에게도 응모의 기회가 보장된다. 그러나 (i) 외부정보(outside information) 중 공개매수에 관한 정보는 예외적으로 내부자거래 규제대상이 되고(자본시장법 제174조 제2항), (ii) 인수기업이 대상기업의 주식을 증권거래소에서 대량으로 매집하는 경우에도 이러한 매도 압력은 어느 정도 존재하고, (iii) 자본시장법은 회사가 아닌 제3자가 공개매수를 하는 경우에도 상당한 범위에서 주주 간 평등을 도모하도록 규정하고 있어서, 자발적으로 공개매수에 응모하여 주식을 처분한 경우와 증권시장에서 주식을 처분한 경우를 구별할 필요성이 크지 않으므로, 이를 적용 예외의 사유로 규정하는 것이 타당한지는 의문이다[김상철, 앞의 논문(주 8), 212-213면 ; 성희활, "증권거래법상 단기매매차익 반환제도에서 적용제외사유의 문제," 법조 제609호(2007. 6), 법조협회, 218면].

77) 구 증권거래법은 '발행인 또는 매출인으로부터의 직접적인 취득 등의 경우로서 일반인에게 공개되지 아니한 중요한 정보를 이용한 매매가 아니라고 인정되는 경우'에 한하여 제한적으로 증권선물위원회에 예외인정을 재위임하였으나(동법 시행령 제83조의6 제6호), 자본시장법은 '발행인 또는 매출인으로부터의 직접적인 취득 등'의 제한 없이 증권선물위원회가 '미공개중요정보를 이용할 염려가 없는 경우로 인정하는 때'에는 단기매매차익 반환의 적용 예외를 인정하도록 재위임하고 있다(동법 시행령 제198조 13호).

78) 일반적으로 실권주는 발행회사의 경영 부실이나 시가보다 높은 발행가액의 상황에서 발생하므로 이러한 실권주의 취득은 내부정보를 이용할 여지가 적다는 점과 자본조달의 원활을 고려한 규정으로 보인다. 과거에 실권주는 이사회에서 발행 결의 시 미리 이사회에 임의로 배정하도록 위임하는 것이 관행이었고, 소위 '에버랜드 전환사채 사건'과 같이 실권주를 시가보다 낮은 애초의 발행가액으로 지배주주일가나 경영자에게 배정하는 예가 많아서 회사가치의 불공정한 이전이라는 비판을 받았다(김건식 / 노혁준 / 천경훈, 회사법, 박영사, 2016, 635-636면). 이에 자본시장법은 실권주의 발행을 원칙적으로 철회하도록 하고 불공정한 배정의 염려가 없는 경우에 한하여 발행을 허용한다(제165조의6 제2항 및 동법 시행령 제176조의8).

3) 공로금 · 장려금 · 퇴직금 등으로 지급받는 주식의 취득(단기매매차익 반환고시 제8조 제3호)

4) 이미 소유하고 있는 특정증권등의 권리 행사로 인한 주식의 취득(단기매매차익 반환고시 제8조 제4호)

「주요주주 甲이 2008년 12월 24일 코스닥상장법인 A회사가 발행한 신주인수권부사채를 인수하고 같은 날 그 신주인수권을 행사하여 A회사 주식 398만 주를 1주당 500원에 취득한 후, 2009년 5월 19일 위 주식을 1주당 1,200원에 매도한 사안」에서, 법원은 신주인수권부사채권의 권리 행사에 따라 주식을 취득한 것이므로 단기매매차익 반환의 예외로 인정하였다.[79)]

5) 증권시장에서 허용되는 최소단위 미만의 매매(단기매매차익 반환고시 제8조 제5호)

6) 국민연금기금 등의 관리나 운용을 위한 일정 요건을 갖춘 매매(단기매매차익 반환고시 제8조 제6호)[80)]

7) 그 밖에 증권선물위원회가 의결로써 미공개중요정보를 이용할 염려가 없는 경우로 인정하는 경우(단기매매차익 반환고시 제8조 제7호)[81)]

---

79) 서울중앙지방법원 2012. 5. 17. 선고 2011가합69195 판결.

80) 미공개정보 이용 우려가 없는 연기금(국민연금기금, 공무원연금기금, 사립학교교직원연금기금)에 대하여 단기차익반환의 예외를 인정하여 금융투자상품의 매매에 따른 부담을 완화하려는 취지에서 추가되었다(금융위원회 고시 제2012-25호로 개정). 최근 연기금의 스튜어드십 코드(stewardship code) 도입이 논의되어 금융위원회 고시 제2020-7호로 개정된 단기매매차익 반환고시는 공적연기금이 경영참여 목적이 아닌 것 등 일정 요건을 갖춘 경우에 특례를 인정하고 있다.

81) 적용 예외사유를 감독기관의 행정명령에 위임함으로써 감독기관의 정책에 따른 가변

2. 해석에 의한 적용 예외사유

(1) 해석에 의한 적용 예외사유의 인정과 그 판단기준

1) 해석에 의한 적용 예외사유의 인정[82)]

대법원은 "자본시장법 시행령 제198조에서 정한 예외사유는 한정적으로 열거된 것으로서 여기에서 정하지 않은 사유로까지 그 반환책임의 예외사유를 넓힐 것을 예정한 것은 아니지만, 단기매매차익 반환제도의 입법목적, 자본시장법 시행령 제198조에 정해진 예외사유의 성격 그리고 헌법 제23조가 정하는 재산권보장의 취지를 고려하면, 자본시장법 시행령 제198조에서 정한 예외사유에 해당하지 않더라도 객관적으로 볼 때 내부정보를 부당하게 이용할 가능성이 전혀 없는 유형의 거래에 대하여는 법원이 자본시장법 제172조 제1항의 매수 또는 매도에 해당하지 아니하는 것으로 보아 그 적용을 배제할 수 있다"고 하여,[83)] 해석을 통한 적용

성을 부여한 것은 기본권 보장의 측면에서 바람직하지 않으므로 가급적 이를 지양하여야 하고, 그 위임이 불가피한 경우에도 위임의 구체적 근거와 한계를 명확히 규정할 필요가 있다〔김상철, 앞의 논문(주 8), 214면〕. 그러나 단기매매차익 반환고시의 개정으로 오히려 단기매매차익 반환고시 제7호의 규정을 추가하였다.

82) 미국에서는 SEA 16(b)를 그 입법배경과 법문언에 충실한 객관적 접근방식(objective approach)으로 해석하다가 1950년대에 연방대법원의 Kern County Land Co. v. Occidental Petr. Corp. 사건을 계기로 전형적 거래와 비전형적 거래를 구분하고 비전형적 거래에 관하여는 일부 예외를 인정하는 실용적 접근방식(pragmatic approach)으로 해석하고 있다〔김상철, 앞의 논문(주 8), 217-220면〕.

83) 대법원 2016. 3. 24. 선고 2013다210374 판결 ; 대법원 2004. 2. 13. 선고 2001다36580 판결. 헌법재판소도 "비록 단기매매차익 반환규정이 미국이나 일본의 그것과 달리 목적조항을 두고 있지 않다고 하더라도 위 규정을 해석 · 적용함에 있어서는 내부자거래 규제라는 입법목적을 반드시 고려하여야 하고, …예외사유에서 명시적으로 따로 정한 바 없다고 하더라도 내부자거래에 의한 주식거래가 아님이 명백한 경우, 즉 '거래의 유형상 애당초 내부정보의 이용 가능성이 객관적으로 없는 경우'에는 이미 증권거래법 제188조 제2항 자체가 적용되지 않는다"고 한다〔헌법재판소 2002. 12. 18. 선고

예외사유를 인정한다.[84)]

2) 해석에 의한 적용 예외사유의 판단기준

헌법재판소는 '내부자거래에 의한 주식거래가 아님이 명백한 경우, 즉 거래의 유형상 애당초 내부정보의 이용 가능성이 객관적으로 없는 경우'를 해석에 의한 적용 예외사유의 판단기준으로 들고 있고, 대법원은 더 나아가 내부정보 이용 가능성의 구체적 판단기준으로 (i) '거래의 임의성', (ii) '내부정보에의 접근 가능성'을 제시하고 있다.[85)] 이는 원래 미국의 판례에서 비전형적 거래에 국한된 실용적 접근방식의 기준으로 제시된 것이었으나, 대법원은 전형적 거래와 비전형적 거래를 구분하지 않고 '거래의 임의성'과 '내부정보에의 접근 가능성'을 기준으로 적용 예외사유를 판단하고 있다.[86)]

99헌바105, 2001헌바48(병합) 전원재판부].

84) 이에 대하여 이철송, 앞의 논문(주 25), 180-181면은 "내부정보의 이용은 단기매매차익 반환의 성립요건이 아니고, 시행령에 열거된 적용 예외사유를 한정적 열거규정으로 해석하면서 내부정보의 이용 가능성이 없는 경우에는 단기매매차익 반환책임의 대상이 아니라는 것은 상호 모순되는 것이 명백한데, 법원은 '비정보(非情報) 이용거래의 객관적 유형화'(즉 단지 내부정보의 이용이 없었다는 사실만으로는 반환책임의 면책요건으로 부족하고, 내부정보 이용의 가능성이 객관적으로 부존재하는 정형화된 거래만을 구성요건의 조각사유로 삼겠다는 것)와 '보호법익의 수정'(내부정보의 이용 방지 이외에 내부자의 단기매매에 대한 투자자의 불신을 제거하는 것)을 통하여 모순점을 해소하려고 한다"고 한다.

85) 대법원 2016. 3. 24. 선고 2013다210374 판결 ; 대법원 2004. 5. 28. 선고 2003다60396 판결 ; 대법원 2024. 5. 9. 선고 2020다202616 판결.

86) 전형적 거래와 비전형적 거래의 개념이 불분명하여 그 구분이 절대적인 것이 아니고, 전형적 거래의 경우에도 비자발적이거나 내부정보에 접근 가능성이 없는 거래가 전혀 없다고 볼 수 없으며, 단기매매차익 반환제도의 입법취지가 내부정보를 이용한 거래의 사전예방과 내부자거래의 입증 곤란 해결 등이라는 것을 고려할 때, 전형적 거래(cash-for-stock transactions)와 비전형적 거래를 구별할 필요가 없다[김상철, 앞의 논문(주 8), 224면].

거래의 동기에 불과한 사정이 있어도 거래의 임의성이 인정되고, 구체적 · 개별적 사안에서 실제 내부정보를 부당하게 이용하지 않았다고 하더라도 그 거래유형 자체에 내부정보를 부당하게 이용할 가능성이 없다고 볼 수 없는 경우에는 내부정보에의 접근 가능성이 인정된다.[87] 또한 해석에 의한 단기매매차익 반환의 적용 예외사유로 인정되기 위해서는 '거래의 비임의성'과 '내부정보에의 비접근 가능성', 두 요건 중 어느 하나만 충족되면 된다고 할 것이다.[88]

(2) 구체적 사안별 검토

1) 담보권의 설정 및 실행

주식을 담보로 금전을 차용하는 경우에는 담보권설정자와 담보권자 간의 실질적인 의사가 금전차용 및 그에 따른 담보권 설정이지 주식의 소유권을 이전하려는 것이 아니므로 담보권 설정행위 자체를 주식의 매도로 볼 수는 없다.[89] 반면 담보권자가 담보권 실행의 방법으로 주식을 매도하

---

87) 김상철, 앞의 논문(주 8), 244-255면. 전형적 거래는 그 거래의 임의성이 부정되는 경우를 예상하기 어렵고, 단기매매차익 반환규정 자체가 유형적으로 내부정보에 접근 가능한 일정한 자를 내부자로 규정하고 있으므로, 이러한 전형적 거래는 단기매매차익 반환의 적용 예외가 극히 제한적으로 인정될 것이다. 그동안 대법원의 판결도 이러한 전형적 거래에 대하여는 대부분 적용 예외를 인정하지 않고 있다.

88) (i) 내부정보의 부정이용을 방지하기 위한 입법취지상 거래가 비자발적이거나 내부정보에 접근 가능성이 없는 경우에는 단기매매차익 반환책임을 인정할 필요성이 없고, (ii) 자본시장법 시행령 제198조는 '법령에 따른 불가피한 매수 또는 매도'와 같이 거래의 비임의성이나 내부정보에의 비접근 가능성 중 어느 하나의 요건만 갖춘 경우도 적용 예외사유로 규정하고 있으며, (iii) 단기매매의 내부자는 유형적으로 내부정보에 접근 가능한 자로 분류하고 있어서 두 요건을 모두 요하는 경우에는 사실상 해석을 통한 그 적용 예외의 인정이 불가능해져 규제할 필요가 없는 거래까지 규제하게 되어 부당한 점에 근거하여, 두 요건 중 어느 하나만 구비하는 때에는 적용 예외사유에 해당한다고 해석하는 것이 타당하다〔김상철, 앞의 논문(주 8), 227-228면〕.

는 경우와 같이 담보권 설정자의 의사에 의하지 않고 주식이 매도된 경우에는 단기매매차익 반환의무가 인정된다.

「A회사 대표이사 甲이 자신 혹은 타인의 명의로 보유하는 A회사 주식을 담보로 제공하고 증권사들로부터 대출을 받았으나, 해당 주식의 주가가 하락하여 담보가 부족해지자 위 증권사들이 예탁증권담보대출약관의 규정에 따라서 임의로 해당 주식을 처분(반대매매)한 사안」에서, 甲은 "담보권 실행의 방법에 의한 주식처분은 자신의 의사와 상관없이 담보권자의 담보권 실행에 의해 비자발적으로 이루어진 것으로 단기매매에 포함되지 아니한다"고 주장하였으나, 법원은 "甲이 스스로 이 사건 주식을 채권자에게 담보로 제공하였을 뿐만 아니라 담보권 실행을 위하여 이 사건 주식을 처분할 수 있는 권한을 제공하였던 점, 甲은 채권자로부터 담보권 실행 이전에 추가담보의 제공을 요청받고서 추가담보를 제공하거나 아예 다른 담보를 제공함으로써 이 사건 주식에 대한 담보권 실행을 막을 수 있었던 점, 甲은 대표이사로서 회사의 내부정보를 잘 알 수 있는 지위에 있고 담보 제공의 형태를 빌림으로써 차익을 실현할 가능성을 완전히 배제할 수 없는 점 등의 사정에 비추어 보면, 甲이 자신의 A회사 주식을 담보로 제공하고, 담보권이 실행되어 위 주식이 처분되도록 한 것은 단기매매에 해당한다"고 하였다.[90]

2) 대물변제 등 채무상환을 위한 이전

채무자인 내부자가 기존 채무의 상환을 위하여 특정증권등을 처분하는

89) 임재연, 앞의 책(주 33), 508면.

90) 서울중앙지방법원 2007. 9. 6. 선고 2007가합30237 판결 ; 서울중앙지방법원 2007. 12. 21. 선고 2005가합57139 판결 ; 서울중앙지방법원 2009. 12. 17. 선고 2008가합28705 판결.

것은 스스로의 의사와 이해관계에 따른 것이므로 단기매매에 해당하나, 채권자인 내부자가 기존 채무의 변제수령으로 특정증권등을 취득하는 것은 내부자가 가진 채권의 변제에 따른 것으로 그 임의성이 인정되지 아니하여 적용 예외사유에 해당한다고 할 것이다.[91]

다만 「A회사의 대표이사 甲이 A회사의 자금난을 해결하기 위하여 2006년 12월경 자신의 주식 48만 주를 장내매도하고 그 돈을 A회사에 가수금 명목으로 입금하였는데, 그 가수금을 변제받을 수 없게 되자 2007년 5월 24일 제3자배정 사모유상증자로 A회사 주식 97만 7,995주를 취득한 사안」에서, 법원은 "甲이 A회사의 재무구조 악화로 인하여 부득이 그 보유주식을 매도하여 마련한 금원을 가수금으로 입금하고, 이에 대한 변제를 받기 위해 사모 유상증자방식으로 주식을 취득한 것이라 하여도, 대표이사의 지위에서 내부정보에 접근할 수 있는 가능성이 있었고 임의로 거래에 임하였던 점으로 미루어 객관적으로 볼 때 내부정보의 이용 가능성이 전혀 없는 유형의 거래에 해당한다고 볼 수 없다"고 한다.[92]

3) 차명계좌를 이용한 가장매매

「주권상장법인 A회사의 이사 甲이 차명계좌를 통하여 공개시장에서 A회사 주식을 매수한 후 6개월 이내에 공개시장에서 매도하였으나 그중 일부는 자신의 차명계좌에서 실명계좌로 동시에 매도·매수된 사안」에서,[93] "장내거래될 때에는 증권예탁원에 예탁된 혼장임치상태여서 거래

91) 김상철, 앞의 논문(주 8), 231면.
92) 수원지방법원 2009. 10. 16. 선고 2009가합12224 판결. 구 증권거래법 시행령 제83조의6에는 자본시장법 시행령 제198조 제4호 '사모 발행하는 특정증권등의 인수에 따른 취득'에 관한 적용 예외규정이 없었다.
93) 가장매매란 '증권 또는 장내파생상품의 매매를 함에 있어서 그 권리의 이전을 목적으로 하지 아니하는 거짓으로 꾸민 매매를 하는 행위'를 말한다(자본시장법 제176조 제1항

대상 주식이 특정되지 않으므로 매수가격 · 수량 · 일시가 일치하더라도 실명계좌로 매수한 주식이 바로 차명계좌로 매도한 주식과 동일한 주식이라고 할 수 없다"는 원심의 판단에 대하여, 대법원은 "…동일인이 차명계좌를 통하여 보유하고 있던 주식을 공개시장에서 실명계좌로 매도한 경우 비록 공개시장에서의 증권예탁에 혼합임치의 성격이 있어 매도 및 매수되는 주식을 특정할 수 없다 할지라도 실질적으로 동일한 시점에 차명계좌로부터 매도주문과 실명계좌로부터의 매수주문이 존재하였다면 차명계좌에서의 매도가격과 실명계좌에서의 매수가격이 정확히 일치하는 수량에 관한 한 단기매매에 해당하지 아니한다"고 한다.[94]

이때는 동일한 매수주문, 매도주문이 인정되어야 한다. 따라서 「A회사의 대표이사 甲이 乙 · 丙 · 丁의 차명으로 자신의 A회사 주식을 보유하고 있던 중 乙이 채권자들로부터 손해배상책임을 부담하게 될 상황에 처하게 되자 乙 명의 주식을 돌려받을 목적으로 乙 명의 계좌에서 丙 · 丁 명의계좌로 주식을 이전받은 사안」에서, "丙 · 丁 명의의 주식취득은 甲이 새롭게 취득한 것이 아니라 乙 명의로 보유하고 있던 주식이어서 단기매

제3호). 동일인이 실명계좌 2개를 가지고 동시에 매도 및 매수주문을 내어 거래를 체결시킨 경우에도 마찬가지의 문제가 발생한다.

94) 대법원 2005. 3. 25. 선고 2004다30040 판결. 차명계좌를 이용한 가장매매의 경우, (i) 혼장임치의 법리에 따라 이전된 주식을 특정할 수 있느냐의 문제는 차명계좌에 의한 가장매매에 대하여 단기매매차익 반환규정을 적용할 수 있느냐의 문제와 서로 논리적 연관성이 없고, (ii) 혼장임치의 법리가 적용되는 장내거래와 그렇지 않은 장외거래를 구별할 이유가 없으며, (iii) 실질을 기준으로 주요주주와 특정증권등 소유상황 보고의무자를 판단하고 있고, (iv) 동일인이 자기의 계산으로 다수의 계좌를 이용하여 매매한 경우에는 전체를 1개의 계좌로 간주하며(단기매매차익 반환고시 제7조 제3항), (v) 6개월 이내의 주식거래의 직접적인 주체의 행위를 그 내부자의 행위와 동일시할 수 있는 경우에는 단기매매차익을 반환할 의무를 부담하며, (vi) 차명계좌를 이용한 가장매매의 경우 내부정보를 부당하게 이용하려는 우려나 이를 통하여 차익을 실현하겠다는 의사도 인정되기 어려우므로, 단기매매차익 반환의 적용 예외사유에 해당된다〔김상철, 앞의 논문(주 8), 232-233면〕.

매차익 반환의무가 없다"는 甲의 주장에 대하여, 법원은 "甲이 乙 명의의 A회사 주식 20만 주를 1999년 11월 12일부터 1999년 12월 3일까지 6회에 걸쳐 매도하고, 1999년 11월 19일부터 1999년 12월 6일 사이에 丙 · 丁의 차명계좌로 A회사 주식 20만 3,450주를 매수한 사실은 인정되나, 乙 명의의 A회사 주식 20만 주의 매도를 시작한 것은 1999년 11월 12일인 반면, 丙 · 丁 명의로 A회사 주식매수를 시작한 것은 1999년 11월 19일로서 서로 차이가 날 뿐만 아니라 위 주식을 乙 명의계좌에서 丙 · 丁 명의계좌로 직접 이체한 것이 아니라는 점 등에서 甲이 丙 · 丁 명의로 취득한 주식이 乙 명의로 보유하고 있던 주식과 같다고 볼 수 없다"고 하여 甲의 주장을 배척하였다.[95)]

4) 합병과 회사분할

합병과 회사분할은 조직법상의 행위로 통상 이사회 및 주주총회의 승인결의를 요하여 개개의 임원 또는 주요주주가 합병계획 또는 분할계획과 그 외 조건을 임의로 결정하는 것이 곤란하고,[96)] 소멸회사 또는 분할회사의 재산을 대가로 한 주식취득은 합병계획 · 분할계획과 법률의 규정에 의한 주식의 배정이 있을 뿐이고 계약적인 요소나 주식인수의 행위가 없으므로, 거래의 유형상 애당초 내부정보의 부정이용 가능성이 없는 경우에 해당한다.[97)]

반면 적대적 M&A 방어책 또는 경영권 양도를 위한 주식매도는 내부

95) 서울지방법원 2001. 12. 6. 선고 2001가합19269 판결.
96) 松尾健一, 앞의 논문(주 35), 98頁.
97) 김상철, 앞의 논문(주 8), 236-237면. 합병에 반대하는 주주에 대하여 인정되는 주식매수청구권을 행사하지 아니하고 합병계획이나 법률규정에 의하여 일률적으로 모든 주주에게 부여되는 주식을 취득하였다는 사정만으로 그 주식취득에 임의성이 인정된다고 할 수는 없다.

정보의 이용 가능성이 전혀 없는 유형의 거래에는 해당하지 않는다. 「주권상장법인 A회사의 (대표)이사인 甲이 17개의 차명계좌를 이용하여 A회사 주식 36만 5,570주를 매수(평균단가 4,861원)한 다음 그로부터 6개월 이내에 합계 34만 5,951주를 장내 또는 장외매도한(평균단가 9,824원) 사안」에서, 대법원은 "A회사의 주가 하락 및 A회사에 대한 적대적 M&A에 대한 방어책으로서 주식을 매수하였다거나, 백화점의 경영악화로 인하여 부득이 B회사에 A회사의 경영권을 양도하기 위한 수단으로 주식을 매도한 것이라 하여도, 이는 객관적으로 볼 때 애당초 내부정보의 이용 가능성이 전혀 없는 유형의 거래에는 해당하지 않는다"고 하였다.[98]

5) 주식의 포괄적 교환 및 이전

주식의 포괄적 교환과 이전은 회사 간 주식교환계약 또는 회사의 일방적인 계획에 의하여 일방 회사의 주주들이 소유하는 주식이 타 회사에 강제로 이전되고, 주주들이 주주총회에서 이를 승인하는 결의에 참가하지만, 이 결의는 단체법적인 방법으로 회사의 의사를 결정하는 것이고 개별주주의 개인법적인 주식처분의사를 이끌어 내는 것은 아니므로,[99] 그로 인한 주식의 처분과 취득에는 거래의 임의성을 인정하기 어렵다.

「A회사의 대표이사 甲이, 2005년 1월경 B회사의 유상증자에 참여하여 B회사의 주식을 인수하였고, 2005년 5월 23일 A회사와 B회사 사이의 주식의 포괄적 교환으로 인하여 A회사의 주식 40만 7,693주를 취득한 후 2005년 6월 20일 위 주식을 매도하여 6,011만 1,822원 상당의 이익을 취득한 사안」에서, 법원은 "甲이 '매수'가 아닌 '주식의 포괄적 교환'으로 인하여 A회사의 주식을 취득하였으므로 그 취득일로부터 6개월 이내에 위

98) 대법원 2004. 2. 13. 선고 2001다36580 판결.
99) 이철송, 회사법강의(제12판), 박영사, 2006, 886면.

주식을 매도하여 이익을 취하였다 하더라도 이와 같은 이익이 '단기매매차익'에 해당된다고 볼 수 없고, 가사 증권거래법 제188조 제2항에서 규정된 '매수'에 '매수, 기타 이와 유사한 방식에 의한 주식의 취득'까지 포함하는 것으로 해석해야 한다고 하더라도, 甲이 A회사의 주식을 취득한 경위는 '주식의 포괄적 교환'으로, 이는 A회사가 B회사 주식 전부를 취득하고 그 대가로 甲을 포함한 B회사 주주들에게 A회사의 주식을 주는 방식으로 이루어지는 것이며, 주식의 포괄적 교환이 이루어지기 위해서는 주주총회의 결의를 요구하고, 이에 반대주주들의 주식도 모회사에 이전되며, 반대주주에게 주식매수청구권을 부여하는 등의 과정을 거치는 조직법적 행위라는 점에 비추어 보면, 주식의 포괄적 교환으로 인해 甲이 A회사의 주식을 취득한 것을 두고 자발적인 취득이라고 볼 수는 없고, 따라서 甲이 주식교환으로 인해 A회사 주식을 취득한 날로부터 6개월 이내에 위 주식을 매도하였다고 하더라도 이는 단기매매차익에 해당되지 않는다"고 하였다.[100)]

6) 적대적 기업인수 · 합병의 실패 또는 포기로 인한 주식의 매도

적대적 기업인수 · 합병에서의 '적대적 관계'에는 단순히 대상회사의 경영진이 매수를 호의적으로 생각하고 있지 않은 경우도 있는 것처럼 '객관적으로 볼 때 그 거래유형에서 내부정보에의 접근 가능성이 없다'고 단정할 수는 없다.[101)] 또한 소수주주의 지위에 몰릴 수 있는 걱정이나 유동성이 낮은 증권으로 교부될 우려, 차입한 매수자금의 금리 부담 등의 '사실상의 강제력'이 있더라도 그 정도는 해당 거래 및 거래 주체에 관한 개

100) 서울중앙지방법원 2008. 6. 20. 선고 2007가합90062 판결.
101) 松尾健一, 앞의 논문(주 35), 99頁.

별적 · 구체적 사정에 따라 다른 것이므로,[102] 주식의 처분을 '객관적으로 볼 때 그 거래유형에서 거래의 임의성이 없다'고 단정할 수도 없다.

「주식매수를 통한 M&A를 위하여 A회사의 주식을 매수하여 주요주주가 된 甲이 경영 참여 방해 등으로 A회사에 대한 M&A가 불가능하다고 판단하여 A회사의 주식 모두를 공개시장에서 매도한 사안」에서, 甲은 이 사건 주식매도가 M&A 실패로 인한 불가피한 매도로 비자발적인 것이었으므로 적용 예외사유에 해당한다고 주장하였으나, 대법원은 "甲이 대량취득하였던 주식을 매도한 것은 비록 계속 보유할 경우의 경제적 손실을 회피하기 위한 동기에서 비롯된 것이었다 할지라도 甲 스스로 경제적 이해득실을 따져 본 후 임의로 결정한 다음 공개시장을 통하여 매도한 것으로 보일 뿐 비자발적인 유형의 거래로 볼 수 없을 뿐만 아니라, 적대적 주식 대량매수자와 회사경영자가 서로 어느 정도 적대적인지는 개별사안에 따라 다를 수 있고 또한 같은 사안에 있어서도 시기별로 차이가 있을 수 있으므로 그 적대적 관계성은 결국 개별사안에서 시기별로 구체적 사정을 살펴본 이후에야 판단할 수 있는 사항이어서 甲이 적대적 주식 대량매수자의 지위에서 주식을 거래하였다는 그 외형 자체만으로부터 내부정보에의 접근 가능성이 완전히 배제된다고 볼 수는 없다"고 하였다.[103]

---

102) 松尾健一, 앞의 논문(주 35), 99-100頁.

103) 대법원 2004. 5. 28. 선고 2003다60396 판결. 위 판결의 제1심인 서울지방법원 2003. 3. 27. 선고 2002가합52935 판결은 "주요주주가 공개시장을 통하여 주식매수를 통한 M&A를 시도하였다가 사정상 포기하고 주식을 매도한 경우 이와 같은 M&A 시도와 포기가 일반투자자에게 공개되지 않는 이상, M&A를 위한 주식매수가 시작되면 경영권 장악이나 방어를 위하여 주식 대량매수가 경쟁적으로 일어나 이례적인 주가의 상승이 이어지게 되고, 주요주주가 M&A를 포기하고 주식을 매도할 때에는 비정상적인 고가에서 주식을 매도하게 되는바, 이러한 M&A의 사정을 모르는 일반투자자는 이어 가격이 하락한 후 낮은 가격에 주식을 매도하게 되어 피해가 발생할 수

7) 경영 참가 아닌 단순투자목적의 주식매수

단순투자목적의 주식거래나 내부정보와 관련성 적은 개인투자자의 주식매집의 경우에도 거래의 임의성이나 내부정보의 접근 가능성이 없는 거래로 보기 어려울 것이다.

「A회사의 경영에 참여한 적이 없는 주요주주 甲이 A회사와 특수관계에 있는 B회사의 권유로 A회사 주식을 시간 외 거래방식으로 한꺼번에 B회사에 매도하였고, 이후 주가가 큰 폭으로 상승한 사안」에서, 법원은 "甲이 이 사건 주식거래를 함에 있어 B회사의 권유가 있었다고 하더라도 이는 甲의 의사결정의 한 동기가 되었음에 불과할 뿐이므로, 甲의 임의의 의사결정이 배제된 비자발적인 유형의 거래에 해당한다고 보기 어렵고, 단기매매차익 반환의무는 실제로 미공개내부정보를 이용하였는지 또는 내부자에게 미공개내부정보를 이용하여 이득을 취하려는 의사가 있었는지를 요건으로 하지 않는 엄격책임이므로, 甲이 처음부터 투자목적만으로 이 사건 주식을 매입하였고, 이 사건 주식거래 당시 주요주주로서 A회사의 경영에 직간접적으로 참여하거나 회사 내부정보를 얻으려고 한 적이 없었다는 사정만으로는 이 사건 주식거래가 객관적으로 내부정보에의 접근 가능성이 완전히 배제된 유형의 거래라고 볼 수 없다"고 하였다.[104]

있다. 이 사건 M&A는 일반투자자에게 공개되지 않았는데 甲이 매수를 시작할 무렵인 2002년 1월 29일 1주당 2,281원에 불과하던 주가가 2002년 2월 15일 사이에 세 배인 6,500원까지 올랐고, 甲이 매도를 시작할 무렵 하락하기 시작하여 2002년 3월 19일 5,043원이었으며 매도를 종료한 2002년 4월 1일 4,024원에까지 이른다. 따라서 甲이 주식을 매도한 것은 M&A의 실패도 한 원인이 된다고 하겠으나, M&A의 정보를 독점하게 되어 일반투자자보다 우월한 지위에서 비정상적으로 고가인 주식을 적기에 매도함으로써 차익을 향유하려는 의도도 있다고 보이므로, 이 사건 주식거래는 '거래의 유형상 애당초 내부정보의 이용 가능성이 객관적으로 없는 경우'에 해당되지 아니한다"라고 하였다.

「주식매집으로 코스닥상장회사인 A회사의 주요주주가 된 개인투자자 甲이 2개월 만에 주식을 매도하였으나 이후 관리종목에서 벗어나 주가가 폭등한 사안」에서, 대법원은 "甲이 원래 A회사의 주주·임직원 등과 아무런 관계가 없는 개인투자자이고, 이 사건 주식거래기간이 약 2개월에 불과하며, A회사의 주요주주 지위를 보유하고 있던 기간이 한 달도 되지 아니하였고, A회사의 주식을 모두 매도한 후 얼마 되지 않아 A회사가 코스닥 관리종목에서 벗어나 주가가 폭등하기 시작하여 불과 한 달여 만에 甲의 평균매도단가의 10배까지 상승하였다고 하더라도, 2005년 5월 9일 A회사의 주요주주로서의 지위를 취득하고 나서 甲 스스로 경제적 이해득실을 따져 본 후 임의로 결정한 다음 공개시장을 통하여 2005년 5월 10일부터 같은 해 6월 7일까지 A회사 주식의 매수 및 매도를 한 이상 이를 비자발적인 유형의 거래로 볼 수 없다"고 하였다.[105]

8) 경영진과 법적 분쟁 중의 주식거래

「10퍼센트 이상 소유주주 甲이 A회사를 상대로 회계장부열람등사 가처분결정과 A회사의 대표이사·감사 등의 상대로 손해배상청구권을 피보전권리로 한 부동산 가압류결정을 받는 등 A회사의 경영진과 상당기간 법적 분쟁을 이어 오던 중 A회사 주식을 6개월 이내에 여러 차례 매수·매도한 사안」에서, 법원은 "甲이 A회사의 경영진과 대립관계에 있었다는 사정 자체만으로 A회사의 내부정보에 대한 접근 가능성이 완전히 배제되

---

104) 서울중앙지방법원 2007. 6. 1. 선고 2006가합87076 판결.

105) 대법원 2008. 9. 11. 선고 2008다23606 판결. 위 사건의 파기환송 전 원심은 "이 사건 주식거래는 甲의 자발적인 거래이기는 하나 객관적으로 甲이 내부정보에 접근할 수 있는 가능성이 결여되어 있었다고 볼 것이어서 증권거래법 제188조 제2항의 적용이 없는 '내부정보를 부당하게 이용할 가능성이 전혀 없는 유형의 거래'에 해당한다"고 하였다(서울고등법원 2008. 1. 18. 선고 2007나40835 판결).

었다고 단정할 수 없다"고 하였다.[106)]

9) 모회사와 완전자회사 간 거래 등

A회사가 주식을 매수한 상대방인 H저축은행이 A회사의 완전자회사라는 이유만으로, 그 매수가 단기매매의 '매수'에 해당하지 않는다거나 애당초 내부정보의 이용가능성이 전혀 없는 유형의 거래에 해당하여 단차규정 자체가 적용되지 않는다고 볼 수는 없다고 한 사례로 서울중앙지방법원 2018. 11. 29. 선고 2018가합510777판결이 있다.

IV. 권리 행사

1. 발생사실의 통보와 공시

구 증권거래법은 증권선물위원회의 단기매매차익 반환 대위청구권과 해당 법인에 대한 일정한 조치권 등을 규정하고 있었으나,[107)] 국가기관인 증권선물위원회가 사인(私人)관계에 과도하게 개입한다는 비판이 있었다. 이에 따라 자본시장법은 증권선물위원회의 대위청구권과 반환절차 미진행 시 조치권 등을 폐지하는 대신, 증권선물위원회의 단기매매차익의 발생사실에 관한 해당 법인 통보와 통보받은 법인의 인터넷 홈페이지 등을 이용한 공시의무를 규정하고 있다(자본시장법 제172조 제3항).[108)]

106) 서울중앙지방법원 2009. 4. 23. 선고 2008가합79451 판결.
107) 구 증권거래법 제188조 제3항 ; 구 증권거래법 시행령 제83조의5 제7항 및 제8항.
108) 시되는 사항은 "(i) 단기매매차익을 반환해야 할 자의 지위(임직원 또는 주요주주), (ii) 단기매매 차익금액(임원별 · 직원별 또는 주요주주별로 합산한 금액), (iii) 증권선물위원회로부터 단기매매차익 발생사실을 통보받은 날, (iv) 해당 법인의 단기매매차

2. 청구절차

(1) 청구권자 및 이익의 귀속

원칙적으로 해당 법인이 그 내부자에게 단기매매차익을 그 법인에게 반환할 것을 청구할 수 있고, 해당 법인의 주주는 그 법인으로 하여금 단기매매차익을 얻은 자에게 단기매매차익의 반환청구를 하도록 요구할 수 있으며, 법인이 요구를 받은 날로부터 2개월 이내에 그 청구를 하지 아니하는 경우에는 그 주주는 그 법인을 대위하여 그 청구를 할 수 있다(자본시장법 제172조 제1항 및 제2항).

이때 내부자거래로 인한 직접적 피해자가 아닌 해당 법인에게 그 이익을 귀속시키고 있는데, 이는 내부자가 그 이익을 향유해서는 안 되고, 내부자의 정보취득은 결국 법인의 비용부담하에 이루어진 것이며, 해당 내부자거래로 인한 법인의 대외적 신용의 손상에 대한 보상의 의미를 가질 수 있기 때문이라고 한다.[109)]

익 반환청구계획, (v) 해당 법인의 주주(주권 외의 지분증권이나 증권예탁증권을 소유한 자를 포함)는 그 법인으로 하여금 단기매매차익을 얻은 자에게 단기매매차익의 반환청구를 하도록 요구할 수 있으며, 그 법인이 요구를 받은 날로부터 2개월 이내에 그 청구를 하지 아니하는 경우에는 그 주주는 그 법인을 대위하여 청구를 할 수 있다는 뜻"이다(자본시장법 시행령 제197조). 한편 위와 같은 단기매매차익 발생사실 통보는 항고소송의 대상이 되는 처분에 해당한다(대법원 2022. 8. 19. 선고 2020두44930 판결)

109) 고창현, 앞의 논문(주 31), 각주 54. 반면 미국법과는 달리 내부자가 일종의 수탁자(fiduciary)이고 수탁자가 신인의무(fiduciary duty)를 위반한 행위로 이익을 얻는 경우에 그 이익을 회사에 반환해야 한다는 원칙이 확립되지 않은 우리 법상으로는 단순히 단기매매를 억제하기 위한 정책적 이유 외에는 해당 법인이 이익을 차지하는 것을 정당화하기 어렵다는 견해도 있다[김건식 / 정순섭, 앞의 책(주 4), 314면].

(2) 권리 행사기간 및 행사방법

해당 법인의 단기매매차익 반환청구권과 해당 법인 주주의 대위청구권은 이익을 취득한 날로부터 2년 이내에 행사하지 아니한 경우에는 소멸한다(자본시장법 제172조 제5항). 2년의 기간이 지나치게 짧고 중단이 인정되지 않는 제척기간으로 해석되어 재판청구권이나 재산권 보장 및 과잉금지원칙 위반 여부가 문제 되었으나, 법원은 입법재량의 문제로 법률관계를 조속히 확정시킬 필요도 있고, 2년 동안 청구할 제도적 장치가 되어 있으며, 주주도 대위청구 또는 법인의 소송에 보조참가를 할 수 있는 점 등을 근거로 합헌적 규정으로 보았다.[110)]

---

110) 서울고등법원 2011. 4. 8.자 2011카기441 결정(구 증권거래법 제188조 제5항의 위헌법률 심판제청 사건) : "(i) 단기매매차익금 반환청구권에 관하여 제척기간을 정할 것인가, 소멸시효기간을 정할 것인가, 그리고 제척기간을 정할 경우에는 그 기간을 몇 년으로 정할 것인가 여부는 원칙적으로 입법자의 입법재량의 범주에 속하고, (ii) '내부자가 이익을 취득한 날로부터 2년 이내'인 제척기간으로 규정하고 있는데, 이는 단기매매차익금 반환청구권이… 엄격한 책임을 인정한 것이라는 측면을 고려하여, 내부자거래의 상대방인 일반투자자를 보호함과 아울러 내부자 개인의 재산권 보장이라는 측면을 고려하여 법률관계를 조속히 확정하여 법적 안정성을 도모하기 위한 것이라는 점에서 그 입법목적에 합리적 정당성이 있으며, (iii) 법인으로서는 내부자가 이익을 취득한 날로부터 2년 이내에 얼마든지 단기매매차익금 반환청구권을 행사할 수 있을 뿐만 아니라, 그 기간 동안에 법인이 권리를 행사하지 않을 때에는 해당 법인의 주주가 그 법인으로 하여금 단기매매차익의 반환청구를 하도록 요구할 수 있고, 그 법인이 요구받은 날로부터 2개월 이내에 그 청구를 하지 않는 경우에는 해당 법인의 주주가 대위청구할 수 있도록 하면서 승소한 경우에는 그 비용을 해당 법인이 부담하도록 하고 있다. 나아가 주주가 내부자의 단기매매 거래사실을 쉽게 알 수 있도록 구 증권거래법은 임원과 주요주주의 주식소유상황을 공시하게 하고, 공시의무를 위반한 때에는 1년 이하의 징역 또는 500만 원 이하의 벌금에 처하도록 하고 있으며, (iv) 해당 법인이 반환청구를 하기는 하였으나 불합리하게 적은 금액의 반환청구를 하거나, 형식적으로만 소송을 제기하고 실질적으로는 소송을 진행하지 않는 경우에는, 해당 법인이 제기한 소에 주주가 보조참가의 방법으로 관여하여 해당 법인이 반환청구의무에 반하는 행위를 하는 것을 제어할 수 있고, (v) 나아가 위 소송

권리 행사는 재판상 또는 재판 외의 권리 행사로도 가능하다.[111] 재판 외에서의 권리 행사는 특별한 형식을 요구하는 것이 아니어서 해당 법인이 단기매매차익의 반환을 구하는 뜻을 표시함으로써 충분하므로, 단기매매차익 반환을 청구하는 내용증명우편의 송달이나[112] 이를 자동채권으로 하는 상계의 의사표시도[113] 권리 행사로 인정된다.

3. 권리의 행사와 해당 법인 이사의 충실의무

자본시장법은 증권선물위원회의 대위청구권을 폐지하는 대신 해당 법인의 단기매매차익 발생사실 공시의무를 규정하고 있으나, 내부자와 해당 법인의 관계 등에 비추어 이러한 공시의무만으로 그 권리 행사가 제대로 이루어질지 의문이 있었다. 최근 대법원은 단기매매차익 반환청구권

에서 이사에 대한 책임을 추궁할 수 있는 근거를 마련할 수도 있어서 2년이라는 기간은 그 권리 행사에 상당한 기간이라고 볼 수 있다."

111) 단순히 2년 내에 '행사하지 아니한 때'에는 소멸한다고 규정하고 있고, 그 성질상 반드시 재판상 권리 행사를 요하는 것이 아니며, 반환청구권의 행사에도 내부자의 증권거래의 효력에는 아무런 영향이 없고, 반환청구 시에 취득한 이익이 특정되어 있어서 재판 외에서 이를 행사하여도 권리가 보전될 수 있다.

112) 대법원 2012. 1. 12. 선고 2011다80203 판결. A회사가 2008년 12월 8일 임원이던 甲에게 내용증명우편으로 단기매매차익금을 반환하라는 청구를 하고, 위 내용증명우편이 2008년 12월 9일 甲에게 도달하였으며, 위 청구일로부터 소급하여 2년이 되는 날인 2006년 12월 10일부터 2008년 12월 9일까지 사이에 이루어진 A회사 주식의 단기매매로 甲이 취득한 1억 6,978만 1,463원에 대한 A회사의 단기매매차익금 반환청구 부분은 제척기간이 준수되어 적법하다. 한편 서울고등법원 2017. 8. 18. 선고 2016나208954 판결은 회사가 내부자의 이익 취득일로부터 2년이 경과하기 전에 단기매매차익의 반환을 요청하는 우편물을 발송하였는지가 쟁점이 된 사안에서 우편물 발송사실을 인정할 증거가 없어서 제척기간 도과를 인정한 판결이다.

113) 서울고등법원 2014. 9. 19. 선고 2013나80957 판결. A회사가 내부자 甲이 이익을 취득한 날로부터 2년 이내인 2012년 7월 5일 위 단기매매차익 반환청구권을 자동채권으로 하여 내부자 甲의 A회사에 대한 보수청구권과 상계하겠다는 의사표시를 함으로써 위 권리를 행사한 사안이다.

의 권리를 부당하게 포기하거나 면제하는 등의 행위를 한 해당 법인의 이사에 대하여 상법 제382조의3 이사의 충실의무 위반을 인정하는 판결을 선고하였는데, 이 판결은 반환청구권의 행사가 실질화되는 데에 크게 영향을 미칠 것으로 예상된다.

「(i) 甲은 2009년 9월경 주권상장법인인 A회사의 대표이사이던 乙로부터 A회사의 경영권을 양수하기로 약정하고 2010년경 대표이사로 취임하였고, (ii) A회사는 2010년 10월 21일 乙을 상대로 단기매매차익금 반환소송을 제기하여 2012년 8월 14일 제1심법원에서 승소판결을 선고받았으나, (iii) A회사를 대표한 甲은 2013년 3월 26일 乙과 '甲과 乙 사이에 2009년 9월 체결된 경영권양도계약에 의하여 乙이 A회사에 변제하여야 할 단기매매차익금을 甲이 대신 변제할 의무가 있다는 것을 A회사가 인정하고, 향후 단기매매차익금 반환소송이 종결되어 금액이 확정되면 甲이 乙 대신 A회사에 이를 변제하되 만약 甲이 이를 변제하지 아니하면 A회사가 책임을 진다. 위와 같은 사항이 이행되면 乙의 甲에 대한 경영권양도대금 채권은 소멸하며 향후 어떠한 민형사상 이의도 제기하지 않는다'는 이 사건 약정을 체결하였고, (iv) 한편 乙은 단기매매차익금 반환판결에 불복하여 상소하였으나 2013년 3월 28일 항소가, 2013년 7월 5일 상고가 각 기각된 사안」에서,[114] 대법원은 甲이 A회사를 대표하여 乙을 상대로 단기매매차익금 반환소송을 제기하고 또 제1심에서 승소하고도 그 항소심 판결 선고 직전에 乙과 사이에 A회사에 아무런 이득 없이 일방적으

114) 신용보증기금은 A회사의 연대보증하에 B회사와 신용보증계약을 체결하였고, 2013년 3월 27일 W은행에 5억 513만 2,465원 등을 대위변제한 후 2013년 7월 12일 A회사를 상대로 구상금 소송을 제기하여 2013년 11월 22일 승소판결을 받았고, 2014년 8월 25일 위 집행력 있는 판결정본에 기하여 A회사가 乙에 대하여 가지는 단기매매차익금 소송에 따른 채권에 대하여 압류 및 추심명령을 받아 이 사건 소송을 제기하였다.

로 그 반환채무를 면제하는 취지의 약정을 한 것은 상법 제382조의3 이사의 충실의무에 위배되는 행위라고 하였다.115) · 116)

한편 A회사의 대표이사 甲이 실질적인 주식거래자임에도 A회사에 이를 밝히지 않고 대표이사로서 본인에게 단기매매차익 반환을 구하지도 아니한 사안에서, 법원은 "(i) A회사가 甲에게 단기매매차익 반환을 구하

---

115) 대법원 2016. 8. 24. 선고 2016다222453 판결 : "이 사건 약정의 내용은 A회사의 대표이사인 甲이 개인 자격에서 乙에게 부담하는 경영권양수대금 채무를 면하는 대신 乙은 A회사에 대한 판결금 채무를 면제받는다는 것이므로, 그 내용 자체에 의하더라도 A회사에 손실을 주고 대표이사 자기 또는 제3자에게 이익이 되는 행위임이 분명하다. 그리고 乙은 A회사의 전 대표이사로서 이 사건 단기매매차익금 반환소송의 피고이자 이 사건 약정의 당사자의 지위에서 위와 같은 대표권 남용행위에 가담한 지위에 있으므로 신의칙상 이 사건 약정이 유효하다는 주장은 허용되지 아니한다."

116) 반면 「A회사가 전 대표이사였던 甲을 상대로 단기매매차익금 반환소송을 제기하여 2010년 1월 20일 법원으로부터 승소판결을 선고받았는데, 위 소송계속 중이던 2009년 12월 8일 A회사와 甲은 "甲이 대표이사로서 지배하고 있는 분할 후 법인인 B회사로 하여금 A회사에 부과된 경정 고지세액의 50퍼센트를 부담하고, 위 소송에서 인용되는 청구금액이 20억 원을 초과하는 경우, 甲은 해당 초과 부분을 A회사에 지급하기로 하고, 20억 원 이하인 경우 A회사는 甲에게 위 판결에 기초한 어떠한 지급 청구 내지 집행을 하지 아니 한다"는 이 사건 약정을 하였고, 이후 A회사가 위 확정판결에 기하여 甲 소유부동산에 강제경매절차를 진행하자, 甲은 이 사건 약정의 존재를 근거로 청구이의의 소를 제기하였고, A회사는 이 사건 약정이 A회사 대표이사 乙의 대표권 남용행위로 甲이 이를 알았고, 위 乙의 배임행위로 무효라고 다툰 사안」에서, 법원은 "위 합의는 부집행의 합의 외에도 A회사에 부과되는 세금의 일부를 B회사가 부담하고, A회사가 소유한 B회사 발행주식을 甲의 A회사에 대한 대여금채권액에 상당한 가액으로 甲에게 매도함으로써 A회사의 甲에 대한 대여금채무를 정산하며, 甲이 A회사의 재산에 대하여 한 가압류신청을 취하하기로 하는 등의 내용을 담고 있는 등 甲과 A회사 사이의 여러 분쟁을 일괄적으로 해결하기 위한 것으로 보이는 점, 판결에서 인용된 A회사의 甲에 대한 단기매매차익 청구채권은 2억 8,774만 5,567원으로서, B회사가 부담한 A회사의 세금 3억 4,072만 8,630원보다 많지 않은 점 등에 비추어 볼 때, 위 합의에서 부집행 합의의 전제조건으로 이 사건 판결의 인용금액을 20억 원 이하로 정하였다는 사정만으로는 그 합의가 A회사 대표이사 乙의 대표권 남용행위 또는 배임행위에 해당한다고 단정하기 어렵다"고 하였다(서울동부지방법원 2010. 12. 23. 선고 2010가합16357 판결).

는 것은 A회사와 甲의 이익이 상반되므로, 현실로 그로 인한 단기매매차익 반환청구권을 행사하리라고 기대하기 어려울 뿐만 아니라 甲의 대표권도 부인되어 감사가 그 소에 관하여 A회사를 대표하고(상법 제394조 제1항), (ii) 회사가 임원에 단기매매차익 반환을 구하지 않는 경우를 대비하여 주주가 회사에 반환청구를 하도록 요구하고 그로부터 2개월 이내에 청구가 없을 때 직접 회사를 대위하여 반환을 청구할 수 있도록 규정하고 있어서 (자본시장법 제172조 제2항), 甲이 A회사 대표이사로서 자신에게 단기매매차익 반환을 구하지 않은 것을 두고 불법행위에 해당한다고 보기 어렵다"고 하였다.[117)]

4. 단기매매차익 미환수현황의 공시

회사는 자본시장법 제172조 제3항에 따라 과거 3사업연도 및 이번 사업연도 공시서류 작성기준일까지 증권선물위원회로부터 통보받은 단기매매차익의 전체 건수 및 총액과 환수한 건수 및 환수총액 등을 정기보고서에 기재하고, 환수하지 못한 금액이 있는 건에 대해서는 건별로 그 미환수현황을 정기보고서에 기재하여야 한다.[118)]

117) 서울남부지방법원 2017. 10. 20. 선고 2015가합112048. 금융감독원 조사에서 A회사의 이사 乙이 차명계좌로 단기매매차익을 얻었다고 하여 A회사 관리인이 乙을 상대로 한 단기매매차익 반환청구를 하였으나, 이후 수사과정에서 '차명계좌의 실질적 주식거래자가 이사 乙이 아닌 A회사 대표이사 甲'으로 밝혀졌다는 등의 이유로 그 청구가 배척되었다. 이후 A회사 관리인이 다시 甲을 상대로 단기매매차익 반환청구를 하면서 위와 같은 甲의 불법행위 손해배상을 청구하였는데, 법원은 단기매매차익 반환청구를 제척기간 도과로 각하되고 손해배상청구를 위와 같은 이유로 기각하였다.

118) 자본시장법 제159조 및 제160조 ; 기업공시서식 작성기준 제11장 제3절 제11-3-1조 제2항.

V. 결론

우리나라에 단기매매차익 반환제도가 도입된 지 40여 년이 흘렀다. 그 동안 단기매매차익 반환제도의 위헌성 여부에 관한 헌법재판소의 결정과 해석상의 적용 예외 인정기준에 관한 대법원의 판결이 있었고, 최근에는 단기매매차익 산정에서 주식양도소득세를 거래비용으로 공제할 수 없고 신주인수권과 보통주 간의 거래에서 차익 산정을 위하여 특정증권등의 '같은 종류'를 자본시장법 제4조 제4항과는 달리 해석하며, 사실상 지배주주로서 단기매매차익 반환책임을 인정하는 판결이 있었다.

단기매매차익 반환제도의 다양한 쟁점에 관하여 우리나라의 사례가 계속 축적되고 있는 것은 상당히 고무적이다. 다만 내부정보의 이용 여부를 묻지 않고 엄격책임을 부과하는 단기매매차익 반환청구제도는 내부자거래의 사전적 · 예방적 규제에 불과하므로, 내부자거래의 입증 곤란이라는 현실적 문제가 있다 하더라도 내부자거래의 주된 규제수단으로 부각되어서는 안 되고, 따라서 그 성립요건도 제한적으로 엄격하게 해석되어야 한다. 또한 제도가 실효성 있게 운영되기 위해서는 해당 법인의 단기매매차익 반환청구권 행사에 관한 책임을 강화할 필요가 있는데, 그런 점에서 청구권을 부당하게 면제하거나 포기한 이사에 대한 상법상 이사의 충실의무 위반을 인정한 최근의 대법원 판결은 그 의미가 크다고 하겠다.

제3부

시세조종행위와 부정거래행위

07

시세조종행위의 성립요건과 유형*

박 준**

I. 시세조종행위 규제의 취지

증권시장과 장내파생상품시장의 참여자들이 자기책임의 원칙하에서 거래하는 것은 거래가 자유로운 공개시장에서의 수요 · 공급의 원리에 따라 효율적으로 공정하게 이루어짐을 전제로 한다. 시장의 효율성과 공정성 및 이에 대한 시장 참여자들의 신뢰는 시장의 가장 중요한 버팀목이다. 인위적인 조작으로 자유로운 공개시장에서의 공정한 가격 형성을 방해하는 것은 시장의 효율성과 공정성을 해하고 시장 참여자의 시장에 대한 신뢰를 추락하게 하며 다른 참여자들에게 손해를 가하게 되므로 엄격히 규율할 필요가 있다. 법[1] 제176조는 시장의 자연스러운 수요 · 공급원

---

* 이 논문은 "온주 자본시장법 제176조 주석"을 수정 · 보완한 것이다.

** 서울대학교 법학전문대학원 특임교수

1) 이 글에서 조항 앞에 '법', '시행령'으로만 표기한 것은 각각 '자본시장법', '자본시장법

리의 작동을 인위적으로 방해하는 행위를 (i) 통정매매 · 가장매매 등 위장거래에 의한 시세조종(제1항), (ii) 현실거래에 의한 시세조종(제2항 제1호), (iii) 표시 등에 의한 시세조종(제2항 제2호 및 제3호), (iv) 시세의 고정 · 안정행위(제3항), (v) 연계시세조종(제4항)으로 나누어 규제한다. 이러한 유형별 규제는 증권 · 파생상품거래에서 발생할 수 있는 기망적 행위나 시장을 교란하는 행위를 망라할 수 없고 부정거래행위와 시장질서 교란행위 규율을 통하여 그 한계를 보완하고 있다.

II. 위장거래에 의한 시세조종

1. 개요

법 제176조 제1항은 (i) 매매 당사자가 서로 짜고 행하는 통정매매, (ii) 실질적인 권리의 이전을 목적으로 하지 않는 가장매매 및 (iii) 통정매매 · 가장매매의 위탁 · 수탁을 규제한다. 통정매매 · 가장매매를 합하여 강학상 위장거래라고 부른다. 위장거래는 공개경쟁시장에서의 자연적인 수요 · 공급에 따른 거래가 아니지만 정상적 매매거래와 구별되지 않는다. 이를 통한 거래량의 증가 또는 가격의 변화는 마치 수요 · 공급에 따른 정상적인 것처럼 타인을 오도하여 거래에 유인할 수 있고, 왜곡된 가격을 형성하여 시세조종을 용이하게 할 수 있다는 점에서 위장거래를 규제할 필요가 있다. 또한 위장거래는 행위자가 보유한 자금범위 내에서 반복적으로 행할 수 있으므로 많은 자금이 소요되지 않아 시세조종을 위한 수단으로

시행령'을 의미하고, '거래소'는 '한국거래소'를 의미한다.

이용되기 쉽다. 위장거래는 일련의 시세조종과정에서 법 제176조 제2항 제1호에 규정된 현실매매와 함께 이용되는 경우가 대부분이다.

2. 요건

(1) 주관적 요건 : 오인목적

1) 오인목적의 의미

자본시장법이 금지하는 위장거래에 해당하기 위해서는 주관적 요건으로 '매매가 성황을 이루고 있는 듯이 잘못 알게 하거나, 그 밖에 타인에게 그릇된 판단을 하게 할 목적'(이하 '오인목적')이 있어야 한다. 이는 미국 증권거래소법(Securities Exchange Act of 1934) 제9조 (a)항 (1)호[2)]를 모델로 삼은 것이고, 시세를 조종할 의도 없이 이루어지는 통정 · 가장매매와 구별하기 위한 것이다. 오인목적은 '인위적인 통정매매에 의하여 거래가 일어났음에도 불구하고, 투자자들에게는 유가증권시장에서 자연스러운 거래가 일어난 것처럼 오인하게 할 의사'를 의미한다(대법원 2002. 7. 22. 선고 2002도1696 판결). 그릇된 판단을 하는 타인은 일반투자자를 대표할 평균적 수준의 합리적인 투자자를 의미한다.[3)]

법 제176조 제2항의 현실거래 또는 허위표시에 의한 시세조종에서 '매매를 유인할 목적'이 요구되는 것과 다르다. 또한 실제로 시세를 변동시킬 의사가 있었는지 여부는 문제 되지 않는다. 오인목적은 특정종목에 관

---

2) "For the purpose of creating a false or misleading appearance of active trading in any security other than a government security, or a false or misleading appearance with respect to the market for any such security"라고 규정하여 오인목적을 요구한다.
3) 임재연, 자본시장법과 불공정거래, 박영사, 2014, 402면.

한 것에 한하지 않고 시장 전체가 성황을 이루고 있는 듯한 외관을 만드는 경우도 포함한다.[4] 대법원 판례에 따르면 오인목적이 있는 한 다른 목적과의 공존 여부나[5] 어느 목적이 주된 것인지는 문제 되지 않으며, 목적에 대한 인식의 정도는 적극적 의욕이나 확정적 인식임을 요하지 아니하고 미필적 인식이 있으면 족하다(대법원 2004. 3. 26. 선고 2003도7112 판결, 대법원 2005. 11. 10. 선고 2004도1164 판결, 대법원 2007. 11. 29. 선고

---

4) 神田秀樹・松尾直彦・黑沼悅郎 / 藤田友敬(執筆), 金融商品取引法コンメンタール 4, 商事法務, 2011, 26頁.

5) 몇 가지 실제 사례를 보면 다음과 같다.

(i) 대법원 2001. 11. 27. 선고 2001도3567 판결은 수 개의 차명계좌로 주문 분산, 통정・가장매매 시 종가관여방법 구사, 통정매매의 가격이 경제적 합리성과 공정성을 결하고 있는 점 등을 종합적으로 고려한 후 "비록 통정매매 및 가장매매의 직접 동기가 주식의 추가매수 또는 금원 대여를 위한 자금의 확보 등이었다 하더라도, 당시 피고인들은 그와 함께 그러한 수법으로 주식을 주가의 폭락 없이 매도하여 그 자금을 손쉽게 조달하는 한편, 일반투자자들에 대하여 삼익주택의 주식거래가 증권시장에서의 정상적인 수요・공급에 의하여 빈번하고 대량으로 행하여지고 있는 것 같이 잘못 알게 한다는 점에 대한 인식을 지니고 있었다고 봄이 상당하고, 따라서 당시 피고인들에게는 삼익주택 주식의 거래가 성황을 이루고 있는 듯이 잘못 알게 하거나 기타 타인으로 하여금 그릇된 판단을 하게 할 목적이 있었음을 인정할 여지가 있다"고 판시하였다.

(ii) 대법원 2008. 4. 24. 선고 2007도 9476 판결도 피고인이 다수의 차명계좌를 이용한 1,300여 회의 고가 허수매도주문 후 대량매수・고가매수주문・허수매수주문・상한가매수주문・가장매매 등 변칙거래를 하고 허위 가장표시를 한 사건에서 "가사 피고인의 주된 의사가… 인수・합병에 있었고 그 과정에서 주식의 다량매수 및 기타 인수・합병의 반사적 효과로서 주가가 일부 상승하는 측면이 있었다고 하더라도, 피고인의 위와 같은 행위는 주식시장에 참여한 타인으로 하여금 마치 그 거래량 또는 가격의 변화가 자유로운 공개경쟁시장에서의 자율적인 수요・공급에 따른 정상적인 것으로 오인하게 하여 주식매매거래에 이르게 하고 결과적으로 매매거래를 유인하거나 그릇된 판단을 하게 할 목적이 있었다고 보기에 충분하다"고 판단한 원심판결을 유지하였다.

(iii) 서울지방법원 2002. 10. 9. 선고 2002노1793 판결은 피고인이 주장한 자녀에게 주식증여, 용이한 계좌관리, 반대매매 회피, 대량보유 보고의무 회피 등의 목적으로 통정・가장매매하였다는 주장을 인정하지 않으면서, 백보를 양보하여 피고인이 그러한 목적으로 통정・가장매매 하였다고 하더라도 "피고인에게 위와 같은 목적이 있었다거나 그 목적이 주된 것이었다는 점은 피고인에게 이른바 시세조종의 목적도 함께 있었다고 인정하는 데 장애가 되지 아니한다"고 판시하였다.

2007도7471 판결 및 대법원 2009. 4. 9. 선고 2009도675 판결).

증권의 통정매매 · 가장매매가 금지대상이 되기 위해서는 오인목적이 필요하다는 점은 1962년 증권거래법 제정 시부터 규정되어 있었다. 그러나 장내파생상품거래의 통정매매 · 가장매매에 대하여 종전의 선물거래법은 오인목적을 요구하지 않고[6] 주관적 목적요건 없이 통정매매 · 가장매매라는 객관적 요건만을 요구하였다.[7] 자본시장법은 증권과 장내파생상품을 구별하지 않고 오인목적이 있는 통정매매 · 가장매매만을 금지한다. 이와 관련하여 장내파상생품에 대하여는 파생상품거래의 특성상 목적의 존재를 증권의 경우에 비하여 매우 폭넓게 인정해야 한다고 보는 견해도 있다.[8]

오인목적이 없어서 법 제176조 제1항에 해당하지 않으나 시세에 부당한 영향을 주거나 줄 수 있는 통정매매 · 가장매매는 2014년 12월 30일 자본시장법 개정으로 도입된 시장질서 교란행위 규제의 대상이 될 수 있

---

6) 이는 '선물거래는 주식거래와는 달리 거래의 일반이 이익을 얻으면 상대방이 반드시 손해를 입게 되는 제로섬(zero-sum)게임이기 때문에 거래 성황 오인목적이나 오판목적 없이도 불법적인 통정매매가 가능'하기 때문이라고 보았다(서울중앙지방법원 2005. 5. 6. 선고 2004노4301 판결).

7) 서울남부지방법원 2012. 12. 27. 선고 2012노128 판결은, 가장거래라는 이유만으로 형사처벌할 수 있도록 한 종전 선물거래법이 부당하다는 취지에서 자본시장법에 오인목적 요건을 추가한 것이기 때문에 자본시장법 제정 전의 가장거래에 대하여도 자본시장법상의 오인목적요건이 필요한 것으로 해석해야 한다는 피고인의 주장을 배척하였다.

8) 임재연, 앞의 책(주 3), 398면 ; 한국증권법학회(편) / 김정수(집필) / 성희활 · 엄세용 · 최성근(수정), 개정판 자본시장법[주석서 I], 박영사, 2015, 1093-1094면은 자본시장법이 장내파생상품거래의 통정매매에 대하여도 오인목적을 요구하기 때문에 몇 종류의 위법성이 있는 거래(증권회사 직원이 통정매매방식으로 고객의 이익을 임의로 조정하거나 회사에게 손해를 입히고 자신이 이익을 얻는 경우 또는 상속 · 증여목적으로 통정매매를 이용하는 경우)를 자본시장법으로 규제할 수 없다는 문제를 제기하였다. 자본시장법의 시세조종 규제는 시장의 효율성과 신뢰성을 확보하기 위한 것이므로 타인을 오도하여 시장이 왜곡되게 만들 우려가 없다면, 위와 같은 거래의 위법성은 배임 · 횡령 · 조세포탈 등의 다른 법제도로 규율하는 것이 타당할 것이다.

다(법 제178조의2 제2항 제2호 및 제3호).

2) 오인목적의 입증

오인목적은 구성요건의 하나이므로 검사가 입증해야 한다. 그런데 행위자가 자백하지 않는 한 그가 오인목적을 가지고 있었음을 직접적으로 입증하기는 매우 어렵다. 대법원은 행위자가 오인목적이 있었음을 자백하지 않더라도 그 증권의 성격과 발행된 증권의 수량, 매매거래의 동기와 태양(순차적 가격상승주문 또는 가장매매, 시장관여율의 정도, 지속적인 종가관여 등), 그 유가증권의 가격 및 거래량의 동향, 전후의 거래상황, 거래의 경제적 합리성 및 공정성 등의 간접사실을 종합적으로 고려하여 판단할 수 있다고 일관되게 판시하고 있다(대법원 2013. 9. 26. 선고 2013도5214 판결 및 대법원 2001. 11. 27. 선고 2001도3567 판결 등). 검사가 오인목적의 입증책임을 부담하더라도 간접사실을 종합적으로 고려하여 오인목적 유무를 판단한다면, 결국 위장거래의 객관적 요건을 갖추는 경우에는 오인목적이 없었다고 주장하는 쪽에서 사실상 이를 입증할 필요가 생긴다고 할 수 있다.[9)]

9) 김건식 / 정순섭, 자본시장법(제3판), 두성사, 2013, 449면과 한국증권법학회(편) / 김정수(집필) / 성희활 · 엄세용 · 최성근(수정), 앞의 책(주 8), 1107면은 위장거래의 객관적 요건이 충족되면 오인목적이 추정되는 것으로 보아야 한다는 입장이다. 岸田雅雄 / 今川嘉文(執筆), 注釋金融商品取引法 第3卷, 金融財政事情硏究會, 2010, 21頁도 같은 취지. 임재연, 앞의 책(주 3), 404면은 입법론으로는 일정한 경우 그릇된 판단을 하게 하는 목적을 가지는 것으로 보고 행위자가 그 목적이 없었음을 증명할 책임을 부담하도록 해야 할 것이나 해석론으로 이와 같이 볼 수는 없다는 입장이다. 미국 증권거래소법 제9조 (a)항 (1)호도 통정 · 가장매매에 대하여 오인목적을 요구하고 있으나, 평가익 실현 또는 세법상 취득원가를 높이기 위한 거래, 기타 거래소 규정에 따른 정당한 자전거래를 제외하고는 통정 · 가장매매를 할 목적은 시장을 오인하게 하는 것밖에 없으므로 오인목적이 통정 · 가장매매에 대한 책임을 추궁하는 데 장애가 되지 않았다〔Lewis D. Lowenfels, Sections 9(a)(1) and 9(a)(2) of the Securities Exchange Act of 1934 : An Analysis of Two Important Anti-Manipulative Provisions under the Federal Securities Laws, 85 Nw. U.L. Rev. 698, 699 (1991)〕.

오인목적은 행위자의 주관적 요건일 뿐 그 행위로 인하여 투자자의 오해를 실제로 유발하였는지 여부[10]나 타인에게 손해가 발생하였는지 여부 등은 문제가 되지 않는다(대법원 2005. 11. 10. 선고 2004도1164 판결 및 대법원 2007. 11. 29. 선고 2007도7471 판결). 또한 호가관여율이 5퍼센트 이하면 고발을 하지 않는 금융감독원의 내부기준이 있다고 하여 그 기준에 미달하는 시세조종거래는 무조건 시세조종의 목적을 인정할 수 없는 것은 아니다(서울고등법원 2008. 11. 26. 선고 2008노1251 판결). 통정매매 · 가장매매가 이루어진 경우 대부분 오인목적이 있었음이 인정되었으나, 그렇지 않은 사례도 있다(대법원 2008. 11. 27. 선고 2007도6558 판결[11]).

---

10) 임재연, 앞의 책(주 3), 397면은 통정매매와 가장매매가 시세조종으로 규제대상이 되려면 그로 인하여 투자자의 투자판단에 실질적인 영향을 미칠 정도여야 한다는 입장이다.

11) 증권회사 투자상담사가 6개월간 14개의 계좌를 이용하여 192회의 통정매매 또는 가장매매를 한 것으로 기소된 사건(그 밖에도 46회의 고가매수주문, 3회의 허수매수주문 및 115회의 종가관여 매수주문을 한 것으로 기소)에서 서울지방법원 2007. 4. 20. 선고 2006고합1293 판결은 "통정매매나 가장매매는 다른 형태의 시세조종성 거래주문과 달리 적은 비용으로 매매거래를 반복적으로 체결시킬 수 있고 주가도 임의로 정할 수 있어 이를 이용하여 주가에 영향을 미칠 가능성이 크므로 이러한 외관을 갖춘 매도 · 매수주문에 의한 거래행위가 인정될 경우에는 특별한 사정이 없는 한 타인으로 하여금 거래가 성황을 이루고 있는 것으로 오해하게 하거나 기타 타인으로 하여금 그릇된 판단을 하게 할 목적이 있는 것으로 보아야 하는 것"이라고 판시하고, 나아가 "피고인이 신용대출금과 미수금 상환목적으로 부득이 매도할 수밖에 없었던 주식을 피고인이 관리하고 있던 다른 고객의 장기투자를 위하여 매수하거나 약정고 제고를 위하여 이 사건 통정매매를 하였다는 사정만으로는 그 통정매매가 거래 성황 오인 등의 목적 없이 이루어진 것으로 보기 어렵다"고 판시하였다. 그러나 항소심인 서울고등법원 2007. 7. 13. 선고 2007노1052 판결은 통정매매에 대하여 신용만기가 되거나 미수금 정리 차원에서 매도하여야 할 상황에서 "제3자에게 매도한 후 다시 제3자로부터 매수하게 되면 매수물량을 확보하기 어려울 뿐 아니라 급격한 시세변동을 유발할 우려가 있어 이를 방지하고자 통정매매방식으로 처리하였다"는 피고인의 주장에 수긍할 면이 있는 점과 통정매매로 체결한 46만 주 중 25만 주의 체결가가 직전가와 같거나 그보다 낮은 경우이어서 시세를 높일 의도로 통정매매했다고 보기 어려운 점 등을 들어 오인목적이 있었다고 인정할 수 없다고 하여 무죄를 선고하였고, 대법원 2008. 11. 27. 선고 2007도6558 판결로 검사의 상고가 기각되어 확정되었다.

(2) 대상

상장증권 또는 장내파생상품의 매매가 대상이 된다. 장내파생상품의 경우에는 장외거래를 생각할 수 없지만 상장증권은 장내에서 거래할 수도 있고 장외에서 거래할 수도 있다. 법문상으로는 상장증권의 매매라고만 되어 있어서 상장증권을 장외에서 거래하는 경우도 법 제176조 제1항의 위장거래에 해당하는 것으로 보일 여지가 있다. 그러나 여러 사람이 참여하여 매매를 성립시키는 경쟁매매와 달리 장외거래는 매도인과 매수인이 거래조건을 합의하여 거래하는 것이므로 성질상 통정매매가 될 수밖에 없다. 또한 오인목적을 요구하고 있음에 비추어 보면, 법 제176조 제1항은 경쟁매매가 이루어지는 시장을 보호하고자 하는 것이라고 할 수 있으므로 법 제176조 제1항은 장내거래만을 규제대상으로 하고 있다고 봄이 합리적이다.[12)]

(3) 행위유형

1) 통정매매(법 제176조 제1항 제1호 및 제2호)

① 의의

통정매매는 매도인과 매수인이 같은 시기에 같은 가격 또는 약정수치로 증권 또는 장내파생상품을 매도인은 매도하고 매수인은 매수할 것을 사전에 서로 짠 후 매도·매수하는 행위를 말한다.

---

12) 김건식 / 정순섭, 앞의 책(주 9), 450면 ; 임재연, 앞의 책(주 3), 396면 ; 한국증권법학회(편) / 김정수(집필) / 성희활 · 엄세용 · 최성근(수정), 앞의 책(주 8), 1091-1092면.

② 당사자

행위자가 타인과 미리 짜고 매매거래를 해야 하는데, 이때 타인이란 증권의 매매로 인한 손익이 귀속되는 자를 뜻한다. 동일인이 서로 다른 손익의 귀속주체들로부터 각 계좌의 관리를 위임받아 함께 관리하면서 오인목적을 가지고 각 계좌 상호 간에 같은 시기에 같은 가격으로 매매가 이루어지도록 하는 행위는 통정매매에 해당하고 가장매매에 해당하지는 않는다(대법원 2013. 7. 11. 선고 2011도15056 판결).[13)·14)]

③ 통정

매도수량, 매매시간, 매매금액에 대한 의견을 교환하여 서로 짜는 행위가 있어야 한다.[15)] 이러한 이른바 '통정'은 반드시 명시적으로 이루어져야 하는 것은 아니고 묵시적으로 이루어질 수도 있다.[16)] 고객의 주식매수대금을 입금 불이행으로 증권회사가 고객 보유 증권을 매도하는 반대매매거래를 할 때, 그 고객이 증권회사로부터 반대매매의 시점과 수량을 통보받은 상태에서 반대매매물량을 매수하기 위하여 매도주문시점에 맞추어 매수주문을 하여 거래한 행위는 통정매매에 해당한다(서울중앙지방법원 2007. 1. 12. 선고 2006고합770 판결). 통정은 반드시 매도인과

---

13) 서울고등법원 2009. 1. 6. 선고 2008노1506 판결(대법원 2009. 4. 9. 선고 2009도675 판결의 원심 판결)도 "계산주체가 다른 여러 계좌의 매매를 동일인이 위임받아 각 계좌 사이에 매매하는 경우에 있어서도, 그 매매를 위임받은 사람이 매매시간 · 가격 · 수량 등 다른 계산주체 사이의 매매조건을 미리 계획하고 그에 따른 매매를 한 이상 '타인과 통정'한 경우에 해당"한다고 판시하였다.

14) 가장매매는 법 제172조에 규정된 단기매매차익 반환의무의 대상이 되지 않고(대법원 2005. 3. 25. 선고 2004다30040 판결), 통정매매는 그 대상이 된다는 점에서 구별의 실익이 있다.

15) 통정을 인정할 증거가 없어 무죄를 선고한 원심 판결(서울고등법원 2011. 2. 17. 선고 2010노2573 판결)을 그대로 유지한 사례가 있다(대법원 2011. 7. 14. 선고 2011도3180 판결).

16) 김건식 / 정순섭, 앞의 책(주 9), 450면.

매수인 사이에 직접적인 협의로 이루어져야 하는 것은 아니고, 중간에 매도인과 매수인을 지배 · 장악하는 주체가 있어 그가 양자 사이의 거래가 체결되도록 주도적으로 기획 · 조종한 결과 실제 매매가 체결되는 경우도 포함한다(대법원 2013. 9. 26. 선고 2013도5214 판결).[17] 당사자 일방(예컨대 매수인)이 상대방(예컨대 매도인)을 지배 · 장악할 수 있는 사람과 짜고 매매한 경우, 그 상대방(예컨대 매도인)이 통모사실을 몰랐다고 하더라도 통정매매에 해당하고 통정한 사람들은 법 제176조 제1항을 위반한 것이다.

④ 같은 시기

이미 행해진 매도(매수)주문이 미체결상태로 유효하게 존재하는 상황에서 통모한 상대방이 매수(매도)주문을 내서 매매거래가 체결되는 경우에는 양 주문 간에 시간 간격이 있다고 하더라도 '같은 시기'의 요건은 충족된다.[18] 판례도 "'같은 시기'란 반드시 동시가 아니더라도 쌍방의 주문이 거래시장에서 대응하여 성립할 가능성이 있는 정도의 시기이면 족하다"고 보고 있다(서울고등법원 2003. 9. 5. 선고 2003노324 판결[19] 및 서울고등법원 2009. 1. 6. 선고 2008노1506 판결[20]).

---

17) 대법원 2013. 9. 26. 선고 2013도5214 판결은 H그룹 경영기획실의 재무팀장이 매도인인 A회사의 차명주주들과 매수인인 B회사를 지배 · 장악할 수 있는 위치에 있었고, 실제로 동일한 시점에 차명주식 관리자에게는 매도, B회사 측에는 매수의 지시를 내림으로써 상호 제출한 호가에 의하여 A회사 주식의 매매가 이루어지도록 한 것을 통정매매에 해당한다고 보았다.

18) 김건식 / 정순섭, 앞의 책(주 9), 450면. 미국 증권거래소법 제9조 (a)항 (1)호는 통정매매의 요건으로 실질적으로 같은 수량 · 시기 · 가격(substantially the same size, at substantially the same time and at substantially the same price)을 요구한다.

19) 대법원 2004. 7. 9. 선고 2003도5831 판결로 피고인의 상고가 기각되었으나, 대법원 판결에서 '같은 시기'에 관한 사항을 다루지는 않았다.

20) 대법원 2009. 4. 9. 선고 2009도675 판결로 피고인들의 상고가 기각되었으나, 대법원 판결에서 '같은 시기'에 관한 사항을 다루지는 않았다.

⑤ 같은 가격

'같은 가격'은 쌍방의 주문이 대응하여 거래가 성립할 가능성이 있는 범위 내의 가격이면 충분하다(서울고등법원 2009. 1. 6. 선고 2008노1506 판결). 예컨대 피고인이 관리하는 A명의 계좌에서 9시 15분 18초에 1,920주를 5,450원에 매도주문하고 피고인이 관리하는 B명의 계좌에서 9시 15분 29초에 2,000주를 5,470원에 매수주문하여 1,920주의 매매가 체결되게 한 경우 통정매매에 해당한다(서울중앙지방법원 2007. 1. 12. 선고 2006고합770 판결). 학자들의 견해도 마찬가지로, 먼저 나온 (또는 앞으로 나올) 매수(매도)주문에 대하여 통모한 상대방이 매매를 체결할 수 있는 금액으로 매도(매수)주문을 한다면, 매수(매도)주문의 가격과 매도(매수)주문의 가격이 차이가 나더라도 '같은 가격'의 요건은 충족된다고 본다.[21] 또한 반드시 지정가주문을 하지 않고 시장가주문을 하여 매매를 체결한 경우에도 서로 짜고 한 것인 이상 같은 가격의 요건은 충족된다.[22]

⑥ 거래수량

서로 짜고 같은 시기와 가격으로 매도·매수를 하는 이상 매도주문수량과 매수주문수량이 다르더라도 매매가 체결된 범위 내에서는 통정매매가 성립한다.[23] "매수주문과 매도주문의 수량이 반드시 일치할 필요는 없으며, 이미 시장에 내어져 있는 주문에 대해 통정한 다음 대응하는 주문을 내어 매매를 성립시키는 것도 모두 시세 및 거래량을 인위적으로 변동시킬 가능성이 있는 거래로서 통정매매에 해당하고, 매도주문량과 실제 매매체결량의 차이가 있는 경우도 통정매매에 해당할 수

21) 김건식 / 정순섭, 앞의 책(주 9), 450면 ; 임재연, 앞의 책(주 3), 407면.
22) 박삼철, "우리나라의 시세조종행위 규제에 관한 고찰," 증권조사월보 제216호(1995. 4), 증권감독원, 22면.
23) 김건식 / 정순섭, 앞의 책(주 9), 450면.

있다"고 본 하급심 판결(서울고등법원 2009. 1. 6. 선고 2008노1506 판결)이 있다.

⑦ 거래시점

위법한 통정매매는 통상 정규시장의 매매거래시간 중에 발생할 것이다. 정규시장의 매매거래시간이 아닌 시간외시장의 거래에서 통정매매를 하더라도 거래소의 시간외 대량매매절차에 따르지 않는 한 위법성에 차이가 없다. 피고인이 A에게는 매도주문, B에게는 매수주문을 내도록 지시하여 매매거래를 성사시켰는데, 처음에 장내에서 매매거래를 성사시키려고 하였다가 매수주문이 제대로 처리되지 아니하는 바람에 부득이하게 거래소 절차를 따르지 않은 시간외거래로 매매가 체결된 사건에서 통정매매가 자연스러운 거래에 의한 것인 양 오인케 할 의사가 있었다고 하여 위법성을 인정한 사례가 있다(대법원 2010. 12. 9. 선고 2009도6411 판결).[24]

⑧ 적법한 통정매매

거래소에서 행해지는 거래 중 양 당사자가 종목, 수량 및 가격이 동일한 호가를 내어 매매거래를 성립시키는 거래형태가 있다. 정규시장의 매매거래시간 동안 이루어지는 것으로는 장중 대량매매[거래소 회원의 신청을 받아 종목, 수량 및 가격이 동일한 매도호가 및 매수호가로 매매거래를 성립시킨다(거래소 유가증권시장 업무규정 제31조)]와 장중 바스켓매매[거래소 회원의 신청을 받아 바스켓을 구성하는 각 종목에 대하여 수량 및 가격이 동일한

24) 피고인이 시장 조성이나 안정 조작의 요건을 갖추지 아니한 채 오인목적을 가지고 특정주식을 주가의 폭락 없이 매도 또는 매수할 수 있도록 거래 당사자들과 미리 통정하여 동 주식을 다량으로 매매하는 행위에 가담한 사건에서, 대법원 1998. 12. 8. 선고 98도3051 판결은 "이러한 주식거래는 증권거래소의 회원인 증권회사가 사전신고를 거쳐 대량매매를 성립시키는 소위 자전매매와는 구별되는 것이므로, 원심이 피고인의 통정매도의 점을 유죄로 인정한 조치는 정당"하다고 판시하였다.

매도호가 및 매수호가로 매매거래를 성립시킨다(동 규정 제32조)]가 있고, 시간외시장에서 이루어지는 것으로는 시간외 대량매매(동 규정 제35조)와 시간외 바스켓매매(동 규정 제36조)가 있다. 이러한 매매는 일반 경쟁매매를 통하면 양 당사자가 원하는 대로 매매가 성립되기 어렵거나(예컨대 바스켓매매), 일반 경쟁매매를 통하면 시세의 급등락을 초래할 우려가 있는 경우(예컨대 대량매매) 일정한 제한 내에서 이용할 수 있도록 하는 제도이다. 이러한 매매도 통정매매이지만 통상 오인목적 없이 행하는 것이므로 법 제176조 제1항의 규제대상이 아니다.

2) 가장매매(법 제176조 제1항 제3호)

가장매매는 증권 또는 장내파생상품에 관한 권리의 이전을 목적으로 하지 아니하는 거짓으로 꾸민 매매를 말한다. 정상적인 증권매매에서는 매매계약을 체결하고 이를 이행(결제)하면 증권에 대한 소유권이 매도인으로부터 매수인에게로 이전된다. 외관상으로는 이와 같은 매매를 하였으나 실제로는 권리 이전을 목적으로 하지 않는 경우가 가장매매이다. 같은 사람이 같은 증권 또는 장내파생상품에 관하여 같은 시기에 같은 가격으로 매도와 매수를 하면 실제로는 아무런 권리가 이전되지 않지만, 외관상으로는 정상적 매매와 구별할 수 없으므로 다른 시장 참여자들을 오도할 수 있다.

매도인과 매수인이 동일하거나 계산주체가 동일한 경우가 전형적인 가장매매에 해당한다(대법원 2013. 7. 11. 선고 2011도15056 판결). 매도계좌와 매수계좌의 명의가 다르더라도 동일인이 실질적으로 소유하고 있는 이른바 차명계좌의 경우에도 이에 해당한다(대법원 2004. 7. 9. 선고 2003도5831 판결). 동일인이 같은 증권을 동일 가격으로 동일 수량의 매도·매수 주문을 내어 매매거래를 체결시키는 자전거래(서울중앙지방법원 2010. 9.

3. 선고 2010고합280 판결)도 가장매매에 해당한다.[25)]·[26)] 차명계좌로 보유하던 증권을 매도하고 이를 동일인의 실명계좌로 매수한 경우, 매도주문이 있은 시점과 매수주문이 있은 시점이 실질적으로 동일하고 차명계좌에서의 매도가격과 실명계좌에서의 매수가격이 정확히 일치하는 부분이 있다면, 권리의 이전이 없는 형식적인 거래에 불과하여 단기매매차익 반환조항의 적용대상인 매매에 해당하지 않고(대법원 2005. 3. 25. 선고 2004다30040 판결) 가장매매에 해당한다.

그러나 증권회사가 복수의 고객으로부터 동일한 증권에 대한 매수주문과 매도주문을 받아 양 주문을 거래소에 내거나, 고객으로부터 받은 매도(또는 매수)주문을 내면서 그 주문의 대상인 증권과 동일한 증권에 대한 매수(또는 매도)주문을 증권회사 자신의 계산으로 내더라도, 양 주문의 계산주체가 다르므로 가장매매에 해당하지 않는다.[27)]

---

25) 한국산업증권이 모회사인 한국산업은행으로부터 국제은행결제(Bank for International Settlement, BIS)비율을 맞추기 위한 목적으로 동 은행이 보유한 주식을 높은 가격으로 자전거래하여 평가익을 실현시킬 것을 의뢰받고, 증권회사 상품계좌자금 220억 원을 동원하여 고가매수주문을 내어 주식의 시초가를 높게 형성한 다음 자전거래한 사례에서 고가매수주문으로 시초가를 높게 형성시킨 부분이 시세고정행위로 기소되어 유죄로 인정되었으나(대법원 2004. 10. 28. 선고 2002도3131 판결), 그 시세를 이용한 자전거래는 기소되지 않은 것으로 보인다.

26) "증여세 포탈의 목적으로 행해지는 가장매매, 즉 주식을 상속하기 위한 수단으로 증권거래를 이용하는 경우는 증권가격 형성에 영향을 미치기 위한 것이 아니기 때문에 규제되는 가장매매에 해당하지 않는다"는 견해(임철희, 시세조종행위의 형법적 문제에 관한 연구, 한국형사정책연구원, 2002, 137면)도 있으나, 거래소 규정상 시간외 대량매매 또는 장중 대량매매제도가 있으므로 정당한 목적이 있는 거래라면 거래소 규정에 따른 대량매매제도를 이용하는 것이 정상적이다. 거래소 규정에 따른 대량매매제도를 이용하지 않을 다른 정당한 사유가 없는 한 일반 장중매매거래를 하는 경우에는 다른 투자자들을 오도할 우려가 크다는 점을 부인하기는 어렵다. 참고로 주식매입자금 대출약관 때문에 신고대량매매를 이용할 수 없었다는 주장이 받아들여진 사례가 있다(서울중앙지방법원 2012. 12. 28. 선고 2011고합414 판결).

27) 神田秀樹·松尾直彦·黑沼悅郎/藤田友敬(執筆), 앞의 책(주 4), 24頁.

동일인이 복수의 계좌를 이용하여 한 계좌에서는 장내파생상품인 옵션을 매입하고 다른 계좌에서는 동일한 옵션을 매도하는 거래를 한 경우, 옵션 매입포지션과 매도포지션을 각각 별도로 처분할 수 있다고 하더라도 가장매매에 해당한다.[28] 그러나 동일인이 같은 종목에 관한 콜옵션과 풋옵션을 동시에 매입하면 각 옵션상의 권리 · 의무를 취득하게 되므로 가장거래에 해당하지 않는다.[29]

증권시장에서의 증권의 매매는 증권의 소유권 이전을 가져오므로, 증권의 가장매매를 '권리의 이전을 목적으로 하지 않는 거래'로 표시하는 것이 타당하다. 그러나 장내파생상품에 관하여는 편의상 매도 · 매수라는 용어를 사용하지만, 실물 인수도로 결제할 것을 예상하는 재산권의 선도거래를 제외하고는 장내파생상품의 매도인과 매수인은 장내파생상품의 매도 · 매수거래를 통하여 이미 존재하는 일정한 재산권을 이전하는 것이 아니라, 새로운 권리 · 의무를 취득 · 부담하는 것이고[30] 재산권을 '매매' 한다고 보기 어렵다. 예컨대 투자자가 주가지수옵션 또는 개별주식옵션을 매수한 때 그 투자자는 이미 존재하는 권리를 매도인으로부터 이전받는 것이 아니라 옵션매수로 새로운 권리 · 의무를 취득하는 것이다. 옵션매도자도 마찬가지로 이미 존재하는 권리를 매수인에게 이전한 것이 아

---

28) 일본 최고재판소 결정 2007(平成19). 7. 12. 平成18(あ)2174.

29) 神田秀樹 · 松尾直彦 · 黑沼悅郎 / 藤田友敬(執筆), 앞의 책(주 4), 25頁.

30) 법 제5조 제1항에 규정된 전형적인 파생상품의 정의상으로도 재산권의 이전이라는 요소는 들어 있지 않다. 선도는 "기초자산이나 기초자산의 가격 · 이자율 · 지표 · 단위 또는 이를 기초로 하는 지수 등에 의하여 산출된 금전 등을 장래의 특정시점에 인도할 것을 약정하는 계약"이고, 옵션은 "당사자 어느 한쪽의 의사표시에 의하여 기초자산이나 기초자산의 가격 · 이자율 · 지표 · 단위 또는 이를 기초로 하는 지수 등에 의하여 산출된 금전 등을 수수하는 거래를 성립시킬 수 있는 권리를 부여하는 것을 약정하는 계약"이며, 스왑은 "장래의 일정 기간 동안 미리 정한 가격으로 기초자산이나 기초자산의 가격 · 이자율 · 지표 · 단위 또는 이를 기초로 하는 지수 등에 의하여 산출된 금전 등을 교환할 것을 약정하는 계약"으로 정의되어 있다.

니라 옵션매도로 새로운 권리 · 의무를 취득하는 것이다. 선물거래도 마찬가지이다.[31)]

일본 금융상품거래법(金融商品取引法)은 가장거래조항에서 "금전 등의 수수를 목적으로 하지 않는 가장(假裝)의 시장파생거래"(제159조 제1항 제2호)와 "옵션의 부여 또는 취득을 목적으로 하지 않는 가장의 시장파생거래"(동조 동항 제3호)라는 표현을 사용하였는데, 이는 동법 제2조 제21항에 규정된 시장파생거래의 정의[32)]에 대응시킨 것이고 각 파생상품의 속성을 보다 잘 반영한다.

자본시장법도 장내파생상품에 관하여는 '권리의 이전을 목적으로 하지 않는 거래'라고 할 것이 아니라 '그 권리 · 의무의 발생을 목적으로 하지

31) 주식시장에서의 특정회사 주식매매거래량은 그 회사의 발행주식총수에 의하여 실질적으로 제한을 받게 되지만, 실물인수도로 결제되는 것을 제외한 장내파생상품의 거래량은 시장 참여자가 있는 한 무한대로 증가할 수 있다. 이미 존재하는 권리의 이전을 목적으로 하는 것이 아니기 때문이다.

32) "시장파생거래"에 관하여 일본 금융상품거래법(金融商品取引法) 제2조 제21항은 선도거래는 "1. …장래의 일정 시기에 금융상품과 그 대가의 수수를 약속한 매매에 있어서, …해당 금융상품의 전매 또는 환매를 한 때는 차액의 수수에 의하여 결제할 수 있는 거래"와 "2. …금융지표로 약정한 수치와 실제의 금융지표 수치의 차이에 따라 산출한 금전의 수수를 약정한 거래"로, 옵션은 "3. …거래를 성립시킬 수 있는 권리를 상대방이 당사자 일방에게 부여하고 당사자 일방이 이에 대하여 대가를 지급할 것을 약속하는 거래"로, 스왑은 "4. 당사자 일방이 상대방과 정한 금융상품의 이자율 등 또는 금융지표의 약정한 기간의 변화율에 따라 금전을 지급할 것을 상호 약정하는 거래"(일반상품 관련 스왑에 관한 동조 동항 제4호의2도 유사)로, 신용파생거래는 "5. 당사자 일방이 금전을 지급하고, 이에 대해 당사자가 일정한 신용사유가 발생한 경우 상대방이 금전을 지급할 것을 약정하는 거래"로 정의하였다. 일본 금융상품거래법 제159조는 가장매매를 동법 제2조 제21항 제1호의 선도거래에 대하여는 "권리의 이전을 목적으로 하지 않는 가장의… 시장파생거래", 동법 제2조 제21항 제2호의 선도거래, 제4호의 스왑거래, 제5호의 신용파생거래에 대하여는 "금전의 수수를 목적으로 하지 않는 가장의 시장파생거래", 동조 제2조 제21항 제3호의 옵션거래에 대하여는 "옵션의 부여 또는 취득을 목적으로 하지 않는 가장의… 시장파생거래"로 규정하여 동법 제2조 제21항에 규정된 각 유형의 거래의 정의조항에 대응되도록 하였다(밑줄은 필자).

않는 거래'라고 입법하는 것이 바람직하다. 장내파생상품은 원래 '권리의 이전'을 목적으로 하는 것이 아니므로 형벌법규의 엄격해석원칙을 들어 장내파생상품의 가장거래는 법 제176조 제1항 제3호 위반으로 처벌할 수 없다는 주장이 제기될 여지가 있다. 그러나 자본시장법은 '장내파생상품의 매매'라는 표현을 여러 곳에서 사용하고 있으므로 법 제176조에서 사용하는 '권리의 이전'이라는 표현을 민법상의 매매에 따른 권리의 이전보다는 넓은 의미로 보아 '그 권리의 이전을 목적으로 하지 않는 거래'라는 것은 장내파생상품에 관하여 '그 권리 · 의무의 발생을 목적으로 하지 않는 거래'를 의미하는 것으로 해석함이 타당할 것이다.

매매 후 즉시 반대매매를 하여 최초매매의 권리 이전의 효과를 상쇄시키는 경우도 가장매매에 해당한다는 견해[33]가 있으나, 두 당사자 사이에서 이러한 형태의 거래를 하는 때에는 최초의 매매에 의한 권리 이전과 두 번째 매매에 의한 반대방향의 권리 이전이 이루어지게 되므로 가장매매라기보다는 2회의 통정매매로 보는 것이 타당할 것이다.

3) 통정매매 · 가장매매의 위탁 및 수탁(법 제176조 제1항 제4호)

① 위탁

통정매매 · 가장매매를 하는 행위뿐 아니라 이러한 매매를 투자중개업자에게 위탁하거나 투자중개업자가 이를 알면서 수탁하는 행위도 금지된다. (i) 위탁 · 수탁단계에 위장거래의 위험성이 높다고 보는 것이고,[34] (ii) 또한 매매거래 체결뿐 아니라 매매주문사실도 투자자들의 투자판단

---

33) 김건식 / 정순섭, 앞의 책(주 9), 450면.
34) 神田秀樹 · 松尾直彦 · 黑沼悅郎 / 藤田友敬(執筆), 앞의 책(주 4), 26頁.

에 영향을 줄 수 있기 때문이다.[35] 위탁 · 수탁의 규제 취지가 (ii)뿐이라면 투자자의 위탁 후 투자중개업자가 그 주문을 시장에 제출하였어야 제4호에 위반된다고 해석할 수 있을 것이다.[36] 그러나 위탁 · 수탁 규제의 근본 취지는 (i)에 있다고 보아야 할 것이므로, 통정매매 · 가장매매를 투자중개업자에게 위탁하면 그 위탁시점에 법 제176조 제1항 제4호 위반이 성립한다고 보는 것이 타당하다. 위탁자가 통정매매 · 가장매매를 위탁하였으나 수탁한 투자중개업자는 통정매매 · 가장매매임을 알지 못하고 수탁한 때에는 위탁자만 법 제176조 제1항에 해당하게 된다. 위탁자는, 통정매매 · 가장매매의 위탁 후 통정매매 · 가장매매가 성립하지 않은 경우에는 제4호에 해당하게 되고, 위탁 후 통정매매 · 가장매매가 성립한 경우에는 제1호 내지 제3호에 해당하게 될 것이다.

② 수탁

고객이 통정매매 · 가장매매를 하려는 것을 투자중개업자의 임직원이 알면서 매매의 위탁을 받은 경우, 그 임직원에게 오인목적이 있었음이 인정되는 때에는 법 제176조 제1항 제4호에 해당한다. 또한 투자자가 법 제176조를 위반하여 매매를 하려는 것(법 제176조 제1항과 관련해서는 고객이 오인목적을 가지고 통정매매 · 가장매매를 하려는 것)을 알면서 그 거래를 위탁받는 행위는 불건전 영업행위에 해당하고(법 제71조 제7호 및 시행령 제68조 제5항 제6호), 과태료에 처해질 수 있다(법 제449조 제1항 제29호).

---

35) 김건식 / 정순섭, 앞의 책(주 9), 451면.

36) 이 견해로는 한국증권법학회(편) / 김정수(집필) / 성희활 · 엄세용 · 최성근(수정), 앞의 책(주 8), 1094면.

III. 현실거래에 의한 시세조종의 금지

1. 개요

시장에서 일어나는 모든 주문은 수요·공급의 일부를 이루므로 시세에 얼마만큼은 영향을 줄 것이다. 법 제176조 제2항 제1호는 시장에서 일어나는 현실거래 중 정상적인 시장 활동이라고 볼 수 없는 거래를 규제하고자 하는 것이다. 이 조항에서 규제하는 행위는 매매거래를 유인할 목적으로 하는 거래로서, 정상적인 수요·공급에 따라 자유경쟁시장에서 형성될 시세 및 거래량을 시장요인에 의하지 아니한 다른 요인으로 인위적으로 변동시킬 가능성이 있는 거래이다. 위장매매·허위표시 등 다른 유형의 시세조종행위와는 달리 이 조항에서 규율하는 시세조종행위는 정상적인 매매거래와 구별이 쉽지 않다는 점에서 적용범위를 정하는 데 어려움이 발생할 수 있다. 미국에서는 이론적으로도 사기적 행위가 아닌 한 현실매매를 시세조종으로 규제할 필요가 없다는 견해가 제기되었다.[37] 그러나 증권시장과 장내파생상품시장이 자유롭고 공정한 시장으로 작동하는 데 대한 시장 참여자들의 신뢰를 보호하기 위해서는 현실매매에 의한

---

37) 정당한 현실매매와 위법한 시세조종을 구별할 객관적 기준을 설정하기 어렵고 목적이라는 주관적 의사를 기준으로 위법한 시세조종 여부를 판단하는 경우 목적을 확인할 수 없으며 시세조종 규제가 적법한 거래를 억제하는 효과 등 사회적 비용의 과다지출을 초래한다고 주장하며, 시세조종 규제에 의문을 표시하는 견해이다. 이 견해에서도 가장매매, 통정매매 등은 사기적 행위로 규제하여야 한다는 입장이다[Daniel R. Fischel / David J. Ross, Should the Law Prohibit Manipulation in Financial Markets, 105 Harv. L. Rev. 503 (1991)]. 이 견해와 이에 대한 비판의 간략한 요약은 윤영신 / 이중기, "증권거래법상 시세조종행위의 요건 및 제재에 관한 연구," 한국법제연구원, 2000, 28-32면 ; 송옥렬, "증권시장 사기규제의 법경제학," 법경제학연구 제9권 제2호(2012. 12), 한국법경제학회, 184-186면.

시세조종을 규제할 필요가 있다.[38] 현실거래에 의한 시세조종의 비난 가능성의 근거는 (i) 시장을 교란하는 점, (ii) 다른 사람들의 오인을 유발하여 거래하도록 유인하는 점, (iii) 시세변동에 따른 이익을 얻는 점 등을 생각해 볼 수 있고, 어디에 중점을 두는가에 따라 구성요건이 달라진다.[39] 법 제176조 제2항 제1호는 객관적 요건으로 (i)의 교란행위 즉 성황을 이루고 있는 듯이 잘못 알게 하거나 시세를 변동시키는 매매를, 주관적 요건으로 (ii)의 유인목적을 요구하고 있으며 (iii)의 이익요건은 요구하지 않는다. 이는 미국 증권거래소법 제9조 (a)항 (2)호와 거의 같은 내용이다.[40]

EU의 시장남용(market abuse) 규제는 미국 증권거래소법과 이를 모델로 삼은 법 제176조 제2항 제1호와는 다른 접근방법을 취하고 있다. EU 법제는 유인목적을 요구하지 않고 "(i) 금융상품[41]의 공급 · 수요 또는 가격에 관한 거짓 또는 오해를 유발하는 시그널을 주거나 줄 가능성이 있거나, (ii) 1개 또는 수 개의 금융상품의 가격을 비정상적 수준 또는 인위적인 수준으로 만드는 거래, 거래의 주문, 기타 행동"을 금지하고 다만 "그 행위자가 그 거래 · 주문 · 행동에 정당한 이유가 있고, 용인되는 시장 관

---

38) 김건식 / 정순섭, 앞의 책(주 9), 452면.

39) 윤영신 / 이중기, 앞의 보고서(주 37), 8면.

40) Section 9. (a) It shall be unlawful for any person, directly or indirectly, by the use of the mails or any means or instrumentality of interstate commerce, or of any facility of any national securities exchange, or for any member of a national securities exchange —

(2) To effect, alone or with 1 or more other persons, a series of transactions in any security other than a government security, any security not so registered, or in connection with any security-based swap or security-based swap agreement with respect to such security creating actual or apparent active trading in such security, or raising or depressing the price of such security, for the purpose of inducing the purchase or sale of such security by others.

41) 금융상품 외에 관련된 현물상품계약, 배출권에 기초한 경매상품도 함께 열거되어 있으나 본문에서는 논의의 편의상 금융상품만 언급하였다.

행에 따랐음을 입증하는 경우"에는 예외로 하고 있다.[42)·43)]

2. 주관적 요건(유인목적)

(1) 유인목적의 의미

1) 매매거래를 유인할 목적

시장에서 일어나는 모든 주문은 수요 · 공급의 일부를 이루므로 시세에 얼마만큼은 영향을 줄 것이다.[44)] 법 제176조 제2항 제1호는 현실거래 중 정상적인 시장 활동이라고 볼 수 없는 거래를 규제하고자 하는 것이고, 현실거래에 의한 시세조종의 구성요건으로 "상장증권 또는 장내파생상품의 매매가 성황을 이루고 있는 듯이 잘못 알게 하거나 그 시세를 변동시키는 매매"와 그러한 매매를 한다는 점에 대한 행위자의 인식 이외에 주

---

42) Regulation (EU) No 596 / 2014 of the European Parliament and of the Council of 16 April 2014 on Market Abuse (Market Abuse Regulation) Article 12(1)(a) ; Article 15, Directive 2014 / 57 / EU of the European Parliament and of the Council of 16 April 2014 on Criminal Sanctions for Market Abuse (Market Abuse Directive) Article 5(2)(a).

43) 金融商品取引法研究會, 相場操縱の規制(金融商品取引法研究會研究記錄 第43號), 日本證券経濟研究所, 2013, 19頁(藤田友敬 발표)은 이론적으로는 EU 법제의 타당성에 동의하면서도 행위자에게 정당한 사유가 있음에 관한 입증책임을 부과하는 것이 죄형법정주의상 허용될 것인가 하는 의문 등을 이유로 EU 법제를 일본에 도입하는 데 유보적인 입장을 보이고 있다.

44) 대표적인 미국 판결인 Trane Co. v. O'Connor Securities, 561 F. Supp. 301 (S.D. N.Y. 1983) 판결은 피고 증권회사가 차익거래자로서 9개월에 걸쳐 트레인(Trane)주식을 15퍼센트 매입한 사안에서, 그러한 매입이 주가에 영향을 미치고 다른 사람의 매입을 유인했을 것이라는 점에 대하여는 인정하였으나, 투자를 통한 이익을 기대하며 매입한 것이고, 인위적인 수요를 만들거나 다른 사람들의 투자를 유인하여 손해를 입힐 목적이 아니었으며 시장을 지배하지도 않았다고 하여 시세조종에 해당하지 않는다고 판시하였다.

관적 요건으로 “매매거래를 유인할 목적”을 요구한다. 매매거래를 유인할 목적은 “인위적인 조작을 가하여 시세를 변동시킴에도 불구하고, 투자자에게는 그 시세가 증권 · 장내파생상품 시장에서의 자연적인 수요 · 공급의 원칙에 의하여 형성된 것으로 오인시켜 증권 · 장내파생상품의 매매에 끌어들이려는 것”을 말한다(대법원 2001. 6. 26. 선고 99도2282 판결 및 대법원 2013. 7. 11. 선고 2011도15056 판결 등). 증권의 시장에서 저평가되어 있다고 보아 시장가격이 상승되어야 한다고 믿고 매매한 경우에도 유인목적을 인정하는 데 지장이 없다.[45)]

2) 유인목적의 주관적 강도

유인목적의 주관적 의사의 강도를 어느 정도로 요구할 것인지에 대하여도 논란이 있을 수 있다. 대법원은 목적에 대한 인식의 정도는 미필적 인식으로 충분하다고 보고 있다(대법원 2003. 12. 12. 선고 2001도606 판결, 대법원 2013. 7. 11. 선고 2011도15056 판결 및 대법원 2018. 4. 12. 선고 2013도6962 판결). 일본에서는 다른 투자자들이 유인될지도 모른다는 가능성의 인식 정도로 충분하다고 보는 견해가 다수설이다.[46)] 대법원 판결이 언급한 미필적 인식은 일본의 다수설이 주장하는 인식의 정도와 큰 차이가 없는 것으로 보인다.

3) 다른 목적의 존재

유인목적은 그것이 행위의 유일한 동기일 필요는 없고 다른 목적과 함께 존재하여도 무방하며, 그 경우 어떤 목적이 행위의 주된 원인인지는

45) Louis Loss / Joel Seligman / Troy Paredes, Fundamentals of Securities Regulation (6th ed.), Aspen Publishers, p.1498 (2011).
46) 神田秀樹 · 松尾直彦 · 黑沼悅郎 / 藤田友敬(執筆), 앞의 책(주 4), 29頁.

문제 되지 않는다(대법원 2018. 4. 12. 선고 2013도6962 판결).[47] 특정종목 주식이 유망한 것처럼 오인시켜 그 주식의 매매거래를 유인하게 된다는 것을 알 수 있다면, 일반투자자들의 매매거래를 유인할 목적도 있는 것으로 인정된다(대법원 2002. 7. 26. 선고 2001도4947 판결[48]). 시세를 변동시킨 후 그 변동된 시세로 증권·장내파생상품을 매매하여 이익을 취할 목적까지 있어야 하는 것은 아니다(서울지방법원 2001. 1. 17. 선고 99노11300 판결[49]). 행위자의 이득 추구 또는 이득 취득이 법 제176조 제2항의 구성요건의 일부를 이루지 않는 것은 법 제176조 제2항이 보호하고자 하는 것이 시장의 효율성과 신뢰성이기 때문이다.

장외파생금융거래의 당사자는 그 기초자산인 증권을 헤지목적 또는 차익거래목적으로 매매할 수 있다. 대법원도 "금융투자업자가 파생상품의

47) 예컨대 서울고등법원 2003. 12. 16. 선고 2003노2316 판결은 고가매수주문·허수주문·가장매매 등 여러 기법을 동원하여 일정한 패턴을 가지고 시세조종성 주문을 여러 차례 반복하여 계속한 사건에서, 피고인이 유인목적에 대하여 "적극적·확정적으로 인식하지 못하였다거나 이러한 목적들 이외에 매수자금을 확보하려는 다른 목적을 가지고 있었다고 하더라도 달리 볼 것이 아니다"라고 판시하였다.

48) 이 판결의 사실관계를 보면 국내 R증권회사의 주식 69.95퍼센트를 가진 홍콩 KOL이 R증권회사 주식매각 및 KOL의 유상증자를 추진하였고, 그 과정에서 KOL의 외국 대주주 측 요청으로 또 다른 실질적인 대주주 J가 시중에 유통 가능한 R증권회사 주식의 절반을 매입할 수 있는 규모의 자금을 동원하여 직전가 대비 고가매수주문하는 방법으로 R증권회사 주식을 매집하여 주가가 약 1만 3,000원대에서 3만 4,000원대로 상승하였다. 원심(서울고등법원 2001. 9. 5. 선고 2001노1397 판결)은 "인위적인 조작으로 주가를 상승시킨 것은 비록 유가증권시장에서의 일반투자자들을 오인시켜 유가증권 매매거래를 유인하는 것을 직접 목적으로 하는 경우는 아니라 하더라도 R증권회사 지분매각 또는 (KOL의 — 필자 추가) 유상증자를 원활하게 할 목적으로 시세를 조종하는 과정에서 일반투자자로 하여금 R증권회사의 주식이 유망한 것처럼 오인시켜 그 주식의 매매거래를 유인하게 된다는 것도 알 수 있었던 이상 일반투자자들의 매매거래를 유인할 목적도 있었다고 봄이 상당하다"고 판단하였고, 대법원은 원심의 판단이 정당하다고 인정하였다.

49) 현대전자 주가 시세조종에 관한 대법원 2003. 12. 12. 선고 2001도606 판결의 원심판결이다.

거래로 인한 위험을 관리하기 위하여 시장에서 주식 등 그 기초자산을 매매하는 방식으로 수행하는 헤지거래가 시기, 수량 및 방법 등의 면에서 헤지목적에 부합한다면 이는 경제적 합리성이 인정되는 행위라고 할 것이므로, 헤지거래로 인하여 기초자산의 시세에 영향을 주었더라도 파생상품의 계약조건에 영향을 줄 목적으로 인위적으로 가격을 조작하는 등 거래의 공정성이 훼손되었다고 볼만한 특별한 사정이 없는 한 이를 시세조종행위라고 할 수는 없다"고 판시하였다(대법원 2016. 3. 10. 선고 2013다7264 판결).

그러나 유인목적을 가지고 인위적으로 가격을 조작하는 거래를 하는 경우에는 이와 같은 헤지목적 또는 차익거래목적을 함께 가지고 있어도 시세조종행위로 인정되는 데 지장이 없다. 그 예로 주가가 일정 금액에 도달하면 옵션권리 · 의무가 소멸하는 이른바 녹아웃조항이 들어 있는 옵션계약을 체결한 상황에서, 주가가 녹아웃가격 근처로 접근하자 장 종료 직전에 옵션의무자 측에서는 녹아웃가격으로 매수하는 대량의 매수주문을 내고, 옵션권리자 측에서는 녹아웃가격보다 낮은 가격으로 대량의 매도주문을 낸 사례가 있다. 이 사례에서 법원은 인위적인 조작을 가하여 주가를 변동시키려는 것임에도 불구하고 다른 투자자들에게는 그것이 시장에서의 자연적인 수요 · 공급의 원칙에 의하여 형성된 것으로 오인시켜 다른 투자자들을 유인할 목적이 있다고 인정하였다(대법원 2012. 11. 29. 선고 2012도1745 판결[50]). 종가 결정에 관여하여 시세를 변동시키는 행위를 하면 그날의 매매는 종료하게 될 것이므로 투자자를 유인할 수 없는 것 아닌가 하는 의문이 들 수 있지만, 위 판결은 변동된 시세가 종가 결정

---

50) 이 사건의 내용 및 판결에 대한 평석은 김영기, "현실거래에 의한 시세조종과 매매유인목적 : 2012. 11. 29 선고 2012도1745 판결 사안('도이치증권 v. 대한전선' 사건)을 중심으로," 형사판례연구 제21호(2013. 6), 박영사, 336-362면.

후 다음 날에도 다른 투자자들의 매매거래를 유인할 가능성이 충분히 있으므로 '매매거래를 유인할 목적'이 인정된다고 보았다.[51)]

(2) 유인목적의 입증

1) 유인목적의 입증방법

유인목적은 법 제176조 제2항의 시세조종행위의 주관적 요건으로서 검사가 입증책임을 부담한다. 그러나 행위자가 자백하지 않는 한 그가 유인목적을 가지고 있었음을 직접적으로 입증하기는 매우 어렵다. 또한 거래의 태양 또는 다른 목적의 존재 때문에 유인목적이 있었는지 여부가 입증하기 어려운 경우도 있다.[52)] 그렇기 때문에 대법원은 당사자가 유인목적이 있었음을 자백하지 않더라도 그 증권의 성격과 발행된 증권의 수량, 가격 및 거래량의 동향, 전후의 거래상황, 거래의 경제적 합리성과 공정성, 가장 혹은 허위매매 여부, 시장관여율의 정도, 지속적인 종가관리 등 거래의 동기와 태양 등의 간접사실을 종합적으로 고려하여 유인목적이 있었는지 여부를 판단할 수 있다는 입장을 일관되게 취하고 있다(대법원 2001. 6. 26. 선고 99도2282 판결, 대법원 2004. 3. 26. 선고 2003도7112

---

51) 위 대법원 판결이 다룬 사건의 제1심 판결에 대한 평석으로는 남궁주현, "현실매매에 의한 시세조종행위의 성립요건에 관한 고찰 : 서울중앙지방법원 2011. 1. 28. 선고 2010고합11 판결을 중심으로," 증권법연구 제12권 제2호(2011), 한국증권법학회 ; 박임출, "시세조종의 구성요건인 '변동거래'와 '유인목적' : 서울중앙지방법원 2011. 1. 28. 선고 2010고합11 판결을 중심으로," 증권법연구 제12권 제2호(2011), 한국증권법학회 ; 김영기, 앞의 논문(주 50).

52) 김건식 / 정순섭, 앞의 책(주 9), 455면은 거래 후 취득한 증권을 처분하지 않고 계속 보유하는 경우, 경영권 분쟁 중 공격 또는 방어목적으로 주식을 매수 또는 매도하는 경우, 파생거래와 관련하여 헤지목적으로 증권을 보유하다가 헤지 필요성이 사라지거나 감축되어 대량매도하는 경우 등을 유인목적 유무가 문제 되는 대표적인 예로 들고 있다.

판결, 대법원 2013. 7.11. 선고 2011도15056 판결 및 대법원 2018. 4. 12. 선고 2013도6962 판결 등).[53)·54)] 이와 같이 간접사실을 종합적으로 고려하여 유인목적 유무를 판단한다면, 결국 통상의 거래행태가 아닌 거래를 한 경우에는 유인목적이 없었다고 주장하는 쪽에서 사실상 이를 입증할 필요가 생긴다고 할 수 있다.[55)]

2) 유인목적 유무 판단 시 고려요소 중 거래의 동기

대법원 판결에서 언급한 고려요소 중 거래의 동기에서는 시세변동에 따른 경제적 이해관계를 가지는지 여부가 중요할 것이다. 경제적 이해관계의 예로는 (i) 대상증권의 매입 또는 보유 자체로부터 발생하는 이해관계, (ii) 새로운 증권 발행과 관련된 이해관계, (iii) 그 밖의 다른 거래 또는 규제상 대상증권의 시세가 영향을 주는 데에 따른 이해관계가 있다.

(i)의 예로는 매입한 주식의 고가매도(대법원 2002. 6. 14. 선고 2002도1256 판결), 주식매집자금에 대한 이익배당과 차입자금 상환(대법원 2007.

---

53) 김영기, 앞의 논문(주 50), 353면은 대법원 판결에서 일관되게 판시하는 유인목적 인정을 위한 간접사실들이 추상적 나열에 그치고 있어 실제 사안에 적용하는 데 어려움이 있음을 지적하고, (i) 행위 당시의 정황(그와 같은 매매에 이르게 된 동기 내지 상황), (ii) 거래의 합리성(거래행위 자체가 경제적 관점에서 합리적인 거래라고 평가받을 수 있는지), (iii) 부당한 이익 추구 여부(그와 같은 매매결과, 수요와 공급의 원리에 따른 통상의 매매를 통해서는 도저히 얻어질 수 없는 이익을 얻었거나 얻을 수 있었는지 여부)로 유형화할 필요가 있다고 주장한다.

54) 현실매매에 의한 시세조종을 규정한 미국 증권거래소법 제9조 (a)항 (2)호도 유인목적을 요구하고 있으나 정황증거로부터 유인목적을 추정한다[Loss / Seligman / Paredes, 앞의 책(주 45), p.1499].

55) 임재연, 앞의 책(주 3), 409면 ; 김건식 / 정순섭, 앞의 책(주 9), 455면은 현실매매에 의한 시세조종 여부 판단 시 객관적 구성요건이 더 중요한 의미를 가지게 됨을 지적하였고, 한국증권법학회(편) / 김정수(집필) / 성희활 · 엄세용 · 최성근(수정), 앞의 책(주 8), 1107면은 더 나아가 매매가 통상의 거래 관행을 벗어나는 정황이 존재하는 경우 유인목적이 추정되고 거래자가 그러한 목적을 수반하지 않은 정상적인 목적의 거래였음을 증명해야 한다는 입장이다.

11. 29. 선고 2007도7471 판결), 주가 폭락에 따른 손해 발생과 담보 부족(대법원 2001. 6. 26. 선고 99도2282 판결), 적은 비용으로 주식을 대량매집하기 위해 주가를 하락시키는 시세조종[서울남부지방법원 2015. 12. 3. 선고 2014고합271, 2014고합308(병합), 2014고합533(병합) 판결], 수익분배약정(서울지방법원 2002. 9. 24. 선고 2002고단6146 판결) 등을 들 수 있다.

(ii)에 속하는 사례는 대체로 발행회사의 경영진이 자사 주식의 시세를 조종하는 예들이다. 대표적인 사례로 회사의 외자유치 또는 유상증자 추진(부산지방법원 동부지원 2009. 1. 16. 선고 2008고합103 판결 및 수원지방법원 2012. 4. 25. 선고 2012고합137 판결), 전환사채 또는 신주인수권부사채 발행 및 전환 원활화(서울지방법원 2000. 5. 12. 선고 2000고단2008 판결 및 서울고등법원 2003. 9. 19. 선고 2003노1458 판결), 전환사채 가격조정(refixing) 방지(서울중앙지방법원 2004. 4. 16. 선고 2004고합261 판결)를 들 수 있다. 모회사의 지분매각 및 유상증자 추진을 위한 경우(대법원 2002. 7. 22. 선고 2002도1696 판결 및 대법원 2002. 7. 26. 선고 2001도4947 판결)도 같은 유형이라고 할 수 있다. 유사한 동기로 발행회사 자신이 시세조종에 관여한 예로는 주권상장 폐지를 회피하기 위한 경우(서울고등법원 2005. 7. 12. 선고 2004노2874 판결)도 있다. 한편 대상회사를 인수하고자 하는 자가 제3자배정 유상증자의 신주 및 신주인수권부사채를 낮은 발행가격으로 인수하고자 한 경우(대법원 2010. 12. 9. 선고 2009도6411 판결)는 발행회사와는 반대방향으로 시세조종하는 동기를 가진 경우이다.

(iii)의 예로는 주식을 보유한 증권회사의 영업용 순자본비율 제고를 통한 대외 신인도 향상(대법원 2003. 12. 12. 선고 2001도606 판결), 펀드수익률 상승을 통한 펀드투자 유인(서울남부지방법원 2011. 10. 17. 선고 2011고합226 판결), 국민연금 위탁자산의 수익률 상승을 통하여 운용평가에서 좋은 등급 획득(서울중앙지방법원 2012. 11. 16. 선고 2012고합270 판결), 반대

주주의 주식매수청구권 행사의 최소화(서울중앙지방법원 2007. 6. 22. 선고 2007고합11 판결 및 서울중앙지방법원 2012. 12. 28. 선고 2011고합414 판결), 대주주 아들이 지배주주로 있는 비상장법인의 흡수 · 합병(서울중앙지방법원 2011. 11. 18. 선고 2011고합441 판결), 상장 폐지 방지(서울남부지방법원 2004. 10. 14. 선고 2003고합469 판결), 주가에 연계된 장외파생상품상의 지급금액의 결정(대법원 2012. 11. 29. 선고 2012도1745 판결), 주식투자대회 상금 획득(서울남부지방법원 2015. 5. 13. 선고 2015고단1228 판결)을 들 수 있다.

3) 유인목적 유무 판단 시 고려요소 중 거래의 태양

대법원 판결에서 언급한 고려요소 중 거래의 태양은 경제적 합리성이 있는지 여부와 시세변동을 쉽게 일으킬 수 있는 거래[예컨대 순차 고가주문 또는 순차 저가주문, 시가(始價) 또는 종가 형성 시 대량주문, 물량소진주문]인지 여부 등이 중요한 사항이라고 할 수 있다. 구체적인 사실관계에 따른 차이이겠으나 유인목적을 쉽게 인정한 듯한 판결[56]도 있고, 반대로

---

56) 피고인의 현실매매에 의한 시세개입률이 1~2퍼센트 정도로 주가 상승에 실질적 영향을 미칠 수 없었고 매수주문의 대부분이 상대호가 대비 10~20원에 지나지 않았으며, 해당 종목의 주가의 변동성이 컸고 전체 매매 중 가장매매의 비율이 매우 낮았던 점 등을 들어 시세에 영향을 미치기 위한 것이 아니었다는 피고인의 주장에 대하여, 법원은 "비록 피고인이 한 거래가 소량에 지나지 않았고 직전가 또는 상대호가에 대비하여 차이가 거의 없는 주문을 하기도 하였으며 전체 매매에 대한 가장매매의 비율이 비교적 낮은 점이 있다고 하더라도, 피고인이… 고가매수주문, 허수주문, 가장매매 등 여러 가지의 기법을 동원하여 일정한 패턴을 가지고 시세조종성 주문을 여러 차례 반복하여 계속하였고, 또한 소량의 주문이라도 근접한 시간에 이를 연속적으로 주문하면서 직전가를 체증시키고, 주문수량을 증가시켜 거래가 성황을 이루는 듯이 보이게 한 점 등으로 미루어 볼 때, …주가를 인위적으로 조작하여 상승시키기 위하여 행하여진 변칙적 거래를 함으로써 투자자들에게 유가증권의 매매거래가 성황을 이루고 있는 듯이 잘못 알게 하거나 그 시세를 변동시키는 매매거래에 해당한다고 할 것이고… 투자자로 하여금 위 각 주식이 유망한 것처럼 오인시켜 그 주식의 매매거래에 끌어들이려는 목적에서 비롯된 것임을 넉넉히 인정할 수 있다"고 판시하였다(서울고등법원

거래의 태양보다는 거래의 동기를 중시한 판결[57]과 변칙적 거래의 태양이 있어도 규모가 작다고 하여 유인목적을 부정한 판결[58]이 있다. 주식매수에 의한 시세조종으로 보유한 주식 자체에서 이득을 얻고자 하는 때에는 시세조종으로 인한 주가 상승 시 곧 처분하는 경우가 많을 것이다. 행위자의 매수로 인한 주가 상승 후 주식을 계속 보유하는 경우에도 주가 상승으로 인한 다른 경제적 이해관계가 있다면, 투자자들을 오인시켜 주식매매에 끌어들일 유인목적을 가지고 있는 경우가 충분히 있을 수 있으므로 주식 계속보유 이외의 다른 간접사실을 종합적으로 고려할 필요가 있다.

4) 간접사실의 중요성

대법원은 법 제176조 제2항의 주관적 요건인 유인목적의 유무뿐 아니라 객관적 요건인 '상장증권 또는 장내파생상품의 매매가 성황을 이루고 있는 듯이 잘못 알게 하거나 그 시세를 변동시키는 매매'에 해당하는지 여부도 여러 간접사실을 종합적으로 고려하여 판단할 수 있다고 판시하였다. 현실매매에 의한 시세조종의 위법성이 유인목적이라는 주관적 요건으로부터 도출된다고 하더라도 주관적 요건인 유인목적과 객관적 요건인 성황을 이루고 있는 듯이 잘못 알게 하거나 시세를 변동시키는 매매 모두 동일한 여러 간접사실을 고려하여 인정될 수 있다는 점에서 결국 여러 간접사실에 드러나는 객관적인 비정상적 매매거래행태와 거래의 동기가 현실매매에 의한 시세조종의 위법성 유무를 결정하는 셈이다.

2003. 12. 16. 선고 2003노2316 판결).

57) 뒤 주 90의 본문 아래에 언급한 서울고등법원 2009. 3. 19. 선고 2008노2314 판결 ; 서울고등법원 2005. 10. 19. 선고 2005노1123 판결.

58) 뒤 주 92의 본문에 언급한 서울고등법원 2005. 10. 26. 선고 2005노1530 판결 ; 수원지방법원 2013. 1. 31. 선고 2012고합699 판결.

(3) 유형별 분석

현실매매로 시세가 변동되는 경우를 다음과 같은 유형으로 나누어 볼 수 있다.

① 시장의 정상적인 거래 관행에 따른 주문 및 매매거래를 하되, 그 주문으로 시세가 변동될 수 있다는 점에 대한 인식은 있으나 유인목적 없이 매수·매도하여 시세가 변동되는 경우

② 시세를 변동시킬 적극적 의사는 있으나 유인목적은 없이 거래하되,

(i) 주문 및 매매거래의 태양은 정상적인 거래 관행을 따르는 경우

(ii) 주문 및 매매거래의 태양이 정상적인 거래 관행과는 다른 경우

③ 유인목적을 가지고 매수·매도하되(유인목적을 가지고 있으면서 시세를 변동시킬 의사가 없는 경우는 생각하기 어려울 것이다)

(i) 주문 및 매매거래의 태양은 정상적인 거래 관행을 따르는 경우

(ii) 주문 및 매매거래의 태양이 정상적인 거래 관행과는 다른 경우

법 제176조 제2항 제1호에 해당하기 위해서는 다른 투자자를 오인시켜 매매에 끌어들이려고 하는 유인목적이 있어야 한다. ①의 거래는 정상적인 거래이고 그 거래로 인하여 시세에 영향을 준다는 인식을 하였더라도 법적으로 문제가 없다. 예컨대 대상회사의 의결권을 확보하기 위하여 주식을 매입하고 이로 인하여 주가가 상승하는 경우가 이에 해당한다. ②의 거래는 유인목적이 없으므로 법 제176조 제2항 제1호에 해당하지 않을 것이고, ③의 거래는 유인목적이 있으므로 법 제176조 제2항 제1호에 해당할 것이다.

위의 ①~③에서는 유인목적을 가지고 있었는지 여부를 단정적으로 전제하였으므로 법 제176조 제2항 제1호 해당 여부에 대해 쉽게 결론에 도달할 수 있었다. 그러나 실제로는 행위자의 주관적 의사인 유인목적 유

무를 파악하기는 어렵다. 이론적으로는 자신의 거래로 시세를 변동시키려는 의사와 다른 투자자를 유인하여 매매에 끌어들이려는 의사는 구별되고, 유인목적이 없는 한 법 제176조 제2항 제1호에 해당하지 않는다. 하지만 시세변동은 자신의 거래만으로 이루어지지 않고 다른 투자자를 유인하여 매매에 끌어들임으로써 더 용이하게 이루어질 수 있다는 점에서 시세를 변동시킬 의사와 유인목적을 엄격하게 구별하기는 쉽지 않다. 유인목적의 인식을 미필적 인식으로 충분하다고 보고 다른 투자자들이 유인될지도 모른다고 하는 가능성의 인식 정도로 본다면, 시세변동 의사가 있으나 유인목적은 없다고 하는 상황이 인정되기 쉽지 않고, 특히 매매거래 또는 주문의 행태가 거래 관행에 어긋나는 경우에는 더욱 인정되기 어려울 것이다.[59] 대법원의 입장과 같이 여러 간접사실을 종합적으로 고려하여 유인목적이 있었는지 여부를 판단한다면 유인에 관한 인식의 정도 문제 및 시세를 변동시킬 의사와 유인목적의 구분은 매우 이론적인 문제에 그칠 것이다.

예컨대 공개매수 상황에서 방어자 측이 공개매수 실패를 목적으로 공개매수대상 주식을 매집하여 주가가 공개매수가격 이상이 되도록 하되, 다른 투자자들의 행동과는 상관없이 자신이 수요를 창출하여 주가 상승을 의도하는 경우를 들 수 있다. 이때 방어자의 매수주문이 통상의 거래관행에 어긋나지 않으며 자신이 주식을 매수함으로써 수요·공급의 원칙에 따라 주가가 상승할 것을 의도한 경우 다른 투자자들의 매매를 유인할 목적이 없다고 주장할 수 있는 여지가 있을 수 있다. 그러나 이 경우 주식매수의 목적이 단순히 주식을 매수하는 데 있는 것이 아니라 주가가

59) 金融商品取引法研究會, 앞의 논문(주 43), 13頁도 "유인목적이라고 부르지만 포인트는 인위적인 조작을 가하여 시세를 변동시킬 것을 의도하고 있는가 하는 것으로 된다"고 본다.

일정 수준에 도달하여 유지되는 데 있고,[60] 이는 시장에서의 자연스런 수요·공급에 인위적으로 영향을 미치려는 것이며 그 목적은 다른 투자자들이 동참하면 더 쉽게 달성될 수 있으므로 미필적으로라도 유인할 목적이 있다고 인정될 경우가 많을 것이다.[61] 만약 매매행태 및 매수주문 중 통상의 거래 관행에 어긋나는 것이 있다면 유인목적을 인정하기 더 쉬울 것이다. 이론적으로는 ②와 ③은 유인목적 유무로 구별되지만, 유인목적 유무는 대법원 판례가 판시하듯이 다양한 간접사실을 고려하여 판단하게 된다는 점에서 실제로는 매매의 동기와 매매행태 등 객관적 행위태양이 매우 중요한 고려요소가 된다.[62]·[63]

---

60) 이 점에서 법 제176조 제3항의 시세고정·안정행위에 해당하게 될 수 있다.

61) 공개매수와 관련한 주식매수가 시세조종에 해당하는가에 관하여 미국의 판결 2개를 참고할 만하다. 미국 Crane Co. v. Westinghouse Air Brake Co., 419 F.2d 787 (2 Cir. 1969), cert. denied, 400 U.S. 822 (1970) 판결은, 크레인(Crane)이 에어 브레이크(Air Brake)에게 합병을 제안하였으나 에어 브레이크는 이를 거부하고 아메리칸 스탠더드(American Standard)와의 합병을 추진하였으며, 이에 크레인이 에어 브레이크 주식을 1주당 50달러에 공개매수하자, 아메리칸 스탠더드는 공개매수기간 최종일에 다량의 주식을 평균단가 49.08달러에 매수하고(당일 시초가는 45.25달러), 동시에 장외에서 그 매수주식 대부분을 저가에 매도하기로 비밀약정을 체결하고 실제 44.50달러에 매도한 사건에 관한 것이다. 위 판결은 아메리칸 스탠더드의 행위는 비밀장외매도를 통하여 실제 매수량을 줄이면서 시장에 매우 큰 매수세가 있는 듯이 보이게 하였고 매수 후 곧 손실을 보면서 매도하는 거래는 거래의 합리성이 없다고 보아 현실매매에 의한 시세조종에 해당한다고 판시하였다. 한편 Chris-Craft Industries, Inc. v. Piper Aircraft Corp., 480 F.2d 341, 383 (2d Cir. 1973) 판결은 Chris-Craft Industries(이하 'CCI')와 Bangor Punta Corporation(이하 'BPC')가 파이퍼 에어크래프트(Piper Aircraft)를 인수하기 위하여 파이퍼 에어크래프트 주식을 자신의 주식으로 교환하는 교환공개매수로 경합을 벌이던 중, BPC는 CCI 측이 여러 펀드에게 CCI 주식을 매입하도록 하여 CCI의 주가를 올림으로써 CCI의 교환공개매수가 더 매력적으로 보이게 하고, 결국 파이퍼 에어크래프트의 주가도 상승하게 하였다며 현실매매에 의한 시세조종이라고 주장한 사건에 관한 것이다. 위 판결은 펀드들이 투자목적으로 CCI 주식을 매입한 것으로 인정하였고, 인위적인 수요·공급을 만들려고 하는 것이 아닌 이상 시세조종으로 인정할 수 없다고 판시하였다.

62) 김건식 / 정순섭, 앞의 책(주 9), 455면은 법 제176조 제2항에 해당하는 시세조종행위

3. 행위

(1) 성황을 이루고 있는 듯이 잘못 알게 하거나 시세를 변동시키는 매매

1) 성황을 이루고 있는 듯이 잘못 알게 하거나 시세를 변동시키는 매매의 의미

법 제176조 제2항 제1호에 따른 현실거래에 의한 시세조종에 해당하려면 "상장증권 또는 장내파생상품의 매매가 성황을 이루고 있는 듯이 잘못 알게 하거나 그 시세를 변동시키는 매매"를 하거나 그러한 매매의 위탁 또는 수탁을 하여야 한다. "매매가 성황을 이루고 있는 듯이 잘못 알게 하거나 그 시세를 변동시키는 매매"는 문언상 '성황을 이루고 있는 듯이 잘못 알게 하는 매매' 또는 '시세를 변동시키는 매매'를 의미한다. 단순히 '성황을 이루고 있는 듯이 잘못 알게 하는 행위'까지 포함하도록 넓게 규정하고 있지는 않다.

'증권의 매매거래가 성황을 이루고 있는 듯이 잘못 알게 하는 매매'는 자유경쟁시장에서 형성될 주문량 · 거래량 · 가격변동이 정상적인 시장거

여부 판단 시 실제로는 객관적 구성요건이 더 중요한 의미를 가지게 됨을 강조하였다. 나아가 객관적 구성요건이 중요한 의미를 가지게 됨에 따라 유인목적이라는 주관적 요건이 존재의의를 상실하였다고 보고 유인목적을 삭제하여야 한다는 입법론[김영기, 앞의 논문(주 53), 354-355면]과 정상적인 거래와의 구별기준으로 유인목적을 존치해야 한다는 견해[오세영, "현실거래에 의한 시세조종행위의 성립요건에 대한 검토," 연세법학연구 제6권 제2호(2014), 연세대학교 법학연구원, 20면]이 대립하고 있다.

63) 박임출, 앞의 논문(주 51), 239면은 "변동거래가 시세조종에 해당되는지 여부는 행위자의 유인목적 존재 여부에 달려 있다"고 보면서도, "상장증권의 가격변동에 대하여 금전적 이해관계를 가지는 자가 해당 상장증권의 매매거래과정에서 가격을 상승 또는 하락시키기 위하여 비합리적 · 비경제적 수단을 사용한 사실이 객관적으로 드러난 경우에는 유인목적이 존재한다고 볼 수 있기 때문에 변동거래와 유인목적은 따로 분리될 수 없고, 항상 서로 결합되어야 하는 필요충분요건"임을 지적하였다.

래에서 이루어지는 것보다 활발하게 이루어지는 것으로 오인할 수 있게 하는 매매를 말한다.[64] 대량의 매매주문을 하면 매매거래가 성황을 이루고 있는 것으로 보일 수 있고 시세에도 영향을 줄 수 있다. 대량의 매매주문을 행한 사람이 시장에 참여하는 투자자로서 자신의 투자 활동의 일환으로 행한 것이라면 법 제176조 제2항에서 규율하는 현실거래에 의한 시세조종에 해당하지 않는다.

문제는 시장 참여자의 진정한 투자 활동으로 행한 주문·매매거래 여부를 어떻게 판단할 것인가이다. 이에 대하여 '거래의 경제적 합리성과 공정성'을 기준으로 삼아야 한다는 견해가 있다.[65] 즉 그 거래가 시세의 이상 등락을 발생시켰는지 여부, 거래가 통상의 거래 관념상 부자연스럽다고 인정할 수 있는지 여부, 투자자의 판단을 흐리게 할 가능성이 있는지 여부 등을 토대로 판단한다는 견해이다.[66] 실제 사례로는 장외파생상품인 녹아웃 옵션계약을 체결한 당사자가 기초자산인 주식의 가격이 녹아웃가격 이상으로 형성되도록 주문한 사건에서, 법원은 예상체결가격과 같은 가격에 매수주문을 한 경우에도 "그 주문으로 인하여 예상체결가격이 상승하지 않을 뿐 예상체결수량을 크게 증가시켜 일반투자자로 하여금 한미은행 주식에 대한 매수세가 유입되어 매매거래가 성황을 이루고 있는 것으로 오인하게 하는 종가관여주문에 해당한다"고 판시하였다〔서울고등법원 2012. 1. 13. 선고 2011노433 판결(대법원 2012. 11. 29. 선고 2012도1745 판결의 원심)〕. 또한 동시호가시간대에는 거래가 체결되지 않고 주문만 나타나는 경우에도 고가 매수주문이 매매거래가 성황을 이루고 있

64) 실제 '시세를 변동시키는 매매'에는 해당하지 않고 단지 '증권의 매매거래가 성황을 이루고 있는 듯이 잘못 알게 하는 매매'에만 해당하는 경우는 드물다는 지적도 있다〔岸田雅雄 / 今川嘉文(執筆), 앞의 책(주 9), 23頁〕.

65) 김건식 / 정순섭, 앞의 책(주 9), 458면.

66) 김건식 / 정순섭, 앞의 책(주 9), 458-459면 ; 박삼철, 앞의 논문(주 22), 25면.

는 듯이 잘못 알게 하는 매매거래에 해당할 수 있다.[67)]

진정한 매매계약의 체결 의사 없이 내는 주문[68)]인 허수주문은 '증권의 매매거래가 성황을 이루고 있는 듯이 잘못 알게 하는 매매'의 위탁에 해당하는 경우가 많을 것이다.

'상장증권 또는 장내파생상품의 시세를 변동시키는 매매거래'라 함은 본래 정상적인 수요·공급에 따라 자유경쟁시장에서 형성될 시세를 시장요인에 의하지 아니한 다른 요인으로 인위적으로 변동시킬 가능성이 있는 거래를 말한다(대법원 2004. 3. 26. 선고 2003도7112 판결, 대법원 2006. 5. 11. 선고 2003도4320 판결, 대법원 2007. 11. 29. 선고 2007도7471 판결 및 대법원 2009. 4. 9. 선고 2009도675 판결 등).[69)] 시세를 상승 또는 하락시키는 것은 물론 자유경쟁시장에서 형성되는 시세의 상승·하락을 지연시키

---

67) 동시호가시간대에는 거래가 체결되지 않고 주문만 나타나기 때문에 '거래' 자체가 존재하지 않으며 피고인의 매수주문으로 인하여 매수주문이 유발된 바 없다는 주장에 대하여, 법원은 "거래가 체결된 경우에만 주식의 매매거래가 성황을 이루고 있는 듯이 잘못 알게 하는 매매거래가 되는 것은 아니며… 피고인이 동시호가시간대에 대량의 최고가 매수주문을 냈기 때문에 일반투자자들 입장에서 보면 대호에이엘 주식의 매매거래가 성황을 이루고 있는 것으로 오인하여 상한가로 주문을 내거나 기존에 주문을 낸 사람이 취소하지 않을 수도 있어… 동시호가시간대에… 매매거래를 했다 하더라도 주식의 매매거래가 성황을 이루고 있는 듯이 잘못 알게 하는 매매거래로 보아야 할 것"이라고 판시하였다(서울고등법원 2005. 1. 14. 선고 2004노2572 판결).

68) 고객 즉 위탁자가 투자중개업자(증권회사)에게 하는 매도·매수의 의사표시가 "주문"이고(거래소 유가증권시장 업무규정 제2조 제5항), 주문을 받은 투자중개업자가 거래소 회원으로서 시장에서 매매거래를 하기 위한 매도·매수의 의사표시가 "호가"다(동 규정 제2조 제4항). 현실매매에 의한 시세조종에 해당하는 매매거래를 하기 위하여 고객이 증권회사에 주문을 내면 그것이 위탁행위에 해당하므로 증권회사가 거래소 회원으로 호가를 하지 않더라도 법 제176조 제2항 제1호의 위탁으로 기수가 된다.

69) 미국에서는 시세를 변동시키는 매매인지 여부의 판단 시 고려할 네 요소로 (i) 행위자의 가격 선도, (ii) 해당 종목 거래의 지배, (iii) 해당 종목의 유통물량 공급 감소, (iv) 행위자의 시세조종행위 종료 시 해당 종목의 시장 붕괴를 들고 있다[3 Bromberg & Lowenfels on Securities Fraud § 6 : 61 (2nd ed.)]

는 것도 "시세를 변동시키는" 것에 포함된다.[70] 하급심 판결들은 정상적인 수요 · 공급에 따라 자유경쟁시장에서 형성될 시세를 인위적으로 상하로 변동시킬 가능성이 있는 거래뿐 아니라 그 시세를 인위적으로 고정시키는 행위도 포함된다고 보고 있다(서울고등법원 2005. 7. 12. 선고 2004노2874 판결[71] 및 서울중앙지방법원 2010. 2. 5. 선고 2009고합 690판결[72]). 반드시 시세를 지배할 의도를 가지고 하는 거래만을 의미하는 것은 아니다.[73]

그러한 매매거래의 위탁 · 수탁도 동일하게 규율되므로 매매거래의 위탁이 있으면 충분하고 반드시 매매거래가 이루어질 필요는 없다. 또한 매매거래가 이루어진 경우에도 그 매매거래로 인하여 실제로 시세가 변동될 필요는 없고 시세를 변동시킬 가능성이 있으면 된다.[74] 또한 그 거래

---

70) Thomas Lee Hazen, Securities Regulation : Corporate Counsel Guides, American Bar Association, p.292 (2011).

71) 협회중개시장(코스닥시장) 등록법인의 주가가 일정기간 액면가의 20퍼센트(1,000원) 미만으로 되면 협회등록이 취소(즉 상장 폐지)되도록 규정되어 있어서, 주가를 1,000원 이상으로 유지하기 위하여 고가매수주문 · 허수주문 등의 방법을 사용하여 주가를 1,000원 내외로 유지한 사건에서 법원은 현실매매에 의한 시세조종과 시세고정행위 양자를 모두 인정하였다,

72) 주가가 일정 수준 이하로 떨어지지 않도록 주가가 낮아지면 주식의 매수를 시작하여 일정한 주가에 오를 때까지 점차적으로 가격을 올려 가면서 매수하거나, 매도물량을 소화하기 위한 시장가주문이나 하락을 방어하기 위한 매수주문을 낸 행위를 현실매매에 의한 시세조종으로 인정하였다.

73) 일본의 교도사료(協同飼料) 사건의 항소심 판결[도쿄고등재판소 1988(昭和63). 7. 26. 판결]이 취한 견해로서 객관적 구성요건에 "시세를 지배할 의도"라는 불명확한 주관적 요소를 넣어 판단한다는 점에서 비판을 받는다.

74) 대법원 2008. 12. 11. 선고 2006도2718 판결은 구 선물거래법과 관련하여 "'당해 선물거래가 성황을 이루고 있는 것으로 오인하게 하거나 선물거래의 시세를 고정 또는 변동시키는 거래행위'라 함은 본래 정상적인 수요 · 공급에 따라 자유경쟁시장에서 형성될 시세 및 거래량을 시장요인에 의하지 아니한 다른 요인으로 인위적으로 변동시킬 가능성이 있는 거래를 말하는 것일 뿐, 그로 인하여 실제로 시세가 변동될 필요까지는 없고, 일련의 행위가 이어진 경우에는 전체적으로 그 행위로 인하여 시세를 변동

로 행위자가 반드시 이익을 얻어야 하는 것도 아니다.

시세란 증권시장 또는 파생상품시장에서 형성된 시세, 다자간매매 체결회사가 상장주권의 매매를 중개함에 있어서 형성된 시세, 상장되는 증권에 대하여 증권시장에서 최초로 형성되는 시세(시행령 제202조)를 말한다.

"최초로 형성되는 시세"가 시세에 해당하는가의 문제가 신정제지 사건에서 제기되었다. 발행주식총수가 184만 주인 회사의 주식이 증권거래소에 상장된 첫날 피고인 A가 1개의 가명계좌를 통해 1주당 8,500원으로 100주의 매수주문을, 피고인 B가 6개의 가명계좌를 통해 1주당 1만 2,000~1만 5,000원으로 640주의 매수주문을 내서(당일 피고인들을 제외하고는 1명이 1주당 8,500원으로 10주의 매수주문을 냈다) 주식의 기준가가 공모가액 6,000원의 2.4배에 달하는 금 1만 4,500원에 결정되도록 한 사례(750주의 매수주문 중 540주의 매매계약이 체결)에서, 대법원 1994. 10. 25. 선고 93도2516 판결은 "최초 상장된 주식의 경우 기형성된 주식의 시세라는 것이 존재하지 아니할 뿐 아니라 주식시장에 있어서 자유시장 경쟁원리에 입각한 수요와 공급의 원칙에 따라 결정되는 시세가 아닌 합리적인 주식시세의 개념을 상정할 수 없으므로 피고인들의 위 행위는 주식 상장 기준가의 조작행위에 해당한다고는 할 수 있을지언정 증권거래법의 규율대상인 주식의 시세를 변동시키는 매매거래행위에 해당한다고는 할 수 없다"고 판시하였다.[75] 법 제176조 제2항 제1호가 현실매매에 의한 시세

시킬 가능성이 있으면 충분하다"고 판시하였다.

75) 대법원 1994. 10. 25. 선고 93도2516 판결 후 자본시장법 제정 이전에 위 대법원 판결과 다른 입장을 취한 하급심 판결이 있다. 서울고등법원 2005. 1. 14. 선고 2004노2572 판결은 상장법인이 기업개선약정에 따라 인적 분할되어 재상장될 때 재상장 기준가격 결정 시 총매도주문수량과 거의 같은 수량의 최고가 매수주문을 하여 재상장일의 기준가격이 최고가로 결정되도록 하고 시초가 이후 거래 시에도 대량의 고가매수주문으

조종 금지를 통하여 보호하고자 하는 것은 자본시장의 가격결정기능의 정상적인 작동이고 이를 통한 자본시장의 공정성 · 신뢰성 및 효율성의 확보이므로, 시세는 "증권시장에서 수요 · 공급의 원칙에 의하여 자유경쟁을 통하여 형성되는 증권의 가격"이라고 보아야 하고 상장 후 최초로 형성되는 시세를 배제할 이유가 없다. 자본시장법은 증권시장에서 최초로 형성되는 시세도 법 제176조 제2항 제1호에 규정된 시세에 포함시킴으로써 위 판결에서 제기된 문제를 입법적으로 해결하였다.

2) 매매의 횟수

이러한 현실거래에 의한 시세조종은 일련의 행위를 통하여 이루어지는 것이 통상이겠으나, 자본시장법은 미국[76] 또는 일본[77]과는 달리 일련의 거래가 있을 것을 요구하지 않는다.[78] 따라서 1회의 매매로도 법 제176조 제2항 제1호의 행위를 행할 수 있고, 실제 1회의 대량매도주문이 현실매매에 의한 시세조종으로 인정된 사례도 있다.[79] · [80]

로 시세를 상승시킨 사례에서, "피고인은 대호에이엘 주식의 매도를 통제하면서 이미 장외에서 대량의 물량을 보유하고 있는 상태에서 이를 매도하는 동시에 집중적으로 고가매수함으로써 기준가격이 최고가로 형성되는 데 결정적인 영향을 미쳤으므로 피고인이 대호에이엘 주식의 매매거래가 성황을 이루고 있는 듯이 잘못 알게 하거나 매매거래를 유인할 목적으로 고가매수주문 및 가장매매거래를 하였다고 보아야 할 것"이라고 판시하였다.

76) 미국 증권거래소법 제9조 (a)항 (2)호.

77) 일본 금융상품거래법 제159조 제2항.

78) 임재연, 앞의 책(주 3), 415면은 1회의 매매의 경우에는 일련의 매매에 비하여 유인목적의 존재 여부를 보다 엄격하게 판단하여야 한다고 본다.

79) 주가가 일정 금액에 도달하면 옵션권리 · 의무가 소멸하는 이른바 녹아웃조항이 들어 있는 옵션계약을 체결한 후 주가가 녹아웃가격 근처로 접근하자, 장 종료 직전에 옵션의무자 측에서는 녹아웃가격으로 매수하는 대량의 매수주문을 수회 내고, 옵션권리자 측에서는 녹아웃가격보다 낮은 가격으로 1회의 대량 매도주문을 낸 사례에서, 옵션의무자 측의 일련의 주문행위 전체뿐 아니라 옵션권리자 측의 1회의 대량매도 주문행위

일련의 행위가 이어진 경우에는 전체적으로 그 행위로 인하여 시세를 변동시킬 가능성이 있으면 충분하다(대법원 2005. 11. 10. 선고 2004도1164 판결, 대법원 2006. 5. 11. 선고 2003도4320 판결 및 대법원 2007. 11. 29. 선고 2007도7471 판결 등 참조). 이러한 행위는 1명이 단독으로 할 수도 있고 수인이 공모하여 할 수도 있다.

3) 성황을 이루고 있는 듯이 잘못 알게 하거나 시세를 변동시키는 매매에 대한 인식

행위자가 증권 또는 장내파생상품의 매매로 타인으로 하여금 성황을 이루고 있는 듯이 잘못 알게 하거나 그 시세를 변동시키고자 하는 적극적 인식까지 필요한 것은 아니고, "증권 또는 장내파생상품의 매매가 성황을 이루고 있는 듯이 잘못 알게 하거나 그 시세를 변동시키는 매매"에 해당

도 시세조종에 해당하여 유죄로 인정되었다(대법원 2012. 11. 29. 선고 2012도1745 판결). 위 대법원 판결의 원심 판결(서울고등법원 2012. 1. 13. 선고 2011노433 판결)은 "피고인 B가 제출한 동시호가시간대의 한미은행 주식 35만 주의 시장가 매도주문은 일련의 거래가 아닌 동시호가시간대의 1회의 대량 매도주문이기는 하나, 이로 인하여 예상체결가격이 인위적으로 변동되었고, 이러한 피고인 B의 행위는 한미은행 종가를 이 사건 녹아웃옵션계약상의 녹아웃가격 이하로 변동시키려는 의도에서 이루어진 시세조종주문이라고 봄이 상당하고, 당시 피고인 B는 위와 같은 대량 매도주문으로 인하여 당해 주식의 매매거래에 제3자를 유인하여 종가가 녹아웃조건 이하 가격으로 변동될 가능성이 있음을 미필적이나마 인식한 상태에서 위와 같은 매도주문을 제출하였다고 봄이 상당하므로, 피고인 B에게 매매거래를 유인할 목적이 인정된다"고 판시하였다.

80) 대법원은 구 증권거래법 제188조의4 제3항이 금지한 시세고정행위를 하였다고 기소된 사건에 대하여 "행위자가 그러한 목적을 가지고 매매거래를 한 것이라면, 그 매매거래가 일정한 기간 계속 반복적으로 이루어져야 하는 것이 아니라 한 번의 매매거래도 증권거래법 제188조의4 제3항의 구성요건을 충족한다"고 판시하였으나(대법원 2004. 10. 28. 선고 2002도3131 판결), 시세고정행위를 규율하는 법 제176조 제3항이 일련의 매매를 요구하고 있어 위 판결의 판시내용이 자본시장법상으로도 그대로 유지될 수 있을지는 의문이다.

한다는 점에 대한 미필적 인식으로도 충분하다.[81)]

4) 성황을 이루고 있는 듯이 잘못 알게 하거나 시세를 변동시키는 매매의 입증

행위자의 매매가 "증권 또는 장내파생상품의 매매가 성황을 이루고 있는 듯이 잘못 알게 하거나 그 시세를 변동시키는 매매"에 해당하는지에 대하여 행위자가 이를 자백하지 않더라도 그 증권의 성격과 발행된 증권의 총수, 가격 및 거래량의 동향, 전후의 거래상황, 거래의 경제적 합리성과 공정성, 가장 혹은 허위매매 여부, 시장관여율의 정도, 지속적인 종가관리 등 거래의 동기와 태양 등의 간접사실을 종합적으로 고려하여 이를 판단할 수 있다(대법원 2005. 11. 10. 선고 2004도1164 판결, 대법원 2006. 5. 11. 선고 2003도4320 판결, 대법원 2007. 11. 29. 선고 2007도7471 판결 및 대법원 2010. 7. 22. 선고 2009다40547 판결 등 참조).

(2) 성황을 이루고 있는 듯이 잘못 알게 하거나 시세를 변동시키는 매매의 유형

가능한 한 저가에 매입하여 고가에 매도하고자 하는 것이 정상적인 투자자의 매매행태일 것인데, 이와 다른 매매거래행태로 매매가 성황을 이루고 있는 듯이 잘못 알게 하거나 시세를 변동시키는 거래 및 매매를 유인하는 거래를 하는 경우가 많다.[82)] 통상의 매매거래행태로부터 일탈한

---

81) 오세영, 앞의 논문(주 62), 12면.

82) 예컨대 현대전자 주식의 주가 시세조종으로 유죄가 인정된 사건에서는 53회의 종가 결정을 위한 동시호가시간대 고가매수주문, 1,023회의 직전 체결가 및 상대호가 대비 고가매수주문, 567회의 허위 대량매수주문, 시초가 형성을 위한 동시호가 시 60회의 허위 대량매수주문이 이루어졌다(대법원 2003. 12. 12. 선고 2001도606 판결).

다양한 형태의 주문을 판례에 나타난 사례를 중심으로 살펴본다.

1) 유형 I : 허수주문

① 허수주문의 의미

허수주문은, 예컨대 매수주문의 경우 "매수의사가 없이 직전가 혹은 상대호가와 대비하여 체결 가능성이 없는 저가의 주문을 반복적으로 내어 매수잔량이 많이 쌓인 것처럼 보이게 하는 것"이다(서울고등법원 2009. 1. 6. 선고 2008노1506 판결). 허수주문을 이용한 시세조종은, 예컨대 매수의 경우 "매수세력이 많은 것처럼 보이게 하여 마치 매매거래가 성황을 이루고 있는 것으로 일반투자자들로 하여금 그릇된 판단을 하게 하여 매매거래를 유인하는 것"(서울고등법원 2009. 1. 6. 선고 2008노1506 판결)이다. 시세고정을 위하여 주로 고가매수의 방법을 사용하는 중간에 매수주문가격이 1순위 매도호가보다 10~50원이 낮아 체결 가능성이 낮은 대량의 매수주문을 17회 하여 매수호가잔량이 크게 증가한 사례(서울남부지방법원 2004. 10. 14. 선고 2003고합469 판결)를 허수주문의 예로 들 수 있다.[83)]

2014년 12월 30일 자본시장법 개정으로 신설된 시장질서 교란행위 금지조항은 허수호가를 규제하고 있다. 즉 "거래 성립 가능성이 희박한 호가를 대량으로 제출하거나 호가를 제출한 후 해당 호가를 반복적으로 정정 · 취소하여 시세에 부당한 영향을 주거나 줄 우려가 있는 행위"를 금지

83) 대법원 2008. 12. 11. 선고 2006도2718 판결은 "허수주문이 상당한 정도의 시장지배력과 정보력 · 자금력을 동시에 갖춘 투자주체만 가능한 것이라면, 대부분의 경우 해당 주문이 허수주문인지 아닌지는 허수주문을 한 해당 주체만 알 수 있고 나머지 대부분의 투자주체들은 그것이 허수주문인지 아닌지를 그때마다 판단하여 거래에 임할 수밖에 없다는 점에서 정보의 불균형도 존재한다"는 점을 지적하였다.

하고 이러한 행위가 법 제176조의 시세조종 또는 법 제178조의 부정거래 행위에 해당하지 않는 한 시장질서 교란행위로서 금지되고(법 제178조의2 제2항) 과징금 부과대상이 된다(법 제429조의2). 또한 거래소 규정은 거래소 회원과 그 임직원이 행해서는 안 되는 공정거래질서 저해행위의 하나로 허수호가를 규제한다(거래소 시장감시규정 제4조 제1항 제5호). 거래소가 규제하는 허수호가의 정의[84]는 시장질서 교란행위에 규정된 것과 매우 유사하다.

② 허수주문이 성황을 이루고 있는 듯이 잘못 알게 하거나 시세를 변동시키는 매매 또는 그 위탁에 해당하는가

고객의 주문이 거래소 회원인 증권회사를 거쳐 거래소에서 매매가 체결되는 과정은 (i) 매매계약의 위탁(고객이 거래소 회원인 증권회사에게 주문을 내는 단계), (ii) 매매계약 체결을 위한 청약(거래소 회원인 증권회사가 거래소에 호가를 내는 단계), (iii) 매매계약의 체결(호가에 대한 상대 호가가 있어서 매매거래가 체결되는 단계)의 3단계로 나누어 볼 수 있다. 허수주문은 매매계약의 체결 의사 없이 주문을 내는 것이므로 (i)단계와 (ii)단계가 법 제176조 제2항 제1호가 규정한 현실매매에 의한 시세조종의 구성요건을 충족하는가를 검토할 필요가 있다.

법 제176조 제2항 제1호는 매매뿐 아니라 위탁을 별도의 구성요건으로 명시하고 있다. 이는 고객이 증권회사에게 주문을 내는 "매매계약의 위탁"단계에 이미 시세조종의 위험성이 높다고 보기 때문이다.[85] 고객의 주문을 받은 증권회사가 아직 거래소에 호가를 제출하지 않았어도 위탁행

---

84) "거래 성립 가능성이 희박한 호가를 대량으로 제출하거나 직전 가격 또는 최우선호가의 가격이나 이와 유사한 가격으로 호가를 제출한 후 당해 호가를 반복적으로 정정 · 취소하여 시세 등에 부당한 영향을 미치거나 미칠 우려가 있는 행위."

85) 뒤 주 101의 본문.

위만으로 법 제176조 제2항 제1호에 해당한다. 고객이 내심으로는 매매계약을 체결할 의사가 없었다고 하더라도 주문을 하면 위탁에 해당한다. 의도적으로 매매계약을 체결할 의사 없이 주문을 냄으로써 다른 투자자들을 유인하는 행위를 위탁으로 규율하는 것이야말로 위탁을 별도의 구성요건으로 규정한 취지에 부합한다. 그러나 고객이 증권회사에게 매매주문을 낸 상태는 위탁자(고객)와 위탁매매인(증권회사) 간 위탁계약관계가 형성되어 있을 뿐 거래소에서의 매매에는 이르지 않았으므로 법 제176조 제2항 제1호에 규정된 "매매"에 해당한다고 볼 수는 없다.

고객의 주문을 받은 증권회사가 주문에 상응하는 호가를 거래소에 제출하였으나 매매계약은 체결되지 않은 경우, 법 제176조 제2항 제1호의 "매매"에 해당하는가에 의문이 있을 수 있다. 이에 대하여는 법 제176조 제2항 제1호의 "매매"를 민법 제563조에 따라 효력이 발생한 매매, 즉 "매매계약의 체결"을 의미하는 것으로 보고 매매계약이 체결되지 않은 이상 매매에 해당하지 않는다는 견해가 있을 수 있다. 그러나 법 제176조 제2항 제1호의 "매매"는 반드시 매매계약이 체결된 경우만을 의미하는 것이 아니라 매매계약의 체결을 위한 청약과 승낙의 의사표시 중 청약만 있는 경우도 포함하는 것으로 보는 것이 타당하다.

그 근거로는 (i) 매매계약이 체결된 경우뿐 아니라 호가 즉 매매계약 체결을 위한 청약만으로도 매매거래가 성황을 이루고 있는 듯이 오인시켜 시세조종을 할 수 있다는 점,[86] (ii) 법 제176조 제2항 제1호는 시세조종을 규율하기 위한 것이므로 법 제176조 제2항 제1호의 "매매"는 매매계약 체결을 위한 매도인과 매수인의 의사표시 중 어느 한 당사자의 의사표

---

86) 김건식 / 정순섭, 앞의 책(주 9), 457면도 매매가 체결된 때만이 아니라 매매주문의 현황에 의해서도 시장의 수요 · 공급이 영향을 받는다는 점을 근거로 허수주문이 매매에 해당하는 것으로 본다.

시가 행해진 상태도 포함하는 것으로 보는 것이 법 제176조 제2항 제1호의 입법취지에 부합한다는 점, (iii) 고객이 거래소 회원인 증권회사에게 매매를 위탁한 것만으로는 아직 거래소에서의 매매를 위한 매도인과 매수인의 의사표시가 없기 때문에 매매로 규율할 수 없어서 매매의 위탁과 수탁을 별도의 행위유형으로 규정할 필요가 있는 것이고, 거래소 회원이 거래소시장에서 호가를 제시하면 매매계약 체결을 위한 가장 중요한 행위를 한 것이므로 "매매" 이외에 별도 유형의 구성요건으로 규정할 필요가 없다는 점, (iv) 이 조항의 모델인 미국 증권거래소법 제9조 (a)항 (2)호도 거래를 행할 것(to effect ... a series of transactions)이라고 규정하고 있으나 조항의 규제취지에 비추어 반드시 거래가 체결되어야 하는 것이 아니라 호가를 내는 것을 포함하는 것으로 해석하고 있다는 점[87] 등을 들 수 있다.

대법원은 "매매계약의 체결에 이르지 아니한 매수청약 또는 매수주문이라 하더라도 그것이 유가증권의 가격을 상승 또는 하락시키는 효과를 가지고 제3자에 의한 유가증권의 매매거래를 유인하는 성질을 가지는 이상 여기에 해당하고, 단지 매수주문량이 많은 것처럼 보이기 위하여 매수의사 없이 하는 허수매수주문도 법 제176조 제2항 제1호가 금지하는 이른바 현실거래에 의한 시세조종행위의 유형에 속한다"고 판시하여(대법원 2002. 6. 14. 선고 2002도1256 판결), 고객이 증권회사에게 내는 허수주문단계와 그 주문을 받아 증권회사가 거래소에 호가를 제출한 단계를 명확하게 구별하지는 않았다. 그러나 위 대법원 판결의 사실관계는 호가가 이루어진 상태였으므로 "매매계약의 체결에 이르지 아니한 매수청약"에 해당

87) 3 Bromberg & Lowenfels on Securities Fraud § 6 : 60 (2nd ed.) : Kidder Peabody & Co, 18 SEC 559 (1945)를 인용하여 경쟁시장에서 호가를 내는 것만으로도 체결된 매매만큼 가격에 대한 영향이 있기 때문에 체결되지 않은 호가 제시가 포함된다는 미국 SEC의 입장을 설명한다.

한다고 하겠다.

고객의 허수주문이 문제 된 사례들은 거의 전부 주문을 받은 증권회사가 거래소에 호가를 한 경우일 것이므로 "매매"에 해당한다고 볼 수 있을 것이다. 만약 고객의 허수주문은 있었으나 어떠한 사유로든 증권회사가 이에 상응하는 호가를 거래소에 제시하지 않은 경우에는 고객의 주문만을 "매매의 위탁"에 해당하는 것으로 보아 법 제176조 제2항 제1호를 적용하는 것이 타당할 것이다. 물론 이렇게 매매의 위탁만 있었던 경우 그 주문이 허수주문인지를 입증하기는 쉽지 않을 것이다.

허수주문은 주문을 낸 후 매매계약 체결 직전 주문을 취소하는 형태로 이루어지는 경우가 많다. 주문을 낸 후 취소했다는 점만을 이유로 허수주문 '증권 또는 장내파생상품의 매매가 성황을 이루고 있는 듯이 잘못 알게 하거나 그 시세를 변동시키는 매매'에 해당한다고 볼 수 있는가. 그렇지는 않다. 정상적인 거래에서도 투자자가 주문을 낸 후 시장시세의 변동, 시장에 영향을 미치는 경제 · 사회 · 정치 · 기타 상황의 변동 또는 자신의 투자의사의 변경 등에 따라 주문을 취소하거나 변경할 수 있다. 대법원도 "주문의 취소는 모든 투자주체가 자유롭게 할 수 있는 것이며, 잦은 주문행위와 잦은 취소가 필연적으로 반복되는 거래전략이 위법하다고 볼 수도 없으므로, 단지 주문의 취소가 잦다는 이유만으로 시세조종행위에 해당한다고는 볼 수 없음은 당연하다"고 판시하였다(대법원 2008. 12. 11. 선고 2006도2718 판결[88]).

---

88) 이 사건에서 "피고인들은 체결 가능성이 적은 최우선 3~6단계의 호가에 200계약 내지 1,000계약(1계약단위의 금액은 1억 원)에 달하는 허수주문을 한 후 그 주문 전부를 취소하거나 정정하는 행위를 빈번하게 하였고 체결 가능성이 상대적으로 높은 최우선 1~2단계 호가에 속하는 주문을 제시한 후 즉시 취소하는 행위를 반복하는 등 주문잔량의 변동을 심화시켜 매매거래를 유인하였으며 허수주문 후 가격이 상승(하락)하면 소량의 매도(매수)주문을 체결시키고 허수성 주문은 모두 취소하는 행위를 반복"하였

애초 주문을 낼 때부터 매매계약 체결의사가 없는 경우가 허수주문이라고 할 수 있다. 매매계약 체결의사가 있었는지 여부는 주관적인 사항이므로 행위자가 자백하지 않는 한 입증하기 어렵다. 허수주문(궁극적으로 성황을 이루고 있는 듯이 잘못 알게 하거나 시세를 변동시키는 매매 또는 그 위탁)인지 여부에 대하여 "그 매수주문가격이 당시의 직전가 또는 상대호가, 거래량 및 주문잔량과 대비하여 즉시 체결될 가능성이 있었는지, 저가에 대량의 매수주문을 내고 그 이후에 주문을 취소하거나 저가의 매수주문을 분할하여 연속하여 반복적으로 내는 태양을 보이고 있는지, 당일 고가매수주문이 존재하는 등 상반된 양태를 보이고 있는지, 매수주문 수량이 당시의 거래량, 매수·매도주문잔량 등과 비교하여 매수세가 유입되는 것으로 보이지는 않는지 등 거래 당시의 제반상황을 종합하여 판단해야 할 것이지, 당일의 저가나 일정 기간 동안의 평균 매매가격을 뜻하는 이동평균가격보다 낮은 가격의 매수주문인지 여부 등의 획일적인 기준으로 판단할 수는 없다"고 판시한 하급심 판결(서울고등법원 2009. 1. 6. 선고 2008노1506 판결)이 있다.

법 제176조 제2항 제1호의 구성요건에 해당하는 허수주문은 법 제178조 제1항 제1호에 규정된 금융투자상품의 매매와 관련하여 부정한 수단, 계획, 기교를 사용하는 행위 또는 법 제178조 제2항에 규정된 금융투자상품의 시세의 변동을 도모할 목적으로 위계를 사용하는 행위에도 해당될 수 있을 것이다.

다. 대법원은 "실제로 체결할 의사 없이 위 범위 내의 호가에 대량의 허수주문을 하였다가 체결 직전에 취소하는 행위를 반복하는 것은 수요와 공급상황에 관하여 시장에 잘못된 정보를 제공하는 행위"로 볼 수 있다고 판시하고, 피고인들의 행위는 국채선물거래가 성황을 이루고 있는 것으로 오인하게 하여 시세를 변동시킬 가능성이 큰 행위로 보았다.

③ 허수호가

거래소 회원인 투자중개업자 · 투자매매업자(증권회사)가 진정한 매매계약의 체결의사 없이 거래소시장에 내는 호가인 허수호가는 고객의 허수주문과 법적으로 차이가 있다. 고객의 허수주문은 "매매의 위탁"으로 법 제176조 제2항 제1호가 적용될 수 있고, 허수주문임을 알고 수탁한 증권회사의 수탁행위에 대하여도 법 제176조 제2항 제1호가 적용될 수 있을 것이다. 그러나 거래소 회원이 자기매매로 허수호가를 내는 경우에는 위탁 · 수탁이 있을 수 없고, 따라서 법 제176조 제2항 제1호가 적용되기 위해서는 그 허수호가가 "증권 또는 장내파생상품의 매매가 성황을 이루고 있는 듯이 잘못 알게 하거나 그 시세를 변동시키는 매매"에 해당되어야 한다. 앞에서 본 바와 같이 법 제176조 제2항 제1호의 "매매"는 반드시 매매계약이 체결될 것을 요구하는 것이 아니라 매매계약의 체결을 위한 매도인과 매수인의 청약의 의사표시만 있는 경우도 포함한다고 보는 것이 타당하고, 따라서 허수호가는 법 제176조 제2항 제1호의 매매에 해당한다고 보아야 할 것이다.

현대증권의 대표이사가 현대전자 주식의 시세를 조종한 것으로 인정한 서울지방법원 2001. 1. 17. 선고 99노11300 판결(대법원 2003. 12. 12. 선고 2001도606 판결의 원심 판결)은 허위매수주문은 매매계약이 체결된 것이 아니므로 구 증권거래법 제188조의4 제2항 제1호의 '매매거래'에 해당하지 않는다는 피고인들의 주장에 대하여 "동 조항에서의 매매거래는 개개의 매매거래만을 말하는 것이 아니라 일련의 매매거래를 말하는 것으로 보아야 하고, 비록 허위매수주문 자체에 대해서는 매매계약이 체결되지 않더라도 대량의 허위매수주문이 있는 경우 일반투자자들은 매수세가 성황을 이루고 있는 것으로 오인하게 되고, 결국 고가에 매매계약을 체결하게 되는 것이므로, 허위매수주문도 당연히 동 조항이 규정하고 있는 매매거래의 범위에 포함된다"고 판시하였다. 이 사건에서는 현대증권과 그 대표이사가 시세조종을 하였으므로 위 판시에서의 허위매수주문은 증권회사가 거래소에 제시한 허위매수호가를 의미하는 것으로 보인다.

④ 허수주문이 현실매매에 의한 시세조종으로 인정된 사례

(i) 증권매매거래에서의 허수주문

증권매매에서 허수주문을 이용하여 시세조종한 예는 많다. 대표적인 사례로, 매입한 주식을 고가에 매도하여 차익을 얻을 목적으로 6개월간 실제 매수의사가 없는 대량의 허수매수주문을 내어 매수잔량을 증가시키거나 매수잔량의 변동을 심화시켜 일반투자자의 매수세를 유인하여 주가를 상승시킨 후 매수주식을 고가에 매도하고 허수매수주문을 취소하는 동일한 방법으로 합계 7,542회에 걸쳐 168개 종목에 관하여 시세조종행위를 하였음이 인정된 사례(대법원 2002. 6. 14. 선고 2002도1256 판결)와 A증권에 개설한 계좌를 이용하여 매수호가잔량이 114만 6,063주나 됨에도 그 매수호가와 같은 가격에 125만 6,706주를 매수주문하는 등 1주일간 14회에 걸쳐 총 894만 4,306주를 고가 허위매수주문하고, B증권에 개설한 계좌를 이용하여 매수호가잔량이 106만 4,204주나 됨에도 그 매수호가와 같은 가격에 33만 189주를 매수주문하는 등 6회에 걸쳐 총 131만 2,945주를 고가매수주문하여 종가관리한 행위가 현실매매에 의한 시세조종으로 인정된 사례(대법원 2006. 5. 11. 선고 2003도4320 판결 및 원심 서울지방법원 2003. 6. 25. 선고 2002노9772 판결)를 들 수 있다.

(ii) 선물거래에서의 허수주문

국채선물거래에서 체결 가능성이 적은 최우선 3~6단계의 호가에 200계약 내지 1,000계약(1계약단위의 금액은 1억 원)에 달하는 허수주문을 한 후 그 주문 전부를 취소하거나 정정하는 행위를 빈번하게 하였고 체결 가능성이 상대적으로 높은 최우선 1~2단계 호가에 속하는 주문을 제시한 후

즉시 취소하는 행위를 반복하는 등 주문 잔량의 변동을 심화시켰고, 허수주문 후 가격이 상승(하락)하면 소량의 매도(매수)주문을 체결시키고 허수성 주문은 모두 취소하는 행위를 반복한 사례가 현실매매에 의한 시세조종으로 인정되었다(대법원 2008. 12. 11. 선고 2006도2718 판결). 이 사건에서는 피고인의 상고이유 중 '국채선물시장의 효율성으로 말미암아 허수주문으로 인한 시제조종행위 자체가 불가능하다'는 취지의 주장도 있었으나 대법원은 이를 받아들이지 않았다.

2) 유형 II : 고가의 매수주문

시초가 결정 시 전일종가 대비 고가매수주문, 직전가 또는 상대호가 대비 고가매수주문, 종가 결정 시 직전가 대비 고가매수주문, 주문을 점차적으로 높은 가격으로 내는 순차적 고가매수 등은 경제적 합리성이 없는 경우[89]로서 시세를 인위적으로 변동시키는 거래에 해당할 가능성이 높다. 전형적인 고가매수주문에 의한 시세조종은 "직전가 혹은 상대호가와 대비하여 고가로 매수주문을 반복적으로 내어 시세를 인위적으로 상승시켜 매매거래가 성황을 이루고 있는 듯이 보이게 하고 특정 매수세력이 유입되어 주가가 강한 상승을 하고 있는 것처럼 보이게 하여 일반투자자들로 하여금 그릇된 판단을 하게 하여 매매거래를 유인한다"(서울고등법원 2009. 1. 6. 선고 2008노1506 판결). 위 하급심 판결은 나아가 "시세조종행위는 정상적인 수요 · 공급에 따라 자유경쟁시장에서 형성될 시세 및 거래량을 시장요인에 의하지 아니한 다른 요인으로 인위적으로 변동시킬 가능성이 있는 거래를 말하는 것일 뿐, 그로 인하여 실제로 시세가 변동될 필요까지는 없고, 일련의 행위가 이어진 경우에는 전체적으로

89) 김건식 / 정순섭, 앞의 책(주 9), 459면.

그 행위로 인하여 시세를 변동시킬 가능성이 있으면 충분한 것이므로, 직전가와 동일한 가격의 매수주문이나 호가관여율이 적은 경우라고 할지라도 일련의 행위 전체에 비추어서 시세조종행위에 해당할 수 있다"고 판시하였다.

실제 약 4개월에 걸쳐 7개 계좌로 특정회사의 주식을 거래하면서 전후장의 각 시가 결정을 위한 거래에서부터 전일의 종가 또는 직전가보다 고가의 매수주문을 하고, 장중거래에서도 직전가 또는 상대호가에 비하여 고가의 매수주문을 하며, 종가 결정을 위한 거래에서도 직전가보다 고가의 매수주문을 하는 등의 방법으로 51회에 걸쳐 행한 매매거래(공범들도 다른 계좌를 이용하여 유사한 매매거래와 가장매매거래를 했다)가 '유가증권의 매매거래가 성황을 이루고 있는 듯이 잘못 알게 하거나 그 시세를 변동시키는 매매거래'에 해당하는 것으로 인정되었다(대법원 2001. 6. 26. 선고 99도2282 판결).

3) 유형 III : 물량소진 매수주문

물량소진 매수주문은, "매도 1호가에 나온 매도물량을 소화하기 위하여 반복적으로 매수주문을 하여 일반투자자들에게 지속적으로 매수세가 유입되는 것처럼 그릇된 판단을 하게 하여 매매거래를 유인하는 것"이다. 물량소진 매수주문은 "매도 1호가의 수량을 모두 매수하지 못하는 경우라도, 매도 1호가의 변화를 가져오지는 못하지만 매도 1호가의 수량을 지속적으로 흡수함으로써 거래량이 늘어나고 주가가 매도 1호가 아래로 떨어지지 않은 채 인위적으로 지지되는 것이어서, 시세조종행위에 해당할 수 있다"(서울고등법원 2009. 1. 6. 선고 2008노1506 판결).

4) 유형 IV : 시가 및 종가관여주문

시가 및 종가관여주문은 예컨대 매수에 관하여 보면, "시가 결정을 위한 호가 접수시간인 8~9시와 종가 결정을 위한 호가 접수시간인 14시 50분~15시에 각각의 호가와 주문수량은 공개되지 않고 예상 체결가격과 예상체결수량만이 공개되는 상황에서, 예상체결가격보다 높은 가격에 매수주문을 함으로써 예상체결가격을 상승시켜 마치 주가가 상승하는 것으로 오인하게 하고 일반투자자들의 매수세를 유인함으로써 시가 혹은 종가가 높은 가격에 결정되도록 하는 것"이다(서울고등법원 2009. 1. 6. 선고 2008노1506 판결). 이 경우 "예상 체결가격과 같은 가격에 매수주문을 한 경우에도, 예상 체결수량을 증가시키거나 매수호가잔량을 증가시켜 일반투자자들로 하여금 매수세가 유입되는 것으로 오인하게 할 수 있으므로, 일련의 행위 전체에 비추어서 시세조종행위에 해당할 수 있다"(서울고등법원 2009. 1. 6. 선고 2008노1506 판결).

9개월간 14개 종목에 대하여 종가관여주문을 800회 이상 제출하여 시세조종으로 기소된 사건에서 펀드매니저가 매수물량을 최대한 낮은 가격으로 확보하기 위하여 종가동시호가시간대에 주식을 매수하는 방식을 택했다는 주장에 대하여, 법원은 펀드수익률을 높일 동기, 장 종료 직전에 매수주문을 집중시켜 주가 상승률을 높인 매매행태 및 경제적 합리성과 공정성의 부족(장중에 주식을 매수하기 위한 시도 없이 종가매수만 시도한 점, 기관투자자가 지속적 반복적으로 장 종료 직전 매수주문으로 동시호가 체결수량의 대부분을 매수하면 일반 시장 참여자의 투자 기회를 현저히 제한하여 시장의 공정성을 저해한다는 점 등)의 이유로 주장을 배척하고 시세조종을 인정하였다(서울남부지방법원 2011. 10. 17. 선고 2011고합226 판결).

5) 유형 V : 상한가 매수주문 또는 시장가 매수주문

상한가 매수주문은 "주가가 상한가를 시현하고 있을 때 상한가로 대량의 매수주문을 내어 상한가가 지속되도록 하는 것으로서, 일반투자자들이 상한가 매수잔량을 보고 투자판단을 하는 상황에서 상한가가 익일에도 이어지도록 하는 효과가 있다. 매도주문이 없는 상태에서 상한가 매수주문을 한 경우에도 매도물량이 나오게 되면 이를 지속적으로 흡수함으로써 거래량이 늘어나고, 이에 따라 주가가 상한가에서 인위적으로 지지되는 것이므로, 일련의 행위 전체에 비추어 시세조종행위에 해당할 수 있다"(서울고등법원 2009. 1. 6. 선고 2008노1506 판결).

시장가 매수주문은 "주문 제출 시 가격을 지정하지 않는 주문으로서 매매주문이 시장에 도달했을 때에 체결 가능한 가격으로 매매를 체결시키는 주문으로, 매매거래가 신속히 이루어지고 매도주문이 충분하지 않은 상태에서 시장가 매수주문만 계속 접수되면 가격이 급등할 우려가 있고, 이 경우는 상한가주문과 일치"하게 된다(서울중앙지방법원 2010. 9. 3. 선고 2010고합280 판결).

6) 유형 VI : 하락방어 매수주문

하락방어 매수주문은 "직전가나 상대호가보다 낮으나 매수 1호가 이상으로 하는 매수주문"으로(서울중앙지방법원 2010. 2. 5. 선고 2009고합690 판결), "주가가 하락하는 추세였다면, 시가보다 낮은 일정한 가격에 대량의 매수주문을 하는 경우, 자연스러운 주가의 하락을 인위적으로 방지하는 효과가 있을 수 있으므로, 그러한 매수주문도 인위적으로 시세를 변동시키는 매수주문"에 해당한다(서울고등법원 2010. 8. 6. 선고 2010노565 판결).

(3) 정상적 매매거래와 현실매매에 의한 시세조종의 경계

1) 정상적인 물량 확보를 위한 매매거래로 인정된 사례

통정매매 · 가장매매와 같은 위장거래는 정상적 매매거래가 될 수 없겠으나, 현실매매에 의한 시세조종에서 문제 되는 행위는 정상적인 매매거래에서도 사용될 수 있다. 예컨대 매수물량 확보를 위하여 고가의 매수주문을 내거나, 가능한 한 많은 물량을 단기간에 매도하기 위하여 저가매도 주문을 낼 수도 있을 것이다. 고가매수주문과 허수주문이 행해진 사례에서 매수물량 확보를 위하여 그러한 주문을 했을 수 있다고 보아 무죄를 선고한 사례들이 있다.[90)]

서울고등법원 2009. 3. 19. 선고 2008노2314 판결은, 직전가 · 상대호가 · 예상체결가 대비 고가매수주문과 저가매수주문을 위주로 시세조

90) 본문에서 언급한 판결들 이외에도, 투자약정의 효력이 쟁점이 된 민사사건에서 시세조종에 해당하는지가 문제 된 사례도 있다. 이 사건에서 원고와 피고는, 투자기간을 약 2개월, 투자금액을 4억 5,000만 원으로 하여 원고는 피고들에게 투자원금과 10퍼센트의 수익을 보장하되 투자수익 10퍼센트 초과분의 50퍼센트는 원고가 자문수수료로 받기로 하는 내용의 약정을 체결하고, 피고들은 원고의 지시에 따라 특정회사의 주식을 매수하였다. 원심은 투자약정을 "공개주식시장(코스닥)에서 정상적인 수요 · 공급의 시장원리에 반하여 주가를 부당하게 형성할 의도로 체결된 것으로 추단할 수 있다"고 보고 "시장원리에 의한 공정한 가격 형성이라는 공개주식시장의 건전한 투자질서를 해하는 것이며, 이에 의하여 아무런 투자금을 지출하지 않은 원고가 낮은 비율의 위험 부담 아래 고율의 수익을 도모하고자 하는 것으로서 선량한 풍속, 기타 사회질서에 반하는 행위에 해당하여 무효이다"고 판시하였다(서울고등법원 2009. 5. 6. 선고 2008나29477 판결). 그러나 대법원은 매수한 주식이 그 회사의 발행주식의 0.81퍼센트에 불과한 점, 주식 매수한 이후로 약정만기일에 이르기까지 추가로 매입을 하거나 매도를 한 바 없는 점, 그 회사의 주가 추이를 보면 피고들이 원고의 지시에 따라 주식을 매수한 행위가 위 회사의 주가 상승에 절대적인 영향을 미쳤다고 보기 어려운 점 등을 들어 공개주식시장에서의 정상적인 수요 · 공급의 시장원리에 반하여 위 회사의 주가를 부당하게 형성할 의도로 이 약정을 체결한 것이라고 단정할 수 없다"라고 판시하였다(대법원 2010. 7. 22. 선고 2009다40547 판결).

종혐의로 기소된 사건에서 다음과 같은 이유로 시세차익이 예상되는 낮은 가격의 주식을 최대한 확보하고자 하는 의도에서 대량으로 예상체결가 대비 고가매수주문한 것으로 볼 수도 있다고 하여 무죄를 선고하였다.

(i) 고가매수주문은 대체로 매수세가 우세하여 주가가 상승세에 있을 때 이루어져 거래가 성립된 점에 비추어 적극적으로 주식을 매수하고자 직전 체결가에 비하여 다소 높은 금액의 매수주문을 한 것으로 볼 수 있다는 점.[91]

(ii) 상대호가 대비 고가매수주문도 상대 1호가(매도 1호가)의 매도주문량을 초과하는 양의 매수주문을 한 점에 비추어 상대 1호가보다 높은 가격의 매도주문량까지 매수하기 위한 것으로 볼 수도 있다는 점.

(iii) 허수매수주문의 대부분이 위 고가매수주문과 함께 이루어진 사실은 인정되지만, 주가가 큰 폭으로 빈번하게 변동하는 상황이었고 대부분 당일 저가보다는 높은 가격으로 매수주문이 이루어졌으며, 주가가 상승세에 있다고 하더라도 일시적으로 하락하였다가 다시 상승할 수도 있으므로 반드시 매수할 수량은 고가에 매수하면서 혹시 가격이 급락하는 경우 저가에 대량 매수할 의도를 가지고 허수매수주문이 이루어진 것으로 볼 수도 있다는 점.

---

91) 본문의 판시에서 언급한 사실관계와 달리 주가가 하락 시 고가매수주문을 한 사건에서 법원은 "주가가 하락하는 추세에 있었던 시기에 주식을 매수하면서 직전가보다 고가로 매수주문을 하거나 동시호가시기에 예상체결가보다 고가로 매수주문을 함으로써 주가를 상승시키거나 주가 하락 추세를 반전시키면서 주식을 매수하기도 하였던 점에 비추어 보면, 피고인이 유통되는 주식물량이 소량인 상황에서 대량의 주식을 일시에 매수하기 위하여 불가피하게 고가로 매수주문을 하였다고 볼 수 없고, 오히려 반대로 주가를 상승시키기 위하여 위와 같은 고가매수주문과 종가관여 매수주문을 한 것으로 볼 수 있다"고 판시하였다(서울고등법원 2010. 8. 6. 선고 2010노565 판결).

(iv) 시가 및 종가관여주문의 경우 피고인이 동시호가시간대에 일부 대량으로 예상체결가격 대비 고가매수주문을 한 사실은 인정되지만, 대부분 예상체결가격이 전일 종가 내지 동시호가 시작 직전 가격에 비하여 상당히 낮은 가격으로 형성되어 있는 상황이었고, 피고인이 주문한 가격은 예상체결가보다는 다소 높지만 전일 종가 내지 동시호가 시작 직전 가격보다는 낮으며, 시가 및 종가 결정 직전에 주문을 집중하지는 않은 점.

서울고등법원 2005. 10. 19. 선고 2005노1123 판결은 피고인 A, B, C가 공모한 후 피고인 B가 피고인 A에게 매도시기를 지정하여 주고 피고인 C에게는 대량의 매도주문이 나올 테니 매수하도록 권유하여 피고인 C(투자신탁운용회사 직원)가 펀드계좌로 이를 매수한 사건에서 시세조종을 인정하지 않았다. 이 사건에서 피고인 C는 14개의 계좌를 이용하여 약 한 달간에 걸쳐 2개 종목에 대하여 직전가 또는 상대호가 대비 고가매수주문을 각 142회와 92회 제출하고 허수매수주문을 각 14회와 81회 제출하여 현실매매에 의한 시세조종혐의로 기소되었으나, 법원은 다음과 같은 이유로 시세조종을 인정하지 않고 내재가치에 비하여 저평가된 주식을 적극적으로 매수하기 위한 것으로 보았다.

(i) 호가를 점차적으로 상승시키면 계속적으로 매수주문을 내는 행위, 매수주문과 매도주문 또는 취소 내지 정정주문을 번갈아 내는 행위, 통정 · 가장매수주문 등과 같은 사례는 거의 발견되지 않는 점.

(ii) 고가매수주문도 시초가나 종가 형성을 위한 단일가격매매 시 고가매수주문을 집중하는 등의 특징적인 매수형태는 보이지 않고, 적극적으로 주식을 매수하고 직전 체결가에 비하여 다소 높은 가격의 매수주문을 하거나 상대 1호가보다 높은 가격의 매도주문량까지 매수하기 위한 것으로 보이는 점.

(iii) 저가매수주문을 한 경우에도 피고인들의 총매수주문량이 전체 거래량에 비하여 극히 적은 양이어서 주식시세를 인위적으로 상승시키거나 하락을 저지할 수준이라고 보기 어려운 점.

(iv) 주식매매 거래기간을 고려해 볼 때 주식가격을 인위적으로 상승시키고자 지속적으로 주가를 관리할 만한 시간적인 여유가 있었다고 보기 어려운 점.

(v) 피고인 C의 경우 집중적으로 주식을 매수한 후 일부 매도한 것도 있기는 하지만 상당수의 주식을 그대로 보유하거나 추가로 매수하기도 하였는데, 그후 어떠한 시세조종혐의도 발견되지 않은 점.

2) 변칙적 매매거래의 규모에 비추어 시세조종에 해당하지 않는다고 본 사례

수원지방법원 2013. 1. 31. 선고 2012고합699 판결은 우선주를 매집하여 발행주식총수의 94.5퍼센트를 보유한 후, 가족명의 계좌 28개를 이용하여 4개월 반 동안 고가매수주문 195회, 시가관여주문 3개월간 7회, 종가관여주문 1개월간 6회, 가장매매 5개월간 41회 등을 하였고 그 기간 동안 주가가 3만 6,500원에서 10만 7,500원으로 상승한 사건에서, 고가매수수량 비율이 낮고 허수매수 등 변칙적인 매수형태가 없으며, 가장매매의 비중과 거래량이 작다는 점과 발행회사의 실정이 양호한 편이었던 점 등을 들어 유인목적으로 시세를 변동시키는 거래를 한 것으로 인정하지 않았다.

서울고등법원 2005. 10. 26. 선고 2005노1530 판결은 피고인 A, B, C가 (i) N제지를 인수할 의사와 능력이 없이 허위로 N제지에 대한 M&A를 선언하는 등 허위사실 유포와 허위표시 문서 사용으로 시세조종한 점과 (ii) N회사 주식을 현실매매하여 시세조종한 점에 대하여 기소된 사건에서 (i)에 대하여는 유죄, (ii)에 대하여는 무죄를 선고하였다.[92] (ii)를 구체적으로 보면, 피고인 A가 8개월간 22회 149만 주의 종가관여 매수주문, 3개월간 23회 24만 주의 고가매수주문과 34회 231만 주의 허위매수주문, 5회 16만 주의 매도유인주문, 피고인 B가 약 1개월간 73회 15만 9,000주의 고가주문, 2일간 5회 3만 주의 허위매수주문, 1개월간 28회 11만 주의 매도유인주문과 2회 8,700주의 종가관여 매수주문, 피고인 C가 1개월간 74회의 4만 9,000주의 고가매수주문, 12일간 11회 2만 주의 매도유인주문, 1개월간 4회 1만 주의 종가관여 매수주문을 하였다.

법원은 "종가 동시호가시간대에 실제로 체결되기 어려울 정도로 많은 수량의 매수주문을 하거나, 직전가나 상대호가보다 근소하게 높거나 같은 가격에 연속하여 또는 그보다 높은 금액에 상당히 많은 수량의 매수주문을 하거나, 직전가와 상대호가보다 낮은 가격에 비교적 많은 수량의 매수주문을 하거나, 또는 매수주문을 하였다가 자격을 낮추어 정정주문을 내고, 다시 가격을 높여 정정주문을 내는 식의 특이한 행태를 보이고 있어서 N주식의 매매거래를 유인할 목적으로 이와 같은 매매주문을 한 것이 아닌가 하는 의심을 가지게 하는 측면이 있다"고 하면서도 다음과 같은 점을 들어 피고인들이 시세조종의 의도로 매매주문을 하였다고 단정하기는 어렵다고 판시하고 무죄를 선고하였다.

(i) N의… 발행주식수가 310만 주로 그 규모가 상당한 편인 점.

(ii) 피고인 A가 2003년 6월 4일부터 2004년 1월 29일 보유목적을 '경영참여'로 하여 주식대량보유보고를 하기 전까지 매매주문을 한 횟수만도 400여 회에 이르는 것을 비롯하여 피고인들이 2004년 9월 30일까지… 총

---

92) 이 사건을 포함하여 N회사를 둘러싼 분쟁의 사실관계는 대전지방법원 2006. 12. 28. 선고 2006가합252 판결 참조.

3,000여 회의 매매주문을 한 것에 비하여 피고인들의 시세조종성 매매주문은 그 거래 일수 내지 거래 횟수가 많지 않거나 그 비율이 높지 않으며 간헐적으로 이루어진 점.

(iii) 종가관여, 고가매수, 허수매수 등 주가를 상승시키는 효과를 가져오는 시세조종성 매매주문이 이루어지던 시기는 주로 피고인들이 M&A에 관한 공시 및 선언 게시를 통한 시가의 상승을 기대하면서 주식을 매집하던 시기여서 굳이 주가를 상승시킬 이유가 없는 점(담보가치를 유지하기 위하여 주가를 높일 이유가 있었다고 주장하는 검사의 주장에 대하여 주된 목적인 주식 매집에 지장을 초래하면서까지 담보가치를 유지하려고 하였을 것인지 의문이라고 판시).

(iv) 매도유인주문은 거래 일수 내지 거래 횟수나 그 비율이 특히 더 적거나 낮은 편인 점.

(v) 피고인들이 현실거래의 방법을 통하여 주가를 상승시키거나 차익을 실현할 정도로 주식투자에 관한 식견이나 전문성을 갖추지는 못한 것으로 여겨지는 점.

(vi) N주식의 주가는 피고인 A, B의 M&A에 관한 공시 및 선언 게시나 이를 이용한 대량의 매매에 따라 큰 변동이 있은 것이지, 위 피고인의 현실매매로 인하여 실제로 주가에 변동이 있었던 것으로 보이지 않는 점.

이 사건에서는 피고인들이 동일 종목에 대하여 허위표시 등을 통한 시세조종을 하는 등 시세조종의 동기가 충분하고 변칙적인 거래태양을 이용하였음에도 현실매매에 의한 시세조종을 인정하지 않았다는 점에서 위 판결은 약간 이례적이다.

3) 주가관리

시세조종 또는 주가조작과는 별도로 주가관리라는 표현이 사용되고 있다. 대법원 판결도 "차명에 의한 주가관리"(대법원 2011. 9. 8. 선고 2007두17175 판결[93]), "인위적 주가관리"(대법원 2011. 7. 14. 선고 2011도3180 판결[94])라는 표현을 사용한다. 주가관리라는 표현은 법적으로는 중립적인 표현이다. 예컨대 배당률의 인상, 유무상 증자 등 적법한 회사의 재무 활동 또는 영업 활동으로 주식에 대한 수요를 창출하여 주가를 관리한다면 적법한 주가관리라고 할 수 있겠으나, 시장에서 형성되는 가격에 인위적인 영향을 미쳐 가격 형성을 왜곡하는 방법으로 관리한다면 법 제176조 제2항 제1호의 현실매매에 의한 시세조종에 해당될 것이다. 유인목적 유무와 성황을 이루고 있는 듯이 잘못 알게 하거나 시세를 변동시키는 매매거래인지 여부에 따라 위법한 행위인지 여부가 결정될 것이고, 그 결정은 실질적으로는 대법원 판례에서 계속 확인하고 있듯이 증권의 성격과 발행된 증권의 총수 · 가격 및 거래량의 동향, 전후의 거래상황, 거래의 경제적 합리성과 공정성, 가장 혹은 허위매매 여부, 통상의 매매거래행태와의 차이, 시장관여율의 정도, 지속적인 종가관리 등 거래의 동기와 태양 등의 간접사실을 종합적으로 고려하여 판단하게 될 것이다.

이와 관련하여 문제가 제기될 수 있는 부분이 자기주식 취득이다. 주권상장법인의 자기주식 취득목적은 대부분 주가안정이다.[95] 자기주식 취득을 통하여 주가가 상승한 경우 명백한 시세조종으로 보아야 한다는 견

93) 주가관리목적으로 회사의 계산으로, 그러나 명의는 기관투자자와 개인주주들 명의로 회사주식을 취득하게 한다.

94) 실질은 계열사 또는 대주주가 주식을 취득하는 거래를 마치 제3자 또는 외국인이 취득한 것 같은 외관을 형성한다. 법 제178조 제1항 제1호와 제2항에 규정된 부정거래행위에 해당하는 사건이다.

95) 자기주식 취득 중 주가안정목적을 위한 것이 2011년에는 109건 중 96건, 2012년에는 89건 중 81건으로 약 90퍼센트에 해당한다[한국상장회사협의회 보도자료, 유가증권시장 상장회사 2012년 자사주 취득 · 처분현황(2013. 1. 21)].

해[96]도 있으나, 관련 법규[97]에 정하여진 취득한도 · 절차(특히 매수주문 방법) · 공시의무 등을 모두 준수하여 자기주식을 취득하는 경우에는 특별한 사정이 없는 한 시세조종에 해당한다고 보기는 어려울 것이다.

4) 알고리즘매매

최근 몇 년간 컴퓨터의 발달로 사전에 정한 일정한 규칙에 따라 투자판단, 호가 생성 및 제출 등을 사람의 개입 없이 자동화된 시스템으로 하는 이른바 알고리즘거래[98]가 늘고 있다. 알고리즘거래는 시장상황과 그 변화에 대응하고 반응하여 거래하도록 설계되어 있으므로 신속한 주문 전달 및 체결속도를 요구하고 빠른 속도의 고빈도매매(high frequency trading)를 이용하는 것이 일반적이다.[99]

알고리즘거래는 컴퓨터에 입력된 일정한 규칙에 따라 거래를 행한다는 점에서 규칙의 운영단계에서 거래마다 거래행위자의 주관적 의사가 반영되지 않으므로 시세조종에 해당할 여지가 없다고 생각할 수도 있으나, 그 규칙의 설정단계에서 통상의 시세조종적 주문과 유사한 행태의 주문을 하도록 규칙을 설정하거나, 아니면 실제 운영단계에서 행위자가 개입하여 시세조종적 주문을 하도록 하는 경우에는 알고리즘거래라고 하여도 현실매매에 의한 시세조종에 해당할 수 있다.[100]

96) 장인봉, "증권범죄에서 위법성 판단의 실제," 증권법연구 제8권 제2호(2007), 한국증권법학회, 231-232면 : "경영진이 자사의 주식가치를 10만 원으로 평가하는데 시장가격은 8만 원에 머물러 있다고 직간접의 자사주매입을 통해 주식을 매입하면서 가격을 10만 원으로 끌어올리는 경우를 사회상규에 의한 위법성 조각사유로 보기는 어려우므로 판례처럼 명백한 시세조종으로 처벌된다고 보는 것이 타당하다."
97) 상법 제341조 ; 법 제165조의3 ; 시행령 제176조의2 ; 증권의 발행 및 공시 등에 관한 규정 제5장 제1절 등.
98) 거래소 파생상품업무규정 제156조의3.
99) 거래소 시장감시위원회, 알고리즘거래 위험관리 가이드라인(2014. 11), 4면.
100) 양기진, "고빈도매매의 규제동향 및 규제방안," 증권법연구 제14권 제1호(2013), 한국

(4) 위탁 · 수탁의 규제

유인목적을 가지고 "상장증권 또는 장내파생상품의 매매가 성황을 이루고 있는 듯이 잘못 알게 하거나 그 시세를 변동시키는 매매"를 투자중개업자에게 위탁하거나 투자중개업자가 이를 수탁하는 행위도 법 제176조 제2항 제1호에 해당한다. (i) 위탁하는 단계에 이미 현실매매에 의한 시세조종의 위험성이 높다고 보아 위탁한 대로 매매주문이 행하여지거나 매매거래가 체결되었는지를 묻지 않고 규제의 대상으로 삼은 것이고,[101] (ii) 매매주문사실도 투자자들의 투자판단에 영향을 줄 수 있기 때문이다.[102] 법 제176조 제2항 제1호에 규정된 현실매매에 의한 시세조종에 해당하는 매매거래를 하기 위하여 고객이 증권회사에 주문을 내면 그것이 위탁행위에 해당하므로, 증권회사가 거래소 회원으로 호가를 하지 않더라도 법 제176조 제2항 제1호의 위탁으로 기수가 된다. 증권회사의 임직원이 유인목적을 가지고 위와 같은 매매거래의 수탁을 하면 법 제176조 제2항 제1호에 해당한다. 온라인 거래 시 증권회사의 수탁은 전산을 통하여 이루어지므로 고객의 주문이 위와 같은 매매의 위탁인지를 증권회사가 파악하지 못한 채 수탁이 이루어지게 된다. 증권회사 또는 그 임직원

증권법학회, 108면은 알고리즘에 의한 고빈도매매가 시세조종을 위한 불공정수단으로 악용될 유형으로서 "고속의 주문 제출 및 즉시취소행위(quote stuffing)", "매수 또는 매도포지션을 취한 후 단기간 풍문 또는 호가로 시세를 조종하는 행위(momentum ignition)", "본격적인 시세조종을 위한 예비단계로서 호가상황 파악을 위하여 소량의 호가를 시험적으로 제출하는 행위(ping orders)", "주문 체결의사 없이 쌓는 허수호가 제출행위(layering)" 등을 들고 있다.

101) 神田秀樹 · 松尾直彦 · 黑沼悅郎 / 藤田友敬(執筆), 앞의 책(주 4), 29-30頁.

102) 3 Bromberg & Lowenfels on Securities Fraud § 6 : 60 (2nd ed.) : Kidder Peabody & Co, 18 SEC 559 (1945)를 인용하여 경쟁시장에서 호가를 내는 것만으로도 체결된 매매만큼 가격에 대한 영향이 있기 때문에 체결되지 않은 호가 제시가 포함된다는 미국 SEC의 입장을 설명한다.

이 고객의 주문의 내용을 파악하지 못하고 전산상으로 주문이 집행되는 경우, 형사벌을 부과하는 법 제176조 제2항 제1호에서 요구하는 고의 및 유인목적을 가지고 수탁했다고 할 수는 없을 것이다. 물론 증권회사의 과실이 인정되는 경우 민사상 책임을 추궁할 수는 있을 것이다.

(5) 행위주체

현실매매에 의한 시세조종의 행위주체에 대하여는 특별한 요건이 없다. 시세조종자금을 다른 사람으로부터 제공받았거나, 시세조종거래의 법적 효과의 귀속주체가 다른 사람이라고 하더라도 실제 유인목적으로 매매가 성황을 이루고 있는 듯이 잘못 알게 하거나 시세를 변동시키는 거래를 한 사람이 법 제176조 제2항 제1호 위반행위의 주체가 된다(서울지방법원 2001. 1. 17. 선고 99노11300 판결[103]).

IV. 표시 등에 의한 시세조종

1. 개요

법 제176조 제2항 제2호와 제3호는 증권 또는 장내파생상품의 매매를 유인할 목적으로 행하는 (i) "상장증권 또는 장내파생상품의 시세가 자기 또는 타인의 시장 조작에 의하여 변동한다는 말을 유포하는 행위"와

103) 현대전자 주가 시세조종에 관한 대법원 2003. 12. 12. 선고 2001도606 판결의 원심 판결이다.

(ii) "상장증권 또는 장내파생상품의 매매를 함에 있어서 중요한 사실에 관하여 거짓의 표시 또는 오해를 유발시키는 표시를 하는 행위"를 금지한다. 규율대상이 거래가 아니라 말의 유포와 표시라는 점에서 법 제176조 제2항 제1호의 현실거래와는 차이가 있다.[104] 법 제176조 제2항 제2호와 제3호에 해당하는 행위는 법 제178조에도 해당할 경우가 많다. 특히 법 제176조 제2항은 유인목적을 요구하고 있는 데 반하여, 법 제178조에서는 그러한 주관적 요건을 요구하지 않거나(법 제178조 제1항 제1호 및 제2호) 매매, 기타 거래를 할 목적 또는 시세변동목적을 요구하고 유인목적은 요구하지 않으며(법 제178조 제2항), 장내거래에 한정하지 않고 있는 등(법 제178조 제1항 제1호 및 제2호), 법 제176조 제2항보다 구성요건이 완화되어 있는 면이 있다. 법 제178조가 있기 때문에 법 제176조 제2항 제2호와 제3호의 용도가 종전에 비하여 줄어들었다고 할 수 있다.[105]

2. 주관적 요건(유인목적)

이 유형의 시세조종에 해당하기 위해서는 주관적 요건으로 증권 또는 장내파생상품의 매매를 유인할 목적이 있어야 한다. 이 유인목적의 의미와 입증방법은 기본적으로 현실거래에 의한 시세조종에 관한 논의와 같다. 다만 현실거래에 의한 시세조종과 표시에 의한 시세조종의 행위태양이 다르기 때문에 표시 등에 의한 시세조종에서의 유인의 방법과

---

104) 김건식 / 정순섭, 앞의 책(주 9), 448면은 법 제176조 제2항 제2호 및 제3호에 규정된 표시 등에 의한 시세조종이 법 제176조 제1항에 규정된 위장거래와 유사한 성격이 있는 것으로 보고 위장거래형 시세조종으로 분류한다.

105) 한국증권법학회(편) / 김정수(집필) / 성희활 · 엄세용 · 최성근(수정), 앞의 책(주 8), 1117면은 허위표시를 이유로 소송이 제기된 사건의 다수는 법 제176조보다 법 제178조에 의존하고 있다고 한다.

과정은 현실매매에 의한 시세조종에서와는 다르다.[106)]

현실매매에 의한 시세조종에서의 유인은 "인위적인 조작을 가하여 시세를 변동시킴에도 불구하고, 투자자에게는 그 시세가 증권 · 장내파생상품시장에서의 자연적인 수요 · 공급의 원칙에 의하여 형성된 것으로 오인시켜 증권 · 장내파생상품의 매매에 끌어들이려는 것"이다(대법원 2013. 7. 11. 선고 2011도15056 판결). 이때 "인위적인 조작을 가하여 시세를 변동시킴에도 불구하고 자연적인 수요 · 공급의 원칙에 의하여 형성된 것으로 오인"하는 것은 현실매매에 의한 시세조종에서 발생하는 현상이지만 표시 등에 의한 시세조종에서는 그렇지가 않다. 표시 등에 의한 시세조종에서는 "시장조작에 의하여 시세가 변동한다는 말의 유포" 또는 거짓 · 오해유발 표시로 인하여 다른 투자가가 오도되어 매매에 나아가게 된다.

3. 행위유형

(1) 시세가 조작으로 변동한다는 말의 유포

1) 시세가 조작으로 변동한다는 말

법 제176조 제2항 제2호는 "상장증권 또는 장내파생상품의 시세가 자기 또는 타인의 시장 조작에 의하여 변동한다는 말을 유포하는 행위"를 규율한다. 시세란 증권시장 또는 파생상품시장에서 형성된 시세, 다자간매매 체결회사가 상장주권의 매매를 중개함에 있어서 형성된 시세, 상장되는 증권에 대하여 증권시장에서 최초로 형성되는 시세를 말한다(시행령

106) 神田秀樹 · 松尾直彦 · 黑沼悅郎 / 藤田友敬(執筆), 앞의 책(주 4), 31頁 참고.

제202조).

"말을 유포하는 행위"라고 규정하고 있어서 구두로 말하는 경우만 해당하는 것은 아니다. "말을 유포하는 행위"에서 "말"은 "의사소통의 내용"을 의미하는 것으로 보아야 한다.[107] "시세가 자기 또는 타인의 시장 조작에 의하여 변동한다는 말"이란 정상적인 수요 · 공급에 따라 자유경쟁시장에서 형성될 시세 및 거래량을 시장요인에 의하지 아니한 다른 요인으로 인위적으로 변동시킬 수 있다는 말을 의미한다(대법원 2018. 4. 12. 선고 2013도6962 판결). "자기 또는 타인의 시장 조작에 의하여 변동한다는 말"에 해당하는 것으로 인정된 예로는 "곧 ○○회사 주식을 작전을 하여 주가를 10배 정도는 올릴 것이니 주식을 매수하라"는 취지의 말을 한 사례[서울남부지방법원 2015. 12. 3. 선고 2014고합271, 308(병합), 533(병합) 판결], "내가 그 주식에 손대고 있으니 틀림없이 올라갈 것이고 나중에 매도 시점을 알려 주겠다", "작전에 들어간 것 같다. 지금 사면 수익을 낼 것이다", "D팀이 자금력이 풍부하고 주가를 올리는 데 기술이 뛰어나다. 그리고 원금도 보장하니 믿고 매수하라", "서울에 세력이 있는데 주식을 끌어올릴 것이다", "강력하게 시세를 끌어올리고 있으니 사라" 등의 말을 한 사례가 있다(서울지방법원 2003. 4. 10. 선고 2002고합1086 판결).

시세가 시장 조작에 의하여 변동한다는 말의 유포로 매매거래를 유인하는 행위를 규제하는 것이므로 그 말의 내용이 진실인지 거짓인지는 상관없다.[108] 법 제176조 제2항 제2호에 해당하기 위하여 실제 유포 행위자

---

107) 임재연, 앞의 책(주 3), 432면은 시세가 시장 조작에 의하여 변동한다는 말은 일반적인 풍문 수준의 추상적인 이야기가 아니라 구체적이어야 한다는 입장이다.

108) 말의 내용이 거짓인 사례로, 피고인이 대상회사(S) 주가조작을 위한 자금 50억 원을 마련하지도 않고 주가를 8,000원에서 2만 원으로 끌어올릴 의사와 능력이 없었음에도 "S회사 사장과 S회사를 구조조정했던 A회사 사장의 부탁에 따라 나를 포함한 우리 팀에서 S회사 주가를 끌어올리기로 했다"고 피해자를 기망하여 피해자가 S회사

또는 타인이 시장 조작을 하고 있거나 시세 조작에 의하여 시세가 변동되어야 하는 것도 아니다. 반대로 유포 행위자가 실제 시세를 조작하여 시세를 변동시켰다고 하더라도 유인목적을 가지고 그러한 말을 유포하면 법 제176조 제2항 제2호의 책임을 면할 수 없다.[109)]

2) 유포

유포는 널리 퍼뜨리는 것이므로 다수의 사람에게 전파하는 것을 의미한다. 유포의 방법은 구두, 문서, 언론, 통신, 인터넷 이용 등을 모두 포함한다. 1명에게 전달하더라도 수령인이 다수인에게 전파할 가능성이 상당히 있는 경우에는 유포에 해당할 수 있다. 증권회사 지점장에게 말하여 고객들에게 전파되게 한 것으로 인정된 사례(서울지방법원 2002. 3. 6. 선고 2002고단1118 판결)가 이에 해당한다. 전파 가능성이 상당히 있다고 인정되지 않는다면 1명에게 전달한 것만으로는 유포에 해당하지 않는다. 대법원 2010. 9. 30. 선고 2010도74 판결도 내용의 전파 가능성을 용인하였다고 볼 수 없다고 하여 무죄를 선고한 원심을 유지하였다.[110)] 한편 3일

주식을 매수주문하게 한 사건이 있었고, 법원은 사기죄와 함께 증권거래법 위반(시세가 조작으로 변동한다는 말의 유포행위)을 인정하였다(서울고등법원 2004. 6. 23. 선고 2004노714 판결). 이 판결이 피해자 1명에게 이러한 말을 한 행위를 유포에 해당하는 것으로 본 논거는 명확하지 않다.

109) 神田秀樹・松尾直彦・黑沼悅郎 / 藤田友敬(執筆), 앞의 책(주 4), 30頁.

110) 대법원 2010. 9. 30. 선고 2010도74 판결의 제1심 판결(청주지방법원 2009. 10. 8. 선고 2009고단1266 판결)은 "시장 조작사실에 대한 유포는 특정인에게 하는 것이 아니라 불특정 다수인에게 전파시킴으로써 성립하는 것으로서… 행위자가 특정인에게 사실을 전달하는 경우에는 그 전파 가능성이 있어야 하고 이와 같이 전파 가능성을 이유로 유포를 인정하는 경우에는 행위자에게 전파 가능성에 대한 인식은 물론 그 위험을 용인하는 내심의 의사가 있어야 하며, 그 행위자가 전파 가능성을 용인하고 있었는지의 여부는 외부에 나타난 행위의 형태와 행위의 상황 등 구체적인 사정을 기초로 하여 일반인이라면 그 전파 가능성을 어떻게 평가할 것인가를 고려하여

간 전화로 3명에게 말한 사례, 수일간 2명에게 말한 사례, 6일 간격을 두고 2명에게 말한 사례, 전화로 1명에게 말한 사례를 모두 유포행위로 인정한 하급심 판결(서울지방법원 2003. 4. 10. 선고 2002고합1086 판결)과 1명에게 말한 사례를 유포행위로 인정한 하급심 판결(서울고등법원 2004. 6. 23. 선고 2004노714 판결)이 있으나, 1명 또는 2명에게 말하는 것이 당연히 유포에 해당한다고 보기는 어려울 것이다.

법 제176조 제2항 제2호에 해당하는 말의 유포행위는 제178조 제2항에 규정된 "금융투자상품의 매매, 그 밖의 거래를 할 목적이나 그 시세의 변동을 도모할 목적으로 하는 풍문의 유포"에도 해당할 경우가 많을 것이다.

(2) 거짓 또는 오해유발 표시

법 제176조 제2항 제3호는 상장증권 또는 장내파생상품의 매매를 함에 있어서 중요한 사실에 관하여 거짓의 표시 또는 오해를 유발시키는 표시를 하는 행위를 규율한다. 구성요건을 (i) 상장증권 또는 장내파생상품의 매매를 함에 있어서 중요한 사실과 (ii) 거짓 또는 오해유발 표시로 나누어 살펴본다.

행위자의 입장에서 그 심리상태를 추인하여야 한다"고 일반론을 제시한 후, 이 사건에서는 시장 조작사실을 말한 피고인과 그 말을 들은 상대방 사이에 특별한 친분관계가 있었던 점, 피고인이 상대방에게 '이런 정보를 다른 사람에게 알려 주지 말라', '시세조종자가 너에 대해서는 주식투자로 인한 손해부분을 현금으로 보상해 주기로 하였다'고 말하기도 했으므로 말을 들은 상대방이 다른 사람에게 그 정보를 전파할 것으로 예상하지 않았을 것으로 보이는 점과 실제 말을 들은 사람이 그의 장모와 처형 등 가족에게 전달한 데 그친 점 등을 들어 행위자가 전파 가능성을 용인하였다고 보기 어렵다고 하여 무죄를 선고하였고, 검사의 항소와 상고가 모두 기각되었다.

1) 상장증권 또는 장내파생상품의 매매를 함에 있어서 중요한 사실

① 중요한 사실

법 제47조 제3항은 '투자자의 합리적인 투자판단 또는 해당 금융투자상품의 가치에 중대한 영향을 미칠 수 있는 사항'을 '중요사항'으로 정의하고 여러 조항에서 중요사항이라는 용어를 사용한다.[111] 예컨대 부정거래행위의 금지를 규정한 법 제178조 제1항 제1호는 "중요사항에 관한 거짓표시"를 하여 재산상의 이익을 얻는 행위를 금지하는데, 이때 중요사항의 의미는 법 제47조 제3항에 정의된 것과 같다.

그런데 법 제176조 제2항 제3호에서는 "중요사항"이라는 용어를 사용하지 않고 "중요한 사실"이라는 용어를 사용하고 있으므로 법 제178조 제1항 제1호와는 달리 법 제47조 제3항에서 정의된 내용에 곧바로 의존할 수는 없다. 하지만 중요성의 정도는 중요사항과 유사하게 볼 수 있을 것이다.[112] 대법원도 "'매매를 함에 있어서 중요한 사실'이란 당해 법인의 재산·경영에 관하여 중대한 영향을 미치거나 상장증권 등의 공정거래와 투자자 보호를 위하여 필요한 사항으로서 투자자의 투자판단에 영향을 미칠 수 있는 사항을 의미한다"고 판시하였다(대법원 2018. 4. 12. 선고 2013도6962 판결). "중요한 사실"이라고 표현하여 다른 의미를 부여하고자

---

111) 중요성에 관하여 법 제47조 제3항과 같지는 않지만 유사한 것으로 미공개중요정보의 정의가 있다. 법 제174조 제1항은 미공개중요정보를 "투자자의 투자판단에 중대한 영향을 미칠 수 있는 정보로서… 불특정 다수인이 알 수 있도록 공개되기 전의 것"으로 정의하였다.

112) 일본의 문헌들은 표시에 의한 시세조종에서 중요한 사항이란 "시세가 오르거나 내릴 상당한 원인이 있는 것으로 생각되는 정도의 중요한 사항"이라는 입장이다〔神田秀樹·松尾直彦·黑沼悅郎/藤田友敬(執筆), 앞의 책(주 4), 31頁; 岸田雅雄/今川嘉文(執筆), 앞의 책(주 9), 36頁; 神崎克郎/川口恭弘/志谷匡史, 金融商品取引法, 青林書院, 2012, 1293頁〕.

한 특별한 이유를 생각해 보기 어려운 이상,[113] 입법론으로는 법 제176조 제2항 제3호에서도 법 제47조 제3항에서 정의한 "중요사항"이라는 용어를 사용하는 것이 바람직하다.

중요한 사항에 관하여 거짓표시를 한 것으로 인정된 사례로는 "실제로는 해외증권을 발행하더라도 이를 인수할 투자자가 없었던 상황에서 재매입을 조건으로 하여 노무라사가 인수하는 것과 같은 외관을 창출한 후" 해외전환사채 발행계약 체결 공시를 한 행위(대법원 2002. 12. 10. 선고 2002도5407 판결), 유사투자자문업을 영위하는 회사의 대표이사가 투자자문을 위하여 개설한 포털사이트 게시판에 회원들에게 특정회사에 대한 투자를 권유하며 그 회사의 경영에 참여할 의사나 이를 실현할 구체적 방안 등이 없었음에도, 대학 동문에 불과한 그 회사의 대표이사와 마치 가까운 사이인 것처럼 강조하면서 투자한 회원들을 대리하여 그 회사의 경영에 참여하여 주가에 악영향을 미치는 요소들을 관리하겠다는 내용의 글을 지속적으로 게시한 행위(대법원 2018. 4. 12. 선고 2013도6962 판결), 매매경영에 참여할 의사와 능력이 없음에도 주식대량보유보고서의 보유목적을 '경영 참여'로 기재한 행위(서울중앙지방법원 2005. 7. 8. 선고 2005고합108 판결)를 들 수 있다.[114]

② 매매를 함에 있어서

"매매를 함"의 주체가 거짓표시의 주체와 동일해야 하는가. 미국 증권

113) 자본시장법에서는 구 증권거래법과는 달리 "중요사항"의 정의조항을 두면서도, 법 제176조 제2항 제3호에서 "중요한 사실"이라는 용어를 사용한 것은 구 증권거래법 제188조의4 제2항 제3호의 문언을 만연히 그대로 사용하였기 때문인 것으로 추측된다.

114) 박삼철, 앞의 논문(주 22), 33면은 "유상증자를 검토한 사실이 없음에도 불구하고 있는 것처럼 발표하여 투자자로 하여금 동사주식을 매수하도록 유인하면서 주가를 상승시키고 자신이 보유한 주식을 50만 주를 매도하여 시세차익을 취득한 사실"이 증권감독원에 적발되어 검찰에 고발된 사건을 거짓표시에 의한 시세조종의 예로 들고 있다.

거래소법 제9조 (a)항 (4)호[115]는 표시를 하는 주체와 매매를 하는 주체가 동일한 것으로 규정하고 있다는 점, 법 제176조 제2항 제3호를 하나의 문장으로 보면 "매매를 함"과 "표시"의 주어가 같아야 한다는 점 등에 비추어 보면 매매주체와 표시주체가 동일하다고 보아야 한다는 견해가 상당히 설득력 있다고 할 수 있다. 그런데 법 제176조 제2항 제3호가 규제하고자 하는 것은 이른바 표시형 시세조종이고 법 제176조 제2항 제1호가 규제하는 거래형 시세조종과는 다르다. 거짓표시 또는 오해를 유발하는 표시가 법 제176조 제2항 제3호의 구성요건의 중요한 사항이고 매매는 부수적 사항이라고 할 수 있다. 그렇다면 표시주체가 매매하는 경우뿐 아니라 표시의 상대방이 매매하는 경우도 포함한다고 보는 것이 법 제176조 제2항 제3호의 취지에 더 부합하는 것으로 보인다.

반드시 매매거래의 체결과정에서 거짓표시 등을 해야 하는 것은 아니다. 거짓표시는 장외에서 하고 그 거짓표시로 인한 시세변동을 이용하여 행위자가 매매를 하거나 거짓표시로 오도된 표시의 상대방이 매매를 하는 경우도 법 제176조 제2항 제3호에 해당한다고 보아야 한다.

법 제176조 제2항 제3호는 거짓표시 또는 오해를 유발하는 표시로 인하여 투자자들이 유인되거나 인위적인 시세가 형성될 위험을 방지하고자 하는 데 목적이 있다.[116] 이 조항의 목적을 더 충실하게 달성하기 위해서는 입법론적으로는 "매매를 함에 있어서"라는 요건을 삭제하고 법 제176조 제2항 본문에 규정된 유인목적만을 요구하는 것이 바람직할 것이다.

---

115) "a dealer, broker, security-based swap dealer, major security-based swap participant, or other person selling or offering for sale or purchasing or offering to purchase the security, ..."라고 하여 "매매에 있어서"에 해당하는 부분이 행위주체를 꾸미는 데 들어가 있다.

116) 金融商品取引法研究會, 앞의 논문(주 43), 6頁.

③ "매매"에 장외거래가 포함되는지 여부

장내매매가 법 제176조 제2항 제3호의 매매에 포함된다는 점에 대하여는 별로 의문이 없을 것이다. 장내파생상품의 경우에는 장외거래를 생각할 수 없지만, 상장증권은 장내에서 거래할 수도 장외에서 거래할 수도 있다. 상장증권의 장외매매도 포함되는지에 대하여는 논란이 있을 수 있다.

우선 상장증권의 장외거래를 함에 있어서 거짓 또는 오해유발표시를 하는 행위는 법 제176조 제2항 제3호의 규제대상이 아니라고 보는 견해가 있을 수 있다. 이 견해를 뒷받침할 수 있는 논거로는 (i) 법 제176조 제2항이 상장증권과 장내파생상품의 매매를 규율하는 것은 장내거래를 염두에 둔 것으로 보아야 한다는 점, (ii) 법 제176조 제2항 제1호에 규정된 현실거래에 의한 시세조종이 장내거래를 대상으로 하는 것과 균형을 맞추어 제2호와 제3호도 장내거래를 대상으로 하는 것으로 보아야 한다는 점, (iii) 상장증권의 장외거래 시의 거짓 또는 오해유발표시는 법 제178조 제1항 제1호에 규정된 '금융투자상품의 매매와 관련하여 부정한 수단, 계획 또는 기교를 사용하는 행위' 또는 법 제178조 제2항에 규정된 '금융투자상품의 매매를 할 목적으로 하는 풍문의 유포 또는 위계의 사용'에 해당할 수 있다는 점 등을 들 수 있다.

이에 대하여 상장증권의 장외거래를 함에 있어서 거짓 또는 오해유발표시를 하는 경우도 법 제176조 제2항 제3호에 해당한다는 견해가 있을 수 있다. 이 견해의 논거로는 (i) 법문상으로는 상장증권의 매매라고만 되어 있어서 상장증권을 장외에서 거래하는 경우도 포함된다는 점, (ii) 통정매매와 가장매매라는 객관적 구성요건 및 오인목적을 요구하는 법 제176조 제1항과는 달리 법 제176조 제2항 제3호는 거짓 또는 오해유발표시를 객관적 구성요건으로 삼고 있고 이러한 표시는 장내거래 시에만 이루어질 수 있는 것이 아니라는 점, (iii) 이러한 표시로 인한 불공정한 거래가 장외거래로 발생하는 것도 방지할 필요가 있다는 점을 들 수 있다. 후자의 견해가 법 제176조 제2항 제3호의 문언에 더 충실한 것으로 보인다.

2) 거짓 또는 오해유발 표시

① 행위자의 고의

법 제176조 제2항 제3호에 명시적으로 규정하고 있지는 않지만[117] 표시가 거짓이거나 오해를 유발시키는 것이라는 점을 행위자가 인식하여야 한다. 법 제176조 제2항 제1호 및 제2호의 행위유형과 비교하여 보더라도 과실로 이러한 행위를 한 경우를 법 제176조 제2항 제3호에 해당한다고 보아 형사처벌할 수 있다고 해석하는 것은 타당하지 않다. 물론 법 제176조 제2항 제3호에 해당하기 위해서는 유인목적이 있어야 하므로 표시가 거짓이거나 오해를 유발시키는 것이라는 점에 대한 고의 없이 유인목적을 가지고 이러한 표시를 하는 경우를 현실적으로 생각하기는 어렵다.[118]

② 거짓 또는 오해를 유발시키는 표시

거짓은 말 그대로 사실과 다른 것을 의미한다. 오해를 유발하는 표시는 표시 자체가 사실과 다르다고는 할 수 없으나 다른 고려사항이 누락되어 전체적인 맥락을 오해할 수 있게 만드는 경우 또는 평균적인 투자자의 관점에서 볼 때 오해할 수 있는 정도의 과장을 하는 행위 등이 이에 해당한다. 해외채권을 발행하더라도 인수할 투자자가 없는 상황에서 재매입을 조건으로 외국증권회사가 인수하는 것과 같은 외관을 창출한 후 공시

117) 구 증권거래법 제188조의4 제2항 제3호는 "당해 유가증권의 매매에 있어서 중요한 사실에 관하여 고의로 허위의 표시 또는 오해를 유발하게 하는 표시를 하는 행위"라고 하여 고의를 명시적으로 규정하였다.

118) 같은 취지로는 한국증권법학회(편) / 김정수(집필) / 성희활 · 엄세용 · 최성근(수정), 앞의 책(주 8), 1116면.

한 경우, 매매거래를 유인할 목적을 가지고 증권 매매에 있어서 중요한 사실에 관하여 허위의 표시 또는 오해를 유발하는 표시를 한 것에 해당한다(대법원 2002. 12. 10. 선고 2002도 5407 판결).

③ 표시의 대상과 방법

거짓 또는 오해를 유발시키는 표시는 불특정 다수를 상대로 행한 경우뿐 아니라 특정인 또는 소수의 사람에게 행한 경우도 포함한다. 특정인 또는 소수의 사람을 상대방으로 하더라도 증권 · 장내파생상품의 매매를 함에 있어서 표시하는 것이므로 다른 사람들도 유인되기 쉬워 시세조종의 위험성이 크기 때문이다.[119] 이러한 표시는 매매거래의 상대방에게 행할 수도 있으나 반드시 매매거래의 상대방에게 행하여야 하는 것은 아니다.[120] 표시의 방법에는 제한이 없고 구두, 문서, 통신, 인터넷 이용 등을 모두 포함한다. 공시의 방법을 이용하는 것도 포함한다(대법원 2002. 12. 10. 선고 2002도 5407 판결).

V. 시세고정 · 안정행위

1. 개요

상장증권 또는 장내파생상품의 시세를 고정 · 안정시킬 목적으로 하는 매매와 그 매매의 위탁 · 수탁은 금지된다. 법 제176조 제2항 제1호의 현실거래에 의한 시세조종은 시세를 변동시키는 행위인 데 반하여, 법 제176조 제3항에서 규율하는 시세고정 · 안정행위는 일정한 시세로 유지할

---

119) 岸田雅雄 / 今川嘉文(執筆), 앞의 책(주 9), 35-36頁.
120) 神田秀樹 · 松尾直彦 · 黑沼悅郎 / 藤田友敬(執筆), 앞의 책(주 4), 30頁.

목적으로 하는 매매라는 점에서 차이가 있다. 그러나 시세고정 · 안정행위도 자유로운 공개시장에서 정상적인 수요 · 공급에 의하여 형성될 시세와 다른 시세를 인위적으로 만들 목적으로 하는 행위라는 점에서 현실거래에 의한 시세조종과 본질적으로 차이가 없다. 다만 공모 시 시장의 안정을 위하여 필요한 때 등 시세의 안정이 필요한 경우도 있으므로 일정한 예외적인 경우에는 시세고정 · 안정행위를 허용한다.

2. 주관적 요건

법 제176조 제3항은 상장증권 또는 장내파생상품의 시세를 고정시키거나 안정시킬 목적을 필요로 한다. 법 제176조 제2항에서 요구하는 유인목적을 요구하지 않는다. 시세를 고정 · 안정시킬 목적만으로도 자유경쟁시장의 정상적인 작동을 방해하는 행위로 볼 수 있기 때문이다.

시세의 고정 · 안정은 행위 시의 시세로 고정시키는 것뿐 아니라 행위자가 일정한 시세를 형성하도록 한 뒤 그 시세로 고정시키는 것도 포함하고(대법원 2004. 10. 28. 선고 2002도3131 판결), 일정한 가격 이상 또는 일정한 가격 이하로 시세를 유지하는 행위도 포함한다.[121]

3. 행위

(1) 일련의 매매

법 제176조 제3항에 해당되려면 시세고정 · 안정목적 이외에 그 목적

121) 김건식 / 정순섭, 앞의 책(주 9), 460-461면.

을 가지고 하는 상장증권 또는 장내파생상품의 일련의 매매 또는 그 위탁 · 수탁행위가 있어야 한다. 법 제176조 제2항 제1호의 현실매매에 의한 시세조종과는 달리 법 제176조 제3항은 일련의 매매를 요구한다. 단일 매매로는 시세의 고정 · 안정을 꾀하기 어렵다는 점을 반영한 것으로 보인다.

대법원은 구 증권거래법 제188조의4 제3항 위반으로 기소된 사건에 대하여 "행위자가 그러한 목적을 가지고 매매거래를 한 것이라면, 그 매매거래가 일정한 기간 계속 반복적으로 이루어져야 하는 것이 아니라 한 번의 매매거래도 증권거래법 제188조의4 제3항[122]의 구성요건을 충족한다"고 판시하였으나(대법원 2004. 10. 28. 선고 2002도3131 판결),[123] "일련의 매매"를 명시적으로 규정한 자본시장법상으로도 동일한 해석이 적용될 수 있는지 의문이다.[124]

(2) 매매와 고정 · 안정효과

실제 시세를 고정 · 안정시켜 법 제176조 제3항 위반이 문제 되는 경우

---

122) 증권거래법(법률 제5423호 1997. 12. 13.) 제188조의4(시세조종 등 불공정거래의 금지) ….

③ 누구든지 단독 또는 공동으로 대통령령이 정하는 바에 위반하여 유가증권의 시세를 고정시키거나 안정시킬 목적으로 유가증권시장 또는 협회중개시장에서의 매매거래 또는 그 위탁이나 수탁을 하지 못한다.

123) 이 판결은 "주식을 높은 가격으로 자전거래시키기 위하여 시장조작에 의하여 높은 가격을 형성하는 매매거래를 하고 그 가격으로 자전거래를 하였다면, 그 매매거래행위는 유가증권의 시세를 고정시킬 목적으로 한 것이라고 인정할 수 있으므로 증권거래법 제188조의4 제3항의 처벌대상이 된다"고 판시하였다.

124) 같은 취지로는 임재연, 앞의 책(주 3), 438면. 이와는 달리 한국증권법학회(편) / 김정수(집필) / 성희활 · 엄세용 · 최성근(수정), 앞의 책(주 8), 1123면은 한 번의 거래로 시세 고정행위가 빈번하게 발생할 가능성이 있다고 보고 시세 고정행위에 관하여 일련의 매매조항을 완화하여 해석하여야 한다는 입장이다.

가 많지만,[125] 고정 · 안정목적으로 일련의 매매 또는 그 위탁 · 수탁을 하면 법 제176조 제3항에 해당되는 것이고 실제 고정 · 안정의 효과가 있어야 하는 것은 아니다. 또한 시세를 인위적으로 고정 · 안정시키는 행위는 정상적인 수요 · 공급에 따라 자유경쟁시장에서 형성될 시세를 인위적으로 왜곡시키는 것이므로 법 제176조 제2항 제1호의 현실매매에 의한 시세조종에도 해당되는 경우가 많을 것이다(서울고등법원 2005. 7. 12. 선고 2004노2874 판결 및 서울중앙지방법원 2010. 2. 5. 선고 2009고합690 판결).[126]

(3) 헤지목적 거래

위험헤지를 위하여 주식을 매매할 필요가 있다고 하더라도 그 거래가 시세를 고정 · 안정시키는 거래인 경우에는 법 제176조 제3항에 위반된다(대법원 2015. 6. 11. 선고 2014도11280 판결[127]).

4. 시세고정 · 안정의 예외적 허용

시세고정 · 안정목적을 가지고 하는 일련의 매매도 증권의 모집 · 매출을

125) 예컨대 주가연계증권(Equity Linked Securities. 이하 'ELS')의 조기상환 기준일의 기초자산인 주식의 종가를 조기상환 기준가격 미만으로 고정하여 법 제176조 제3항 위반으로 인정된 대법원 2015. 6. 11. 선고 2014도11280 판결.
126) 앞의 주 71, 72.
127) A회사 주식과 B회사 주식의 주가에 연동된 ELS를 발행한 증권회사의 직원으로서 그 ELS의 기초자산별 헤지업무를 수행하던 피고인이 ELS의 조기상환기준일에 B회사의 주가가 조기상환 기준가격(9만 6,000원)을 상회하자, 장 마감 직전에 집중적으로 매도주문을 하여 결국 기준일의 주가가 기준가격보다 100원 낮은 9만 5,900원에 결정되도록 한 사건에서, 위 대법원판결은 "비록 델타헤지를 위하여 B회사 주식을 매도할 필요가 있었다고 하더라도 그러한 사정의 존재가 피고인에 대한 시세 고정목적의 인정에 방해가 되지 않는다"고 판시하였다.

원활히 하기 위한 안정조작과 증권의 모집 · 매출 후 시장의 안정을 위한 시장조성행위는 일정한 요건하에서 허용된다(법 제176조 제3항 단서).[128] 증권의 모집 · 매출이 있는 경우 청약이 이루어지기 전에는 모집 · 매출로 공급될 물량을 예상하여 미리 시장에 대량의 매도물량이 나올 수 있고, 모집 · 매출이 이루어진 이후에는 모집 · 매출로 발행시장에서 공급된 물량이 상장 후 유통시장에 대량 공급되어 수요 · 공급이 일시적으로 불안정하게 될 수가 있다. 이러한 현상은 발행시장을 통한 기업의 자금조달에 악영향을 미치게 되므로 이러한 현상을 해소할 필요가 있다. 안정조작과 시장조성이 본질적으로는 자유로운 공개시장에서 형성되는 시세에 영향을 주는 시세조종의 속성을 가지고 있으나, 증권의 모집 · 매출을 원활하게 하고 모집 · 매출 후 유통시장의 안정을 도모하기 위하여 공시 · 기간 · 가격 및 주체 등에 관한 엄격한 조건하에 예외적으로 허용하는 것이다(대법원 2004. 10. 28. 선고 2002도3131 판결).[129] 시장조성에 관하여 필요한 공시를 하였어도 시장조성의무가 발생하지 않도록 시세를 시장조성가격 이상으로 유지하기 위한 매매거래를 하는 것은 법 제176조 제3항이 금지하는 시세고정 · 안정행위에 해당한다(대전지방법원 2004. 4. 23. 선고 2003노3303 판결).

---

128) 안정조작 · 시장조성에 관한 상세한 논의는 "온주 자본시장법 제176조 제3항 주석" 참조.

129) 증권(주로 주식)의 모집 · 매출을 원활하게 한다는 것은 결국 발행회사의 기존 주주의 이익을 보호하는 것으로 설명된다. 신주의 공모 발행으로 자금을 조달하지 못하고 다른 자금조달수단을 강구할 수 없으면 그 자금으로 추진할 사업을 추진할 수 없게 될 것이고, 하락한 가격으로 신주를 공모 발행하여 자금을 조달하면 기존 주주들의 지분권이 그만큼 희석될 것이므로 안정조작으로 주가의 하락을 방지하여 신주의 공모를 하게 하는 것은 결국 기존 주주의 이익을 보호하는 셈이다〔神田秀樹 · 松尾直彦 · 黑沼悅郎 / 藤田友敬(執筆), 앞의 책(주 4), 32頁〕.

VI. 연계시세조종의 금지

1. 개요

전통적인 시세조종은 시세조종의 대상증권·장내파생상품의 시세를 조종하여 그 증권·장내파생상품으로부터 직간접적으로 이익을 얻게 된다. 법 제176조 제1~3항은 시세조종의 대상증권이 거래되는 증권시장 또는 시세조종의 대상 장내파생상품이 거래되는 장내파생상품시장에서의 행위를 규제한다.

그런데 파생상품이 발달함에 따라 시세조종의 대상인 금융투자상품이 아닌 다른 금융투자상품에서 이익을 얻을 수 있는 유형의 시세조종이 있을 수 있게 되었다. 즉 파생결합증권이나 파생상품의 가격변동과 파생결합증권·파생상품의 기초자산의 가격변동은 서로 상관관계가 있으므로 파생결합증권·파생상품의 거래에서 이익을 얻기 위하여 기초자산의 시세에 영향을 주는 행위를 하거나 거꾸로 기초자산의 거래에서 이익을 얻기 위하여 파생결합증권·파생상품의 시세에 영향을 주는 행위를 할 여지가 있다. 이러한 행위는 법 제176조 제1~3항으로 규율하기 어려울 수 있으므로 명시적인 별도 조항을 두어 규율하고 있다.

2. 행위주체

법 제176조 제4항의 시세조종의 행위 주체에 대하여는 제한이 없다.

3. 대상 금융투자상품

증권, 파생상품 또는 그 증권 · 파생상품의 기초자산 중 어느 하나가 거래소에 상장된 때(파생상품의 경우에는 거래소가 그 파생상품을 장내파생상품으로 품목을 결정하는 때 포함)에는 그 증권 또는 파생상품에 관한 매매, 그 밖의 거래와 관련하여 일정한 행위가 금지된다.

첫째, 증권 · 파생상품 · 그 기초자산 중 어느 하나가 거래소에 상장(장내파생상품으로 품목을 결정하는 경우 포함)되어야 한다. 장외파생상품 거래를 하는 경우에도 기초자산이 상장되어 있다면 법 제176조 제4항의 적용대상이 된다. 또한 파생결합증권이 상장되어 있지 않더라도 그 기초자산이 상장되어 있다면 법 제176조 제4항의 적용대상이 된다. 이와 같이 어느 하나라도 거래소에 상장된 경우 법 제176조 제4항을 적용하는 이유는 뒤의 VI. 4.에서 논하는 행위가 그 상장된 금융투자상품에 관한 자유로운 공개시장의 기능에 영향을 줄 수 있기 때문이라고 할 수 있다.

둘째, 증권 · 파생상품의 매매, 그 밖의 거래와 관련되어야 한다. 매매, 그 밖의 거래에서 이익을 얻을 목적을 가진 경우를 규율하는 것이므로 그 밖의 거래는 이익을 얻을 수 있는 다양한 형태의 거래를 모두 포함한다. 또한 매매, 그 밖의 거래가 반드시 장내거래일 필요는 없다.

4. 행위유형

(1) 파생상품의 매매 등에서 부당한 이익을 얻을 목적으로 기초자산의 시세를 변동 · 고정시키는 행위(법 제176조 제4항 제1호)

기초자산의 시세변동은 그 기초자산에 연계된 파생상품의 가격을 변동시킬 것이므로, 그 가격변동으로 파생상품에서 부당한 이익을 얻고자 하는 목적을 가지고 기초자산의 시세를 변동 · 고정시키는 경우이다. 예컨대 개별 주식선물 · 옵션 상품을 매입 · 매도한 후 그 개별 주식선물 · 옵션에서 이익을 얻기 위하여 기초자산인 개별 주식의 시세를 변동 · 고정시키는 행위가 이에 해당한다.

첫째, 파생상품의 매매, 그 밖의 거래에서 부당한 이익을 얻거나 제3자에게 부당한 이익을 얻게 할 목적이 있어야 한다.

파생상품은 장내파생상품에 한하지 않고 장외파생상품도 포함한다. 부당한 이익을 얻을 목적이 있으면 충분하고 실제 이익을 얻는 것이 요건은 아니다. 부당한 이익은 정당한 헤지거래와 차익거래를 통한 이익이 아닌 기초자산 시세의 인위적 변동 · 고정을 통하여 얻는 이익을 의미한다. 부당한 이익의 부당성을 어떠한 기준으로 판단할 것인가가 문제 될 수 있는데, 거래의 결과가 아니라 거래과정에서의 부당성을 의미하는 것으로 보아야 한다는 견해가 제시되고 있다.[130]

둘째, 파생상품의 기초자산의 시세를 변동 · 고정시키는 행위가 있어야 한다.

시세란 증권시장 또는 파생상품시장에서 형성된 시세, 다자간매매 체결회사가 상장주권의 매매를 중개함에 있어서 형성된 시세, 상장되는 증권에 대하여 증권시장에서 최초로 형성되는 시세(시행령 제202조)를 말한다.

예컨대 주식가격에 연동된 파생상품에서 이익을 얻을 목적으로 기초자산인 주식의 시세를 변동 · 고정시키는 경우가 여기에 해당한다. 주가가 일정 금액에 도달하면 옵션권리 · 의무가 소멸하는 이른바 녹아웃조항이

---

130) 최성근, "상품선물 시세조종에 대한 규제 : 현 · 선 연계 시세조종을 중심으로," 한양법학 제21권 제1집(2010), 한양법학회, 414면.

들어 있는 옵션계약을 체결한 상황에서, 옵션의무자 측에서 녹아웃가격 이상으로 주가가 형성되도록 장 종료 직전 대량의 매수주문을 내어 주가를 변동시키거나, 반대로 옵션권리자 측에서 녹아웃가격보다 낮은 가격으로 주가가 형성되도록 장 종료 직전 대량의 매도주문을 내어 주가를 변동시킨다면 법 제176조 제4항 제1호에 해당할 수 있다.[131] 개별 주식선물 · 옵션에서 이익을 얻을 목적으로 그 주식의 주가를 변동 · 고정시키는 행위는 법 제176조 제4항 제1호에 해당하지만, 같은 목적으로 그 주식을 기초로 하는 주식워런트증권(Equity Linked Warrant, ELW)의 시세를 변동 · 고정시키는 행위는 법 제176조 제4항 제1호에 해당하지 않는다.[132] · [133]

실제 시세를 변동 · 고정시키는 결과가 있어야 하는가에 대하여 논란이 있을 수 있다. 법 제176조 제2항 제1호의 현실매매에 의한 시세조종에서도 법문이 "매매가 성황을 이루고 있는 듯이 잘못 알게 하거나 그 시세를 변동시키는 매매 또는 그 위탁이나 수탁을 하는 행위"라고 규정하여 "시세를 변동시키는 매매"라는 표현을 사용하고 있으나, 대법원은 "실제로 시세가 변동될 필요까지는 없고 일련의 행위가 이어진 경우에는 전체적으로 그 행위로 인하여 시세를 변동시킬 가능성이 있으면 충분하다"고 보았다(대법원 2008. 12. 11. 선고 2006도2718 판결[134]). 법 제176조 제2항

---

131) 본문의 예는 대법원 2012. 11. 29. 선고 2012도1745 판결에서 다룬 사건을 약간 변형한 것이다. 대법원 2012. 11. 29. 선고 2012도1745 판결에서 다룬 사건이 발생한 시점에는 이와 같은 행위를 연계시세 조종행위로 금지하고 있지 않았다.

132) 임재연, 앞의 책(주 3), 447면은 입법론으로 기초자산이 동일한 파생결합증권과 장내파생상품 간 가격 연관성이 있어 연계시세조종 가능성이 있으므로 규제 필요성이 있다는 입장이다.

133) 물론 주식워런트증권의 시세를 변동 · 고정시키는 행위는 법 제176조 제3항에 해당할 수 있다.

134) '당해 선물거래가 성황을 이루고 있는 것으로 오인하게 하거나 선물거래의 시세를

제1호는 “시세를 변동시키는 매매”의 위탁과 수탁도 금지행위에 포함시키고 있다. “시세를 변동시키는 매매”가 실제 시세를 변동시킨 결과를 가져온 매매를 의미한다면 “시세를 변동시키는 매매의 위탁”을 별도의 행위 유형으로 규정하여 위탁시점에 법 제176조 제2항 제1호 위반이 되도록 할 수가 없을 것이다. 매매의 위탁시점에 법 제176조 제2항 제1호 위반이 성립하려면 “시세를 변동시키는 매매의 위탁”은 “시세를 변동시킬 가능성이 있는 매매의 위탁”으로 해석할 수밖에 없다. 그러나 법 제176조 제4항 제1호는 “시세를 변동 · 고정시키는 행위”만을 규정하고 있어 법 제176조 제2항 제1호와 같이 해석할 수 있는지에 대하여는 상당한 의문이 제기된다.

헤지목적의 거래로 기초자산의 시세에 변동을 초래할 수 있는데, 이러한 경우도 법 제176조 제4항 제1호에서 규제하는 “시세를 변동 · 고정시키는 행위”에 해당하는가가 문제 될 수 있다. ELS를 발행한 증권회사의 직원으로서 그 ELS의 기초자산별 헤지업무를 수행하던 피고인이 ELS의 조기상환기준일에 기초자산 주가가 조기상환 기준가격(9만 6,000원)을 상회하자 장 마감 직전에 집중적인 매도주문을 하여 결국 기준일의 주가가 기준가격보다 100원 낮은 9만 5,900원에 결정되도록 한 사건에서, 대법원은 “비록 델타헤지를 위하여 B회사 주식을 매도할 필요가 있었다고 하더라도 그러한 사정의 존재가 피고인에 대한 시세고정목적의 인정에 방해가 되지 않는다”고 판시하여 법 제176조 제3항의 시세고정행위로 인정하

고정 또는 변동시키는 거래행위'라고 규정한 구 선물거래법 제31조 제1항 제4호의 해석에 관한 판시이다. 구 선물거래법의 “선물거래의 시세를 고정 또는 변동시키는 거래행위”라는 부분은 법 제176조 제4항 제1호에서 “기초자산의 시세를 변동 또는 고정시키는 행위”라는 표현과 차이가 없으므로 위 대법원 판결의 판시는 현행 자본시장법의 법 제176조 제4항 제1호의 해석에도 마찬가지로 적용할 수 있을 것이다.

였다(대법원 2015. 6. 11. 선고 2014도11280 판결).[135] 또한 주가가 일정 금액에 도달하면 옵션권리·의무가 소멸하는 이른바 녹아웃조항이 들어 있는 장외파생상품거래(옵션계약)를 체결한 상황에서, 주가가 녹아웃가격 근처로 접근하자 장 종료 직전 옵션의무자 측에서는 녹아웃가격으로 매수하는 대량의 매수주문을 내고, 옵션권리자 측에서는 녹아웃가격보다 낮은 가격으로 대량의 매도주문을 낸 행위를 법원은 법 제176조 제2항 제1호에 규정된 현실매매에 의한 시세조종에 해당한다고 보았다(대법원 2012. 11. 29. 선고 2012도1745 판결). 이 판결들의 판시사항은 법 제176조 제4항 제1호의 "시세를 변동·고정시키는 행위"에 관하여도 그대로 적용될 수 있을 것이다.

(2) 파생상품의 기초자산의 매매 등에서 부당한 이익을 얻을 목적으로 파생상품의 시세를 변동·고정시키는 행위(법 제176조 제4항 제2호)

제1호와 반대방향으로 이루어지는 행위이다.

첫째, 파생상품의 기초자산의 매매, 그 밖의 거래에서 부당한 이익을 얻거나 제3자에게 부당한 이익을 얻게 할 목적이 있어야 한다. 파생상품은 장내파생상품에 한하지 않고 장외파생상품도 포함하지만, 둘째 요건(시세의 변동·고정)을 충족하기 위해서는 시세가 있어야 하고 장외파생상품은 시장에서 거래되지 않으므로 장외파생상품이 법 제176조 제4항 제2호의 적용대상이 되는 경우는 생각하기 어렵다. 기초자산의 매매, 그 밖의 거래에서 부당한 이익을 얻을 목적이 있어야 하므로, 기초자산이 아닌 기

135) ELS 관련 시세조종에 대한 상세한 논의는 이 책 「제9장 주가연계증권 관련 소송의 유형별 분석과 법적 판단기준」 및 「제10장 주가연계증권 관련 소송을 통해 본 불공정거래 규제상 쟁점」.

초자산과 연계된 다른 금융투자상품에서 이익을 얻을 목적으로는 법 제176조 제4항 제2호의 구성요건을 충족하지 못한다. 예컨대 주가지수 선물 · 옵션거래의 기초자산인 주가지수를 구성하는 주식의 매매 등에서 이익을 얻을 목적이 있으면 법 제176조 제4항 제2호의 이익목적을 충족할 것이지만, 주가지수 선물 · 옵션과 동일한 주가지수를 추적하는 상장지수펀드(Equity Traded Fund, ETF)의 매매 등에서 이익을 얻을 목적으로 주가지수 선물 · 옵션의 시세를 변동 · 고정시키는 행위는 법 제176조 제4항 제2호에 해당하지 않는다.[136)]

법 제176조 제4항 제1호와 마찬가지로 부당한 이익을 얻을 목적이 있으면 충분하고 실제 이익을 얻는 것이 요건은 아니다. 부당한 이익은 정당한 거래를 통한 이익이 아닌 파생상품의 시세의 인위적 변동 · 고정을 통하여 얻는 이익을 의미한다.

둘째, 파생상품의 시세를 변동 · 고정시키는 행위가 있어야 한다. 법 제176조 제4항 제1호와 마찬가지로 "실제로 시세가 변동될 필요까지는 없고, 일련의 행위가 이어진 경우에는 전체적으로 그 행위로 인해 시세를 변동시킬 가능성이 있으면 충분하다"(대법원 2008. 12. 11. 선고 2006도2718 판결).

(3) 증권의 매매 등에서 부당한 이익을 얻을 목적으로 그 증권과 연계된 증권 또는 그 증권의 기초자산의 시세를 변동 또는 고정시키는 행위 (법 제176조 제4항 제3호)

첫째, 증권의 매매, 그 밖의 거래에서 부당한 이익을 얻거나 제3자에게

136) 물론 이 경우에도 주가지수 선물 · 옵션의 시세를 변동 · 고정시키는 행위는 법 제176조 제3항에 해당할 수 있다.

부당한 이익을 얻게 할 목적이 있어야 한다. 증권은 법 제4조 제1항과 제2항에 규정된 증권을 의미한다.

둘째, 그 증권과 연계된 증권으로서 시행령 제207조에 규정된 증권(〈표 1〉) 또는 그 증권의 기초자산의 시세를 변동·고정시키는 행위가 있어야 한다. 법 제176조 제4항 제1호와 마찬가지로 "실제로 시세가 변동될 필요까지는 없고, 일련의 행위가 이어진 경우에는 전체적으로 그 행위로 인하여 시세를 변동시킬 가능성이 있으면 충분하다"(대법원 2008. 12. 11. 선고 2006도2718 판결).

〈표 1〉 법 제176조 제4항 제3호의 적용대상인 연계증권

이익목적 대상증권	시세변동 · 고정대상 증권
전환사채 · 신주인수권부사채(시행령 제207조 제1호)	전환사채 · 신주인수권부사채와 연계된, (i) 그 전환사채 · 신주인수권부사채로 교환할 수 있는 교환사채, (ii) 지분증권, (iii) 그 전환사채 · 신주인수권부사채를 기초자산으로 하는 파생결합증권, (iv) 그 전환사채 · 신주인수권부사채와 관련된 증권예탁증권
교환사채(시행령 제207조 제2호)	그 교환사채의 교환대상이 되는, (i) 전환사채 · 신주인수권부사채, (ii) 지분증권, (iii) 파생결합증권, (iv) 증권예탁증권
지분증권(시행령 제207조 제3호)	그 지분증권과 연계된, (i) 전환사채 · 신주인수권부사채, (ii) 그 지분증권으로 교환할 수 있는 교환사채, (iii) 그 지분증권을 기초자산으로 하는 파생결합증권, (iv) 그 지분증권과 관련된 증권예탁증권, (v) 그 지분증권 외의 지분증권
파생결합증권(시행령 제207조 제4호)	그 파생결합증권의 기초자산으로 되는, (i) 전환사채 · 신주인수권부사채, (ii) 교환사채(가목 · 다목 또는 라목과 교환할 수 있는 것만 해당), (iii) 지분증권, (iv) 증권예탁증권
증권예탁증권(시행령 제207조 제5호)	그 증권예탁증권의 기초로 되는, (i) 전환사채 · 신주인수권부사채, (ii) 교환사채(가목 · 다목 또는 라목과 교환할 수 있는 것만 해당), (iii) 지분증권, (iv) 파생결합증권

주가의 하락 시 전환가액을 하향조정할 수 있는 이른바 리픽싱(refixing) 조항이 포함된 전환사채를 가지고 있는 사람이 (i) 주식을 차입하여 공매도하여 주가의 하락을 유도하여 시세를 변동시키고 (ii) 전환가액이 하향

조정되도록 한 후 (iii) 전환사채를 전환하여 받은 신주로 차입한 주식을 반환하는 경우 시행령 제207조 제1호에 해당할 수 있게 된다.

ELS의 매매, 기타 거래에서 부당한 이익을 얻기 위하여 그 기초자산인 주식의 시세를 변동·고정시키면 시행령 제207조 제4호에 해당하게 된다. ELS를 발행하는 증권회사는 ELS 발행인으로 부담하는 위험을 회피하기 위한 목적으로 기초자산인 주식을 매매하게 된다. 이러한 헤지거래 자체가 기초자산인 주식에 대한 수요·공급이므로 헤지거래로 인하여 기초자산인 주식의 시세에 영향을 줄 수 있다. 실제 ELS의 중도상환 여부를 결정하는 중간평가일에 ELS 발행회사가 위험회피목적으로 기초자산인 주식에 대한 대량의 매도주문을 내고, 이로 인하여 주식가격이 중도상환 조건 성취에 필요한 기준가격 미만으로 하락하여 투자자들이 중도상환을 받지 못하는 사례들이 발생하자, 투자자들이 ELS 발행회사를 상대로 여러 건의 소송을 제기하였다. ELS의 중도상환 기준가격 관련 사건들은 2013년 법 제176조 제4항이 개정(법률 제11845호, 2013. 5. 28. 일부개정, 2013. 8. 29. 시행)되기 이전에 발생한 사건들이어서 법 제176조 제4항이 쟁점이 되지는 않았으나, 향후 유사한 사건이 발생하는 경우 법 제176조 제4항 해당 여부를 판단하는 데 도움이 될 수 있다.

ELS 관련하여 헤지목적으로 하는 기초자산거래의 적법성과 위법성의 기준이 무엇인지가 중요한 쟁점이 되었고 증권감독 차원에서도 적법한 헤지거래의 기준이 제시되었다.[137)]

ELS 관련 사건에 대하여는 형사적으로 ELS를 발행한 증권회사의 직원

137) 한국거래소는 「ELS 헤지거래 가이드라인」을 제정하여 2009년 10월 1일부터 시행하였다. 이 가이드라인의 제정배경과 내용에 대하여는 엄세용, "자본시장에서의 ELS 규제 및 감독방향 : 「ELS 헤지거래 가이드라인」을 위주로," 글로벌비즈니스와 법 제2권 제2호(2010), 연세대학교 법학연구원, 12-34면.

으로서 그 ELS의 기초자산별 헤지업무를 수행하던 피고인이 ELS의 조기상환기준일에 기초자산주가가 조기상환 기준가격(9만 6,000원)을 상회하자 장 마감직전에 집중적인 매도주문을 하여 결국 기준일의 주가가 기준가격보다 100원 낮은 9만 5,900원에 결정되도록 한 사건에서, 대법원은 "비록 델타헤지를 위하여 B회사 주식을 매도할 필요가 있었다고 하더라도 그러한 사정의 존재가 피고인에 대한 시세고정목적의 인정에 방해가 되지 않는다"고 판시하여 법 제176조 제3항의 시세고정행위로 인정하였다(대법원 2015. 6. 11. 선고 2014도11280 판결).

한편 ELS의 중간평가일의 주가가 단일매매시간대 전까지 중도상환조건 기준가격 이상으로 거래되고 있었으나, ELS를 발행한 증권회사가 단일가매매시간대에 같은 시간대 전체 매도주문의 약 79퍼센트를 차지하는 13만 4,000주의 매도주문을 하면서 그중 9만 4,000주에 관하여는 기준가격에 미치지 못하는 호가를 제시하여 종가가 기준가격 미만으로 결정되고 결국 ELS의 중도상환조건 성취가 무산되어 ELS 투자자들이 발행회사를 상대로 제기한 민사사건에서, 대법원은 "중간평가일의 기초자산가격이 중도상환조건을 성취시키는 가격에 근접하여 형성되고 있어 그 종가에 따라 중도상환조건이 성취될 가능성이 커서 피고와 투자자 사이의 이해관계가 서로 상충하는 상황에서는 피고(증권회사)는 중도상환조건의 성취 여부에 최소한의 영향을 미치는 방법으로 헤지거래를 함으로써 투자자를 보호해야지 그 반대로 중도상환조건의 성취를 방해함으로써 투자자의 신뢰를 저버리는 헤지거래를 하여서는 안 된다"고 보고, 피고의 위 매도주문행위가 원고들에 대한 투자자 보호의무를 게을리한 것으로서 신의성실에 반하여 ELS의 중도상환조건 성취를 방해한 것이라고 볼 여지가 충분하다고 판시하였다(대법원 2015. 5. 14. 선고 2013다2757 판결).

(4) 증권의 기초자산의 매매 등에서 부당한 이익을 얻을 목적으로 그 증권의 시세를 변동 · 고정시키는 행위(법 제176조 제4항 제4호)

첫째, 증권의 기초자산의 매매, 그 밖의 거래에서 부당한 이익을 얻거나 제3자에게 부당한 이익을 얻게 할 목적이 있어야 한다. 기초자산이 있는 증권이어야 하므로 법 제176조 제4항 제4호의 증권은 파생결합증권을 의미한다고 보아야 할 것이다. 전환사채 · 신주인수권부사채 · 교환사채 또는 증권예탁증권도 전환권 · 신주인수권 · 교환권의 대상인 증권과 예탁된 증권이 파생결합증권의 기초자산과 유사한 위치에 있다고 볼 수 있으나, 자본시장법은 기초자산을 파생상품과 파생결합증권에 관하여 사용하고 있으므로 전환사채 · 신주인수권부사채 · 교환사채 · 증권예탁증권은 기초자산을 가진 증권이라고 보기 어렵다.

둘째, 그 증권의 시세를 변동 또는 고정시키는 행위가 있어야 한다. 법 제176조 제4항 제1호와 마찬가지로 "실제로 시세가 변동될 필요까지는 없고, 일련의 행위가 이어진 경우에는 전체적으로 그 행위로 인하여 시세를 변동시킬 가능성이 있으면 충분하다"(대법원 2008. 12. 11. 선고 2006도2718 판결).

(5) 파생상품의 매매 등에서 부당한 이익을 얻을 목적으로 그 파생상품과 기초자산이 동일 · 유사한 파생상품의 시세를 변동 · 고정시키는 행위(법 제176조 제4항 제5호)

첫째, 파생상품의 매매, 그 밖의 거래에서 부당한 이익을 얻거나 제3자에게 부당한 이익을 얻게 할 목적이 있어야 한다. 기초자산이 상장되어 있는 경우에는 장외파생상품의 매매, 그 밖의 거래에서 이익을 얻을 목적이 있는 경우도 법 제176조 제4항 제5호에 해당한다.

둘째, 그 파생상품과 기초자산이 동일하거나 유사한 파생상품의 시세를 변동 · 고정시키는 행위가 있어야 한다. 예컨대 개별 주식옵션거래에서 이익을 얻을 목적으로 동일한 주식을 기초자산으로 하는 개별 주식선물상품의 시세를 변동 · 고정시키는 행위를 한 경우와 같이 기초자산이 동일한 파생상품의 경우에는 법 제176조 제4항 제5호의 시세변동 · 고정행위의 대상 금융투자상품에 해당하는 데 논란이 별로 없을 것이다.[138] 그러나 기초자산이 동일하지는 않은 경우 어느 정도로 유사하여야 법 제176조 제4항 제5호의 적용대상이 되는지에 대하여는 논란이 있을 수 있다. A파생상품의 시세변동 · 고정이 B파생상품의 매매, 그 밖의 거래에서의 이익 획득과 상당한 연관성을 가지고 있다면 유사성을 인정할 수 있을 것이다. C회사의 주식을 기초자산으로 하는 파생상품과 C회사주식에 연계된 파생결합증권을 기초자산으로 하는 파생상품은 기초자산이 유사한 경우에 해당한다.[139]

138) 파생상품의 거래에서 이익을 얻을 목적으로 그 파생상품의 기초자산과 동일한 기초자산에 연계된 파생결합증권의 시세를 변동 · 고정시키는 행위는 법 제176조 제4항 제5호의 적용대상이 아니라고 보아야 할 것이다. 법 제176조 제4항 제5호는 파생상품의 변동 · 고정행위를 대상으로 하고 있고, 파생결합증권은 자본시장법상 파생상품에 해당하지 않기 때문이다.

139) 김건식 / 정순섭, 앞의 책(주 9), 465면.

08

부정거래행위의 성립요건과 유형*

임재연**

I. 부정거래행위의 연혁

1. 증권거래법 제188조의4 제4항의 규정

구 증권거래법 제188조의4 제4항은 "누구든지 유가증권의 매매, 기타 거래와 관련하여, 부당한 이득을 얻기 위하여 고의로 허위의 시세 또는 허위의 사실, 기타 풍설을 유포하거나 위계(僞計)를 쓰는 행위(제1호)와, 중요한 사항에 관하여 허위의 표시를 하거나 필요한 사실의 표시가 누락된 문서를 이용하여 타인에게 오해를 유발하게 함으로써 금전, 기타 재산상의 이익을 얻고자 하는 행위(제2호)를 하지 못한다고 규정하였다. 대법

* 본고는 필자의 저서 『자본시장법과 불공정거래(개정판)』(박영사, 2019)의 해당 내용을 일부 수정하고 체제를 편집하여 게재하는 것임을 밝힌다.

** 법무법인 린 변호사

원은 구 증권거래법이 사기적 부정거래행위를 금지하는 취지에 관하여, "증권거래에 관한 사기적 부정거래가 다수인에게 영향을 미치고 증권시장 전체를 불건전하게 할 수 있기 때문에 증권거래에 참가하는 개개의 투자자의 이익을 보호함과 함께 투자자 일반의 증권시장에 대한 신뢰를 보호하여 증권시장이 국민경제의 발전에 기여할 수 있도록 함에 그 목적이 있다고 할 것"이라고 판시한 바 있다.[1)]

구 증권거래법 제188조의4 제1항은 "상장유가증권 또는 코스닥상장 유가증권의 매매거래"라고 규정하고, 제2항은 "유가증권시장 또는 코스닥시장에서의 매매거래"라고 규정하고, 제3항은 "유가증권시장 또는 코스닥시장에서의 매매거래"라고 규정함으로써 거래대상·거래장소·거래방법에 대한 제한을 두었고, 또한 "그 거래가 성황을 이루고 있는 듯이 잘못 알게 하거나 기타 타인으로 하여금 그릇된 판단을 하게 할 목적으로"(제1호), "매매거래를 유인할 목적으로"(제2호), "유가증권의 시세를 고정시키거나 안정시킬 목적으로"(제3호)라고 각각 목적을 적용요건으로 규정하였다. 반면에 제4항은 상장 여부나 장내거래 여부를 불문하고 적용대상으로 규정함으로써 비록 명시적인 규정이 없지만 발행시장의 경우에도 적용된다고 해석되었고, "매매거래" 외에 "기타 거래"도 적용대상으로 규정함으로써 담보계약이나 교환거래도 적용대상임을 분명히 하였고, 무엇보다도 목적을 직접적으로 요구하지 않았다. 따라서 구 증권거래법 제188조의4 제4항도 포괄적 사기금지규정으로서의 기능을 한다는 견해도 많았다. 다만 제4항 제1호의 경우 '부당한 이익을 얻기 위하여'라고 규정하고, 제2호도 '타인에게 오해를 유발하게 함으로써'라고 규정함으로써

1) 대법원 2001. 1. 19. 선고 2000도4444 판결 ; 대법원 2002. 7. 22. 선고 2002도1696 판결 ; 대법원 2003. 11. 14. 선고 2003도686 판결 ; 대법원 2008. 5. 15. 선고 2007도11145 판결 ; 대법원 2011. 3. 10. 선고 2008도6335 판결.

간접적인 목적성은 제시하고 있었다.

구 증권거래법이 사기적 부정거래행위를 금지하였던 것은 증권거래에 관한 사기적 부정거래가 다수인에게 영향을 미치고 증권시장 전체를 불건전하게 할 수 있기 때문에 증권거래에 참가하는 개개 투자자의 이익을 보호함과 함께 투자자 일반의 증권시장에 대한 신뢰를 보호하여 증권시장이 국민경제의 발전에 기여할 수 있도록 함에 그 목적이 있다. 그런데 위 제4항은 "부당한 이익을 얻기 위하여"(제1호), "금전, 기타 재산상의 이익을 얻고자 하는"이라고 규정함으로써 간접적인 표현이나마 목적성을 제시하였고, 또한 행위유형을 너무 구체적으로 규정함으로써 다양한 유형의 증권사기행위를 규제하는 포괄적 사기금지규정으로서의 기능이 반감되고 있었다. 이와 관련하여 제188조의4 제4항 제1호와 제2호를 일괄하여 사기적 거래행위로 설시한 판례도 있다.[2)]

---

2) 대법원 2001. 1. 19. 선고 2000도4444 판결 : "… 위와 같이 피고인이 분식결산의 방법으로 작성된 허위의 대차대조표나 손익계산서 등 재무제표에 기초하여 공소외 회사의 재무에 관하여 허위의 사항을 기재한 사업보고서 등을 증권거래위원회나 증권거래소에 제출하고, 또 회사의 유통단지 건설사업 등 불확실한 사업 전망을 마치 그러한 계획이 확정되었거나 곧 공사에 착수할 것처럼 공표하고 그 내용을 신문보도나 회사설명회 등에서의 유인물을 통하여 다시 홍보하여 회사의 주가가 상승하자 피고인이 지배하는 주식을 매도하여 상당한 경제적 이득을 얻었을 뿐만 아니라, 특히 위와 같은 허위사실의 유포 등에 앞서 미리 사모전환사채를 인수하는 방법으로 주식의 매도에 대비하였다가 주식을 매도한 후에 위 전환사채를 주식으로 전환하여 피고인의 지분율을 유지한 점에 비추어 보면, 피고인이 유가증권의 매매 등과 관련하여 부당한 이득을 얻기 위하여 허위의 사실을 유포하고, 중요한 사항에 관하여 허위의 표시를 한 문서를 이용하여 타인에게 오해를 유발함으로써 재산상의 이익을 얻었다고 할 것이고, 설사 상고이유에서 주장하는 바와 같이 피고인이 필요한 회사의 운영자금을 마련하기 위하여 자신이 보유하는 주식을 매도하였다고 하더라도 그와 같은 사정은 피고인에게 부당한 이득이나 재산상의 이익을 얻을 목적이 있었다고 인정하는 데에 아무런 장애가 되지 아니한다고 할 것이므로, 원심이 피고인을 증권거래법 제188조의4 제4항 제1호, 제2호 소정의 사기적 거래행위로 인한 증권거래법위반죄로 처벌한 조치는 정당하고….

2. 자본시장과 금융투자업에 관한 법률의 포괄적 사기금지규정

자본시장과 금융투자업에 관한 법률(이하 '자본시장법')은 완전히 포괄적인 사기 금지규정의 필요성을 반영하여, 증권의 경우 모집 · 사모 · 매출을 포함한다고 규정함으로써 발행시장을 명시적으로 적용범위에 포함시키고, 1934년 증권거래소법(Securities Exchange Act of 1934. 이하 'SEA') 제10(b)조 및 증권거래위원회(Securities and Exchange Commission. 이하 'SEC') Rule 10b-5와 같은 '포괄적 사기금지조항'과 유사한 규정을 제176조의 다른 시세조종행위와 구별하여 제178조 제1항 제1호에 규정한다. 다양하게 급변하는 증권범죄의 특성상 포괄적 규정은 불가피하고, 이는 대부분의 국가에서 불공정거래에 대한 포괄적 규정을 두는 이유이기도 하다.

판례도 자본시장법이 사기적 부정거래행위를 금지하는 취지에 관하여, "상장증권 등의 거래에 관한 사기적 부정거래가 다수인에게 영향을 미치고, 증권시장 전체를 불건전하게 할 수 있기 때문에, 상장증권 등의 거래에 참가하는 개개 투자자의 이익을 보호함과 함께 투자자 일반의 증권시장에 대한 신뢰를 보호하여, 증권시장이 국민경제의 발전에 기여할 수 있도록 하는 데 그 목적이 있다"라고 판시한다.[3]

---

3) 대법원 2018. 4. 12. 선고 2013도6962 판결 : "그러므로 상장증권의 매매 등 거래를 할 목적인지 여부나 위계인지 여부 등은 행위자의 지위, 행위자가 특정 진술이나 표시를 하게 된 동기와 경위, 그 진술 등이 미래의 재무상태나 영업실적 등에 대한 예측 또는 전망에 관한 사항일 때에는 합리적인 근거에 기초하여 성실하게 행하여진 것인지 여부, 그 진술 등의 내용이 거래 상대방이나 불특정 투자자들에게 오인 · 착각을 유발할 위험이 있는지 여부, 행위자가 그 진술 등을 한 후 취한 행동과 주가의 동향, 행위 전후의 제반사정 등을 종합적 · 전체적으로 고려하여 객관적인 기준에 따라 판단하여야 한다."

3. 규정 상호 간의 관계

"부정한 수단, 계획 또는 기교를 사용하는 행위"를 금지하는 자본시장법 제178조 제1항 제1호에 대하여, (i) 그 자체가 부정거래행위 중 "부정한 수단 등을 사용하는 행위"를 규제하기 위한 독립적 규정으로 볼 수도 있고, (ii) 그 자체가 독립적인 규정이 아니라 자본시장법상 불공정거래의 규제에 관한 제174조(미공개중요정보 이용행위), 제176조(시세조종행위), 제178조 제1항 제2호 및 제2항으로 규제할 수 없는 행위에 적용되는 보충적 규정으로 볼 수도 있다. (i)과 같이 해석하면 자본시장법 제178조 제1항 제1호의 규정과 나머지 규정의 적용에 있어서 우선순위가 있는 것은 아니므로, 다른 세 유형의 부정거래행위에 관한 규정을 반드시 먼저 적용하여야 하는 것은 아니고 제1항 제1호를 바로 적용할 수도 있다. 반면 (ii)와 같이 해석하면 자본시장법 제174조(미공개중요정보 이용행위), 제176조(시세조종행위), 제178조 제1항 제2호 및 제2항의 적용 여부를 먼저 살펴본 후 비로소 제178조 제1항 제1호를 적용하여야 할 것이다.[4)]

---

4) 서울고등법원 2011. 6. 9. 선고 2010노3160 판결(법조경합관계로 본 판례) : "1개의 행위가 외관상 수 개의 죄의 구성요건에 해당하는 것처럼 보이나 실질적으로 일죄만을 구성하는 경우에는 법조경합에 해당하고, 실질적으로 일죄인가 또는 수죄인가는 구성요건적 평가와 보호법익의 측면에서 고찰하여 판단하여야 한다(대법원 2004. 1. 15. 선고 2001도1429 판결 등 참조). 그런데 (i) 자본시장법 제178조 제1항 제1호는 제176조에 열거된 시세조종행위와는 다르게 규제대상이 금융투자상품이므로 상장증권이나 장내파생상품으로 제한되지 않고, 거래장소도 거래소시장으로 제한되지 않으며, 매매 이외의 다양한 유형의 거래까지 규제대상으로 하고 있는 점, (ii) 위 각 죄의 보호법익은 모두 주식 등 거래의 공정성 및 유통의 원활성 확보라는 사회적 법익인 점 등을 고려하면 위 각 죄는 법조경합관계(특별관계)에 있다고 봄이 옳다. 따라서 피고인 1, 8, 9의 위 범행이 자본시장법 제176조 제2항 제1호에서 규제하는 현실거래에 의한 시세조종행위에 해당한 이상 이로 인한 자본시장법 위반죄만 성립할 뿐이고, 이와 별도로 자본시장법 제178조 제1항 제1호에서 규제하는 부정거래행위로 인한 자본시장법 위반죄가 성립하지는 않는다. 이와 달리 피고인 1, 8, 9의 위 범행에 대하여 자본시장법 제176조

그러나 어느 경우에도 법정형이 동일하고, 판례도 자본시장법 제176조와 제178조에 해당하는 수 개의 행위를 단일하고 계속된 범의 아래 일정기간 계속하여 반복한 경우, 시세조종행위 등 금지 위반 및 부정거래행위 등 금지 위반의 포괄일죄가 성립한다는 입장이다.[5] 결국 자본시장법 제178조 제1항 제1호의 중요한 의미는 일반적 · 포괄적 규정으로서 불공정거래에 관한 여타 규정의 적용이 곤란한 경우에도 적용될 수 있다는 점이다.

4. 죄형법정주의 명확성원칙

죄형법정주의의 명확성원칙이란 법률이 처벌하고자 하는 행위가 무엇이며 그에 대한 형벌이 어떠한 것인지를 누구나 예견할 수 있고, 그에 따라 자신의 행위를 결정할 수 있도록 구성요건을 명확하게 규정할 것을 의미한다.[6] 자본시장법 제178조 제1항 제1호는 법정형이 최고 무기징역인 범죄의 구성요건이면서도 "부정한"이라는 추상적인 용어를 사용하기 때문에 죄형법정주의의 명확성원칙 위반 여부가 문제 된다.[7] 자본시장법

제2항 제1호 위반으로 인한 자본시장법 위반죄를 인정하면서 이와 동시에 자본시장법 제178조 제1항 제1호 위반으로 인한 자본시장법 위반죄를 인정한 원심 판결에는 법조경합의 법리를 오해하여 판결에 영향을 미친 잘못이 있다."

5) 대법원 2018. 4. 12. 선고 2013도6962 판결. 구 증권거래법상 판례도 구 증권거래법 제188조의4의 각 항이 규정하는 시세조종에 해당하는 수개의 시세조종행위는 포괄일죄가 성립한다고 판시하였다(대법원 2005. 11. 10. 선고 2004도1164 판결).

6) 헌법재판소 2002. 4. 25.자 2001헌가27 결정 ; 헌법재판소 2006. 11. 30.자 2006헌바53 결정.

7) 제178조 제1항 제1호와 유사한 규정인 미국의 SEC Rule 10b-5의 (a)와 관련하여, 미국에서도 "void for vagueness"원칙이 확립되어 있으나 한편으로는 우리나라와 달리 판례법도 법원(法源)이므로 제정법(statute)의 입법 시 이러한 판례법의 존재와 역할이 고려되고, 궁극적으로는 법원이 명확성원칙을 구현한다고 할 수 있다. 이에 따라 연방증권법은

제178조 제1항 제1호가 "자본시장의 신뢰성 및 효율성 확보"와 "투자자 보호"라는 규제목적에 따라 도입된 것이므로 어느 정도 시장 참여자들이 예측 가능한 정도로 구체성과 명확성을 갖추고 있다고 보는 견해도 있고,[8] 법원의 역할에 의한 명확성 구현은 한계가 있고 시행 초기에 어느 정도의 논란과 혼란이 초래될 가능성이 있으므로, 금융감독당국이 시장 상황을 반영한 구체적인 가이드라인을 제시하고 수시로 보완하는 것이 중요하다는 점을 강조하는 견해도 있다.[9]

헌법재판소는 "처벌법규의 구성요건이 명확하여야 한다고 하더라도 입법권자가 모든 구성요건을 단순한 의미의 서술적인 개념에 의하여 규정하여야 한다는 것은 아니고, 다소 광범위하여 법관의 보충적인 해석을 필요로 하는 개념을 사용하였다고 하더라도 통상의 해석방법에 의하여 건전한 상식과 통상적인 법감정을 가진 사람이라면 해당 처벌법규의 보호법익과 금지된 행위 및 처벌의 종류와 정도를 알 수 있도록 규정하였다면 헌법이 요구하는 처벌법규의 명확성원칙에 배치되는 것이 아니다"라고 판시하였다.[10] 헌법재판소는 또한 "명확성원칙을 강조한 나머지 만일 모든 구성요건을 단순한 서술적 개념으로만 규정할 것을 요구한다면 처벌

SEC에 규칙제정권을 위임하는 대부분의 규정에서, "위원회가 공익과 투자자 보호에 필요하거나 적절한 것으로서 규칙과 규정에 의하여 정하는 바에 따라(as the Commission may, by rules and regulations, prescribe as necessary or appropriate in the public interest and for the protection of investors)"라고 규정함으로써 포괄적으로 위임하는 경우가 많다.

8) 김건식 / 정순섭, 자본시장법(제3판), 두성사, 2013, 474면.

9) 성희활, "사기적 부정거래에서 위계의 적용 문제," 증권법연구 제8권 제1호(2007), 한국증권법학회, 79면. 이러한 가이드라인이 있으면 "통상의 해석방법에 의하여 건전한 상식과 통상적인 법감정을 가진 사람이라면 해당 처벌법규의 보호법익과 금지된 행위 및 처벌의 종류와 정도"를 알 수 있을 것이고, 그렇다면 위헌의 소지가 상당 부분 해소될 것이다.

10) 헌법재판소 2006. 11. 30.자 2006헌바53 결정.

법규의 구성요건이 지나치게 구체적이고 정형적이 되어 부단히 변화하는 다양한 생활관계를 제대로 규율할 수 없게 될 것이기 때문에, 법규범이 불확정 개념을 사용하는 경우라도 법률 해석을 통하여 법원의 자의적인 적용을 배제하는 합리적이고 객관적인 기준을 얻는 것이 가능한 경우는 명확성원칙에 반하지 아니한다"라는 입장이다.[11)]

헌법재판소의 이러한 입장에 의하면 자본시장법 제178조 제1항 제1호를 위헌이라고 보기는 어렵다. 그러나 헌법재판소가 명확성원칙에 반하지 않는다는 근거로 설시한, "통상의 해석방법에 의하여 건전한 상식과 통상적인 법감정을 가진 사람이 해당 처벌법규의 보호법익과 금지된 행위 및 처벌의 종류와 정도를 알 수 있도록 규정하였다면"이라는 판시와, "법규범이 불확정 개념을 사용하는 경우라도 법률 해석을 통하여 법원의 자의적인 적용을 배제하는 합리적이고 객관적인 기준을 얻는 것이 가능한 경우"라는 판시에 비추어, 자본시장법 제178조 제1항 제1호는 매우 엄격한 기준에 의하여 해석하여야 할 것이다.

서울고등법원도 "자본시장법 제178조 제1항 제1호는 거래구조의 변화나 시장의 환경 변화에 따라 다양하고 새로운 유형의 부정거래행위가 발생할 수 있는 개연성이 높은 반면 모든 부정거래행위 유형을 사전에 일일이 열거하여 규제하는 것은 입법기술상 한계가 있는 점을 고려하여 자본시장법 제정과 함께 신설된 조항이다. 그런데 위와 같은 입법취지를 감안하더라도 자본시장법 제178조 제1항 제1호는 그 문언 자체가 지나치게 포괄적·추상적이어서 자칫 형사법의 대원칙인 죄형법정주의와 충돌할 우려가 있다. …따라서 자본시장법 제178조 제1항 제1호를 적용함에 있어서는, 자본시장에서의 금융혁신과 공정한 경쟁을 촉진하고

---

11) 헌법재판소 2007. 10. 25.자 2006헌바50 결정.

투자자를 보호하며 금융투자업을 건전하게 육성함으로써 자본시장의 공정성·신뢰성 및 효율성을 높여 국민경제의 발전에 이바지한다는 자본시장법의 목적(제1조)에 유념하면서, 같은 항 제2호, 제3호 및 같은 조 제2항을 통하여 보다 구체화된 부정거래행위의 내용, 그 밖에 당해 행위의 불법성 정도가 다른 규정을 통하여 처벌하더라도 자본시장법의 목적 달성에 지장을 초래하지 않는지 등을 종합적으로 고려하여 죄형법정주의와 최대한 조화를 이룰 수 있도록 신중을 기함이 옳다"라고 판시한 바 있다.[12)]

II. 미국 증권법과 일본 금융상품거래법의 포괄적 사기금지규정

1. 미국 증권법

(1) SEA 제10(b)조

1) 포괄적 사기금지규정

SEA 제10조는 "누구든지 직접 또는 간접으로 주간통상의 방법이나 수단, 우편 또는 전국증권거래소의 시설을 이용하여 다음에 열거하는 행위를 하는 것은 위법이다"고 규정하고, 제(b)항은 "시세조종적이거나 사기적인 수단"이라는 제목하에 "SEC가 공익이나 투자자 보호를 위하여 필요하거나 적절한 것으로서 정하는 규칙과 규정을 위반하여 전국증권거래소

12) 서울고등법원 2011. 6. 9. 선고 2010노3160 판결(이 판결은 아래에서 소개하는 대법원 2011도8109 판결에 의하여 확정되었다).

의 등록증권, 비등록증권 또는 증권을 기초로 하는 스왑계약의 매수 또는 매도에 관하여 시세조종적이거나 사기적인 수단 또는 책략(manipulative or deceptive device or contrivance)을 이용하는 것"을 위법한 행위로 규정한다. SEA 제10(b)조는 모든 증권의 매수 또는 매도와 관련한 사기행위를 포괄적으로 금지하는 규정이다.[13)]

2) 적용범위

SEA 제10(b)조는 매매주체가 누구인지, 등록증권인지, 공개회사인지 등의 여부에 관계없이 모든 증권거래에 적용되어 적용이 면제되는 예외가 없으므로 대부분의 증권관계소송에서 근거법규로 적용된다.

(2) Rule 10b-5

SEA 제10(b)조는 사기적 방법의 이용이 위법(unlawful)이라고 규정할 뿐 금지되는 행위를 직접 규정하지 않고 이를 SEC의 규칙에 위임하고 있다. 이에 SEC는 세부사항을 규정하기 위하여 Rule 10b-5를 제정하였다. SEC가 1942년 SEA 제10(b)조에 기하여 제정한 Rule 10b-5는 다음과 같이 규정한다.[14)]

---

13) SEA 제10(b)조는 공매도(short sale)에 관한 규정이다.

14) Rule 10b-5는 증권의 매수 또는 매도와 관련한(in connection with) 피고의 부실표시 또는 사기를 요건으로 한다. 이를 "in connection with" 요건이라 한다. 피고의 행위는 매매와의 관련성만 요구되고, 피고가 실제로 증권을 매매하는 것은 요건이 아니다. 따라서 증권의 발행인이 증권을 매매하지 않았더라도 부실표시나 사기에 대한 책임을 진다. 간혹 일부 국내 문헌에는 "in connection with the purchase or sale of any security"를 (c)의 말미에 연결하여 소개하나, 정확히는 (c)에 이어지는 문구가 아니라 (a)~(c) 모두에 연결되는 문구이다.

Rule 10b–5

It shall be unlawful for any person, directly or indirectly, by the use of any means or instrumentality of interstate commerce, or of the mails, or of any facility of any national securities exchange,

(a) To employ any device, scheme, or artifice to defraud,

(b) To make any untrue statement of a material fact or to omit to state a material fact necessary in order to make the statements made, in the light of the circumstances under which they were made, not misleading, or

(c) To engage in any act, practice, or course of business which operates or would operate as a fraud or deceit upon any person,

in connection with the purchase or sale of any security.

누구든지 증권의 매수 또는 매도와 관련하여 직접 또는 간접으로 주간통상의 방법이나 수단, 우편, 또는 전국증권거래소의 시설을 이용하여 다음과 같은 행위를 하는 것은 위법이다.

(a) 사기를 위하여 수단, 계획 또는 기교를 사용하는 것

(b) 중요한 사실에 관하여 허위표시를 하거나, 표시가 행하여진 당시의 상황에 비추어 오해를 방지하기 위하여 필요한 중요한 사실의 표시를 누락하는 것

(c) 타인에 대한 사기 또는 기망이 되거나 될 수 있는 행위, 관행 또는 영업절차에 종사하는 것

2. 일본 금융상품거래법

(1) 규정

일본에서는 1947년 증권거래법 제정 시 SEC Rule 10b-5와 유사한 규정을 제58조 제1항에 두었고, 금융상품거래법은 동일한 내용을 제157조에

서 규정한다. 금융상품거래법 제158조는 위계 등의 사용을 금지한다.[15)]

> 금융상품거래법
>
> 제157조
>
> 누구든지 다음에 규정하는 행위를 하여서는 아니 된다.
>
> 1. 유가증권의 매매, 기타 거래 또는 파생금융상품거래 등에 대하여 부정한 수단, 계획 또는 기교를 하는 것
> 2. 유가증권의 매매, 기타 거래 또는 파생금융상품거래 등에 대하여 중요한 사항에 대한 허위표시가 있거나 오해를 일으키지 않기 위해 필요한 중요한 사실에 대한 표시가 빠져 있는 문서, 기타 표시를 사용하여 금전, 기타 재산을 취득하는 것
> 3. 유가증권의 매매, 기타 거래 또는 파생금융상품거래 등을 유인할 목적으로 허위의 시세를 이용하는 것]
>
> 제158조
>
> 누구든지 유가증권의 모집, 매출 혹은 매매, 기타 거래 혹은 파생금융상품거래 등을 위하거나, 유가증권 등(유가증권, 옵션 또는 파생금융상품거래에 관련된 금융상품(유가증권 제외) 혹은 금융지표를 말함. 제168조 제1항, 제173조 제1항 및 제197조 제2항에서 같음)의 시세변동을 도모할 목적으로 소문을 유포하고, 위계를 사용하거나 폭행 혹은 협박을 하여서는 아니 된다.

(2) 부정한 수단의 의의

증권거래법(證券取引法) 제58조 제1항, 금융상품거래법 제157조는 Rule

15) 금융상품거래법과 자본시장법의 대응하는 규정을 보면, 금융상품거래법 제157조 제1~3호는 자본시장법 제178조 제1항 제1~3호에 해당하고, 금융상품거래법 제158조는 자본시장법 제178조 제2항에 해당한다. 한편 우리나라에서는 자본시장법에 부정거래행위가 도입된 후 부정한 수단 등을 사용하는 행위에 관한 자본시장법 제178조 제1항 제1호가 널리 적용되고 있지만, 일본에서는 구성요건의 불명확을 이유로 위계에 관한 금융상품거래법 제158조가 광범위하게 적용되고 있다.

10b-5의 "사기를 위하여"라는 요건 대신 "부정(不正)"을 요건으로 규정한다. 금융상품거래법 제157조 제1호의 "부정한 수단(不正の手段)"에 관하여 최고재판소가 "유가증권의 거래에 한하고 그에 관하여 사회통념상 부정하다고 인정되는 일체의 수단을 말한다"라고 판시한 바 있는데, 이 판례의 사안인 나스유황광업(那須硫黃礦業)(주) 사건의 사안은 피고인이 주권을 담보로 금융기관에서 대출받을 것을 계획하고, 담보가치를 높이기 위하여 인위적으로 높은 주가를 형성하고자 가장매매를 통하여 1주에 60~75엔의 가격을 형성하게 한 경우이다. 원심인 도쿄고등재판소(東京高等裁判所)는 "(증권거래법 제58조 제1호의) 부정한 수단이란, 거래소거래와 장외거래 여부를 불문하고 유가증권의 매매, 그 밖의 거래에 대하여 사기적 행위, 즉 타인으로 하여금 착오에 빠지게 하여 자기 또는 타인의 이익을 얻으려는 것으로 해석하는 것이 상당하고, 이와 같이 부정한 수단을 해석한다면 그 의미가 막연하지 아니하므로 피고인의 위헌 주장도 그 전제를 결여한다"라고 판시하였다.[16]

그러나 최고재판소는 "피고인은 부정한 수단의 의의와 내용이 막연하므로 위헌 무효라고 주장하나, 부정한 수단은 유가증권의 거래에 한하고 그에 관하여 사회통념상 부정하다고 인정되는 일체의 수단을 말하는 것이며, 그 의미가 명확하여 그 자체에 있어서 범죄구성요건을 명확히 하는 것으로 인정된다"라고 판시하였다.[17] 즉 도쿄고등재판소는 부정한 수단을 사기적 행위로 보는 다소 제한적인 해석을 시도하였으나, 최고재판소는 사기적 행위에 한하지 않고 사회통념상 부정하다고 인정되는 일체의 수단을 말하는 것이라고 해석하면서도 범죄구성요건이 명확하므로 위헌

16) 東京高等裁判所昭和38・7・10 東高刑時報 14-7-116.
17) 最高裁判所昭和40・5・25 刑集155- 831.

이 아니라고 판시함으로써 폭넓게 해석할 수 있다고 판시한 것이다.[18] 다만 "부정한 수단은 유가증권의 거래에 한하고 그에 관하여, 사회통념상 부정하다고 인정되는 일체의 수단을 말하는 것"이라는 최고재판소의 판시는 "부정한 수단"과 "부정하다고 인정되는 일체의 수단"의 동어반복적인 설명이어서 "그 의미가 명확하여 그 자체에 있어서 범죄구성요건을 명확히 하는 것으로 인정된다"라는 판단의 근거로는 다소 부족해 보인다.

일본에서의 학설은 위 도쿄고등재판소 판결과 마찬가지로 금융상품거래법 제157조 제2호와 제3호에서 구체적으로 열거한 행위가 모두 사기적 행위임에 비추어 제1호의 부정수단도 사기적 행위라고 보는 견해와, 위 최고재판소 판시와 마찬가지로 사회통념상 부정하다고 인정되는 모든 수단을 의미하는 것으로 보는 견해로 나뉘어 있다. 어느 견해를 취하더라도 동 규정이 극히 추상적인 규정이어서 실제의 사건에 적용하기 곤란하므로 매우 제한적으로만 적용해야 한다는 것이 종래의 일반적인 견해이다. 이 나스유황광업(주) 사건에 대한 최고재판소의 결정은 구 증권거래법 제58조 제1호 및 이에 해당하는 금융상품거래법 제157조 제1호의 부정한 수단에 관한 최고재판소의 유일한 형사 판례라고 하는데, 그 이유에 대하여 많은 학자가 해당 규정의 중한 법정형에 비하여 구성요건이 매우 추상

---

18) 한편 사후 손실보전을 이유로 노무라증권(野村證券) 주주들이 대표소송을 제기한 사건에서 원심인 도쿄고등재판소는 "구 증권거래법 제58조 제1호 위반이 성립하기 위하여는 증권거래에 관하여 기망행위와 그에 의한 착오가 존재할 것이 필요하다. 그러나 본건 손실보전에 관하여는 피항소인들에 의한 기망행위와 그에 의한 착오가 존재하는 것을 인정하기에 충분한 증거는 없으므로, 참가인들의 구 증권거래법 제58조 제1호 위반의 주장은 이유가 없다"라고 판시하여 부정수단에 기망이 필요하다고 보았고(東京高等裁判所平成7・9・26 判時1549號11頁), 상고심에서 최고재판소는 상고를 기각하면서 단순히 손실보전이 구 증권거래법 제58조 제1호 위반이 아니라는 원심의 판단은 정당하다고 판시하였다(最高裁判所平成12・7・7 民集54-6-1767).

적이어서 죄형법정주의의 견지에서 문제가 있기 때문에 검찰에서도 적용을 주저하기 때문이라고 한다.

Ⅲ. 부정거래행위의 유형

1. 금융투자상품의 매매, 그 밖의 거래

(1) 규정

자본시장법 제178조 제1항이 금지하는 행위는 "금융투자상품의 매매(증권의 경우 모집 · 사모 · 매출 포함), 그 밖의 거래와 관련된 다음과 같은 행위"이다.[19]

> 1. 부정한 수단, 계획 또는 기교를 사용하는 행위
> 2. 중요사항에 관하여 거짓의 기재 또는 표시를 하거나 타인에게 오해를 유발시키지 아니하기 위하여 필요한 중요사항의 기재 또는 표시가 누락된 문서, 그 밖의 기재 또는 표시를 사용하여 금전, 그 밖의 재산상의 이익을 얻고자 하는 행위
> 3. 금융투자상품의 매매, 그 밖의 거래를 유인할 목적으로 거짓의 시세를 이용하는 행위

자본시장법 제178조 제2항이 금지하는 행위는 "금융투자상품의 매매,

19) "자본시장법 제178조 제1항 제1호, 제2항에서 규정하고 있는 '금융투자상품의 매매와 관련하여 부정한 수단이나 기교를 사용하는 행위' 및 '위계의 사용'에 해당된다"(대법원 2011. 7. 14. 선고 2011도3180 판결)라는 판례와 같이, 제178조 제1항 제1호의 부정한 수단과 제2항의 위계가 동시에 성립하는 사안도 많다.

그 밖의 거래를 할 목적이나 그 시세의 변동을 도모할 목적으로 풍문의 유포, 위계의 사용, 폭행 또는 협박"이다.

(2) 적용대상

1) 적용대상 상품

시세조종에 관한 자본시장법 제176조는 "상장증권 또는 장내파생상품"이라고 규정하는 반면, 제178조는 "금융투자상품"이라고만 규정하므로 상장 여부를 불문하고 모든 금융투자상품이 부정거래행위의 대상이 된다.[20] 투자계약증권과 대통령령으로 정하는 증권[21]은 내부자거래와 시세조종 관련 규정을 적용하는 경우에는 증권으로 보지 않고, 부정거래행위 관련 규정(자본시장법 제178조 및 제179조)을 적용하는 경우에만 증권으로 본다.

2) 적용대상 거래

거래장소도 장내거래에 한하지 않고 장외에서의 대면거래[22]의 경우도

---

20) 포괄적 시세조종행위를 규정한 구 증권거래법 제188조의4 제4항도 같은 조 제1~3항과 달리 규제대상 증권을 "유가증권"이라고만 규정하였는데, 대법원은 "상장유가증권 또는 협회중개시장에 등록된 유가증권은 물론 같은 법 제2조 제1항 각 호와 제2항이 정의한 유가증권에 포함되는 모든 유가증권"을 규제대상 증권이라고 판시한 바 있다(대법원 2006. 4. 14. 선고 2003도6759 판결). 하급심에서도 제3시장 거래주식(서울지방법원 2003. 1. 8. 선고 2002고단11557 판결), 전환사채(서울지방법원 2000. 2. 11. 선고 99고단13171 판결), 장외거래 주식(서울지방법원 2002. 7. 3. 선고 2002노4911 판결) 등을 적용대상 증권이라고 판시하였다.

21) 대통령령으로 정하는 증권은 상법에 따른 합자회사, 유한책임회사, 합자조합, 익명조합의 출자지분을 말한다. 다만 자본시장법 제9조 제21항에 따른 집합투자증권(집합투자기구에 대한 출자지분)은 제외한다(동법 시행령 제3조의2).

22) 구 증권거래법이 적용된 사안으로서 장외에서의 대면거래에 관한 서울지방법원 2000. 2. 11. 선고 99고단13171 판결은 피고인이 C사의 전환사채를 인수하거나 해외 인수자

규제대상이다.[23)] 그러나 이 규정이 주로 대상으로 삼는 것은 당연히 유통시장에서의 거래이다.[24)]

"그 밖의 거래"는 담보설정계약, 합병계약, 교환계약 등을 포함한다.[25)]

를 물색하여 줄 능력도 없어 C사의 전환사채가 정상적으로 발행될 가능성이 없게 되자, C사가 정상적으로 전환사채를 발행하고 홍콩의 회사가 위 전환사채를 인수한 것처럼 가장한 후 이를 이용하여 국내 투자자들을 기망하여 자금을 조달하기로 마음먹고, C사와 전환사채인수계약을 체결하고 코스닥시장을 통해 1,200만 달러의 해외 전환사채를 역외펀드가 인수한다는 사실을 일반투자자에게 허위공시되도록 하고, 국내 투자자 6명에게 위 전환사채인수계약서, 역외펀드의 사업자등록증 등을 보여 주어 이에 속은 이들과 전환사채 매입계약을 체결하고 대금 명목으로 49억 원을 교부받은 행위를 "유가증권의 매매, 기타 거래와 관련하여 부당한 이득을 얻기 위하여 고의로 허위의 사실을 유포하거나 위계를 사용한 행위"로 인정하였다.

23) 대법원 2006. 4. 14. 선고 2003도6759 판결 : "구 증권거래법(2004. 1. 29. 법률 제7114호로 개정되기 전의 것) 제188조의4 제4항은 같은 조 제1항 내지 제3항에 대한 일반규정으로서 '유가증권의 매매, 기타 거래'와 관련하여 소정의 불공정행위를 포괄적으로 금지하고 있을 뿐, 같은 조 제1항 내지 제3항과 같이 거래객체를 '상장유가증권 또는 협회중개시장에 등록된 유가증권'으로 한정하거나 거래장소를 '유가증권시장 또는 협회중개시장'으로 제한하고 있지 않으므로, 위 조항은 상장유가증권 또는 협회중개시장에 등록된 유가증권은 물론 같은 법 제2조 제1항 각 호와 제2항이 정의한 유가증권에 포함되는 모든 유가증권의 매매, 기타 거래에 적용되며, 유가증권시장 또는 협회중개시장에서의 거래는 물론 장외시장에서의 직접 · 대면거래에 대하여도 마찬가지로 적용된다고 봄이 상당하다."

24) 김건식 / 정순섭, 앞의 책(주 8), 473면.

25) 대법원 2011. 3. 10. 선고 2008도6335 판결(합병의 경우) : "상장법인인 A은행과 그 대주주인 B회사 및 B회사가 추천한 사외이사 C 등이 A은행의 자회사로서 유동성 위기에 빠진 D회사와 A은행의 합병을 추진하면서, 보도자료 배포 및 기자간담회를 통해 'D회사의 감자계획이 검토될 것이다'라고 발표하고 그 직후 'D회사의 순자산가치를 정확하게 평가해 봐야 감자 여부를 결정할 수 있을 것이나 현재로서는 감자할 가능성이 크다'고 발언한 사안에서, C 등은 제반사정에 비추어 감자를 추진할 객관적 여건을 갖추지 못하였고 감자를 성실하게 검토 · 추진할 의사가 없음에도 투자자들이 오인 · 착각을 하여 주식투매에 나섬에 따라 D회사의 주가 하락이 초래될 것이라고 인식하면서, 합병에 반대하는 D회사 주주들에 대한 주식매수청구권 가격을 낮추고 합병신주의 발행으로 인한 B회사의 A은행에 대한 지분율 감소를 방지하는 등 乙회사 등에게 이득을 취하게 할 목적으로 위 발표를 공모한 것이므로, 위 행위가 구 증권거래법에서 정한 '사기적 부정거래'에 해당한다" ; 서울중앙지방법원 2004. 4. 9. 선고 2004고합267 판결(신주인수권부사채 발행의 경우) : "2002년 8월 13일 위 회사에서 이 사건 신주인

금융투자상품의 매매, 그 밖의 거래와 관련한 행위인지 여부나 허위의 여부 및 부당한 이득 또는 경제적 이익의 취득 도모 여부 등은 그 행위자의 지위, 발행회사의 경영상태와 그 주가의 동향, 그 행위 전후의 제반 사정 등을 종합적으로 고려하여 객관적인 기준에 의하여 판단하여야 한다.[26)]

특정 시점의 기초자산가격 또는 그와 관련된 수치에 따라 권리 행사 또는 조건 성취의 여부가 결정되거나 금전 등이 결제되는 구조로 되어

수권부사채를 발행하면서 사실은 위 C가 2002년 2월 28일부터 이 사건 신주인수권부사채를 발행하는 시기까지 약 60억 원 이상의 회사자금을 횡령함으로써 2001년 12월 31일 기준 회사자본금 이상의 손실을 위 회사에 입힌 사실을 알고 있었음에도 불구하고, 투자자들의 투자에 관한 의사결정에 영향을 미치기 위하여 작성한 사채발행설명서에 위 회사의 2001년 12월 31일 기준 재무제표를 제시하고 그때부터 이 사건 신주인수권부사채를 발행하는 시기까지 위 회사의 재무상태에는 투자자에게 불리한 중대한 변경이 없음을 확인하는 방법으로 제1항과 같이 피해자로부터 같은 달 16일경 이 사건 신주인수권부사채의 매수대금 명목으로 미화 200만 달러(한화 23억 5,660만 원)를 교부받아 유가증권의 매매, 기타 거래와 관련하여 중요한 사항에 관하여 허위의 표시를 하거나 필요한 사실의 표시가 누락된 문서를 이용하여 타인에게 오해를 유발하게 함으로써 위 금액 상당의 재산상 이익을 얻고자 하였다."

26) 대법원 2003. 11. 14. 선고 2003도686 판결 : "증권거래법이 이와 같이 사기적 부정거래행위를 금지하는 것은 증권거래에 관한 사기적 부정거래가 다수인에게 영향을 미치고 증권시장 전체를 불건전하게 할 수 있기 때문에 증권거래에 참가하는 개개의 투자자의 이익을 보호함과 함께 투자자 일반의 증권시장에 대한 신뢰를 보호하여 증권시장이 국민경제의 발전에 기여할 수 있도록 함에 그 목적이 있다고 할 것이므로, 여기에서 유가증권의 매매 등 거래와 관련한 행위인지 여부나 허위의 여부 및 부당한 이득 또는 경제적 이익의 취득 도모 여부 등은 그 행위자의 지위, 발행회사의 경영상태와 그 주가의 동향, 그 행위 전후의 제반사정 등을 종합적으로 고려하여 객관적인 기준에 의하여 판단하여야 하고…" ; 대법원 2001. 1. 19. 선고 2000도4444 판결 : "주식회사의 대표이사가 분식결산의 방법으로 작성된 허위의 재무제표에 기초하여 그 회사의 재무에 관하여 허위의 사항을 기재한 사업보고서 등을 증권거래위원회나 증권거래소에 제출하고, 불확실한 사업 전망을 마치 확정되었거나 곧 착수할 것처럼 공표하면서 그 내용을 신문보도나 유인물을 통하여 홍보하여 그 회사의 주가가 상승하자 자신이 지배하는 주식을 매도하여 상당한 경제적 이득을 얻었고, 그에 앞서 미리 사모전환사채를 인수하는 방법으로 주식의 매도에 대비하였다가 주식을 매도한 후 그 전환사채를 주식으로 전환하여 그 회사에 대한 자신의 지분율을 유지한 경우, 증권거래법상 사기적 부정거래행위에 해당한다."

있는 금융투자상품[주가연계증권(Equity Linked Securities. 이하 'ELS')]의 경우에 사회통념상 부정하다고 인정되는 수단이나 기교 등을 사용하여 그 금융투자상품에서 정한 권리 행사나 조건 성취에 영향을 주는 행위를 하였다면, 이는 그 금융투자상품의 거래와 관련하여 부정행위를 한 것으로서 자본시장법 제178조 제1항 제1호를 위반한 행위에 해당한다는 판례도 있다.[27)]

(3) 거래와의 관련성

자본시장법 제178조는 "누구든지… 매매, 그 밖의 거래와 관련하여… 행위를 하여서는 아니 된다"고 규정하는데, "매매, 그 밖의 거래"의 주체를 한정하지 않은 규정형식으로 보아 행위자의 매매거래뿐 아니라 제3자의 매매거래와 관련하여서도 제178조 제1항 각 호의 행위를 한 경우에는

---

27) 대법원 2015. 4. 9.자 2013마1052 결정(이 사건에서 ELS 투자자들이 피고의 부정거래행위를 원인으로 증권집단소송의 소장을 제출하면서 소송 허가신청을 하였는데, 원심에서는 피고의 부정거래행위로 인하여 원고들이 ELS의 매매 · 교환 · 담보 제공 등 적극적으로 거래한 바가 없다는 이유로 불허가 결정을 하였는데, 재항고심에서 대법원이 원심결정을 파기환송하였다) : "어느 행위가 금융투자상품의 거래와 관련하여 자본시장과 금융투자업에 관한 법률 제178조에서 금지하고 있는 부정행위에 해당하는지 여부는, 해당 금융투자상품의 구조와 거래방식 및 거래경위, 금융투자상품이 거래되는 시장의 특성, 금융투자상품으로부터 발생하는 투자자의 권리 · 의무 및 종료시기, 투자자와 행위자의 관계, 행위 전후의 제반사정 등을 종합적으로 고려하여 판단하여야 한다. 따라서 특정 시점의 기초자산 가격 또는 그와 관련된 수치에 따라 권리 행사 또는 조건 성취의 여부가 결정되거나 금전 등이 결제되는 구조로 되어 있는 금융투자상품의 경우에 사회통념상 부정하다고 인정되는 수단이나 기교 등을 사용하여 금융투자상품에서 정한 권리 행사나 조건 성취에 영향을 주는 행위를 하였다면, 이는 금융투자상품의 거래와 관련하여 부정행위를 한 것으로서 자본시장법 제178조 제1항 제1호를 위반한 행위에 해당하고, 위반행위로 인하여 금융투자상품 투자자의 권리 · 의무의 내용이 변경되거나 결제되는 금액이 달라져 투자자가 손해를 입었다면 투자자는 부정거래행위자에 대하여 자본시장법 제179조 제1항에 따라 손해배상을 청구할 수 있다."

제178조 위반행위에 해당한다. "그 밖의 거래"에는 증권의 모집, 매출, 공개매수는 물론 합병, 주식교환도 포함된다. 나아가 "매매, 그 밖의 거래와 관련하여"라는 문구상 위반행위자가 실제로 매매거래를 할 것이 요구되지 않는다.[28)]

(4) 주관적 요건

자본시장법 제178조의 적용에 있어서 제176조의 시세조종행위와 같은 소정의 목적은 요구되지 않지만, 자본시장법상 과실범에 대한 형사처벌 규정이 없으므로 모든 객관적 구성요건요소에 대한 고의가 있어야 함은 당연하다.

2. 자본시장법 제178조 제1항 제1호(부정한 수단, 계획 또는 기교)

(1) 의의

누구든지 금융투자상품의 매매(증권의 경우 모집 · 사모 · 매출 포함), 그 밖의 거래와 관련하여 부정한 수단, 계획 또는 기교를 사용하는 행위를 하지 못한다(자본시장법 제178조 제1항 제1호). 사회통념상 부정하다고 인

28) 손해배상책임에 관한 제179조 제1항은 손해배상 채무자에 대하여 "제179조를 위반한 자"라고만 규정하므로 실제로 매매거래를 하지 않고 제178조 제1항 각 호의 행위를 한 자도 손해배상책임을 진다. 구 증권거래법이 적용된 하급심 판례로서, "흡수 · 합병은 관념적으로는 소멸회사의 인격의 형식을 벗기고 인격의 실체를 계승하는 것이라고 할 수 있으나 그 경제적 실질은 존속회사가 소멸회사의 자산을 이전받고 그 대가로 소멸회사의 주주들에게 존속회사의 신주를 발행하는 것이므로 합병계약 또한 위 규정이 정한 '유가증권의 거래'에 포함된다고 보아야 할 것이다"라는 판결이 있다[서울중앙지방법원 2008. 2. 1. 선고 2007고합71, 2006고합1272(병합) 판결].

정되는 수단이나 기교 등을 사용한 자로서 금융투자상품의 거래와 관련하여 입은 손해를 배상할 책임을 지는 부정거래행위자에는, 금융투자상품의 거래에 관여한 발행인이나 판매인뿐 아니라 발행인과 스왑계약 등 금융투자상품과 연계된 다른 금융투자상품을 거래하여 권리 행사나 조건 성취와 관련하여 투자자와 대립되는 이해관계를 가지게 된 자도 포함된다.[29)]

자본시장법 제178조 제1항 제1호의 "수단, 계획 또는 기교"는 Rule 10b-5의 "device, scheme, or artifice"를 그대로 번역한 것인데 미국에서도 "device", "scheme", "artifice" 등의 의미를 명확히 구별하여 적용하지 않는 경향이므로 자본시장법의 적용에 있어서도 이를 각각 명확히 구별하여 적용할 필요는 없을 것이다. 구체적인 적용에 있어서 수단은 Rule 10b-5의 "device"에 해당하는 용어로서 원래는 자본시장법상 내부자거래나 시세조종을 구성하는 것이 아닌 방법이 불공정거래를 위한 목적에 사용되는 경우이고, 계획은 SEC Rule 10b-5의 "scheme"에 해당하는 용어로서 형법상의 행위단계에서 본다면 예비행위를 포함한 일련의 준비행위 및 방조행위를 가리키고,[30)] 기교는 Rule 10b-5의 "artifice"에 해당하는 용어로서 수단이나 계획에 비하면 어느 정도 정형화된 행위로서 과당매매(churning)·스캘핑(scalping)[31)]·선행매매(front running) 등이 이에 해당하

29) 대법원 2016. 3. 24. 선고 2013다2740 판결.

30) 그러나 단순한 예비·음모단계의 행위는 규제대상이 아니다. 소위 "작전"의 의미에 가까운 용어로 볼 수 있다는 설명도 있다[변제호/홍성기/김종훈 외, 자본시장법(제2판), 지원출판사, 2015, 734면].

31) 스캘핑은 미국 증권법상 투자자문업자가 매수 추천 전에 해당 증권을 먼저 매수하거나 매도 추천 전에 해당 증권을 먼저 매도함으로써 이익을 얻은 행위를 말한다. 자본시장법도 투자매매업자·투자중개업자는 특정 금융투자상품의 가치에 대한 주장이나 예측을 담고 있는 자료(이하 '조사분석자료')를 투자자에게 공표함에 있어서 그 조사분석자료의 내용이 사실상 확정된 때부터 공표 후 24시간이 경과하기 전까지 그 조사분석자료의 대상이 된 금융투자상품을 자기의 계산으로 매매하는 행위를 하지 못한다고 규정한다(제71조 제2호). 다만 근래에는 거래소직접접속(Direct Market Access, DMA)

는 행위로 볼 수 있을 것이다.

한편 미공개정보 이용에 있어서 2차 이후의 정보수령자는 현행법상 미공개정보 이용행위를 금지하는 자본시장법 제174조의 적용대상이 아니고, 2014년 12월 개정법에 의하여 신설된 시장질서 교란행위에 해당한다. 이러한 2차 이후의 정보수령자의 행위를 자본시장법 제178조 제1항 제1호의 "부정한 수단, 계획 또는 기교를 사용하는 행위"에 해당한다고 보아 제178조에 의하여 규제하려는 견해도 있을 수 있다. 그러나 자본시장법 제178조 제1항에 해당하는 미국의 SEC Rule 10b-5는 내부자거래에 일반적으로 적용되는 규정이지만, 자본시장법은 미공개정보 이용행위에 관하여 제174조에서 별도로 규정하므로, 미공개정보 이용행위는 제174조가 적용되는 규제대상이 아니면 제178조의 적용에 의한 규제대상도 될 수 없다고 해석하는 것이 죄형법정주의의 명확성원칙, 유추해석 금지원칙에 부합한다고 할 것이다.

(2) 기망성과 부정성

자본시장법은 일본 금융상품거래법과 같이 SEC Rule 10b-5의 "사기를 위하여"라는 요건 대신 "부정성"을 요건으로 규정한다. 자본시장법 제178조 제1항 제1호의 해석에 관하여도 기망행위를 요한다는 하급심 판례도 있었지만,[32] 대법원은 '부정한 수단, 계획 또는 기교'란 사회통념상

시스템을 이용한 대량거래자들을 스캘퍼라고 부르기도 한다.

32) 서울중앙지방법원 2010. 10. 14. 선고 2010고합458 판결 : "자본시장법 제178조 제1항 제1호에서 정한 '부정한 수단, 계획 또는 기교'라 함은 거래 상대방 또는 불특정 투자자를 기망하여 부지 또는 착오상태에 빠뜨릴 수 있는 모든 수단, 계획, 기교를 말하는 것으로 같은 법 제178조가 정하고 있는 나머지 행위들을 포괄하는 포괄적인 성격의 조항이다."

부정하다고 인정되는 일체의 부정한 수단, 계획 또는 기교를 말한다고 판시함으로써 일본 최고재판소와 같이 기망을 요하지 않는 입장을 일관되게 취한다.[33)]

자본시장법 제178조 제1항 제1호의 입법 당시, 미국 Rule 10b-5의 "사기를 위하여"라는 요건 대신 일본 금융상품거래법 제157조의 "부정성"을 요건으로 규정한 점과, 자본시장법 제178조 제1항 제2호, 제3호 및 제2항은 기망적 요소를 구성요건으로 하는 "거짓의 기재 또는 표시를 한 문서 등을 이용하는 행위", "거짓의 시세를 이용하는 행위", "풍문의 유포, 위계 사용행위" 등을 규정하고 있는 데 반하여, 제178조 제1항 제1호는 기망적 요소를 구성요건으로 하지 아니한 점에 비추어 기망을 요하지 않는다는 대법원 판례는 타당하다.[34)]

다만 자본시장법 제178조 제1항 제1호의 규정 중 "수단 · 계획 · 기교" 자체는 규범적 판단의 대상이 아니고, "부정한"이라는 용어가 유일한 규범적 차원에서의 판단대상이어서 제1호에서 정한 "수단 · 계획 · 기교"를 사용하는 행위는, 적어도 제178조 제1항 제2호, 제3호 및 제2항에서 보다 구체화되고 동일한 법정형이 적용되는 부정거래행위에 준하는 정도의 불

---

33) 대법원 2011. 10. 27. 선고 2011도8109 판결[서울중앙지방법원 2010. 10. 29. 선고 2010고합305, 412(병합) 판결의 상고심 판결] : "자본시장법 제178조 제1항 제1호는 금융투자상품의 매매, 그 밖의 거래와 관련하여 '부정한 수단, 계획 또는 기교를 사용하는 행위'를 금지하고 있는데, 여기에서 '부정한 수단, 계획 또는 기교'란 사회통념상 부정하다고 인정되는 일체의 수단, 계획 또는 기교를 말한다"(같은 취지로는 대법원 2014. 1. 16. 선고 2013도9933 판결 ; 대법원 2016. 8. 29. 선고 2016도6297 판결 ; 대법원 2016. 8. 29. 선고 2016도6297 판결 ; 대법원 2018. 4. 12. 선고 2013도6962 판결).

34) 기망성을 요건으로 하지 않는다고 보는 견해로는 김건식/정순섭, 앞의 책(주 8), 653면 ; 변제호/홍성기/김종훈 외 4인, 앞의 책(주 30), 735면(다만 김학석/김정수, 자본시장법상 부정거래행위, SFL그룹, 2015, 203-204면은 다수설과 판례가 기망성을 요건으로 하지 않는다고 설명하면서 자본시장법 제178조 제1항 제2호 및 제3호, 제2항이 기망성을 요건으로 규정하므로 제1호의 부정한 수단, 계획 또는 기교도 기망에 준하는 정도의 불법성을 지녀야 한다고 설명한다).

법성을 지닌 것이어야 한다는 것이 확립된 판례이므로,[35] 기망을 요건으로 하는지 여부는 실제의 적용에 있어서 의미 있는 차이가 없다. 한편 판례는 제178조 제2항의 "위계"는 거래 상대방이나 불특정 투자자를 기망하여 일정한 행위를 유인할 목적의 수단 · 계획 · 기교 등을 말한다고 보므로,[36] 기망성 있는 경우는 통상 제178조 제2항을 적용한다.

(3) 해석원칙

어떠한 행위를 부정하다고 할지는 그 행위가 법령 등에서 금지된 것인지, 다른 투자자들로 하여금 잘못된 판단을 하게 함으로써 공정한 경쟁을 해치고 선의의 투자자에게 손해를 전가하여 자본시장의 공정성 · 신뢰성 · 효율성을 해칠 위험이 있는지를 고려해야 한다.[37] 대법원은 소위 주식워런트증권(Equity Linked Warrant, ELW) 사건에 관한 판례들을 통하여, "금융투자업자 등이 특정투자자에 대하여만 투자기회 또는 거래수단을 제공한 경우에는 그 금융거래시장의 특성과 거래 참여자의 종류와 규모, 거래의 구조와 방식, 특정투자자에 대하여만 투자기회 등을 제공하게 된 동기와 방법, 이로 인하여 다른 일반투자자들의 투자기회 등을 침해함으로써 다른 일반투자자들에게 손해를 초래할 위험이 있는지 여부, 이와 같은 행위로 인하여 금융상품거래의 공정성에 대한 투자자들의 신뢰가 중대하게 훼손되었다고 볼 수 있는지 등의 사정을 구 자본시장법의 목적 · 취지에 비추어 종합적으로 고려하여 판단하여야 한다"라고 판시한 바 있다.[38]

---

35) 서울중앙지방법원 2011. 11. 28. 선고 2011고합600 판결 ; 서울중앙지방법원 2014. 6. 13. 선고 2013고합17 판결.

36) 대법원 2018. 4. 12. 선고 2013도6962 판결.

37) 대법원 2018. 4. 12. 선고 2013도6962 판결.

38) 대법원 2014. 1. 16. 선고 2013도4064 판결 ; 대법원 2014. 1. 16. 선고 2013도9933

자본시장법 제178조 제1항 제1호의 해석에 있어서 죄형법정주의와 최대한 조화를 이룰 수 있도록 신중을 기하여야 함을 강조한 판례도 있다.[39)]

(4) 적용 사례

자본시장법 제178조 제1항 제1호에 해당하는 사안으로서 투자수익보장약정을 체결한 후 차명으로 유상증자에 참여하는 경우,[40)] 합병신주를

판결 ; 대법원 2014. 1. 23. 선고 2013도4065 판결 ; 대법원 2014. 1. 23. 선고 2013도8127 판결 ; 대법원 2014. 2. 13. 선고 2013도1206 판결.

39) 서울고등법원 2011. 6. 9. 선고 2010노3160 판결 : "자본시장법 제178조 제1항 제1호는 거래구조의 변화나 시장의 환경 변화에 따라 다양하고 새로운 유형의 부정거래행위가 발생할 수 있는 개연성이 높은 반면 모든 부정거래행위 유형을 사전에 일일이 열거하여 규제하는 것은 입법기술상 한계가 있는 점을 고려하여 자본시장법 제정과 함께 신설된 조항이다. 그런데 위와 같은 입법취지를 감안하더라도 자본시장법 제178조 제1항 제1호는 그 문언 자체가 지나치게 포괄적 · 추상적이어서 자칫 형사법의 대원칙인 죄형법정주의와 충돌할 우려가 있다. 따라서 자본시장법 제178조 제1항 제1호를 적용함에 있어서는, 자본시장에서의 금융 혁신과 공정한 경쟁을 촉진하고 투자자를 보호하며 금융투자업을 건전하게 육성함으로써 자본시장의 공정성 · 신뢰성 및 효율성을 높여 국민경제의 발전에 이바지한다는 자본시장법의 목적(제1조)에 유념하면서 같은 항 제2호, 제3호 및 같은 조 제2항을 통하여 보다 구체화된 부정거래행위의 내용, 그 밖에 당해 행위의 불법성 정도가 다른 규정을 통하여 처벌하더라도 자본시장법의 목적 달성에 지장을 초래하지 않는지 등을 종합적으로 고려하여 죄형법정주의와 최대한 조화를 이룰 수 있도록 신중을 기함이 옳다"(대법원 2011. 10. 27. 선고 2011도8109 판결로 확정).

40) 대법원 2011. 10. 27. 선고 2011도8109 판결 : "원심은 그 채택 증거들을 종합하여 판시와 같은 사실을 인정한 다음, 피고인 1이 2009년 5월 20일 공소외 10과 사이에 투자수익보장약정을 체결한 후 공소외 10으로 하여금 외국 법인인 공소외 7법인 명의로 공소외 4주식회사의 유상증자에 참여하도록 한 행위는 자본시장법 제178조 제1항 제1호 위반죄 및 제178조 제2항 위반죄에 해당한다고 판단하였다. 위 법리와 기록에 비추어 검토하여 보면, 원심의 사실인정과 판단은 위 법리에 따른 것으로서 정당하여 이를 수긍할 수 있고, 거기에 상고이유 주장과 같이 증거의 취사선택이나 사실의 인정에 있어 자유심증주의의 한계를 일탈하거나, 자본시장법 제178조 제1항 제1호의 부정한 기교 내지 자본시장법 제178조 제2항의 위계에 관한 법리오해 등의 위법이 없다."

차명으로 인수한 경우,[41] 기자의 지위를 이용하여 경제전문지 기사를 이용한 경우,[42] ELS 상환조건 성취 방해,[43] 투자자문업자 등이 추천하는 증권을 자신이 선행매수하여 보유하고 있고 추천 후에 이를 매도할 수도 있다는 그 증권에 관한 자신의 이해관계를 표시하지 않은 채 그 증권의 매수를 추천하는 경우[44] 등이 있다.

---

41) 서울고등법원 2011. 6. 9. 선고 2010노3160 판결 : "상장회사가 비상장회사와 합병한 후 배정할 합병신주 중 어느 정도의 수량을 보호예수할 것인지는 합병 후 주가에 직접적 영향을 미치는 내용이고 유가증권의 공정거래와 투자자 보호를 위하여 필요한 사항으로서 투자자의 투자판단에 영향을 미칠 수 있는 사항이므로 자본시장법 제178조 제1항 제2호의 '중요사항'에 해당하고, 상피고인이 차명으로 D사를 인수하여 유상증자한 후 합병하면서 보호예수 수량을 거짓기재함으로써 매각 제한규정을 회피한 것은 자본시장법 제178조 제1항 제2호에서 규제하는 '중요사항에 관하여 거짓의 기재 또는 표시를 하여 금전, 그 밖의 재산상 이익을 얻고자 하는 행위' 및 자본시장법 제178조 제1항 제1호에서 규제하는 '부정한 수단, 계획, 기교를 사용하는 행위'에 해당한다"(대법원 2011. 10. 27. 선고 2011도8109 판결에 의하여 확정).

42) 서울중앙지방법원 2012. 6. 25. 선고 2012고단2326 판결.

43) 대법원 2015. 4. 9.자 2013마1052 결정 : "어느 행위가 금융투자상품의 거래와 관련하여 자본시장과 금융투자업에 관한 법률 제178조에서 금지하고 있는 부정행위에 해당하는지 여부는, 해당 금융투자상품의 구조와 거래방식 및 거래경위, 금융투자상품이 거래되는 시장의 특성, 금융투자상품으로부터 발생하는 투자자의 권리·의무 및 종료시기, 투자자와 행위자의 관계, 행위 전후의 제반사정 등을 종합적으로 고려하여 판단하여야 한다. 따라서 특정시점의 기초자산가격 또는 그와 관련된 수치에 따라 권리행사 또는 조건 성취의 여부가 결정되거나 금전 등이 결제되는 구조로 되어 있는 금융투자상품의 경우에 사회통념상 부정하다고 인정되는 수단이나 기교 등을 사용하여 금융투자상품에서 정한 권리 행사나 조건 성취에 영향을 주는 행위를 하였다면, 이는 금융투자상품의 거래와 관련하여 부정행위를 한 것으로서 자본시장법 제178조 제1항 제1호를 위반한행위에 해당하고, 위반행위로 인하여 금융투자상품 투자자의 권리·의무의 내용이 변경되거나 결제되는 금액이 달라져 투자자가 손해를 입었다면 투자자는 부정거래행위자에 대하여 자본시장법 제179조 제1항에 따라 손해배상을 청구할 수 있다"(같은 취지로는 대법원 2016. 3. 24. 선고 2013다2740 판결). 그러나 대법원 2016. 3. 24. 선고 2012다108320 판결은 피고의 주식매도행위가 델타헤지의 원리에 부합하지 아니하는 거래로서 사기적 부정거래행위에 해당한다는 원고의 주장을 모두 배척하였다.

44) 대법원 2017. 3. 30. 선고 2014도6910 판결 : "투자 자문업자, 증권 분석가, 언론매체 종사자, 투자 관련 웹사이트 운영자 등(이하 '투자자문업자 등'이라고 한다)이 특정

(5) 보호법익과 위험범

자본시장법상 부정거래행위 금지규정을 위반한 범죄는 재산적 법익이 아닌 사회적 법익이 보호법익이고,[45] 구성요건이 보호하고 있는 보호법

증권을 장기투자로 추천하기 직전에 자신의 계산으로 그 증권을 매수한 다음, 추천 후 그 증권의 시장가격이 상승할 때에 즉시 차익을 남기고 매도하는 이른바 스캘핑행위를 하는 경우, 그 행위가 명백하게 거짓인 정보를 시장에 흘리는 방법으로 특정증권을 추천하는 것이라면 이는 정상적인 자본의 흐름을 왜곡시켜 자본시장의 공정성과 효율성을 해침은 물론이다. 또한 그 증권 자체에 관한 정보는 거짓이 아니어서 자본의 흐름을 왜곡시키는 것은 아니라도, 이러한 스캘핑행위가 용인되면 자본시장에서의 공정한 경쟁에 대한 시장 참여자들의 신뢰가 훼손되고 시장 내의 각종 투자 관련 조언행위가 평가절하됨으로써, 양질의 정보를 생산하고 소비하려는 유인이 감소하여 자본시장에서의 자원 배분의 효율성을 해치고 투자자들이 자본시장으로부터 이탈하는 결과를 가져올 수 있다. 또한 특정증권을 추천하기 직전에 그 증권을 매수한 투자자문업자 등은 장기적 가격 상승의 잠재력이 아니라 추천으로 예상되는 투자자들의 행동에 따른 단기적 가격 상승 가능성 때문에 의식적으로 또는 무의식적으로 그 증권을 추천할 유인이 생길 수 있고, 추천내용의 객관성에 영향을 미칠 수 있는 추천의 동기는 추천에 따라 투자판단을 하려는 합리적인 투자자가 중요하게 고려할 상당한 개연성이 있는 사항에 해당하므로, 특정증권을 추천하기 전에 자신의 계산으로 그 증권을 매수한 투자자문업자 등이 그 증권에 관한 자신의 이해관계를 공시하지 않고 추천하면 상대방에게 개인적인 이해관계 없이 객관적인 동기에서 그 증권을 추천한다는 오해를 초래할 수 있다. 위와 같은 제반사정을 고려하면, 투자자문업자 등이 추천하는 증권을 자신이 선행매수하여 보유하고 있고 추천 후에 이를 매도할 수도 있다는 그 증권에 관한 자신의 이해관계를 표시하지 않은 채 그 증권의 매수를 추천하는 행위는 자본시장과 금융투자업에 관한 법률 제178조 제1항 제1호에서 말하는 '부정한 수단, 계획, 기교를 사용하는 행위'에 해당하는 한편, 투자자들의 오해를 초래하지 않기 위하여 필요한 중요사항인 개인적인 이해관계의 표시를 누락함으로써 투자자들에게 객관적인 동기에서 그 증권을 추천한다는 인상을 주어 거래를 유인하려는 행위로서 같은 법 제178조 제2항에서 정한 '위계의 사용'에도 해당한다."

45) 대법원 2011. 10. 27. 선고 2011도8109 판결 : "시세조종행위와 부정거래행위 등의 금지를 규정하고 있는 제176조와 제178조의 보호법익은 주식 등 거래의 공정성 및 유통의 원활성 확보라는 사회적 법익이고 주식의 소유자 등 개개인의 재산적 법익은 직접적인 보호법익이 아니므로, 주식시세조종 등의 목적으로 자본시장법 제176조와 제178조에 해당하는 수 개의 행위를 단일하고 계속된 범의 아래 일정 기간 계속하여 반복한 경우, 자본시장법 제176조와 제178조 소정의 시세조종행위 및 부정거래행위 금지 위반의 포괄일죄가 성립한다."

익에 대한 침해의 위험성만 있으면 성립하는 위험범이다. 반면에 자본시장법상 부정거래행위와 유사한 행위를 대상으로 하는 형법상 사기죄는 "사람을 기망하여 재물의 교부를 받거나 재산상의 이익을 취득하거나 제3자로 하여금 재물의 교부를 받게 하거나 재산상의 이익을 취득"하게 하는 범죄이다. 보호법익이 보호받는 정도에 있어서, 형법상 사기죄는 구성요건의 내용이 보호법익(재산권)의 침해가 있을 것을 요구하므로 침해범이다. 그러나 부정한 수단 등을 사용하는 경우 자본시장법 제179조에 기한 손해배상청구를 하기 위하여는 물론 손해라는 결과가 발생하여야 한다.

(6) 주관적 요건

자본시장법 제178조의 규정상 시세조종행위에서와 같은 목적은 요구되지는 않지만 행위자가 부정한 수단, 계획 또는 기교를 사용한다는 인식은 하여야 한다.

3. 자본시장법 제178조 제1항 제2호(부실표시 사용행위)

(1) 의의

자본시장법 제178조 제1항 제2호는 "중요사항에 관하여 거짓의 기재 또는 표시를 하거나 타인에게 오해를 유발시키지 아니하기 위하여 필요한 중요사항의 기재 또는 표시가 누락된 문서, 그 밖의 기재 또는 표시를 사용하여 금전, 그 밖의 재산상의 이익을 얻고자 하는 행위"를 부정거래행위로서 금지한다. 이는 금융투자상품의 거래에 관한 부정거래행위가 다수인에게 영향을 미치고 자본시장 전체를 불건전하게 할 수 있기 때문에 거래에 참가하는 개개 투자자의 이익을 보호함과 함께 자본시장의 공정성과 신뢰성을 높이기 위한 것이다.[46)]

"문서, 그 밖의 기재 또는 표시를 사용하여"라는 규정상 대량보유 보고의무 또는 소유상황 보고를 아예 하지 않는 경우는 이에 해당하지 않는다.[47)]

제1호의 행위와 달리 제2호의 행위는 과실에 의한 행위도 금지된다. 다만 자본시장법에 과실범 처벌규정이 없는 이상 행위자는 형사책임은 지지 않고 민사손해배상책임만 진다. 제178조 제1항 제2호는 시세조종에 관한 제176조 제2항 제3호의 "그 증권 또는 장내파생상품의 매매를 함에 있어서 중요한 사실에 관하여 거짓의 표시 또는 오해를 유발시키는 표시를 하는 행위"와 매우 유사하지만, "상장증권 또는 장내파생상품의 매매를 유인할 목적으로"하는 행위만 금지되므로 규제대상 금융투자상품 · 거래장소 · 목적성 면에서 차이가 있고, 따라서 제176조 제2항 제3호에 의한 규제의 공백을 보완하는 기능을 한다. (i) 거짓의 기재 또는 표시와 (ii) 오해유발을 피하기 위하여 필요한 중요사항의 기재 또는 표시가 누락을 일반적으로 부실표시(허위표시+누락)로 통칭한다.

(2) 중요사항

1) 중요사항의 의의

"중요사항"은 해당 법인의 재산 · 경영에 관하여 중대한 영향을 미치거나 특정증권 등의 공정거래와 투자자 보호를 위하여 필요한 사항으로서,

---

46) 대법원 2018. 9. 28. 선고 2015다69853 판결.

47) 대법원 2010. 12. 9. 선고 2009도6411 판결 ; 대법원 2011. 7. 28. 선고 2008도5399 판결.

투자자의 투자판단에 영향을 미칠 수 있는 사항을 의미한다. 해당 상장증권 또는 장내파생상품의 매매에 있어서의 중요한 사실을 의미하므로, 해당 기업 고유의 정보만이 아니라 동종 업종의 전망 또는 경쟁업체의 동향 등 기업외적 정보도 포함한다. 여기에서 중요사항은 미공개중요정보와 궤를 같이하는 것이다.[48)]

2) 중요성 판단의 기준

중요성 판단의 기준은 미공개정보의 중요성에 관하여 자본시장법 제174조 제1항이 "투자자의 투자판단에 중대한 영향을 미칠 수 있는 정보"라고 규정하는 것과 동일하게 보아야 할 것이다. 중요성에 대한 기준은 투자자의 주관적인 특성은 전혀 무시하고 합리적인 투자자(reasonable investor)를 가정하여 객관적으로만 판단한다. 합리적인 투자자란 반드시 증권에 문외한인 일반투자자만을 가리키는 것이 아니라 전문투자자도 합리적인 투자자의 범주에 포함된다고 보아야 한다.[49)]

---

48) 대법원 2016. 8. 29. 선고 2016도6297 판결 : "자본시장법 제178조 제1항 제2호에서 '중요사항'은 해당 법인의 재산 · 경영에 관하여 중대한 영향을 미치거나 특정증권 등의 공정거래와 투자자 보호를 위하여 필요한 사항으로서 투자자의 투자판단에 영향을 미칠 수 있는 사항을 의미한다"(같은 취지로는 대법원 2009. 7. 9. 선고 2009도1374 판결).

49) 미국 증권법상 중요성 판단의 기준으로, (i) 해당 정보가 사실로 확정될 개연성(probability)과 그 정보가 공개될 경우 주가에 영향을 미칠 중대성(magnitude)이 인정되면 중요한 정보로 보아야 한다는 개연성 · 중대성기준(probability-magnitude test)과, (ii) 합리적인 투자자가 누락된 사실의 공개가 제공된 정보의 전체맥락을 현저하게 변경하는 것으로 볼 고도의 가능성(substantial likelihood that disclosure of omitted fact would have been viewed by reasonable investor as having significantly altered "total mix" of information made available)이 있어야 한다는 고도의 가능성기준(substantially likelihood test)이 있다[TSC Industries, Inc. v. Northway, Inc., 426 U.S. 438 (1976) ; Ganino v. Citizens Utilities Co., 228 F.3d 154 (2d Cir. 2000) ; Oran v. Stafford, 226 F.3d 275 (3d Cir. 2000). 이 판례들의 구체적인 사안과 판결요지에 관하여는 임재연, 미국증권법, 박영사, 2009, 332면 이하 참조].

3) 중요성 인정 사례

최대주주 또는 주요주주에 관하여 대량보유보고서에 기재된 허위사실들은 회사의 경영에 관하여 중대한 영향을 미치거나 기업환경에 중대한 변경을 초래할 수 있는 사실로서 일반투자자의 투자판단에 영향을 미칠 수 있는 사실에 해당한다.[50] 5퍼센트 이상의 주식을 대량보유한 자가 '경영 참여'를 목적으로 주식을 취득하였다는 사실은 일반투자자의 입장에서 볼 때 경영권을 유지하려는 자와 새로이 경영권을 확보하려는 자 사이에 지분 경쟁이 생길 것으로 생각하여 투자의 합리적인 의사결정에 영향을 미칠 소지가 다분한 점에 비추어 대량보유(변동)보고서에 기재하는 '보유목적 또는 변동사유'는 중요한 사실에 해당한다.[51] 경영 참여로 취득목적을 공시한 사람들의 취득자금이 본인자금인지 차입금인지 여부는 그 공시의 진정성, 추가 주식 취득의 가능성, 경영권 분쟁의 발생이나 M&A의 성공 가능성과 그후의 투자 적정성 등을 판단하는 기본적이고 중요한 자료이므로 취득자금의 내역도 중요사항이다.[52] 대량보유보고서의 차명주식 보유 및 매도 여부는 투자자의 투자판단에 영향을 미칠 수 있는 중요사항이다.[53]

---

50) 대법원 2003. 11. 14. 선고 2003도686 판결.

51) 서울행정법원 2008. 9. 5. 선고 2008구합23276 판결 ; 서울중앙지방법원 2005. 7. 8. 선고 2005고합108 판결 ; 부산지방법원 2005. 1. 25. 선고 2004고단6886 판결.

52) 대법원 2006. 2. 9. 선고 2005도8652 판결 : "주식 대량보유 보고서 중 취득자금 조성내역은 그 취득목적과 함께 N사의 경영에 중대한 영향을 미치거나 기업환경에 중대한 변경을 초래할 수 있는 사항 또는 유가증권의 공정거래와 투자자 보호를 위하여 필요한 사항으로서 일반투자자의 투자판단에 상당한 영향을 미칠 수 있는 사항, 즉 증권거래법 제188조의4 제4항 제2호에서 규정하고 있는 유가증권의 매매, 기타 거래와 관련한 '중요한 사항'에 해당한다고 할 것인바, 같은 취지에서 피고인에 대한 공소사실 중 사기적 부정거래행위의 점을 유죄로 인정한 원심의 조치는 옳고, 거기에 채증법칙을 위배하여 사실을 오인하거나 증권거래법 제188조의4 제4항 제2호에 관한 법리를 오해한 위법이 있다고 할 수 없다."

53) 서울고등법원 2011. 6. 9. 선고 2010노3160 판결 : "주식 등 대량보유 상황보고에 특수

(3) 부실표시

금지되는 행위는 "거짓의 기재 또는 표시"와 "오해를 유발시키지 아니하기 위하여 필요한 중요사항의 기재 또는 표시가 누락"이다.[54] "오해를 유발시키지 아니하기 위하여 필요한 중요사항의 기재 또는 표시가 누락"은 "거짓의 기재 또는 표시"보다는 넓은 개념이다.

1) 부실표시와 문서 이용 여부

문서의 이용을 요건으로 규정한 구 증권거래법과 달리[55] 자본시장법 제178조 제1항 제2호는 "… 문서, 그 밖의 기재 또는 표시를 사용하여"라고 규정하므로, 반드시 문서를 이용하는 방법뿐 아니라 강연회, 텔레비전, 라디오를 통하여 거짓의 표시를 한 경우도 포함한다.[56]

관계인인 피고인의 주식 보유사실을 기재하지 아니한 사실을 인정한 후 S사의 주요주주의 변동에 관한 사항, S사의 대표이사인 피고인의 차명주식 보유 및 매도 여부는 S사의 주가에 직접적인 영향을 미치는 내용이고 유가증권의 공정거래와 투자자 보호를 위하여 필요한 사항으로서 투자자의 투자판단에 영향을 미칠 수 있는 사항이므로 자본시장법 제178조 제1항 제2호의 '중요사항'에 해당한다고 할 것이며, 따라서 피고인이 위와 같은 거짓기재를 통하여 자신의 유상증자 참여 및 지분취득 사실을 은폐하고 향후 주식을 매도할 때 발생하는 공시의무를 회피함으로써 주가 상승 또는 하락방지라는 재산상 이익을 얻고자 한 것은 자본시장법 제178조 제1항 제2호에서 규제하는 '중요사항에 관하여 거짓의 기재 또는 표시를 하여 금전, 그 밖의 재산상 이익을 얻고자 하는 행위'에 해당한다"(대법원 2011. 10. 27. 선고 2011도8109 판결로 확정).

54) 구 증권거래법 제188조의4 제4항 제2호는 "허위의 표시", "표시가 누락"이라고 규정하였으나 자본시장법은 "거짓의 기재 또는 표시", "기재 또는 표시가 누락"이라고 규정함으로써 "기재"를 추가하였으나, 어차피 "표시"에는 "기재" 개념이 포함되므로 특별히 의미상의 차이는 없다.

55) 구 증권거래법 제188조의4 제4항 제2호는 "문서를 이용하여"라는 요건을 규정하였다. 따라서 구 증권거래법하의 판례는 "문서의 이용"이라는 요건이 충족되지 않는 경우 사기적 부정거래행위의 성립을 부인하였다(대법원 2010. 12. 9. 선고 2009도6411 판결 ; 대법원 2009. 7. 9. 선고 2009도1374 판결).

56) 조문체계상, 구 증권거래법 제188조의4 제4항 제1호의 허위사실 유포와 제2호의 부실

중요사항에 관하여 허위 또는 부실표시된 재무제표가 구체적인 상황에서 투자자의 투자판단에 영향을 미칠 수 있는 사항에 관하여 오해를 유발할 수 있음을 알면서도 이를 금전, 그 밖의 재산상의 이익을 얻는 기회로 삼기 위하여 적극적으로 활용하는 행위는 자본시장법 제178조 제1항 제2호에서 정한 '문서의 사용행위'에 포함된다.[57)]

2) 목적과 인과관계

"중요사항에 관하여 거짓의 기재 또는 표시를 하거나 타인에게 오해를 유발시키지 아니하기 위하여 필요한 중요사항의 기재 또는 표시가 누락된 문서, 그 밖의 기재 또는 표시를 사용하여 금전, 그 밖의 재산상의 이익을 얻고자 하는 행위"라는 목적범형식으로 규정되어 있으므로, 그 문언의 해석상 일단 위와 같은 기재 또는 표시를 사용한 이상 그로써 바로 위 규정 위반죄가 성립하는 것이고, 그 사용행위로 인하여 실제 '타인에게 오해를 유발'하거나 '금전, 기타 재산상의 이익을 얻을 것'을 요하지 않으므로, 위와 같은 기재 또는 표시를 사용한 행위와 타인의 오해 사이의 인과관계 여부는 위 규정 위반의 성립에 아무런 영향을 미치지 않는다.[58)]

표시가 자본시장법 제178조 제1항 제2호에 반영되었고, 구 증권거래법 제188조의4 제4항 제1호의 풍설 유포 · 위계 사용행위는 자본시장법 제178조 제2항에 반영되었다고 할 수 있다.

57) 대법원 2016. 8. 29. 선고 2016도6297 판결.

58) 대법원 2016. 8. 29. 선고 2016도6297 판결 : "자본시장법 제178조 제1항 제2호의 문언 해석상 일단 타인에게 오해를 유발하게 함으로써 금전, 그 밖의 재산상의 이익을 얻고자 중요사항에 관하여 거짓의 기재 또는 표시를 한 문서를 사용한 이상 이로써 바로 위 조항 위반죄가 성립하고, 문서의 사용행위로 인하여 실제로 타인에게 오해를 유발하거나 금전, 그 밖의 재산상의 이익을 얻을 필요는 없다. 따라서 거짓의 기재 또는 표시를 한 문서의 사용행위와 타인의 오해 사이의 인과관계 유무는 위 조항 위반죄의 성립에 영향을 미치지 아니한다"(같은 취지로는 대법원 2006. 4. 14. 선고 2003도6759 판결 ; 대법원 2011. 7. 28. 선고 2008도5399 판결 ; 대법원 2015. 1. 15. 선고 2014도

3) 부실표시 판단기준

금융투자상품의 거래와 관련하여 어느 행위가 자본시장법 제178조에서 금지하고 있는 부정행위에 해당하는지는, 해당 금융투자상품의 구조 및 거래방식과 경위, 그 금융투자상품이 거래되는 시장의 특성, 그 금융투자상품으로부터 발생하는 투자자의 권리・의무 및 그 종료시기, 투자자와 행위자의 관계, 행위 전후의 제반사정 등을 종합적으로 고려하여 판단하여야 한다.[59] 회사가 공시를 통하여 거짓의 표시를 하였는지 여부가 문제 되는 경우, 공시내용 자체가 허위인지 여부에 의하여 판단하여야 할 것이지 실제로 공시내용을 실현할 의사와 능력이 있었는지 여부에 의하여 판단할 것은 아니다. 따라서 주주총회의 결의를 거쳐 회사의 사업목적을 추가하는 정관을 변경한 다음 그 사실을 공시하거나 기사화한 것은 비록 실현 가능성이 없는 내용이라 하더라도 허위사실을 유포하거나 허위의 표시를 한 것으로 볼 수는 없다.[60] 그리고 수익보장약정하에 제3자 배정 유상증자에 참여한 경우, 유상증자 참여 자체는 허위가 아니므로 자

9691 판결).

59) 대법원 2018. 9. 28. 선고 2015다69853 판결.

60) 대법원 2003. 11. 14. 선고 2003도686 판결 : "기록에 의하면 화승강업이 공시내용과 같이 주주총회의 결의를 거쳐 회사의 사업목적에 '정보통신 관련 등' 사업내용을 추가하는 정관 변경을 한 사실을 알 수 있으므로 공시내용 자체가 허위라고 볼 수 없고, 한편 구 증권거래법(2001. 3. 28. 법률 제6423호로 개정되기 전의 것. 이하 '법'이라 한다) 제186조 제1항 제4호에 의하면 '사업목적의 변경에 관한 결의가 있은 때'에는 그 사실을 반드시 공시하도록 되어 있으므로, 가사 피고인이 처음부터 정보통신 관련 등 사업에 투자를 할 의사와 능력이 없었다거나 공시를 한 후 실제로 정보통신 관련 등 사업을 추진하지 아니하였다 하더라도, 위 사실을 공시하거나 기사화한 것이 허위사실을 유포하거나 허위의 표시를 한 것으로 볼 수는 없다 할 것이다. 그럼에도 불구하고 원심이, 피고인이 정보통신 관련 등 사업에 투자를 할 의사와 능력이 없었다거나 공시를 한 후 실제로 정보통신 관련 등 사업을 추진하지 아니하였다는 이유만으로 허위사실을 유포하거나 허위의 표시를 한 것으로 판단하여 위 공소사실을 유죄로 인정한 것은 채증법칙을 위배하여 사실을 잘못 인정하거나 증권거래법에 관한 법리를 오해함으로써 판결 결과에 영향을 미친 위법을 저지른 경우에 해당한다."

본시장법 제178조 제1항 제2호의 "중요사항에 관하여 거짓의 기재"로 볼 수 없다는 판례도 있다.[61)]

4) 부실표시 인정 사례

자본시장법 제178조 제2항의 규정과 유사한 구 증권거래법 제188조의4 제4항 제1호의 "허위사실 유포"와 제2호의 "부실표시"가 인정된 사례로는, 증권신고서의 재무제표 관련 사항[62)] 또는 증자대금 사용목적[63)]을 허위로 기재하는 경우, 주식 대량보유상황 보고 시 경영판단목적이라고 기재함으로써 적대적 M&A를 가장하여 주가를 상승시킨 경우,[64)] 재벌그룹 관련자 또는 유명 연예인이 경영권을 인수한 것처럼 가장하는 경우,[65)] 임원·주요주주 소유주식보고서에 차명주식 처분내역을 기재하지 않은 경우,[66)] 차명으로 취득한 주식을 대량보유상황 보고서에 기재하지 않은 경우,[67)] 취득자금의 조성내역을 허위로 기재하는 경우,[68)] 허위수출계약을 공시하는 경우,[69)] 허위의 해외 투자유치 발표,[70)] 최대주주와의 거래

61) 서울고등법원 2011. 6. 9. 선고 2010노3160 판결(다만 제178조 제1항 제1호의 성립은 인정하였고, 대법원 2011. 10. 27. 선고 2011도8109 판결로 확정).
62) 서울중앙지방법원 2005. 4. 28. 선고 2005고합65 판결(항소심인 서울고등법원 2006. 11. 30 선고 2005노946, 2557 판결에서도 유지).
63) 서울중앙지방법원 2011. 9. 22. 선고 2011고합268 판결.
64) 서울고등법원 2008. 10. 15. 선고 2008노1447 판결(대법원 2008. 1. 15. 선고 2008도9866 판결에 의하여 확정) ; 대법원 2008. 4. 24. 선고 2007도9476 판결 ; 대법원 2006. 2. 9. 선고 2005도8652 판결.
65) 서울고등법원 2009. 2. 5. 선고 2008노210 판결.
66) 서울고등법원 2009. 1. 23. 선고 2008노2564 판결.
67) 서울고등법원 2008. 6. 4. 선고 2008노145 판결[그러나 소규모 차명주식의 누락은 부실표시에 해당하지 않는다는 판례도 있다(서울고등법원 2011. 6. 9. 선고 2010노3160 판결)].
68) 대법원 2006. 2. 9. 선고 2005도8652 판결.
69) 서울고등법원 2007. 5. 10. 선고 2007노322 판결.
70) 대법원 2002. 7. 22. 선고 2002도1696 판결.

를 타 법인 출자로 공시한 경우,[71] 기자들에게 허위의 보도자료를 배포한 경우,[72] 주식공모를 앞두고 발행가격을 높이거나 원활한 발행을 위한 허위사실의 유포[73] 등이 있다.

그러나 주식 대량보유상황 보고의무 자체를 이행하지 않은 경우에는 구 증권거래법 제188조의4 제4항 제2호 위반이 아니라는 판례가 있다.[74]

(4) 금전, 그 밖의 재산상의 이익

"재산상의 이익"은 적극적 이익은 물론 손실을 회피하는 소극적 이익도 포함하는데, "재산상의 이익"에 기업의 경영권 획득이나 지배권 확보 등도 포함하는지에 관하여 대법원은 구 증권거래법 제188조의4 제4항의 '부당한 이득'에 관한 사건에서 "유가증권의 처분으로 인한 행위자의 개인적이고 유형적인 경제적 이익에 한정되지 않고 기업의 경영권 획득, 지배권 확보, 회사 내에서의 지위 상승 등 무형적 이익 및 적극적 이득뿐 아니라 손실을 회피하는 경우와 같은 소극적 이득, 아직 현실화되지 않는 장래의 이득도 모두 포함하는 포괄적인 개념으로 해석하는 것이 상당"하다고 판시함으로써 넓은 의미로 보았다.[75] 자본시장법은 구 증권거래법과

---

71) 서울고등법원 2005. 10. 21. 선고 2005노684 판결.

72) 서울고등법원 2009. 1. 22. 선고 2008노2315 판결(대법원 2011. 10. 27. 선고 2009도1370 판결에 의하여 확정). 구 증권거래법이 적용된 판례로서, 허위사실을 기재한 보도자료를 기자들에게 배포한 이상 기자들이 실제로 이를 언론에 보도하지 아니하거나 보도자료와 다르게 허위사실을 다소 축소하여 보도하였다 하더라도 범죄 성립에 영향이 없다고 판시하였다.

73) 서울고등법원 2004. 4. 2. 선고 2003노3374 판결.

74) 대법원 2011. 7. 28. 선고 2008도5399 판결.

75) 대법원 2009. 7. 9. 선고 2009도1374 판결 ; 대법원 2002. 7. 22. 선고 2002도1696 판결.

달리 "재산상"이라는 수식어를 추가하였으나 "기업의 경영권 획득, 지배권 확보, 회사 내에서의 지위 상승"도 간접적으로는 재산상의 이익에 해당한다고 볼 수 있다는 것이 통설적인 견해이다.[76] 자본시장법 제178조 제1항 제2호가 명문으로 규정하지 않지만, 행위자 외에 제3자로 하여금 재산상의 이익을 얻게 하고자 하는 행위도 금지대상으로 보아야 한다.

한편 합병신고서의 "합병 전후의 최대주주 및 주요주주의 주식 변동현황"을 기재하면서 차명주식 중 일부를 누락한 사안에서 누락된 주식수가 소규모라는 이유로 구 증권거래법 제188조의4 제4항 제2호의 "금전 또는 재산상 이익을 얻으려는 목적이 있다고 추정할 수 없다"라는 판례도 있다.[77]

4. 자본시장법 제178조 제1항 제3호(거짓의 시세 이용)

자본시장법 제178조 제1항 제3호는 "금융투자상품의 매매, 그 밖의 거래를 유인할 목적으로 거짓의 시세를 이용하는 행위"를 금지되는 부정거래행위의 유형으로 규정한다. 매매 유인목적이 요구된다는 점에서 시세조종에 관한 자본시장법 제176조 제2항의 규정과 유사하다. 그러나 제176조 제2항은 상장증권 또는 장내파생상품만을 적용대상으로 하나, 제178조 제1항은 모든 금융투자상품을 적용대상으로 한다는 점에서 적용범위가 보다 넓다.

76) 구성요건의 일부가 되면서 동시에 법정형 상한선의 기준이 되기도 하는 제443조 소정의 "위반행위로 인하여 얻은 이익 또는 회피한 손실액"도 "재산상"이라는 수식어가 없지만 결국은 "재산상 이익"을 가리키는 것이라 할 것이다.

77) 대법원 2011. 6. 30. 선고 2010도10968 판결.

5. 자본시장법 제178조 제2항(풍문의 유포, 위계 사용 등의 행위)

(1) 의의

자본시장법 제178조 제2항은 "누구든지 금융투자상품의 매매, 그 밖의 거래를 할 목적이나 그 시세의 변동을 도모할 목적으로 풍문의 유포, 위계의 사용, 폭행 또는 협박을 하지 못한다"고 규정한다. 구 증권거래법은 "부당한 이익을 얻기 위하여 고의로 허위의 시세 또는 허위의 사실, 기타 풍설을 유포하거나 위계를 쓰는 행위"를 금지하였는데,[78] 자본시장법은 "부당한 이익을 얻기 위하여 고의로"라는 문구를 삭제하였다. 구 증권거래법상으로도 위 삭제된 문구는 실제로는 별다른 의미가 없었다. "허위의 시세 또는 허위의 사실, 기타 풍설을 유포하거나 위계를 쓰는 행위"가 있으면 "부당한 이득을 얻기 위하여 고의로"라는 요건이 당연히 인정될 것이기 때문이다.

제178조 제2항에서 사기적 부정거래행위를 금지하는 것은, 금융투자상품의 매매, 그 밖의 거래에 관한 사기적 부정거래가 다수인에게 영향을 미치고 금융투자상품시장 전체를 불건전하게 할 수 있기 때문에 금융투자상품의 거래에 참가하는 개개 투자자의 이익을 보호함과 함께 투자자 일반의 시장에 대한 신뢰를 보호하여 금융투자상품시장이 국민경제의 발전에 기여할 수 있도록 하는 데 목적이 있다. 그러므로 매매, 그 밖의 거

---

78) 증권거래법 제188조의4

….

④ 누구든지 유가증권의 매매, 기타 거래와 관련하여 다음 각 호의 1에 해당하는 행위를 하지 못한다.

1. 부당한 이득을 얻기 위하여 고의로 허위의 시세 또는 허위의 사실, 기타 풍설을 유포하거나 위계를 쓰는 행위

래를 할 목적인지 위계인지의 여부 등은 행위자의 지위, 행위자가 특정 진술이나 표시를 하게 된 동기와 경위, 그 진술 등이 미래의 재무상태나 영업실적 등에 대한 예측 또는 전망에 관한 사항일 때에는 합리적 근거에 기초하여 성실하게 행하여진 것인지, 그 진술 등의 내용이 거래 상대방이나 불특정 투자자들에게 오인 · 착각을 유발할 위험이 있는지, 행위자가 그 진술 등을 한 후 취한 행동과 주가의 동향, 행위 전후의 제반사정 등을 종합적 · 전체적으로 고려하여 객관적인 기준에 따라 판단하여야 한다.[79]

(2) 풍문의 유포

1) 풍문의 개념

구 증권거래법은 "허위의 사실, 기타 풍설을 유포하는 행위"를 금지대상으로 규정하였으므로, 규정형식상 "풍설"도 "일체의 거짓소문"으로 해석하였다.[80] 자본시장법은 단순히 "풍문의 유포"만을 금지대상으로 규정하는데, "풍문"이란 "시장에 알려짐으로써 주식 등의 시세의 변동을 일으킬 수 있을 정도의 사실로서, 합리적 근거가 없는 것"이다.[81] 허위내용을 요건으로 하지 않으므로 행위자가 진실이라고 믿었더라도 금지대상이 된다. 다만 실제로 문제 되는 풍문은 대부분 허위내용의 풍문일 것이다.

---

79) 대법원 2018. 4. 12. 선고 2013도6962 판결.

80) 구 증권거래법상 "허위"는 객관적 기준에 의하여 판단하여야 하므로 행위자가 허위사실이라고 믿었더라도 실제로는 진실이었다면 금지대상이 아니고, 실제로는 허위사실이었다 하더라도 행위자가 허위라는 사실을 몰랐다면 이것도 금지대상이 아니다. "고의로"라는 요건이 요구되기 때문이다.

81) 서울고등법원 2013. 3. 22. 선고 2012노3764 판결.

2) 유포의 개념

풍문의 "유포"에 대하여는 방법이나 수단에 대한 제한이 없으므로 인터넷, 휴대전화 문자메시지, 이메일 등 모든 방법이 포함된다. 일반적으로 "유포"는 불특정 다수인에게 전파하는 행위를 말하지만 특정인에게 전파하는 것도 포함하는 개념이다.[82] 구 증권거래법하의 판례로서, 허위의 기업홍보자료를 작성하여 기업설명회 자리에서 애널리스트들에게 배포한 행위도 허위사실 유포에 해당한다는 판례와,[83] 허위사실을 기재한 보도자료를 기자들에게 배포한 이상 실제로 보도되지 않거나 축소보도된 경우에도 허위사실 유포에 해당한다는 판례가 있다.[84]

---

82) 서울고등법원 2009. 1. 22. 선고 2008노2315 판결.

83) 서울고등법원 2011. 9. 22. 선고 2011노2691 판결 : "피고인은 애널리스트들이 이 사건 기업홍보자료를 그대로 신뢰하여 기업탐방보고서를 작성한 것이 아니라, 나름대로 자료를 수집하여 T사업의 수익성을 살펴보고, 관련 업체들에 전화하여 상용화 가능성까지 확인한 후 수익성이 있다고 판단하여 기업탐방보고서를 작성한 것으로서, 이러한 점에서 기업의 홍보자료 제공이 그 자체로서 허위사실의 유포에 해당한다고 볼 수 없다고 주장한다. 그러나 애널리스트인 P에 대한 각 문답서의 각 기재에 의하면, P는 A사에서 제공하는 자료, 피고인과 L 등의 설명 등을 근거로 기업탐방보고서를 작성하였고 그 자료에 대한 검증을 하지 않은 것으로 보이고, 납품처에 전화로 확인한 내용도 샘플테스트가 진행 중이라는 정도일 뿐 상품화 가능성에 대한 나름대로의 확신을 가지고 이 사건 기업탐방보고서를 작성한 것으로 보이지 아니하므로 피고인의 위 주장은 그대로 받아들이기 어렵다. 이 사건 기업홍보자료에 기재된 추정매출액은 객관적으로 허위라고 할 것이고, 피고인은 위와 같은 추정매출액의 실현 가능성이 극히 낮은 수치임을 충분히 인식하고 있었던 것으로 보인다. 그런데도 피고인이 이와 같은 이 사건 기업홍보자료를 작성하여 기업설명회 자리에서 배포하도록 한 이상 이는 원심 판시와 같은 허위사실 유포에 해당한다고 할 것이다."

84) 서울고등법원 2009. 1. 22. 선고 2008노2315 판결 : "2005년 6월 2일자 보도자료와 2005년 6월 30일자 보도자료가 기자들에게 배포는 되었으나 언론에 보도되지는 아니한 사실이 인정되고, 또한 언론이 이 사건 보도자료를 기초로 보도를 함에 있어 이 사건 보도자료와 다르게 허위의 사실을 다소 축소하여 보도를 한 사실이 인정되기도 하지만, 증권거래법 제188조의4 제4항 소정의 '허위사실 등 유포'에는 행위자가 직접 불특정 다수인에게 허위사실 등을 전파하는 경우뿐만 아니라 불특정 다수인에게 허위사실 등이 전파될 것을 인식하면서 기자들과 같은 특정인에게 전파하는 것도 포함된

(3) 위계 사용행위

1) 위계의 개념

일반적으로 형법상 위계란 "타인의 부지 또는 착오를 이용하는 일체의 행위"를 말하고 기망뿐 아니라 유혹의 경우도 포함하는데, 대법원은 "위계란 거래 상대방이나 불특정 투자자를 기망하여 일정한 행위를 유인할 목적의 수단, 계획, 기교 등을 말하는 것이고, 기망이라 함은 객관적 사실과 다른 내용의 허위사실을 내세우는 등의 방법으로 타인을 속이는 것을 의미한다"라고 판시한다.[85]

구 증권거래법이 규정하던 "고의로"라는 문구가 삭제되었다는 점을 근거로 "과실에 의한 위계"도 규제대상이라는 설명도 있지만,[86] 법문상 금융투자상품의 매매, 그 밖의 거래를 할 목적이나 그 시세의 변동을 도모할 목적을 전제로 하므로 과실에 의한 위계는 규제대상이 아니라고 보아야 한다. 형사책임에 있어서는 고의가 당연한 요건이므로 특별히 규정할 필요가 없으며,[87] 민사책임에 있어서도 "위계"의 개념상 과실에 의한 위계는 실제로는 인정하기 어려울 것이다. 한편 구 증권거래법하에서는 "위계"의 개념을 가급적 넓게 해석하여야 규제의 공백이 줄어든다

다고 봄이 상당하므로, 허위사실 등이 기재된 이 사건 보도자료가 기자들에게 배포된 이상, 그 기자들이 실제 이를 언론에 보도하지 아니하거나 보도자료와 다르게 허위의 사실을 다소 축소하여 보도를 하였다고 하더라도, 위 '허위사실 등 유포'에 영향을 미치지는 아니한다"(대법원 2011. 10. 27. 선고 2009도1370 판결에 의하여 확정).

85) 대법원 2008. 5. 15. 선고 2007도11145 판결 ; 대법원 2010. 12. 9. 선고 2009도6411 판결 ; 대법원 2011. 7. 14. 선고 2011도3180 판결 ; 대법원 2018. 4. 12. 선고 2013도6962 판결.

86) 증권법학회, 자본시장법 주석서 I · II(개정판), 박영사, 2015, 960면.

87) 형법 제13조는 "죄의 성립요소인 사실을 인식하지 못한 행위는 벌하지 아니한다. 단, 법률에 특별한 규정이 있는 경우에는 예외로 한다"고 규정한다. 따라서 법률에 특별한 규정이 없으면 과실행위는 처벌대상이 아니다.

고 보았으나, 자본시장법은 제178조 제1항 제1호에서 포괄적 사기금지 규정을 도입하였으므로 "위계"의 중요성은 상당히 줄어들었다고 할 수 있다.[88)]

2) 위계의 판단기준

위계인지 여부는 행위자의 지위, 행위자가 특정 진술이나 표시를 하게 된 동기와 경위, 그 진술 등이 미래의 재무상태나 영업실적 등에 대한 예측 또는 전망에 관한 사항일 때에는 합리적인 근거에 기초하여 성실하게 행하여진 것인지, 그 진술 등의 내용이 거래 상대방이나 불특정 투자자들에게 오인 · 착각을 유발할 위험이 있는지, 행위자가 그 진술 등을 한 후 취한 행동과 주가의 동향, 행위 전후의 제반사정 등을 종합적 · 전체적으로 고려하여 객관적인 기준에 따라 판단하여야 한다.[89)]

3) 위계 사례

대법원은 객관적으로 보아 감자 등을 할 법적 또는 경제적 여건을 갖추고 있지 아니하거나 또는 임직원이 감자 등을 진지하고 성실하게 검토 · 추진하려는 의사를 갖고 있지 않은데도, 감자 등의 검토계획의 공표에 나아간 경우에는 이러한 행위는 투자자들의 오인 · 착각을 이용하여 부당한 이득을 취하려는 기망적인 수단, 계획 내지 기교로서 '위계를 쓰는 행위'에 해당한다고 판시한 바 있다.[90)] 투자자문업자 등이 추천하는 증권을

88) 상법상 가장납입이 가지는 증권사기의 잠재적 위험성을 고려하여 가장납입을 자본시장법 제178조 제1항 제1호(부정한 수단, 계획 또는 기교를 사용하는 행위) 또는 제2항(풍문의 유포, 위계의 사용)의 부정거래행위로 보는 견해로서, 김태진, "가장납입에 관한 새로운 해석론," 상사법연구 제32권 제1호(2013), 한국상사법학회, 342면 이하 참조.
89) 대법원 2018. 4. 12. 선고 2013도6962 판결.
90) 대법원 2011. 3. 10. 선고 2008도6335 판결 : "상장법인 등이 재무구조에 변경을 초래

자신이 선행매수하여 보유하고 있고 추천 후에 이를 매도할 수도 있다는 그 증권에 관한 자신의 이해관계를 표시하지 않은 채 그 증권의 매수를

하는 감자 또는 증자(이하 '감자 등'이라고 한다)에 관한 정보를 스스로 공표하는 경우, 그러한 정보는 주주의 지위 및 증권시장의 주가변동에 직접적이고 중대한 영향을 미칠 뿐만 아니라 투자자들은 언론이나 투자 분석가들이 예측 또는 전망을 한 경우와는 달리 정확성과 신뢰성이 훨씬 높다고 평가하는 것이 일반적이므로, 상장법인 등의 임직원으로서는 그러한 정보의 공표로 인하여 투자자들의 오인·착각을 유발하지 않도록 합리적인 근거에 기초하여 성실하게 정보를 공표하여야 한다. 만일 이와 달리 상장법인 등이 객관적으로 보아 감자 등을 할 법적 또는 경제적 여건을 갖추고 있지 아니하거나 또는 임직원이 감자 등을 진지하고 성실하게 검토·추진하려는 의사를 갖고 있지 않은데도, 감자 등의 검토계획을 공표하면 투자자들이 그 실현 가능성이 높은 것으로 판단하여 주식거래에 나설 것이고 이로 인하여 주가의 변동이 초래될 것이라고 인식하면서도 그에 따른 이득을 취할 목적으로 검토계획의 공표에 나아간 경우에는, 이러한 행위는 투자자들의 오인·착각을 이용하여 부당한 이득을 취하려는 기망적인 수단, 계획 내지 기교로서 구 증권거래법(2007. 8. 3. 법률 제8635호 자본시장과 금융투자업에 관한 법률 부칙 제2조로 폐지) 제188조의4 제4항 제1호에서 정한 '위계를 쓰는 행위'에 해당한다", "상장법인인 갑 은행과 그 대주주인 을 회사 및 을 회사가 추천한 사외이사 병 등이 갑 은행의 자회사로서 유동성 위기에 빠진 정 회사와 갑 은행의 합병을 추진하면서, 보도자료 배포 및 기자간담회를 통해 '정 회사의 감자계획이 검토될 것이다'라고 발표하고 그 직후 '정 회사의 순자산가치를 정확하게 평가해 보아야 감자 여부를 결정할 수 있을 것이나 현재로서는 감자할 가능성이 크다'고 발언한 사안에서, 병 등은 제반사정에 비추어 감자를 추진할 객관적 여건을 갖추지 못하였고 감자를 성실하게 검토·추진할 의사가 없음에도 투자자들이 오인·착각을 하여 주식투매에 나섬에 따라 정 회사의 주가 하락이 초래될 것이라고 인식하면서, 합병에 반대하는 정 회사 주주들에 대한 주식매수청구권 가격을 낮추고 합병신주의 발행으로 인한 을 회사의 갑 은행에 대한 지분율 감소를 방지하는 등을 회사 등에게 이득을 취하게 할 목적으로 위 발표를 공모한 것이므로, 위 행위가 구 증권거래법(2007. 8. 3. 법률 제8635호 자본시장과 금융투자업에 관한 법률 부칙 제2조로 폐지)에서 정한 '사기적 부정거래'에 해당한다"[원심은 "이사회 결의나 기자간담회에서의 발표 및 발언에 의하면, y의 감자는 추후에 결정될 것이고 그 가능성이 크다는 것으로서, 구체적인 내용이 확정되었다는 것은 아닌바, 이러한 경우, y의 감자에 관하여 구체적인 계획을 가지고 있지 않더라도, 자신의 목표를 달성하기 위하여 그 감자가 필요하거나 유용한 방안이라고 인식하면서 그 실행 가능성을 검토하고 있었다면, 위 기자간담회에서의 발표나 발언이 허위의 사실 유포나 위계에 해당한다고 할 수는 없다고 할 것이다"라고 판시하면서 무죄를 선고하였으나(서울고등법원 2008. 6. 24. 선고 2008노518 판결), 대법원은 원심 판결을 파기].

추천하는 경우는 자본시장법 제178조 제1항 제1호에서 말하는 '부정한 수단, 계획, 기교를 사용하는 행위'에 해당하는 한편, 투자자들의 오해를 초래하지 않기 위하여 필요한 중요사항인 개인적인 이해관계의 표시를 누락함으로써 투자자들에게 객관적인 동기에서 그 증권을 추천한다는 인상을 주어 거래를 유인하려는 행위로서 같은 법 제178조 제2항에서 정한 '위계의 사용'에도 해당한다.[91]

해외 펀드의 투자를 유치하는 듯한 허위의 모습을 갖추는 것은 위계 및 허위사실 유포에 해당한다.[92] 그러나 실제로 외국인이 자신의 자금을 가지고 그의 계산하에 실재하는 외국 법인 명의 혹은 계좌를 이용하여 주식시장에서 주식을 매수한 행위는 객관적 측면에서 모두 사실에 부합하는 것으로서 아무런 허위내용이 없어 기망행위로 볼 수 없으므로, 피고인들이 위 주식거래를 함에 있어 관련 외국 법인의 실체를 과장하거나 그에 관한 허위의 정보를 제공하는 등 허위사실을 내세웠다는 특별한 사정이 없는 이상, 위와 같은 투자행태를 법률이 금지하는 위계의 사용에 해당한다고 볼 수 없다.[93]

---

91) 대법원 2017. 3. 30. 선고 2014도6910 판결.

92) 대법원 2010. 12. 9. 선고 2009도6411 판결 : "원심은, 피고인 1, 피고인 4가 '카인드익스프레스 명의로 그 판시 신주인수권부사채를 시세보다 훨씬 고가로 매매하는 계약을 체결하고 그 내용을 공시하면서 언론에 그 매매경위 및 매수주체에 관한 내용을 공개한 부분'은 주가 상승을 유도하거나 주가 하락을 방지하기 위해 해외 펀드의 정상적인 투자를 유치한 듯한 외양을 갖추고 언론을 통해 허위사실을 퍼뜨린 것으로, 피고인들의 이러한 행위는 구 증권거래법 제188조의4 제4항 제1호 및 제2호 소정의 위계 사용 및 허위사실의 유포에 해당한다고 판단하였다. 원심 판결 이유와 그 채택 증거들을 앞서 본 법리에 비추어 살펴보면, 원심의 위와 같은 판단은 정당한 것으로 수긍할 수 있고, 거기에 피고인들의 상고이유 주장과 같이 위계 등에 관한 법리를 오해하거나 논리와 경험의 법칙에 위배하여 사실을 오인한 위법이 없다."

93) 대법원 2010. 12. 9. 선고 2009도6411 판결 : "피고인 1은 외국 국적을 가진 사람으로서 이 사건 주식거래 이전부터 외국계 투자은행에 계좌를 개설하여 금융자산을 관리하거나 자신이 직간접적으로 운영하고 있는 외국 법인의 명의를 이용하여 국내외 자

인터넷사이트 게시판에 언론의 호재성 보도를 계속 올리면서 자신의 주식을 매도한 경우도 위계에 해당할 가능성이 크다.[94)]

그러나 인터넷사이트 게시판과 관련하여 공간(公刊)된 자료나 기업의 공시자료, 관련 신문기사의 내용을 그대로 전재(全載)하는 것은 해당 자료의 허위성을 명백히 인식하고서 그에 편승하기 위한 것이라는 등의 특단의 사정이 없는 한 위 죄가 성립될 여지는 없다는 판례와,[95)] 인터뷰

산에 투자하여 온 사실을 알 수 있는바, 원칙으로 주식거래에 있어서는 실명에 의한 거래가 강제되지 아니할 뿐만 아니라 투자자가 자신의 투자 동기나 계획 등을 스스로 시장에 공개하여야 할 의무가 없다는 점을 감안할 때, 원심이 인정한 바와 같이 외국인인 피고인 1이 자신의 자금을 가지고 그의 계산하에 실재하는 외국 법인 명의 혹은 계좌를 이용하여 일반적인 주식시장에서 이 사건 미디어솔루션 주식을 매수하였다면 그 행위는 객관적 측면에서 모두 사실에 부합하는 것으로서 아무런 허위내용이 없으므로 위 법리에 비추어 이와 같은 행위를 기망행위에 해당하는 것이라고 볼 수는 없다."

94) 서울중앙지방법원 2012. 11. 29. 선고 2012고합142 판결 : "1. 자본시장법 제178조 제2항은 금융투자상품의 매매, 그 밖의 거래를 할 목적이나 그 시세의 변동을 도모할 목적으로 '풍문의 유포, 위계의 사용, 폭행 또는 협박'을 하는 것을 금지하고 있는데, 여기서 '위계'란 거래 상대방이나 불특정 투자자를 기망하여 일정한 행위를 유인할 목적의 수단, 계획, 기교 등을 말하는 것이고, '기망'이라 함은 객관적 사실과 다른 내용의 허위사실을 내세우는 등의 방법으로 타인을 속이는 것을 의미한다(대법원 2011. 10. 27. 선고 2011도8109 판결 등 참조). 또한 자본시장법 제178조 제1항 제1호는 '누구든지 금융투자상품의 매매, 그 밖의 거래와 관련하여 부정한 수단, 계획 또는 기교를 사용하는 행위를 하여서는 아니 된다'라고 규정하고 있는바, 여기서 '부정한 수단, 계획 또는 기교'라 함은 거래 상대방 또는 불특정 투자자를 기망하여 부지 또는 착오상태에 빠뜨릴 수 있는 모든 수단, 계획, 기교 또는 행위자의 지위·업무 등에 따른 의무나 관련 법규에 위반한 수단, 계획, 기교를 말하는 것으로 같은 법 제176조 및 제178조가 정하고 있는 나머지 행위들을 포괄하는 개념이다. 2. 피고인이 앞서 본 바와 같이 K사의 주가가 하락할 것을 예상하고 있었음에도 자신의 주식의 매도, 매수 관련 추천을 신뢰하는 A경제연구소 회원들에게 K사 주식을 2012년까지 계속 보유할 것을 강조하면서, 반대로 자신은 대부분의 주식을 매도하여 현금화한 것은 K사 주식의 매매와 관련한 부정한 수단, 계획 또는 기교에 해당할 뿐만 아니라, K사 주식의 매매를 할 목적으로 A경제연구소 회원들에게 위계를 사용한 것에 해당한다고 할 것이다."

95) 서울중앙지방법원 2012. 9. 21. 선고 2012고합662 판결 : "자본시장과 금융투자업에 관한 법률 제178조 제2항은 누구든지 (i) 금융투자상품의 매매, 그 밖의 거래를 할 목적

내용에 비하여 과장된 보도라는 이유로 위계가 부인된 판례도 있다.[96)]

(4) 폭행 또는 협박

금융투자상품의 매매, 그 밖의 거래를 할 목적이나 그 시세의 변동을 도모할 목적으로 하는 폭행 또는 협박을 금지하는 것은 자본시장법 규정

이나 (ii) 그 시세의 변동을 도모할 목적으로 풍문을 유포하여서는 아니 된다고 규정하고 제443조 제1항 제9호에서 '금융투자상품의 매매, 그 밖의 거래를 할 목적이나 그 시세의 변동을 도모할 목적으로 풍문을 유포한 자'를 처벌하고 있다. 이는 (i) 신주나 사채의 발행 등 회사의 자금조달과 관련된 거래를 용이하게 하기 위한 목적의 것(제1유형)과 (ii) 거래소에서 시세의 변동을 도모하기 위한 목적의 것(제2유형)이라는 2가지 유형으로 구분될 수 있고 이 사건에서 문제가 되는 유형은 제2유형의 것이다. 피고인들의 게시물들은 첫째, 대선후보 정치인과 당해 회사 임원과의 인맥관계, 정치인의 정책 관련 발언과 행보, 당해 회사의 사업내용 등의 기초사실이 기업의 공식적인 공시자료이거나 신문 등 언론사의 홈페이지에 게시된 보도자료로서 나름대로 객관적인 근거를 갖고 있으며 피고인들은 그 내용을 수정함이 없이 그대로 캡처하여 이를 인용하고 있고, 둘째, 거기에 가필된 부분은 피고인들 개인의 전망이나 예측에 해당하는바, 색깔이나 필체를 달리하여 캡처된 내용과 혼선을 일으킬 우려가 없음을 알 수 있다. 그렇다면 특단의 사정이 없는 한, 위 공시자료나 보도자료의 게시 자체를 합리적 근거가 없다고 볼 수 없는 것이고, 거기에 부가된 피고인들의 단순한 의견 제시나 미래에 대한 예측만 가지고서 앞서 본 '풍문'에 해당한다고 선불리 단정할 수는 없다. 게다가 피고인들이 주로 글을 올리는 곳은 팍스넷의 강추이종목 게시판이다. 이곳은 주로 개인투자자들이 어떤 특정 종목의 가격 상승이 예상되니 추천한다는 취지의 의견을 개진하기 위한 공간으로서, 대부분 글을 올리는 투자자가 자신이 보유하고 있는 주식을 추천할 것이라는 점은 어렵지 않게 예상할 수 있다. 그렇다면 강추이종목 게시판에서는 개인투자자가 자신이 보유한 주식에 대하여 별다른 근거 없이 장래에 주가가 상승할 것이라는 의견을 올리는 행위가 자유롭게 이루어지고 게시판을 보는 대부분의 사람들 역시 이를 용인하고 보는 것이다. 이러한 게시판의 특성상 팍스넷 게시판에서 별다른 의미 없이 쓰게 되는 과장된 표현들(예를 들어 '세력 매집' 등)은 주식 등 시세의 변동을 일으킬 수 있을 정도의 허위 또는 합리적 근거가 없는 사실이라고 볼 수 없을 것이다"(서울고등법원 2013. 1. 17. 선고 2012노3290 판결에 의하여 확정).

96) 서울중앙지방법원 2006. 9. 29. 선고 2006고합115 판결(대법원 2008. 5. 15. 선고 2007도11145 판결에 의하여 확정).

으로서는 다소 이례적이지만 제178조의 적용범위에 공백이 없도록 하기 위한 규정이다. 협박은 공포심을 일으키기에 충분한 정도의 해악을 고지하는 것이어야 한다.[97]

97) 서울중앙지방법원 2012. 11. 29. 선고 2012고합142 판결 : "피고인이 위와 같은 게시글을 올린 것을 두고 A경제연구소 회원들에 대하여 공포심을 일으키기에 충분한 정도의 해악을 고지한 것이라고 보기 어렵고, 달리 이를 인정할 증거가 없다. 따라서 이 부분 각 공소사실은 범죄사실의 증명이 없는 때에 해당하여 형사소송법 제325조 후단에 따라 무죄를 선고하여야 할 것이나, 이와 포괄일죄의 관계에 있는 판시 각 자본시장법 위반죄를 유죄로 인정하는 이상 주문에서 따로 무죄를 선고하지 않는다."

09

주가연계증권 관련 소송의 유형별 분석과 법적 판단기준*

정순섭**

I. 서론

2003년 2월 24일 구 증권거래법 시행령 개정(제2조의3 제1항 제7호)[1]으로 최초 도입된 주가연계증권(Equity Linked Securities. 이하 'ELS')은 특히 2009년 이후 다양한 법적 분쟁의 대상이 되고 있다.[2] 국내 ELS 관련 민사소송은 발행인이나 그 헤지거래 상대방에 대한 불공정거래나 조건성취

---

* 이 논문은 BFL 제80호(2016. 11)에 게재된 글을 수정 · 보완한 것이다.

** 서울대학교 법학전문대학원 교수

1) 2002년 주가연계증권 등 신종 증권에 대한 연구를 정리한 것으로는 윤영신 / 정순섭, "신종사채 발행 활성화에 관한 연구," 충남대학교 법학연구소 연구보고서, 2002. 11. 홍콩에서 최초의 소매 주가연계증권은 UBS AG가 2011년 11월 발행하였다.

2) 금융위원회 / 금융감독원 보도자료, ELS 발행 및 운영 관련 제도개선 방안(2009. 9. 10). 일부 ELS 발행 증권사를 상대로 2009년 9월 이루어진 한국거래소의 감리가 계기가 된 것이다〔이숭희, "ELS 분쟁의 현황과 법적 쟁점," YGBL 제2권 제2호(2010), 연세대학교 법학연구원 글로벌비즈니스와 법센터, 46-48면〕.

방해에 따른 손해배상청구, 발행인의 적합성원칙이나 설명의무 위반에 따른 손해배상청구, 발행인이나 그 헤지거래 상대방에 대한 불공정거래에 따른 손해배상청구를 위한 증권 관련 집단소송 허가, 발행인이나 그 헤지거래 상대방에 대한 불공정거래 규제 위반에 따른 형사소송 등으로 구분된다.

ELS는 특히 저금리 기조가 지속되는 금융시장에서 대체투자수단으로서의 역할이 기대되고 있다.[3] 그러나 ELS 발행 위험관리를 위한 헤지거래와 관련한 불공정거래 가능성이 지적되면서 상품 자체의 신뢰성에도 문제가 발생했다. 한편 '전통적인 증권'과 '주가나 이를 기초로 한 지수 등을 기초자산으로 하는 파생상품'을 결합한 신종 금융상품으로서의 다양한 위험과 복잡한 구조를 고려하여 공정한 판매 관행을 정착시킬 필요도 있다. 국내 ELS 관련 민사소송에서는 불완전판매보다는 헤지거래와 관련한 불공정거래나 조건성취 방해가 주로 문제 되고 있다.[4] 이는 결국 기준가격 결정시점에 기초자산인 주식의 가격이 기준가에 수렴했을 때 헤지거래를 위하여 보유하고 있던 주식의 처분이라는 상황에서 발행인과 투자자 간 이해상충을 어떻게 볼 것인가의 문제라고 할 수 있다. 현재까지 법원의 입장은 금융투자업자인 발행인의 이익보다 투자자의 이익이 우선되어야 한다는 원칙을 재확인한 것으로 이해된다.

본고는 ELS 관련 민사소송의 유형 분석과 법적 판단기준을 정리하는 것을 목적으로 한다. 본고에서는 형사사건에 대해서는 별도로 검토하지

---

3) ELS는 "일정한 위험범위 내에서 상대적으로 높은 수익을 올리고자 하는 투자자들에게 예금이나 주식 외 제3의 선택 가능성을 제공하고자 적절한 위험수준에서 좀 더 높은 수익을 추구하기 위해 개발"되었다(서울고등법원 2012. 12. 14. 선고 2010나71761 판결).

4) 최근에 진행중인 홍콩 H지수를 기초자산으로 하는 ELS 분쟁은 불완전판매가 주로 문제 되고 있다. 아직 결과가 정리되지 않아 추후 연구과제로 한다.

않는다. 이하 본고는 다음 네 부분으로 구성된다. “II. 주가연계증권의 의의와 구조”에서는 ELS의 의의와 시장구조를 중심으로 현황을 정리한다. “III. 주가연계증권 관련 소송의 유형별 분석”에서는 현재 문제 되고 있는 민사소송 사건을 유형화하여 쟁점을 정리한다. “IV. 주가연계증권 관련 소송의 법적 판단기준”에서는 이해상충 방지, 정보 제공, 불공정거래의 3가지 쟁점별로 법적 판단기준을 확인한다. “V. 결론”에서는 이상의 논의를 정리하여 결론을 제시한다.

II. 주가연계증권의 의의와 구조

1. 의의

ELS는 “주식의 가격 또는 이를 기초로 하는 지수 등의 변동과 연계하여 미리 정하여진 방법에 따라 지급하거나 회수하는 금전 등이 결정되는 권리가 표시된 증권”을 말한다. 이는 자본시장과 금융투자업에 관한 법률(이하 ‘자본시장법’)상 ‘파생결합증권’에 속한다(제4조 제7항). 파생결합증권은 구 증권거래법 시행령의 워런트증권(제2조의3 제1항 제6호, 2002. 2. 9), ELS(제2조의3 제1항 제7호, 2003. 2. 24), 파생결합증권(제2조의3 제1항 제8호, 2005. 3. 28)을 일원화한 것이다. 다만 자본시장법상 파생결합증권은 구 증권거래법에 비하여 기초자산의 범위를 크게 확대하고 있는 점에서 차이가 있을 뿐이다.[5]

5) 특히 자본시장법 제4조 제10항 제5호가 중요하다.

2. 법적 성질

ELS는 전통적인 사채와 주식의 가격 또는 이를 기초로 하는 지수 등을 기초자산으로 하는 파생상품을 결합한 증권이다. 파생상품적 요소를 파생결합증권의 과실에만 연계시키는 과실연계형인지, 아니면 원금에도 연계시키는 원금연계형인지에 따라 투자자 입장에서 인수하는 위험의 정도에는 본질적인 차이가 발생할 수 있다. 나아가 파생상품적 요소를 원금에도 반영하면서 투자자의 손실한도를 원금을 초과하도록 설계하면, 해당 증권은 형태를 불문하고 파생상품으로 분류될 수 있다(자본시장법 제5조 제1항).

3. 유형

(1) 의의

ELS는 기준에 따라 다양한 분류가 가능하다. 본고에서의 논의를 위해서는 특히 원금연계형과 과실연계형의 구분, 자체헤지형과 제3자헤지형의 구분이 중요하다. 전자는 판매과정에서 이루어지는 설명의무의 내용과 방법에 직접적인 영향을 줄 것이다. 후자의 구분에 따라 헤지거래의 청산과정에서 발생하는 불공정거래가 문제 될 경우, 투자자 입장에서 책임 추궁의 상대방이 달라진다.

(2) 원금연계형과 과실연계형

ELS는 상환원금이나 지급이자가 주가나 지수 등의 변동에 연계되어 결정되는 증권이다. 구조상 기초자산가치의 변동에 연계되는 것을 이자 등

과실에 한정할 수도 있고, 원금의 일부 또는 전부를 연계할 수도 있다. 전자를 과실연계형 ELS, 후자를 원금연계형 ELS라고 한다.[6] 자본시장법은 과실연계형 파생결합증권을 "발행과 동시에 투자자가 지급한 금전 등에 대한 이자, 그 밖의 과실(果實)에 대하여만 해당 기초자산의 가격 · 이자율 · 지표 · 단위 또는 이를 기초로 하는 지수 등의 변동과 연계된 증권"이라고 정의하고, 파생결합증권의 정의에서 제외하고 있다(제4조 제7항 제1호). 과실연계증권은 자본시장법상 사채로서 채무증권에 해당한다. ELS가 도입된 2003년을 제외하고는 과실연계형 ELS가 70~80퍼센트 비율로 발행되며 저금리 기조 속에 ELS가 대표적인 중위험 · 중수익상품으로 자리매김하는 데 일조해 왔다는 평가를 받고 있다.[7]

(3) 조기상환형과 비조기상환형

조기상환형은 사전에 정해진 일정한 요건이 충족될 경우, 만기 이전에 정해진 일정 시점마다 상환할 기회를 부여하는 형태를 말한다. 도입 초기에는 대부분 만기지급형으로 발행되다가 조기상환형으로 발전하였다. 자동조기상환이 되지 않더라도 다음번에 기회를 다시 가질 수 있다는 점에서 투자자에게 안정감을 줄 수 있으며, 특히 수익형태가 만기의 기초자산 가격과 비례하여 결정되기보다는 고정적인 형태로 지급되므로 안정적 형태의 수익을 중요시하는 기관투자자들이 많이 투자하였다.[8]

---

6) 실무에서는 전자를 원금보장형 그리고 후자를 원금비보장형이라고 부르기도 한다. 그러나 자본시장법상 손실보전이나 이익보장에 대한 엄격한 금지(제55조)를 고려할 때 적절한 용어라고 할 수 없다.

7) 지영근, "지수형 ELS가 주가지수 및 주가지수선물에 미치는 영향에 관한 실증연구 : KOSPI 200지수 및 선물을 중심으로," 숭실대학교 대학원 박사학위논문, 2015, 10면.

8) 지영근, 앞의 논문(주 6), 22-23면.

(4) 자체헤지형과 제3자헤지형

ELS 발행인의 발행 위험을 헤지하기 위해 자체적으로 해지거래를 하는 경우를 자체헤지형, 그리고 제3자와 스왑거래 등을 통하여 헤지거래를 하는 경우를 제3자헤지형이라고 한다. 백투백헤지형은 발행인이 상품의 실제 공급자가 아니라 헤지거래 상대방으로부터 상품을 공급받아 투자자에게 판매하는 유통채널의 역할을 하는 거래형태라고 할 수 있다.[9]

(5) 종목형과 지수형

ELS는 기초자산의 종류에 따라 개별 주식을 기초자산으로 하는 종목형, 주가지수를 기초자산으로 하는 지수형, 그리고 개별 종목과 주가지수를 동시에 기초자산으로 하는 혼합형으로 구분할 수 있다. 이러한 분류는 실무상 의미가 있는 것일 뿐 규제상 양자의 차이는 없다. 금융위기 직전에는 종목형이 지수형보다 다소 많거나 비슷했지만, 금융위기 이후에는 지수형의 비중이 점점 증가하고 있다.[10] 종목형의 감소는 주로 과거의 손실 경험에 기인한 것으로 이해된다. 2015년 1분기에 발행된 ELS 24조 1,000억 원 중 개별 주식이 아닌 주가지수를 기초자산으로 하는 지수형이

---

9) 남길남, "ELS 시장의 신뢰 회복을 위한 제언," 자본시장 Weekly 2009-36호(2009), 2면. 국내 증권회사의 경우 경험이 축적되면서 백투백헤지형에서 자체헤지형으로, 백투백헤지형 중에서는 fully funded swap 방법에서 unfunded swap 방법으로 헤지방식이 변환되고 있다고 한다. fully funded swap 방법은 헤지거래 상대방에게 ELS 발행 원금을 일괄 지급하고 만기에 일정한 수익을 합산하여 반환받는 구조를, 그리고 unfunded swap 방법은 헤지거래 상대방에게 ELS 발행 원금을 지급하지 않고 ELS 평가액의 반동에 따라 일정 담보금을 정산하는 구조를 말한다[이숭희, 앞의 논문(주 2), 44면 주 8].

10) 지영근, 앞의 논문(주 6), 12-13면.

23조 9,000억 원으로 99.1퍼센트를 차지하고 있고, 지수의 종류도 다양화하고 있다.[11)]

4. 위험구조

ELS는 전통적인 의미의 채무증권으로서의 특징과 파생상품요소를 결합한 상품이라는 점에서 일반적인 채무증권과는 상이한 위험구조를 가지고 있다.

첫째, ELS는 발행인의 신용 위험과 시장 위험 등 일반적인 채무증권의 위험요소 외에 수익 및 손실구조가 기초자산가치와 연계되어 있는 등 구조적 복잡성과 다양한 위험에서 일반적인 사채와 차별화된다. ELS는 동 증권의 발행인 위험 외에도 기초자산인 주식의 위험에도 노출되어 있다.

둘째, ELS의 경우 개별 주식을 거래하는 경우와 달리 (i) 상당한 수준의 신용을 보유하고 있는 금융투자업자가 발행인인 점, (ii) 종목형의 경우 기초자산인 주식의 발행인도 우량 상장회사인 점, (iii) 판매과정에서 사용되는 '원금보장형' 등의 용어가 동 상품의 안전성에 관한 착시효과를 발생시킬 수 있는 점, (iv) 발행인의 헤지거래와 관련한 이해상충 가능성이 존재하는 점 등에서 적어도 투자자의 관점에서는 주식과 차별화되는 새로운 유형의 위험이 추가적으로 발생할 수 있다.

---

11) 과거에는 KOSPI 200을 주로 사용했으나, 최근 HSCEI 지수 · EURO Stoxx 50 지수 등 해외 지수의 사용이 증가하고, 하나의 ELS 발행 시 사용되는 주가지수(기초자산)의 수도 1개에서 2~3개 등으로 증가하는 추세이다[금융감독원 보도자료, 최근 주가연계증권(ELS)의 주요 특징 및 투자자 유의사항(2015. 5. 4)].

III. 주가연계증권 관련 소송의 유형별 분석

1. 소송유형

현재까지 국내에서 ELS와 관련하여 발생한 민사소송은 (i) 불공정거래 관련 사례와 (ii) 불완전판매 관련 사례의 2가지로 분류할 수 있다. (i) 불공정거래 관련 사례는 발행인이나 그 헤지거래 상대방의 기준가결정일 보유주식 대량매도행위를 대상으로 자본시장법상 불공정거래에 따른 손해배상이나 민법상 조건성취 방해를 주장한 사건들이다. 특히 ELS의 발행 위험관리를 위한 헤지거래의 청산과정에서 이루어진 보유증권매도에 따른 불공정거래 관련 사례가 대부분을 차지하고 있다. 불공정거래 관련 사례 중 일부에 대해서는 형사절차가 진행 중이고,[12] 증권 관련 집단소송의 형태로 진행되는 사건도 있다.

이 점은 2008년 이후 홍콩과 싱가포르 및 타이완 등에서 제기된 분쟁이, 첫째 대상상품이 주로 2008년 글로벌 금융위기과정에서 파산한 투자은행이 발행한 ELS와 신용연계증권에 속하는 주식부도연계증권을 포함한 파생결합증권인 점, 둘째 주로 은행의 신탁계정을 통한 거래인 점, 셋째 불완전판매와 관련된 것이라는 점과 차별화된다고 할 수 있다.[13]

---

12) ELS 관련 형사소송에 대해서는 대법원 2015. 6. 11. 선고 2014도11280 판결 ; 서울중앙지방법원 2014. 8. 22. 선고 2013노1066 판결 ; 서울중앙지방법원 2013. 3. 13. 선고 2011고단4640 판결(자본시장법 제176조 제3항 증권 등의 시세고정) ; 서울중앙지방법원 2015. 8. 6. 선고 2011고단3416 판결(확정. 구 증권거래법 제188조의4 제2항 제1호 시세조종) 참조.

13) Christopher Chao-Hung Chen, The Resolution of the Structured Notes Fiasco in Hong Kong, Singapore, and Taiwan, Company Lawyer 34 (4), 119 (2013). 타이완에서 판매된 상품은 ELS인 데 비하여 홍콩과 싱가포르에서 판매된 것은 주로 주식부도연계증권인 신용연계증권이었다[Christopher Chao-Hung Chen, Judicial Inactivitism in

2. 불공정거래 관련 사례

(1) 자체헤지형

1) D증권 1[14)·15)]

① 사실관계

피고가 2005년 3월 16일 발행한 ELS는 액면가 1만 원으로 삼성SDI 보통주를 기초자산으로 하고, 발행일자 삼성SDI 보통주 종가(10만 8,500원)

Protecting Financial Consumer against Predatory Sale of Retail Structured Products : A Reflection from Retail Structured Notes Lawsuits in Taiwan, 27 Columbia Journal of Asian Law 165 (2014) ; Christopher Chao-Hung Chen, Product Due Diligence and the Suitability of Minibonds : Taking the Benefit of Hindsight, Singapore Journal of Legal Studies 309 (2011) 참조].

홍콩에서의 경과에 대해서는 Hong Kong Securities and Futures Commission, Issues Raised by the Lehmans Minibonds Crisis : Report to the Financial Secretary, 2008 (http://www.sfc.hk/web/doc/EN/general/general/lehman/Review%20Report/Review%20Report.pdf) ; Chin-Chong Liew / I-Ping Soong, Hong Kong Derivatives : Law and Practice, pp.467-555 (2010).

싱가포르에서의 경과에 대해서는 Monetary Authority of Singapore, Investigation Report on the Sale and Marketing of Structured Notes Linked to Lehman Brothers, 2009(http://www.mas.gov.sg/~/media/resource/news_room/press_releases/2009/INVESTIGATION%20REPORT_7%20JUL%2009.pdf).

14) 환송 후 상고심 대법원 2016. 4. 7. 선고 2016다8565 판결 ; 환송 후 원심 서울고등법원 2016. 1. 22. 선고 2015나14633 판결 ; 환송 판결 대법원 2015. 5. 14. 선고 2013다2757 판결 ; 환송 전 원심 서울고등법원 2012. 12. 14. 선고 2010나58607 판결 ; 제1심 판결 서울중앙지방법원 2010. 5. 28. 선고 2009가합116043 판결.

15) 같은 ELS에 대하여 투자자가 제기한 소송에서도 같은 결론이 나왔다. 환송 후 상고심 대법원 2016. 4. 4. 선고 2016다8602 판결 ; 환송 후 원심 서울고등법원 2016. 1. 22. 선고 2015나14640 판결 ; 환송 판결 대법원 2015. 5. 14. 선고 2013다3811 판결 ; 환송 전 원심 서울고등법원 2012. 12. 14. 선고 2010나71761 판결 ; 제1심 판결 서울중앙지방법원 2010. 7. 1. 선고 2009가합90394 판결. 다만 이 사건에서 제1심 판결은 다음과

를 기준가격으로 하고, 중간평가일 및 만기평가일의 삼성SDI 보통주 종가를 그 평가가격으로 하며, 중간평가일은 2005년 7월 18일 외 총 8차에 걸쳐 있고 만기평가일은 2008년 3월 17일이다. 피고는 삼성SDI 보통주를 기초자산으로 하여 운용하는 ELS 전체를 합하여 델타헤지[16]거래를 하였는데, 2005년 7월 중순부터 이 사건 중간평가일까지는 대체로 델타값보다 약 15퍼센트 정도 많게 주식보유량을 유지하면서 델타값의 증감에 따라 이를 조절하였다. 2차 중간평가일인 2005년 11월 16일(이하 '이 사건 중간평가일')의 삼성SDI 보통주는 기준가격인 10만 8,500원에 거래되기 시작하여 같은 날 12시경부터 거래가 종료되기 10분 전인 14시 50분경까지는 위 기준가격 이상인 10만 8,500원 또는 10만 9,000원의 가격으로 거래되었다.

피고는 이 사건 중간평가일에 피고의 상품계좌를 통해 삼성SDI 보통주에 관하여 접속매매시간대에 18만 주, 단일가매매시간대에 13만 4,000주의 매도주문을 하여 그중 9만 8,190주를 매도하였다. 그 결과 이 사건 중간평가일의 종가는 10만 8,000원으로 결정되어 이 사건 ELS의 중도상환조건이 성취되지 아니하였다. 피고가 이 사건 중간평가일 단일가매매시간대에 삼성SDI 보통주에 관하여 한 매도주문수량은 전체의 약 79퍼센트에 이르렀고, 계약체결관여율도 약 95퍼센트에 달하였다. 이 사건 ELS의 만기일인 2008년 3월 19일 피고로부터, 원고 1은 2,405만 5,299원을,

---

같이 원고의 조건성취 방해 주장을 받아들였다.
"만기상환이나 재매입 전에 피고의 신의성실에 반하는 중도상환조건 성취 방해행위가 있었던 경우에는 원고들은 만기상환금이나 재매입금을 수령한 이후라도 중도상환조건이 그 이전에 성취되었음을 주장할 수 있다고 할 것이다."

16) 기초자산의 가격변동에 따른 위험을 회피하기 위하여 기초자산 자체를 보유한 다음 기초자산의 가격변화에 대한 옵션가치의 민감도를 의미하는 델타값에 따라 기초자산의 보유량을 조절하는 헤지기법을 말한다.

원고 2는 1억 23만 414원을, 원고 3은 2,205만 691원을 각 만기상환금으로 지급받았다.[17)]

② 법원의 판단

(i) 조건성취 방해

가) 제1심

원고들이 주장하는 중도상환조건은 그 성격상 해제조건에 해당하는 것으로 보이고, 이러한 중도상환조건의 성취와 만기상환은 그 법률효과에 있어서 서로 양립할 수 있는 것으로 보여, 원고들과 피고 사이의 이 사건 ELS에 기한 법률관계는 위와 같이 만기상환을 원인으로 한 피고의 이행이 완료됨으로써 이미 종료된 것으로 봄이 상당하다.

나) 환송 전 원심

이 사건 ELS의 중도상환조건은 피고의 이익을 위한 것이므로, 피고는 중도상환조건의 성취로 불이익을 입을 당사자에 해당하지 않고 이 사건 ELS에 기한 법률관계는 원고들이 만기상환금이나 재매입금을 수령함으로써 종료되어 조건성취를 주장할 수 없으며, 설령 주장할 수 있다고 하더라도 이 사건 ELS와 같이 조건성취에 따른 중도상환 기회와 환매 기회가 여러 차례 부여되는 복합적인 권리관계에 대하여는 민법 제150조 제1항의 적용이 제한되어야 한다.

또 이 사건 주식거래행위는 조건의 성취를 방해하려는 의사 없이 이 사건 ELS 발행 당시 예정된 델타헤지원리에 따라 헤지거래를 하였을 뿐

---

17) 아. 해당 트레이더에 대한 공소 제기
검찰은 2011년 6월 28일경 피고의 직원인 해당 트레이더가 2005년 11월 16일 단일가매매 시간대에 삼성SDI 보통주의 매매거래가 성황을 이루고 있는 듯이 잘못 알게 하거나 그 시세를 변동시키는 매매거래를 함으로써 대우증권으로 하여금 2억 9,000만 원 상당의 부당이득을 얻게 하였다는 공소사실로 기소하였고, 현재 유죄판결이 확정되었다[서울중앙지법 2015. 8. 6. 선고 2011고단3416 판결(확정)].

인데, 이 사건 중간평가일에는 델타금액의 급격한 변화로 인하여 헤지거래 물량이 증가하게 된 것뿐이므로, 이를 두고 신의성실에 반하는 방해행위라고 할 수 없다.

다) 대법원(환송 판결)

이 사건 ELS의 중도상환조건은 법률행위 효력의 발생을 장래의 불확실한 사실에 의존케 하는 정지조건이고, 피고는 이 사건 ELS를 발행하여 판매한 증권회사로서 위 정지조건이 성취되는 경우 이 사건 ELS의 투자자에게 이 사건 ELS의 판매계약에서 정한 바에 따라 액면금에 약정수익금을 더한 중도상환금을 지급하여야 할 의무를 부담하게 되므로, 위 정지조건의 성취 여부에 따라 이 사건 ELS의 투자자와 이해관계가 상충한다.

피고가 이 사건 ELS와 관련된 델타헤지거래로 삼성SDI 보통주를 매도하는 것은 기본적으로 위험 회피라는 자신의 이익을 위하여 행하는 것이므로 그 과정에서 투자자의 신뢰나 이익이 부당하게 침해되어서는 안 된다고 할 것인바, 이 사건과 같이 중간평가일의 기초자산가격이 중도상환조건을 성취시키는 가격에 근접하여 형성되고 있어 그 종가에 따라 중도상환조건이 성취될 가능성이 커서 피고와 투자자 사이의 이해관계가 상충하는 상황에서는 피고는 중도상환조건의 성취 여부에 최소한의 영향을 미치는 방법으로 헤지거래를 함으로써 투자자를 보호해야지 그 반대로 중도상환조건의 성취를 방해함으로써 투자자의 신뢰를 저버리는 헤지거래를 하여서는 안 된다.

그런데 피고는… 중도상환조건 성취 여부와 무관하게 보유하고 있던 삼성SDI 보통주 중 상당량을 이 사건 중간평가일의 접속매매시간대 전체에 걸쳐 분산하여 매도함으로써 중도상환조건 성취 여부를 결정하는 요소인 종가 결정에 미치는 영향을 최소화할 의무가 있었다.

단일매매시간대 전까지 기준가격인 10만 8,500원 이상으로 거래되고 있던 삼성SDI 보통주의 종가가 피고의 위와 같은 대량매도주문으로 인하여 10만 8,000원으로 결정되었고, 결국 이 사건 ELS의 중도상환조건 성취가 무산되었다.

피고의 이러한 행위는 원고들에 대한 투자자 보호의무를 게을리한 것으로서 신의성실에 반하여 이 사건 ELS의 중도상환조건 성취를 방해한 것이라고 볼 여지가 충분하다.

라) 환송 후 원심

중도상환조건의 성취가 의제되는 시점은 만기상환금이 지급되기 이전이므로, 원고들로서는 피고에 대하여 신의성실에 반하는 계약상 중도상환조건 성취 방해행위가 있었음을 이유로 민법 제150조 제1항에 의하여 중도상환조건이 성취되었음을 주장할 수 있는 것이…다.

원고들이 만기상환금을 지급받은 것으로 인하여 원고들의 민법 제150조 제1항에 따른 권리 행사에 어떠한 영향을 미친다고 보기는 어렵다.

마) 환송 후 대법원

상고이유서 미제출을 이유로 상고를 기각하였다.

(ii) 불공정거래

가) 원심

피고의 위 행위는 정당한 델타헤지거래행위로서 이 사건과 같은 ELS를 발행한 금융기관이 위험을 관리하기 위해서 반드시 수행하여야 하는 것이므로, 비록 피고의 헤지거래행위가 삼성SDI 보통주의 가격 형성에 영향을 미쳐 결과적으로 중도상환조건이 성취되지 못하였다고 하더라도 이를 부당한 이득을 얻기 위하여 고의로 위계를 쓴 사기적 부정거래행위라고 볼 수 없다.

(2) 제3자헤지형

1) H투자증권-D은행[18)]

① 사실관계

H투자증권은 2007년 8월 31일 파생결합증권의 일종인 이 사건 ELS를 발행하였다. H투자증권은 이 사건 ELS의 상환조건이 충족될 경우 이 사건 ELS를 매입한 투자자들에게 상환금을 지급할 위험을 회피하기 위하여, 2007년 8월 30일 피고 D은행과 사이에 H투자증권이 이 사건 ELS의 발행으로 취득한 금원 198억 9,000만 원 중 일부인 88억 9,000만 원에 관하여 이 사건 ELS와 동일한 구조의 '주식연계 달러화 스왑계약'(이하 '이 사건 스왑계약')을 체결하였다.

그후 이 사건 ELS는 조기상환조건을 성취하지 못한 채 만기평가가격 결정일인 2009년 8월 26일(이하 '이 사건 기준일')에 이르게 되어, 만기상환 A조건이나 만기상환 C조건의 성취 여부가 문제 되었다. 당시 S전자 보통주의 주가는 기준가격(57만 2,000원)을 훨씬 상회하는 70만 원대에서 형성되어 상환조건(기준가격의 75퍼센트인 42만 9,000원 이상일 것)을 충족하는 데 문제가 없었으나, ○○지주 보통주의 주가는 5만 4,000원대에서 등락하고 있었기 때문에 상환조건(조정된 기준가격의 75퍼센트인 5만 4,740원 이상일 것)의 충족 여부가 문제 되었다.

피고는 2009년 8월 24일 ○○지주 보통주 7만 5,000주, 2009년 8월 25일 ○○지주 보통주 7만 7,409주를 매도하였고, 이 사건 기준일인 2009년

---

18) 대법원 2016. 3. 24. 선고 2013다2740 판결 ; 서울고등법원 2012. 12. 14. 선고 2012나12360 판결 ; 서울중앙지방법원 2012. 1. 12. 선고 2010가합27835 판결.

8월 26일에는 ○○지주 보통주 24만 2,214주를 매도하였는데, 구체적으로는 접속매매시간대에 D증권 영업부를 통하여… 합계 11만 4,214주를 매도하였다. 또 단일가매매시간대인 14시 50분부터 15시까지 계열사가 아닌 C증권을 통하여 시장가매도 주문방식으로 두 번에 걸쳐 합계 12만 8,000주(14시 55분 19초 9만 6,000주, 14시 58분 47초 3만 2,000주)를 매도하였다.

② 법원의 판단

(i) 제1심

피고는 이 사건 ELS의 기초자산인 ○○지주 보통주의 주가가 만기상환조건의 기준가격인 5만 4,740원 근처에서 등락을 지속하고 있는 상황에서 ○○지주 보통주만을 대량매도함으로써 그 주가를 만기상환조건의 기준가격보다 낮게 형성시켜 이 사건 ELS의 만기상환조건을 충족하지 못하도록 하였다고 봄이 상당한바, 피고의 위와 같은 ○○금융 보통주 매도행위는 자본시장법 제176조 제4항 제3호의 '시세를 변동시키는 시세조종행위'에 해당하거나 그에 준하는 행위에 해당한다고 할 것이다.

(ii) 원심

델타헤지는 ELS 발행의 전제조건으로 보편성과 필요성이 인정되는 헤지방법일 뿐만 아니라 금융기관의 자산운용 건전성을 위해 법령상 강제되는 헤지거래의 한 방법이라고 할 것이고, 여기에 모든 주식매매가 영향력의 크고 작음의 차이만 있을 뿐 주식시장의 주식가격에 영향을 미치는 요소인 점을 더하여 볼 때 헤지거래로 형성되는 시장가격도 시장요인에 의한 정상적인 수요 · 공급에 의한 것으로 보아야 하고, 단지 거래수량이 많다거나 매매시기가 집중되어 있다는 점만으로 델타헤지로 인한 주식매매가 인위적인 시장조작에 해당한다고 단정하기는 어렵다.

이 사건 주식매도행위를 델타헤지에 의한 거래라고 판단하는 이상, 단지 이 사건 주식매도행위가 이 사건 기준일의 ○○금융 보통주의 종가에 영향을 미쳤다는 이유만으로 피고가 사회통념상 부정한 수단을 사용한 것이라고 볼 수는 없고, 달리 이를 인정할 증거가 없다.

(iii) 대법원

델타헤지는 금융투자업자가 자신의 위험을 회피 내지 관리하는 금융거래기법에 불과하다. 따라서 금융투자업자가 델타헤지의 수행이라는 사정을 내세워 특정한 주식거래행위를 하더라도, 그것이 자본시장법에서 금지하는 시세조종행위 내지 부정거래행위인지는 앞에서 본 법리를 기초로 다시 따져 보아야 한다.

이 사건 주식매도행위는 이 사건 ELS와 관련하여 수익 만기상환조건이 성취되지 않도록 이 사건 주식의 기준일 종가를 낮추기 위하여 이루어진, 자본시장법에서 금지하는 시세조종행위 내지 부정거래행위에 해당한다고 볼 수 있으며, 이 사건 주식매도행위가 이 사건 ELS와 관련하여 피고 자신을 위한 위험 회피목적으로 이루어졌다 하여 달리 볼 수 없다.

2) B은행[19)]

① 사실관계

H자산운용은 원고로부터 자금을 모아 투자신탁을 조성하였다. H증권은 2007년 10월 11일 S전자와 S지주 보통주를 기초자산으로 한 원금비보장형 개별종목형 ELS로서 만기 2년, 조기상환 기회는 매 6개월마다 3회 부여되며, 2가지 기초자산의 주가변동과 수익률이 연동하도록 구조화하여 약정조기상환조건 등을 충족할 경우에는 연 14퍼센트의 수익이 확정

19) 대법원 2016. 3. 24. 선고 2012다108320 판결 ; 서울고등법원 2012. 11. 1. 선고 2011나104712 판결 ; 서울중앙지방법원 2011. 11. 24. 선고 2010가합51302 판결.

되고, 원금손실 위험 발생수준〔하방 배리어(barrier)〕은 최초 기준가의 60퍼센트로 규정하는 구조로 되어 있는 이 사건 ELS를 발행하였다. 원고는 2007년 10월 10일 이 사건 투자신탁에 2억 원을 투자하였고, H자산은 H증권과 이 사건 ELS 인수계약을 체결하고 이 사건 투자신탁의 투자금 전액을 이 사건 ELS의 인수대금으로 사용하였으며, 이 사건 투자신탁과 이 사건 ELS는 주요내용이 동일하였으므로 이 사건 투자신탁의 수익 여부는 이 사건 ELS의 수익에 따라 결정되게 되었다.

H증권은 이 사건 ELS의 상환조건이 충족될 경우 H자산에게 상환금을 지급할 위험을 회피하기 위하여 2007년 10월 10일 피고와 사이에서 이 사건 ELS와 동일한 구조의 파생금융상품을 매입하는 이 사건 스왑계약을 체결함으로써 백투백헤지거래를 하였다.

H증권과 피고는 이 사건 스왑계약에서 "피고는 합법적이고 필수적인 헤지전략의 일환으로 스왑계약기간 동안 시장 위험을 중립화하기 위하여 많은 양의 주식을 매매할 수 있고, 이와 같은 주식매매는 조건성취 여부 평가기준일 직전에도 일어날 수 있으며, 피고의 주식매도거래로 주가가 하락하는 결과를 가져올 수 있고, 이로 인하여 H증권은 상환받을 수 있는 약정금액의 손실을 입을 수도 있다"는 취지를 명시하였다.

이 사건 ELS는 의무중도상환(조기상환)조건을 성취하지 못한 채 만기기준가격 결정일인 2009년 10월 7일(이하 '이 사건 기준일')에 이르게 되었다. 이 사건 기준일에 S전자 보통주 주가는 기준가격(55만 2,000원)을 훨씬 상회하는 70만 원대에서 형성되어 있었기 때문에 상환조건(기준가격의 75퍼센트인 41만 4,000원 이상일 것)을 충족하는 데 아무런 문제가 없었으나, S지주 보통주의 주가는 4만 5,000원대에서 등락하고 있었기 때문에 상환조건〔기준가격(6만 868원)의 75퍼센트인 4만 5,651원 이상일 것〕 충족 여부가 문제 되었다.

피고는 2009년 10월 7일 8시 16분 D증권과 B증권에게 S지주 보통주를 30만 주씩 매도할 것을 의뢰하였다. 이 사건 기준일의 S지주 보통주 주가는 단일가매매 시간 직전에 이 사건 ELS의 상환조건 기준가격인 4만 5,651원을 상회하는 4만 5,800원으로 형성되었다가 단일가매매시간을 거쳐 최종 종가는 이에 못 미치는 4만 5,450원으로 결정됨으로써, 결국 이 사건 ELS의 만기상환조건 충족은 무산되었다. 이 사건 ELS는 기초자산의 주가가 만기기준가격 결정일까지 하방 배리어를 터치한 적이 있는 상황이었다. 그리하여 원고는 이 사건 투자신탁의 만기인 2009년 10월 9일 투자원금(2억 원)에 미치지 못하는 1억 491만 3,648원을 만기상환금으로 수령하여 약 25퍼센트의 투자 손실을 입었다.

② 법원의 판단

(i) 제1심

가. 사기적 부정거래의 유무

인정사실만으로는 피고가 인위적인 요인을 통하여 신한지주 보통주의 주가를 만기상환 기준가격 미만으로 변동 또는 고정시켰다고 보기에 부족하고, 달리 이를 인정할 만한 증거가 없다.

….

다. 델타헤지에 따른 주식매매가 정상적인 수요·공급에 해당하는지 여부

앞에서 든 증거들에 변론 전체의 취지를 종합하여 인정할 수 있는 다음과 같은 사정에 비추어 보면, 이 사건 주식매도행위를 인위적인 시장조작 요인이라고 보기 어렵고 달리 이를 인정할 증거가 없으며, 오히려 델타헤지방법에 따른 정상적인 주식거래행위에 해당한다고 봄이 상당하다.

….

마. 피고에게 시세를 변동·고정시킬 목적이 있었는지 여부

위 인정사실 및 앞에서 든 증거들에 의하여 알 수 있는 다음과 같은 사정에 비추어 보면, 피고에게 신한지주 보통주의 종가를 만기상환 기준가격 미만으로 변동시키거나 고정시킬 목적이 있었다고 보기에 부족하고, 달리 이를 인정할 만한 증거가 없다.

(ii) 원심

가. 피고의 S지주 보통주 거래행위가 델타헤지원리에 부합하는지

… 아래의 사정들에 비추어 델타헤지에 기한 거래로 볼 수 있을 뿐 S은행 보통주의 주식 시세를 인위적으로 조작한 행위로 볼 수 없다.

….

③ 피고의 10퍼센트+VWAP(Volume Weighted Average) 지시를 준수함으로 인하여 D증권과 B증권은 매도를 지시받은 수량 중 일부를 매도하지 못하였고, 거래가격을 보더라도 피고는 이 사건 기준일에 전체 VWAP 가격 4만 5,457원보다 높은 4만 5,491원의 VWAP 가격…으로 신한지주 보통주를 매도하였으며, 피고의 이 사건 기준일의 거래행위는 한국거래소의 위 가이드라인도 충족하는 내용이었다.

나. 피고가 델타헤지원리에 따라 거래하였다 하더라도 기초자산 시세에 영향을 미친 것이 정당화될 수 있는지

ELS상품을 발행한 측이 그 위험을 관리하는 헤지거래를 하는 것은 필수적 조치라고 할 수 있다.

헤지거래에서 그 거래로 인하여 기초자산의 가격에 미치는 효과가 제한적이어야 한다는 '파생상품의 외생성'이 완전한 형태로 구현된다면 이상적이겠으나, 위와 같이 헤지거래 자체가 기초자산의 거래를 통하여 이루어지므로 파생상품의 외생성이 이상적인 형태로 구현되는 것은 어려운 일이고(기초자산이 거래되는 규모가 충분히 크다면 어느 정도 가능할 수도 있겠지만 그 경우에는 ELS상품 역시 그러한 기초자산만을 대상으로 제한될 수밖

에 없다) 그와 같은 파생상품의 외생성이 헤지거래의 필수적 전제가 된다고 보아야 할 뚜렷한 근거도 없다.

파생상품의 판매에 따른 금융기관의 헤지거래가 필수적인 상황에서 이러한 헤지방법 외에 기초자산의 가격에 영향을 미치지 않는 다른 헤지방법을 현실적으로 찾기 어렵다면, 결국 금융기관의 위험관리와 파생상품에 대한 투자자의 보호라는 두 법익의 충돌 문제는 델타헤지를 포함하여 기초자산가격에 영향을 미칠 수 있는 헤지거래를 불허하는 방법이 아니라, 헤지거래로 인하여 기초자산의 가격이 영향을 받을 수 있다는 점을 사전에 고지하는 방법 등에 의하여 해결하여야 할 것이다. 이에 금융감독원도 2012년 3월 8일 「파생결합증권 신고서 작성 가이드라인」을 발표하면서 파생결합증권 발행인의 정상적인 영업 활동으로서의 헤지거래로 인하여 기초자산의 가격이 변동될 수 있음을 전제로… 공시하도록 안내하고 있다. 그런데 제1심 판결에서 본 바와 같이 피고는 거래 상대방인 H증권에 그러한 고지의무를 다하였다.

피고는 이 사건 ELS의 만기에 즈음하여 S지주 보통주의 주가가 상환기준가격 아래에서 형성된 상태에서 델타값에 따라 S지주 보통주의 보유량을 늘림으로써 결과적으로 그 주가를 부양하였고, 다시 이 사건 기준일에는 10퍼센트+VWAP방식으로 매도거래를 수행하였으므로, 피고로서는 델타헤지거래를 수행함에 있어 가능한 한 이 사건 ELS의 상환기준가격 충족을 방해하지 않도록 하는 조치를 다하였다고 할 수 있다.

따라서 피고의 델타헤지거래가 기초자산의 시세에 영향을 미쳤으므로 허용될 수 없는 것이라는 위 주장도 이유 없다.

다. 사기적 부정거래행위, 조건성취 방해행위 또는 조건부권리의 침해행위인지

앞에서 본 바와 같이 피고의 델타헤지거래는 금융기관의 위험관리를

위하여 법령상의 의무 등에 기하여 행하는 필수적인 것으로 볼 수 있고, 그로 인하여 기초자산의 가격에 영향을 미치는 것은 불가피한 측면이 있다. 그러므로 단지 피고가 위와 같은 델타헤지거래의 수행과정에서 S지주 보통주의 주가에 영향을 미쳐 결과적으로 이 사건 ELS의 상환기준가격이 충족되지 못하였다는 이유만으로, 위 델타헤지거래 자체가 사회통념상 허용될 수 없는 것으로서 사기적 부정거래행위나 조건성취 방해행위 또는 조건부권리의 침해행위가 된다고 할 수는 없다.

(iii) 대법원

원심 판결을 수용하였다.

3) S증권–B은행[20]

① 사실관계

이 사건 ELS는 H사 보통주와 K사 보통주를 기초자산으로 한 원금비보장형 개별종목형 ELS로서, 만기 3년, 조기상환 기회는 6개월마다 총 5회 부여되고, 2가지 기초자산의 주가변동과 수익률이 연동하도록 구조화하여 약정조기상환조건 등을 충족할 경우에는 연 16.1퍼센트의 수익이 확정되고, 원금손실 위험 발생수준(하방 배리어)은 최초 기준가의 50퍼센트로 규정하는 구조로 되어 있다.

피고 S증권은 2006년 3월 8일 이 사건 ELS를 발행하였고, 원고는 피고에게 1억 원을 지급하고 이 사건 ELS를 매입하였다. 이 사건 ELS의 사업설명서에는 "S증권은 본 증권과 관련하여 기초자산, 기초자산 구성종목, 기초자산 또는 기초자산 구성종목과 관련된 선물·옵션 등 파생상품의

20) 대법원 2016. 3. 10. 선고 2013다7264 판결 ; 서울고등법원 2012. 12. 14. 선고 2011나102884 판결 ; 서울중앙지방법원 2011. 11. 24. 선고 2011가합46604 판결.

매매, 기초자산 또는 기초자산 구성종목과 관련된 선물 · 옵션 등의 헤지거래를 수행할 수 있다. 이러한 헤지거래로 인하여 기초자산의 가격이 변동될 수 있으며, 그 결과 본 증권의 상환금액에 영향을 미칠 수 있다"라는 내용이 기재되어 있다.

피고 S증권은 이 사건 ELS의 상환조건이 충족될 경우 투자자들에게 확정수익금을 지급하기 위하여 외국계 금융기관인 B은행으로부터 이 사건 ELS와 동일한 구조의 파생금융상품을 매입하는 스왑계약을 체결함으로써 백투백헤지거래를 하였다. 구체적으로 이 사건 ELS의 총발행액 528억 8,270만 원에 대응하여, 피고 S증권은 피고 B은행으로부터 300억 원 상당의 파생금융상품을, U은행으로부터 150억 원 상당의 파생금융상품을, L은행으로부터 78억 8,270만 원 상당의 파생금융상품을 각 액면금 98퍼센트의 가격에 매입하였다.

이 사건 ELS의 제1차 조기상환기준일인 2006년 9월 4일(이하 '이 사건 기준일') H사 보통주 주가는 3만 7,000원 이상에서 거래되었으며 14시 50분경 주가는 약 3만 8,000원으로 기초자산 최초 기준가격의 75퍼센트인 2만 1,975원을 크게 상회하였고, K사 보통주의 주가는 1만 6,000원 이상으로 거래되다가 14시 50분경 주가는 1만 5,950원으로 기초자산 최초 기준가격의 75퍼센트인 1만 5,562.5원을 상회하고 있었다. 피고 B은행은 단일가매매 시간에 진입한 후인 14시 57분 4초~59분 22초 사이에 7차례에 걸쳐 K사 보통주 140만 주(217억 7,000만 원 상당)에 대하여 매도주문을 내면서 그중 100만 주의 경우 조기상환기준가격보다 낮은 가격에 매도주문을 내어 매매계약이 체결된 101만 8,205주를 일시에 매도하였다. 이로 인하여 K 주가가 하락한 결과, 이 사건 기준일의 종가는 조기상환조건 기준가격인 1만 5,562.5원에 12.5원 미달되는 1만 5,550원으로 형성되어 이 사건 ELS의 조기상환이 무산되었다.

이 사건 ELS의 투자자들은 피고 S증권에게 위 피고가 조기상환의무를 면탈하기 위하여 기초자산의 주가를 조작하였다고 이의를 제기하였고, 피고 S증권 역시 피고 B은행에게 이 사건 주식 대량매도행위에 대하여 강력히 이의를 제기하였으며, 이에 피고 B은행은 피고 S증권에게 이 사건 ELS 관련 스왑계약을 통해 인수한 금액인 300억 원의 액면금과 이에 대하여 연 16.1퍼센트의 비율로 계산한 금액의 합계액을 환매대금으로 지급하기로 하였다.

피고 S증권은 2006년 9월 8일 투자자들에게 전화를 하여 희망하는 투자자에 한하여 중도상환 신청을 하면 중도환매 명목으로 투자원금의 절반과 조기상환조건 충족 시의 약정이자(투자원금 절반에 대하여 납입일로부터 이 사건 기준일까지 연 16.1퍼센트의 이율로 계산한 금액)를 지급하겠다고 하였고, 일부 투자자들은 같은 날 중도상환액 명목으로 위와 같이 계산된 돈을 지급받았으나 원고는 중도상환 신청을 하지 않았다.

이 사건 ELS는 2~5차 조기상환기준일에 조기상환조건을 충족하지 못한 채 이월되었고 2009년 3월 4일 만기상환일이 도래하였는바, 만기상환일 당시 H 주가는 8,650원, K 주가는 6,750원으로 두 기초자산의 만기기준가격이 모두 최초 기준가격의 75퍼센트 미만인 경우에 해당하였을 뿐만 아니라, 만기상환일까지 하방 배리어를 터치(최초 기준가격×50퍼센트 이하로 하락)한 적이 있는 상황이었다. 피고 S증권은 2009년 3월 10일 원고에게 투자원금에 약정조건에 따라 기준종목의 기준가격 하락비율을 반영한 금액인 만기상환금 2,952만 2,184원을 지급하였다.

② 법원의 판단

(i) 제1심

가. 이 사건 주식 대량매도행위의 시세고정 안정 해당 여부

피고가 시세를 고정시키거나 안정시킬 목적으로 인위적인 조작을 통하

여 K사 주식의 시세를 조기상환기준가격 미만으로 고정시키거나 안정시키는 거래를 하였다고 인정하기에 부족하고 달리 이를 인정할 만한 증거가 없다.

나. 델타헤지에 따른 주식매매가 정상적인 수요·공급에 해당하는지 여부

피고 B의 이 사건 주식 대량매도행위를 인위적 조작요인이라고 보기 어렵고 달리 이를 인정할 증거가 없으며, 오히려 델타헤지방법에 따라 주식매매를 하였다면 그와 같은 주식매매는 시장요인에 의한 정상적인 수요·공급에 해당한다고 봄이 상당하다.

….

5) 델타헤지로 인한 기초자산 주가변동 위험에 대한 대비책

피고 B는 피고 S증권에게 델타헤지로 인한 기초자산 주가의 변동 위험을 고지하였고, 피고 S증권 역시 원고에게 같은 내용을 고지하였으므로, 원고를 포함한 투자자들은 델타헤지로 인한 위험성을 감수하고 이 사건 ELS에 투자하였다고 봄이 상당하다.

….

5. 피고 S증권에 대한 판단

피고 S증권이 원고에 대한 고객보호의무를 위반하였는지에 관하여 보건대, 피고 B의 이 사건 주식 대량매도행위를 시세조종의 위법행위라고 볼 수 없음은 앞에서 본 바와 같으므로, 이를 전제로 한 원고의 피고 S증권에 대한 주장은 나아가 살펴볼 필요 없이 이유 없다.

(ii) 원심

원심은 이 사건 주식 대량매도행위는 다음과 같은 사정에 비추어 시장요인에 의한 정상적 수요·공급으로 볼 수 있는 델타헤지를 위한 주식매매에 해당한다고 보아, 피고 B은행이 이를 통하여 이 사건 주식의 시세를

고정시키거나 안정시켰고 제3자로서 이 사건 ELS의 상환조건 성취를 위법하게 방해하였다는 원고의 주장을 모두 배척하였다.

(iii) 대법원

대법원은 피고 B은행의 불법행위책임에 관한 원심의 판단을 수용하였다. 대법원은 피고 S증권이 이 사건 ELS를 발행한 후 그 헤지거래의 구체적인 경위까지 투자자에게 설명할 의무는 없다고 하였다. 피고 S증권이 이미 스왑계약을 해지하여 피고 B은행이 헤지거래를 더는 담당하지 아니하므로 피고 S증권이 원리금을 상환받게 된 경위가 투자자가 ELS의 투자중단 여부를 결정하는 사유가 될 수도 없다는 것이다.

4) R은행[21]

① 사실관계

H증권은 2008년 4월 22일 P사 보통주와 S사 보통주를 기초자산으로 한 이 사건 ELS를 발행하였다. 이 사건 ELS는 3개월 단위의 조기 및 만기 상환기준일에 두 기초자산 모두의 종가가 상환기준가격 이상으로 결정되면 액면금에 연 22퍼센트의 수익금을 더하여 상환하고, 두 종목 중 하나라도 만기상환기준일의 종가가 만기상환기준가격 미만에서 결정되는 경우에는 원금손실을 보게 설계된 상품이다. H증권은 2008년 4월 25일 이 사건 ELS의 상환조건이 성취될 경우 투자자들에게 일정한 상환금을 지급해야 하는 위험을 회피하기 위하여, 상대방과 이 사건 ELS와 동일한 구조의 파생상품을 매매하는 내용의 스왑계약을 체결하였다. 재항고인들을

21) 대법원 2015. 4. 9.자 2013마1052, 1053 결정 ; 서울고등법원 2013. 5. 31.자 2012라764, 2012라765(병합) 결정 ; 서울중앙지방법원 2012. 5. 1.자 2010카기9474, 2012카기2082(병합) 결정.

포함한 구성원은 이 사건 ELS의 발행일 무렵 H증권으로부터 이를 매입하였다.

이 사건 ELS의 만기상환기준일인 2009년 4월 22일 S사 보통주는 만기상환기준가격(기준가격의 75퍼센트인 11만 9,625원) 이상인 12만 원에서 12만 4,000원 정도의 가격으로 거래되고 있었는데, 상대방은 장 종료 무렵 보유하고 있던 S사 보통주를 대량으로 매도하였고, 그 결과 S사 보통주의 종가는 11만 9,000원으로 결정되어 이 사건 ELS의 상환조건이 성취되지 아니하였다. 이 사건 ELS의 투자자들은 만기일인 2009년 4월 27일 이후 H증권으로부터 만기상환금으로 투자금의 약 74.6퍼센트에 해당하는 금액을 지급받았다.

② 법원의 판단

(i) 제1심

대표 당사자들의 주장과 대표 당사자들이 제출한 자료들만으로는 위와 같은 손해배상청구나 소송요건에 해당함을 인정하기에 부족하고, 달리 이와 같이 인정할 대표 당사자들의 주장 및 소명자료가 없으므로, 이 사건 소송 허가신청들은 모두 이유 없어 위 각 소송을 불허가하기로 하여 주문과 같이 결정한다.

(ii) 원심

이 사건 ELS는 파생결합증권의 하나이므로 자본시장법 제3조 제1항, 제2항 제1호, 제4조 제1항 및 제2항 제5호에 따라 금융투자상품에 해당한다. 대표 당사자들을 비롯한 원고들이 피고를 상대로 하여 자본시장법 제179조에 따른 손해배상청구를 할 수 있으려면, ㉠ 피고가 이 사건 ELS매매, 기타 거래와 관련하여 부정한 수단, 계획 또는 기교를 사용하는 행위를 하였어야 하고, ㉡ 원고들이 이러한 부정거래행위로 이 사건 ELS매매, 기타 거래를 하였고 그 매매, 기타 거래와 관련하여 손해를 입었어야 한다(제178조 제1항 제1호 및 제179조 제1항 및 참조).

그러나 피고가 만기평가일인 2009년 4월 22일 기초자산 중 하나인 S사 보통주를 대량으로 매도한 행위(대표 당사자들이 부정거래행위라고 주장하는 피고 행위이다)로 인하여 원고들이 이 사건 ELS를 매매, 교환, 담보 제공 등 적극적으로 거래한 바가 전혀 없다. 원고들은 취득일(발행일)인 2008년 4월 25일부터 만기일인 2009년 4월 27일까지 계속해서 이 사건 ELS를 소극적 · 수동적으로 보유하고 있었을 뿐이다. 원고들이 자본거래법 제179조에서 정하는 손해배상청구권을 행사하지 못한다는 것은 소송허가신청서 기재내용 및 위 조항 문언내용에 비추어 명백하다.

본안 소송 청구는 자본시장법 제178조 제1항 제1호, 제179조 제1항에 따른 손해배상청구에 해당하지 아니한다. 이 사건 소송 허가신청은 집단소송법 제3조 요건을 갖추지 못하였으므로, 집단소송법 제17조 제1항에 따라 불허가 결정을 하여야 한다.

(iii) 대법원

이러한 규정들의 입법목적 · 조문체계 · 내용 등을 종합하여 볼 때, 어느 행위가 금융투자상품의 거래와 관련하여 자본시장법 제178조에서 금지하는 부정행위에 해당하는지 여부는, 해당 금융투자상품의 구조와 거래방식 및 경위, 그 금융투자상품이 거래되는 시장의 특성, 그 금융투자상품으로부터 발생하는 투자자의 권리 · 의무 및 그 종료시기, 투자자와 행위자의 관계, 행위 전후의 제반 사정 등을 종합적으로 고려하여 판단하여야 한다. 따라서 특정시점의 기초자산가격 또는 그와 관련된 수치에 따라 권리행사 또는 조건성취의 여부가 결정되거나 금전 등이 결제되는 구조로 되어 있는 금융투자상품의 경우 사회통념상 부정하다고 인정되는 수단이나 기교 등을 사용하여 그 금융투자상품에서 정한 권리행사나 조건성취에 영향을 주는 행위를 하였다면, 이는 그 금융투자상품의 거래와 관련하여 부정행위를 한 것으로서 자본시장법 제178조 제1항 제1호를 위반한 행위에 해당하고, 그 위반행위로 인하여 그 금융투자상품 투자자의 권리 · 의무의 내용이 변경되거나 결제되는 금액이 달라져 투자자가 손해를 입었다면 그 투자자는 그 부정거래행위자에 대하여 자본시장법 제179조 제1항에 따라 손해배상을 청구할 수 있다.

앞에서 본 법리에 비추어 이러한 사실관계를 살펴보면, 이 사건 ELS는 투자자에게 상환될 금액이 기초자산의 상환기준일 종가에 따라 결정되는 구조로 되어 있으므로, 상대방이 자본시장법 제178조 제1항 제1호를 위반하여 기초자산인 S사 보통주의 주가를 인위적으로 하락시킴으로써 이 사건 ELS의 상환조건성취가 무산되었고 그로 인하여 이 사건 ELS를 보유한 투자자들이 만기에 투자금 중 일부만 상환받아 손해를 입었다고 주장하며 손해배상을 구하는 재항고인들의 청구는 자본시장법 제179조 제1항에 따르는 손해배상청구에 해당한다고 할 것이다.

5) D은행[22]

① 사실관계

본 사건의 사실관계는 앞의 "III. 2. (2) 1) H투자증권–D은행" 대법원 2016. 3. 24. 선고 2013다2740 판결과 동일하다.

② 법원의 판단

(i) 제1심

22) 환송 후 상고심 대법원 2016. 5. 27.자 2016마251 결정 ; 환송 후 원심 서울고등법원 2016. 1. 29.자 2015라619 결정 ; 환송 판결 대법원 2015. 4. 9.자 2014마188 결정 ; 환송 전 원심 서울고등법원 2014. 1. 13.자 2013라1426 결정 ; 제1심 결정 서울중앙지방법원 2013. 9. 9.자 2012카기1273 결정.

….

나. 부정거래행위 여부

피신청인이 한 대량매도행위는 단순한 대량매도행위가 아니라 부정하게 시세를 변동시켜 주가의 공정한 형성을 방해한 '객관적으로 보아 부정한' 대량매도행위에 해당한다. 나아가 비록 이러한 대량매도행위가 헤지를 위한 것이라고 하더라도 주식거래에 있어서 주가에 인위적으로 영향을 주기 위해 일시에 대량의 주식을 매도하는 것은 원칙적으로 금지되어 있는바, 더욱이 투자자에 대하여 상환의무를 부담하고 있는 증권발행회사나 헤저(hedger. 백투백헤지의 경우)가 만기평가가격 결정일에 기초자산인 주식을 대량매도하여 주가에 영향을 미치는 경우에는 그 부정성을 추정할 수 있는바, 피신청인이 이 사건 기준일에 기초자산 중 주가가 만기상환조건의 기준가격을 중심으로 등락을 거듭하고 있는 ○○지주 보통주를 대량매도함으로써 주가를 기준가격보다 낮게 형성시킨 행위는 그 부정성을 추정하기에 충분하므로, 피신청인이 한 이러한 대량매도행위는 헤지를 빌미로 한 부정거래행위에 해당한다.

다. 거래 인과관계 여부

부정거래행위로 인한 배상책임에 관한 자본시장법 제179조 제1항은, 시세조종의 배상책임에 관한 제177조 제1항이 "그 위반행위로 인하여 형성된 가격에 의하여 해당 상장증권 또는 장내파생상품의 매매를 하거나 위탁을 한 자가 그 매매 또는 위탁으로 인하여 입은 손해"라고 규정하고 있는 것과 달리, "그 위반행위로 인하여 금융투자상품의 매매, 그 밖의 거래를 한 자가 그 매매, 그 밖의 거래와 관련하여 입은 손해"라고 규정하고 있어, 부정거래행위로 형성된 가격에 의하여 투자자의 거래행위가 이루어질 것을 요구하지 않고 단순히 '부정거래행위로 인하여 입은 손해'를 배상하도록 함으로써 부정거래행위가 투자자들의 거래행위보다 시간상으로 반드시 먼저 존재할 것을 요구하고 있지 않으므로, 이를 전제로 하는 피신청인의 주장은 이유 없다.

나아가 이 사건에 있어서 거래 인과관계가 존재하는지를 살피건대, 위에서 인정한 사실에 변론 전체의 취지를 모아 알 수 있는 다음과 같은 사정, 즉 ① 증권 관련 집단소송법의 주요목적은 증권의 거래과정에서 발생한 집단적인 피해를 효율적으로 구제하기 위한 것이므로 증권 관련 집단소송의 허가요건을 해석할 때에는 다수 피해자의 효율적 구제를 어렵게 하는 방향으로 엄격하게 해석하는 것은 바람직하지 않고, 특히 부정거래행위에 있어서는 위에서 본 바와 같이 시세조종에서처럼 거래의 유형을 특정하지 않고 있어 그 범위를 상대적으로 넓게 인정할 수 있는 점, ② ELS에 있어서는 매수 이후 조기상환이나 만기 또는 그 이전에 기초자산가격의 변동에 따라 투자수익금의 상환조건과 범위가 결정되고 상환완료 시 비로소 거래가 종료되는 특징을 갖는 금융투자상품이므로, 그 거래행위는 일반 주식거래와 같이 단발적 · 일회적이 아니라 계속적 · 연속적인 것으로 파악하여 매매 이후부터 만기 또는 그 이전의 상환 완료 시까지 거래가 계속되고 있다고 하여야 하는 점, ③ 이러한 관점에서 최초의 매매뿐만 아니라 이후 상환 완료 시까지의 행위(이행행위 포함)도 거래에 해당한다고 보아야 하는 점, ④ 이 사건에서와 같이 피신청인이 이 사건 ELS의 기초자산인 S전자와 K은행의 주식을 지속적으로 거래해 오면서 이미 조기상환일에 이 주식들에 대한 거래로 신청인들의 권리 행사에 직접적 영향을 주어 왔다면, 거래조건의 성립 · 불성립이라는 조건에 대한 직접적 영향은 사실상 거래행위의 발생 · 불발생으로 이어지므로 거래행위가 존재한 것과 동일하게 볼 수 있는 점 등을 종합하면, 이러한 의미에서의 대표 당사자들을 포함한 이 사건 ELS 매수자들의 거래행위와 피신청인의 부정거래행위 사이에는 거래인과관계가 존재함을 충분히 인정할 수 있다.

(ii) 환송 전 원심

가) 이 사건 ELS는 파생결합증권의 하나이므로 자본시장법 제3조 제1항, 제2항 제1호, 제4조 제1항 및 제2항 제5호에 따라 금융투자상품에 해당하는바, 대표 당사자들이 피신청인을 상대로 하여 자본시장법 제179조 따른 손해배상청구를 할 수 있으려면, ㉠ 피신청인이 이 사건 ELS의 매매, 기타 거래와 관련하여 부정한 수단·계획 또는 기교를 사용하는 행위를 하였어야 하고, ㉡ 대표 당사자들을 비롯한 이 사건 ELS의 매수자들이 이러한 부정거래행위로 이 사건 ELS의 매매, 기타 거래를 하였고, 그 매매, 기타 거래와 관련하여 손해를 입었어야 한다(제178조 제1항 제1호 및 제179조 제1항 참조).

나) 이 사건의 경우, 피신청인이 이 사건 기준일에 이 사건 ELS의 기초자산 중 하나인 ○○지주 보통주를 대량으로 매도한 행위(2009. 8. 24. 7만 5,000주, 2009. 8. 25. 7만 7,409주, 이 사건 기준일인 2009. 8. 26. 14만 1,182주)로 인하여 대표 당사자들이 이 사건 ELS를 매매·교환·담보 제공 등 적극적으로 거래한 바가 전혀 없고, 대표 당사자들은 이 사건 ELS 취득일부터 만기일인 2009년 8월 31일까지 계속해서 이 사건 ELS를 소극적·수동적으로 보유하고 있었을 뿐이므로, 대표 당사자들은 자본시장법 제179조 제1항 및 제178조 제1항 제1호에서 정하는 손해배상청구권을 행사할 수 없다. 따라서 이 사건 본안 소송은 증권 관련 집단소송법 제3조에서 정하는 소송요건을 갖추지 못하여 증권 관련 집단소송법 제17조 제1항에 따라 불허가 결정을 하여야 한다.

(iii) 환송 판결 대법원

….

3. 앞에서 본 법리에 비추어 이러한 사실관계를 살펴보면, 이 사건 ELS

는 투자자에게 상환될 금액이 기초자산의 상환기준일 종가에 따라 결정되는 구조로 되어 있으므로, 상대방이 자본시장법 제178조 제1항 제1호를 위반하여 기초자산인 ○○지주 보통주의 주가를 인위적으로 하락시킴으로써 이 사건 ELS의 상환조건성취가 무산되었고 그로 인하여 이 사건 ELS를 보유한 투자자들이 만기에 투자금 중 일부만 상환받아 손해를 입었다고 주장하며 손해배상을 구하는 재항고인들의 청구는 자본시장법 제179조 제1항에 따른 손해배상청구에 해당한다고 할 것이다.

(iv) 환송 후 원심

〈부정거래행위에 따른 손해배상청구에 해당〉

이 사건 ELS는 투자자에게 상환될 금액이 기초자산의 상환기준일 종가에 따라 결정되는 구조로 되어 있으므로, 피고가 자본시장법 제178조 제1항 제1호를 위반하여 기초자산인 ○○지주 보통주의 주가를 인위적으로 하락시킴으로써 이 사건 ELS의 상환조건성취가 무산되었고 그로 인하여 이 사건 ELS를 보유한 투자자들이 만기에 투자금 중 일부만 상환받아 손해를 입었다고 주장하며 손해배상을 구하는 대표 당사자들의 청구는 자본시장법 제179조 제1항에 따른 손해배상청구에 해당한다.

〈소송허가요건과 손해배상책임의 성립 여부의 판단〉

집단소송법은 집단소송의 허가요건을 별도로 규정함으로써 소송 허가절차와 소송 허가결정이 확정된 이후의 본안 소송절차를 분리하고 있으므로, 소송 허가절차는 그 소송이 집단소송이 특수한 절차로 진행되어야 할 필요가 있는지에 대하여 판단하는 절차이고, 본안 소송의 심리에 앞서 손해배상책임의 성립 여부 등은 심리의 대상이 아니다. …피고의 주식매도행위가 실제로 부정한 수단, 계획 또는 기교를 사용한 부정거래행위에 해당하는지 또는 헤지목적의 정당한 거래로서 단순한 매도행위인지 여부는 자본시장법 제179조 제1항 소정의 손해배상책임의 성립요건에 관한 사항으로 추후 본안 소송인 이 사건 허가대상 사건에서 심리할 대상이지 소송 허가단계에서 심리하여야 할 사항이라고 할 수 없다. 따라서 피고의 주장은 이유 없다.

〈적극적 거래의 요부〉

가) 자본시장법 제178조의 부정거래행위와 관련하여 금융투자상품의 매매, 그 밖의 거래를 하여 손해가 발생하였음에도 부정거래행위가 이루어진 후 금융투자상품의 매매 등 거래를 하지 않았다 하여 제179조 제1항의 적용을 배제한다면 제178조 제1항 제1호가 금융투자상품의 매매, 그 밖의 거래와 관련하여 사회통념상 부정하다고 인정되는 일체의 수단 · 계획 또는 기교를 일반적 · 포괄적으로 금지하고 있는 규정인 점을 고려할 때 합리적 이유 없이 손해배상책임의 적용대상을 축소하는 부당한 결과를 초래하기 때문이다.

나) 더욱이 법문이 "위반행위로 인하여 금융투자상품의 매매, 그 밖의 거래를 한 자'의' 그 매매, 그 밖의 거래와 관련하여 입은 손해"가 아닌 "위반행위로 인하여 금융투자상품의 매매, 그 밖의 거래를 한 자'가' 그 매매, 그 밖의 거래와 관련하여 입은 손해"라고 되어 있는 점을 고려하면 자본시장법 제179조 제1항의 손해배상책임은 '위반행위 후 비로소 금융투자상품의 거래가 이루어진 경우'만이 아니라' 위반행위 전후를 불문하고 금융투자상품의 거래를 한 자가 위반행위로 말미암아 거래와 관련하여 입은 손해'의 경우를 의미한다고 보는 것이 법문에 맞는 해석이라고 할 것이다.

다) 피고는 집단소송법 제3조 제2항이 "제1항에 따른 손해배상청구는 자본시장법 제9조 제15항 제3호에 따른 주권 상장법인이 발행한 증권의 매매 또는 그 밖의 거래로 인한 것이어야 한다"라고 규정한 점에 비추어 보더라도 제179조의 손해배상책임은 '거래 인과관계'를 요구하고 있다고

주장한다. 그러나 집단소송법 제3조는 적용범위에 속하는 청구권에 관한 일반적 규정으로, 동조 제2항은 손해배상청구의 원인이 되는 증권의 발행 주체와 손해 발생의 원인이 되는 증권의 매매 등 행위태양을 명시한 것일 뿐 손해배상책임의 요건으로 거래 인과관계를 규정한 것이라고 볼 수 없다.

라) 설령 피고의 주장과 같이 자본시장법 제179조 제1항의 손해배상책임을 인정하기 위한 요건으로 거래 인과관계가 필요하다고 해석하더라도, 이 사건 ELS는 자본시장법 제4조 제2항 제5호의 파생결합증권으로서 매수 이후 기초자산가격의 변동에 따라 투자수익금의 상환조건과 범위가 결정되고 상환 완료 시 비로소 거래가 종료되는 특징을 가지고 있으므로, 그 거래행위는 일반 주식거래와 같이 단발적 · 일회적이 아니라 계속적 · 연속적인 면을 가지고 있다. 따라서 증권에 대한 매매계약 체결은 거래를 개시하는 절차에 불과하고 만기 또는 그 이전의 상환 완료 시 비로소 거래가 종료된다고 볼 수 있다. 따라서 부정거래행위로 인하여 이 사건 ELS의 권리행사 또는 조건성취 여부가 결정되거나 금전 등이 결제되는 '거래'가 이루어진 이상 이 사건 허가대상 사건은 거래 인과관계의 요건을 결하였다고 보기 어렵다.

마) 한편 이 사건 ELS의 발행사인 H투자증권은 주권 상장법인이 아님은 당사자 사이에 다툼이 없다. 그런데 집단소송법 제3조 제2항이 증권의 발행주체를 주권상장법인으로 명시하고 있다는 점에서 이 사건 ELS에 관한 자본시장법 제179조의 손해배상책임은 집단소송의 대상이 아니라고 해석할 여지가 있다.

그러나 집단소송법 제3조 제2항이 증권 관련 집단소송의 요건으로서 "제1항에 따른 손해배상청구는 주권 상장법인이 발행한 증권의 매매 또는 그 밖의 거래를 행한 자에 의한 청구이어야 한다"라고 규정하여 손해배상 청구권자를 제한한 것이 아니라 "주권상장법인이 발행한 증권의 매매 또는 그 밖의 거래로 인한 것이어야 한다"라고만 규정하고 있다.

(v) 환송 후 대법원

이 사건 재항고는 상고심절차에 관한 특례법 제4조 및 제7조에 해당하여 그 이유 없음이 명백하므로, 동법 제5조에 의하여 관여 대법관의 일치된 의견으로 주문과 같이 결정한다.

(3) 불완전판매 사례

1) N투자증권[23)]

① 사실관계

원고는 피고 H투자증권 직원의 권유로 ELS를 매수하였다. 이 사건 ELS는 6개월마다 도래하는 기준가격평가일에 두 기초자산의 평균가격이 모두 최초 기준가격의 80퍼센트 이상인 경우에는 수익이 나되, 조기상환 없이 투자기간 중 최초 기준가격의 50퍼센트 미만 하락한 적이 있는 경우 하락률이 큰 기초자산의 만기가격하락률만큼 원금 손실이 발생하는 수익구조이다.

한편 이 사건 증권발행계약 제6조 제4항은 상환의무의 조정과 관련하여 "기초자산 발행회사의 증자 및 기타 기초자산가치에 변동이 발생할 사유가 있는 경우 계산대리인은 한국거래소의 변경방식을 우선적으로 고려하여 해당 사유의 발생 전후 기초자산기준가격의 연속성 및 위험 회피거

23) 서울고등법원 2016. 9. 9. 선고 2015나2068728 판결 ; 서울중앙지방법원 2015. 11. 10. 선고 2014가합549609 판결.

래의 안정성이 최대한 유지되도록 인수자와 합의하여 기초자산의 기준가격 등 본 증권의 내용을 조정할 수 있다"(이하 '이 사건 조항')고 규정하고 있다.

이 사건 ELS의 기초자산인 주식의 발행인인 D증권은 2011년 9월 23일 주주배정 증자방식의 유상증자를 실시하였고, 피고는 이에 따른 권리락 발생을 고려하여 D증권의 기준가격을 <표 1>과 같이 조정하였다.

<표 1> 조정 전후 기준가격

	조정 전 기준가격	조정 후 기준가격
제1호	2만 4,600원	2만 2,494원
제2호	2만 3,400원	2만 1,397원
제3호	2만 1,800원	1만 9,934원

이 사건 증권의 만기일에 이르러 기초자산인 D증권 주식의 평가가격이 8,083원이 됨에 따라 피고는 제1호 증권과 관련하여 2014년 2월 13일 원고들에게 원금 손실이 발생한 상태에서 일정한 금액을 상환하였다.

② 법원의 판단

(i) 사기나 착오

가) 제1심

원고들에게 이 사건 증권을 권유한 피고회사 직원 A는 이 사건 조항의 정확한 의미, 즉 유상증자로 권리락이 발생할 경우 한국거래소 규정에 따라 기준가격이 조정된다는 점을 명시적으로 설명하지 않은 것으로 보이나, A가 기망의 고의를 갖고 원고들에 대해 이러한 점을 제대로 설명하지 않거나 유상증자로 인한 주식가치의 하락이 100퍼센트 기준가격에 반영된다는 취지의 허위의 내용을 설명하였다는 점은 이를 인정할 증거가 없다. …원고들이 유상증자 발표로 인한 가치 하락이 주식가격에 100퍼센트 반영되어 이로 인한 원금 손실이 전혀 없을 것이라는 착오에 빠진 채 이 사건 증권을 매수하였다고 볼 수 없고, 원고들이 유상증자 발표로 인하여 기준가격이 조정되지 않으면 이 사건 증권을 매수하지 않았을 것이라고 단정할 만한 증거도 없다.

나) 제2심

위 인정사실에 따르면 원고 1 및 2에게 이 사건 수익증권매수를 권유한 피고의 담당직원인 피고 보조참가인은 이 사건 조항의 정확한 의미, 즉 유상증자가 이루어져 권리락이 발생할 경우 한국거래소 규정에 따라 기준가격을 조정하게 된다는 점을 명시적으로 설명하지 아니한 것으로 보이나, 원고들이 제출 또는 인용한 다른 증거를 모두 모아 보더라도 피고 보조참가인이 고의를 갖고 위 원고들에 대해 이러한 점을 제대로 설명하지 아니하였다거나, D증권의 유상증자가 발표되면 그로 인한 주식가치의 하락이 100퍼센트 기준가격에 반영된다고 기망하였다고 단정하기 부족하고, 달리 이를 인정할 증거가 없다

(ii) 적합성원칙 설명의무 부당권유

가) 제1심

피고의 담당직원인 A가 원고들에게 이 사건 증권매수를 권유한 행위는 원고들에게 거래행위에 필연적으로 수반되는 위험성에 관한 올바른 인식 형성을 방해하거나 원고들의 투자상황에 비추어 과대한 위험성을 수반하는 거래를 적극적으로 권유한 행위로서 원고들에 대한 보호의무를 저버린 불법행위로 봄이 상당하므로, 피고는 그로 인한 모든 손해를 배상할 책임이 있다.

나) 제2심

〈적합성의 원칙 위반 여부〉

앞에서 든 증거에 변론 전체의 취지를 종합하여 인정되거나 추단할 수

있는 다음과 같은 사실 또는 사정에 비추어 보면, 원고들이 제출 또는 인용한 증거만으로는, 피고 보조참가인이 원고들에게 이 사건 수익증권 매수를 권유한 것이 원고들의 투자목적 · 재산상황 및 투자 경험 등에 비추어 적합하지 아니하다고 단정하기 부족하고, 달리 이를 인정할 만한 증거가 없다.

〈설명의무 및 부당권유 금지의무 위반 여부〉

피고의 담당직원인 피고 보조참가인은 원고들에게 이 사건 수익증권매수를 권유하면서 그 투자에 따르는 위험을 포함하여 위 수익증권의 특성과 주요내용을 명확히 설명하지 아니하고, 불확실한 사항에 대하여 단정적 판단을 제공하거나 확실하다고 오인하게 할 소지가 있는 내용을 알림으로써, 원고들이 그 정보를 바탕으로 합리적인 투자판단을 할 수 있도록 고객을 보호하여야 할 주의의무를 위반한 사실이 넉넉히 인정되는바, 피고는 그로 인한 원고들의 손해를 배상할 책임이 있다.

2) SS증권[24)]

① 사실관계

원고들은 2004년 6월 29일 피고 SS증권의 직원 B를 통하여 원고들 계좌에 각 1억 원을 입금하여 피고 회사의 ELS 73회 상품에 투자하였다. 이 사건 ELS가 만기 시까지 의무중도상환되지 않고 최종 기준가격이 행사가격보다 클 경우, 위 발행조건에 의하면 〔액면가액×111%×(200%－최종 기준가격 / 최초 기준가격)〕을 만기상환금액으로 지급하므로, 원금

24) 대구고등법원 2007. 11. 21. 선고 2007나4470 판결(확정) ; 대구지방법원 2007. 5. 8. 선고 2006가합8478 판결.

손실이 발생할 수 있고, 최악의 경우에는 원금 전액 손실도 가능하다. 한편 발행일 후 6개월, 즉 1차 중간기준가격 결정일까지는 중도상환(해지)이 불가능하나, 그 이후부터는 투자자의 요청에 의한 중도상환이 가능하고, 단 중도상환수수료를 공제한 금액을 상환한다. 이후 KOSPI 200 지수의 상승으로 각 중간기준가격 결정일마다 의무중도상환의 요건을 갖추지 못하였고, 2006년 6월 22일 기준으로 공시된 원고들 계좌의 평가금액은 각 5,456만 원으로, 만일 이 시점을 기준으로 중도상환하게 되면 계좌당 4,544만 원의 정도의 손실이 발생하게 된다.

② 법원의 판단

(i) 제1심

B는 이 사건 ELS를 판매할 당시 A에게 투자설명서를 보여 주면서 이 사건 ELS의 주요내용 특히 원금 손실 가능성에 대하여 충분히 설명하였고, A도 이 사건 ELS의 주요내용에 대하여 설명을 들은 상태에서 상승형과 하락형에 하나씩 투자하라는 B의 권유에도 불구하고 본인의 판단으로 하락형인 이 사건 ELS에 모두 투자한 것으로 보이므로, … 다른 사정에 대한 주장 · 입증이 없는 이상 B가 설명의무 내지 고객 보호의무를 위반하여 피고 회사의 사무 집행에 관하여 불법행위를 저질렀음을 전제로 사용자책임을 묻는 원고들의 주장은 이유 없다.

투자고객에게 적합한 상품을 권유하고, 당해 상품의 구조와 내용 그리고 각종 위험의 성격과 정도를 고객에게 충분히 설명하여야 하는 증권회사의 고객 보호의무는 고객의 수익을 보장하기 위한 것은 아니다. 투자고객으로서는 증권회사가 제공하는 정보에 기하여 그 위험을 정확히 이해하고 그 위험이 현실화되었을 때 이를 감당할 수 있는지를 스스로 판단한 후 거래하여야 하고, 그 결과에 대하여는 본인이 책임을 져야 한다. 이 사건에 있어서 피고 회사는 증권회사로서 이 사건 ELS에 관하여 상담해 주고 이를 판매한 회사일 뿐이고, 원고들로부터 이 사건 ELS의 관리 또는 원고들 소유 자산의 투자 대행 등을 위임받은 사실을 인정할 아무런 증거가 없으므로, 이 사건 ELS 투자계약에 있어서 손실 발생의 우려가 있는 경우 중도상환을 권유해야 할 부수적 의무가 존재한다고 보기 어렵다.

(ii) 제2심

제1심 법원의 판단을 그대로 수용하였다.

IV. 주가연계증권 관련 소송의 법적 판단기준

1. 의의

ELS 관련 소송의 법적 판단기준으로는, 첫째 금융업자와 투자자 간 이해상충과 금융업자의 의무, 둘째 정보 제공모델의 활용, 셋째 불공정거래의 인정이라는 3가지를 생각할 수 있다.

2. 금융투자업자와 투자자의 이해상충

(1) 원칙

ELS 관련 소송 중 헤지거래에 관한 불공정거래 또는 조건성취 방해[25)]의 문제는 결국 기준가격 결정시점에 기초자산인 주식의 가격이 기준가

25) ELS 소송과 민법상 조건성취 방해의 법리에 대한 논의는 이상훈, “최근 주가연계증권 관련 소송과 민법상 조건성취 방해의 법리,” BFL 제80호(2016. 11), 서울대학교 금융법센터, 48-63면 참조.

에 수렴했을 때, 헤지거래를 위하여 보유하고 있던 주식의 처분이라는 상황에서 발행인과 투자자 간 이해상충을 어떻게 볼 것인가의 문제라고 할 수 있다. 현재까지 대법원의 입장은 헤지거래의 정당성을 떠나 주로 투자매매업 · 투자중개업 인가를 가진 증권회사인 발행인의 이익보다는 투자자의 이익이 우선되어야 한다는 단순한 원칙을 재확인한 것으로 이해된다.[26)]

자본시장법은 금융투자업자는 신의성실의 원칙에 따라 공정하게 금융투자업을 영위하여야 하고, 금융투자업을 영위함에 있어서 정당한 사유 없이 투자자의 이익을 해하면서 자기가 이익을 얻거나 제3자가 이익을 얻도록 하여서는 아니 된다고 하여 고객 이익 우선의 원칙을 선언하고 있다(제37조 제1항, 제2항).

(2) 주가연계증권과 이해상충구조

ELS의 헤지거래와 관련하여 대법원이 설시한 이해상충구조는 다음과 같다.[27)]

〈이해상충관계의 존재〉 "주가연계증권의 중도상환조건은 법률행위 효력의 발생을 장래의 불확실한 사실에 의존케 하는 정지조건이고, 피고는 이 사건 주가연계증권을 발행하여 판매한 증권회사로서 위 정지조건이 성취되는 경우 이 사건 주가연계증권의 투자자에게 이 사건 주가연계증권의 판매계약에서 정한 바에 따라 액면금에 약정수익금을 더한 중도상환금을 지급하여야 할 의무를 부담"하게 되므로, 정지조건의 성취 여부에

26) "ELS 상환기준일 주식 대량매도 사건에 관한 2013다2757 대법원 판결," 자본시장 자율규제리포트(2015 Summer), 43면.
27) 대법원 2015. 5. 14. 선고 2013다2757 판결.

따라 이 사건 주가연계증권의 투자자와 이해관계가 상충한다고 하여 이해상충 관계를 인정한다.

〈이해상충 방지의무의 발생〉 "피고가 이 사건 주가연계증권과 관련된 델타헤지거래로 삼성SDI 보통주를 매도하는 것은 기본적으로 위험 회피라는 자신의 이익을 위하여 행하는 것이므로 그 과정에서 투자자의 신뢰나 이익이 부당하게 침해되어서는 안 된다"고 하여 이해상충 방지의무에 관한 법의 일반원칙을 선언하고 있다. 구체적으로는 "이 사건과 같이 중간평가일의 기초자산가격이 중도상환조건을 성취시키는 가격에 근접하여 형성되고 있어 그 종가에 따라 중도상환조건이 성취될 가능성이 커서 피고와 투자자 사이의 이해관계가 서로 상충하는 상황에서는 피고는 중도상환조건의 성취 여부에 최소한의 영향을 미치는 방법으로 헤지거래를 함으로써 투자자를 보호해야지 그 반대로 중도상환조건의 성취를 방해함으로써 투자자의 신뢰를 저버리는 헤지거래를 하여서는 안 된다"는 것이다.

〈이해상충 방지의무의 미이행〉 "피고는… 중도상환조건 성취 여부와 무관하게 보유하고 있던 삼성SDI 보통주 중 상당량을 이 사건 중간평가일의 접속매매시간대 전체에 걸쳐 분산하여 매도함으로써 중도상환조건 성취 여부를 결정하는 요소인 종가 결정에 미치는 영향을 최소화할 의무"와 "단일가매매시간대 직전의 삼성SDI 보통주의 가격이 기준가격을 상회하여 투자자로서는 이 사건 주가연계증권의 중도상환조건이 충족될 것으로 기대할 수 있었으므로, 피고는 단일가매매시간대에 시장 수급에 영향을 줄 것이 예상되는 대량의 매도주문을 하려면 조건성취에 영향을 미치지 않도록 기준가격 이상의 호가를 제시하였어야 할 의무"가 있었음에도 이를 이행하지 않았다.

〈이해상충의 현실화〉 피고의 이러한 행위는 원고들에 대한 투자자 보호의무를 게을리한 것으로서 신의성실에 반하여 이 사건 ELS의 중도상환 조건 성취를 방해하여 이해상충 위험이 현실화되었다.

3. 적합성원칙 및 설명의무의 적용

(1) 사후적 보호의무

금융투자상품 판매와 관련하여 금융투자업자에 대하여 금융투자상품 계약이 체결된 이후에도 사후적 보호의무를 인정할 것인지는 여전히 논의의 대상이 되고 있다. 하급심 판결 중에서 "이 사건에 있어서 피고 회사는 증권회사로서 이 사건 ELS에 관하여 상담을 해주고 이를 판매한 회사일 뿐이고, 원고들로부터 이 사건 ELS의 관리 또는 원고들 소유 자산의 투자 대행 등을 위임받은 사실을 인정할 아무런 증거가 없으므로, 이 사건 ELS 투자계약에 있어서 손실 발생의 우려가 있는 경우 중도상환을 권유해야 할 부수적 의무가 존재한다고 보기 어렵다"고 하여 이러한 사후적 보호의무를 부정하고 있다.[28)]

(2) 헤지거래 관련 사항의 설명의무

ELS의 발행인인 금융투자업자에게 "주가연계증권을 발행한 후 그 헤지거래의 구체적인 경위까지 투자자에게 설명할 의무가 있는지 여부"와 관련하여 파생상품거래와 그 헤지거래의 관계를 살펴볼 필요가 있다. 대법

28) 대구고등법원 2007. 11. 21. 선고 2007나4470 판결(확정) ; 대구지방법원 2007. 5. 8. 선고 2006가합8478 판결.

원은 이 경우의 헤지거래의 구체적 경위에 대한 발행인의 설명의무를 인정하지 않았다.[29] 그러나 다음 "4. (1). 2) ① 설명의무"에서 논의하는 바와 같이 ELS의 발행시점에는 헤지거래와 관련한 정한 사항을 '금융투자상품의 투자성에 관한 구조와 성격'(자본시장법 시행령 제53조 제1항 제1호)에 관한 사항으로 설명하여야 할 것으로 본다.

4. 헤지거래와 불공정거래

(1) 헤지거래의 정당성과 시세조종

1) 헤지거래의 정당성

금융 위험의 관리를 위한 헤지거래는 금융시장 참여자의 당연한 권리이자 의무에 속한다. 금융업자는 위험관리를 통한 손실의 회피를 위하여 그리고 규제법상 강제되는 재무건전성의 유지를 위하여 반드시 헤지거래를 해야 한다.[30] 따라서 파생상품거래나 그 밖의 형태로 금융 위험을 관리하기 위한 헤지거래를 한 금융시장 참여자의 이익은 자본시장법은 제37조 제2항에서 규정하는 금융투자업자가 금융투자업을 경영하면서 "투자자의 이익을 해하면서 자기가 이익을 얻거나 제3자가 이익을 얻도록" 할 수 있는 '정당한 사유'에 해당한다고 보아야 할 것인가? 또는 헤지거래에 해당한다는 이유만으로 시세조종 등 불공정거래행위가 아닌 정당한 거래행위로 인정할 수 있는 사유가 되는가? 일부 판례는 ELS 발행에서

29) 대법원 2016. 3. 10. 선고 2013다7264 판결.
30) 초기의 논의이지만 ELS 헤지거래에 대한 규제 필요성을 논의한 것으로, 안수현, "주가연계증권(equity linked securities)의 증권법적 검토," 증권법연구 제5권 제1호(2004), 한국증권법학회, 165면.

델타헤지의 불가피성과 금융투자업자의 건전성 규제목적상 목적의 정당성 등을 근거로 이를 인정하는 경우가 있다.

그러나 헤지는 어디까지나 금융회사 내부적 합리성 내지 정당성에 불과할 뿐이고[31] 그 한계는 정당한 사유 없이 투자자의 이익을 침해할 수 없다는 점에서 찾을 수밖에 없다.[32] 이에 대하여 "ELS 헤지거래는 해당 회원이 상품운용전략에 따라 채택하는 거래기법으로, 표준화된 거래가 아니고 트레이더 재량에 따라 운용되므로 '헤지'라는 이유만으로 공정거래질서를 저해하는 매매거래에 대하여 면책을 인정하기는 어려운 것으로 판단된다"고 보는 견해가 있다.[33] 자본시장법상 일반적인 불공정거래가 아닌 한국거래소 시장감시 규정상 불공정거래행위를 대상으로 한 의견으로 생각된다. 그러나 당사자 간의 사법상 법률관계가 문제 되는 경우에는 결국 헤지거래의 정당성에 대한 실질적 판단기준이 필요할 것이다. 대법원도 델타헤지거래에 해당한다고 하여 불공정거래에 해당하지 않는다는 일반적 결론은 부정하고 있다.[34] 특히 투자자와의 이해상충 상황에서 헤

31) 성희활, "자본시장법상 연계 불공정거래의 규제현황과 개선방향 : 주가연계증권(ELS), 연계거래를 중심으로," 금융법연구 제6권 제2호(2009), 한국금융법학회, 75면 ; 김홍기, "자본시장법상 연계불공정거래 규제체계 및 입법론 · 해석론에의 시사점 : 주가연계증권(ELS), 연계거래를 중심으로," YGBL 제2권 제2호(2010), 연세대학교 법학연구원 글로벌비즈니스와 법센터, 99면 : "증권사의 주장대로 보유자산의 매도가 헷지에 해당한다면 증권사의 책임이 면책되거나 크게 경감될 수 있을 것이다" ; 김창희, "주가연계증권 연계 불공정거래행위," 저스티스 제137호(2013), 한국법학원, 270면 : "상환평가일 장 중에 보유주식을 모두 처분해야 할 특별한 사정은 발행인이 주장해야 한다고 하고, 델타헤지의 수행이었다는 주장은 그 정당한 사유가 될 수 없다" ; 나지수, "주가연계증권(ELS) 델타헤지거래 관련 분쟁의 분석," 증권법연구 제17권 제1호(2016. 4), 한국증권법학회, 131면.

32) 같은 취지로는 양기진, "ELS 헤지 활동에 관한 판결 동향과 투자자보호 쟁점 : 시세조정 의도 판단 시의 이해상충 회피 · 관리의무를 중심으로," 증권법연구 제17권 제2호(2016. 8), 한국증권법학회 163면.

33) 엄세용, "자본시장에서의 ELS 규제 및 감독방향 : ELS 헤지거래 가이드라인을 위주로," YGBL 제2권 제2호(2010), 연세대학교 법학연구원 글로벌비즈니스와 법센터, 16면.

지거래의 정당성은 대상거래가 헤지에 해당하는지 여부가 아니라 투자자에 대한 정보공시가 이루어졌는지 하는 관점에서의 정보의 정당성과 시장 영향의 고려라는 방법의 정당성에서 찾을 수밖에 없다. 그러한 이해상충 상황의 해소를 위해서는, 첫째 투자자에게 ELS의 발행과 관련한 헤지거래를 할 수 있고 그로 인하여 가격변동 가능성이 있음을 공시하고(정보의 정당성), 둘째 실제 헤지거래의 청산과정에서 시장 영향을 최소화할 수 있는 방법으로 정리해야 할 것이다(방법의 정당성).

2) 정보 제공 · 공시를 통한 해결

① 설명의무

ELS의 발행 위험관리를 위한 헤지거래의 정당성을 위한 첫 번째 기준은 투자자에 대한 정보 공시에서 출발해야 한다. 자본시장법상 금융투자업자는 일반투자자를 상대로 ELS의 투자권유를 하는 경우에는 '헤지거래와 관련한 사항'을 일반투자자에게 설명해야 하는지 여부가 문제 된다(제47조 제1항). 대법원은 ELS의 발행인인 금융투자업자에게 "ELS를 발행한 후 그 헤지거래의 구체적인 경위"까지 투자자에게 설명할 의무는 인정하지 않았다.[35] 그러나 ELS의 발행시점에는 헤지거래 및 그에 따른 기초자산의 가격변동 가능성, 그에 따른 구체적인 손실 가능성 등을 "금융투자

---

34) 대법원 2016. 3. 24. 선고 2013다2740 판결 : "이 사건 주식매도행위는 이 사건 주가연계증권과 관련하여 수익 만기상환조건이 성취되지 않도록 이 사건 주식의 기준일 종가를 낮추기 위하여 이루어진 자본시장법에서 금지하고 있는 시세조종행위 내지 부정거래행위에 해당한다고 볼 수 있으며, 이 사건 주식매도행위가 이 사건 주가연계증권과 관련하여 피고 자신을 위한 위험 회피목적으로 이루어졌다 하여 달리 볼 수 없다." 델타헤지거래의 한계를 분명히 제시한 의미를 강조한 것으로 맹수석, "ELS투자에 있어서 증권회사의 고객보호의무," 선진상사법률연구 제72호(2015), 법무부, 171면.

35) 대법원 2016. 3. 10. 선고 2013다7264 판결.

상품의 투자성에 관한 구조와 성격"(자본시장법 시행령 제53조 제1항 제1호)에 관한 사항으로 설명하여야 할 것으로 본다. 다만 특히 일반투자자들의 ELS 헤지거래 및 그에 따른 기초자산의 가격변동 가능성, 그에 따른 구체적인 손실 가능성 등에 대한 이해의 정도와 수준을 고려한 설명이 이루어져야 할 것이다.

그러나 자본시장법상 설명의무의 수범주체는 일반투자자를 상대로 투자권유를 하는 금융투자업자로 한정되어 있어 금융투자업자 아닌 자의 설명의무를 인정하는 근거는 될 수 없다. 2016년 6월 28일자로 입법예고된 금융소비자보호 기본 법안은 설명의무의 수범주체를 '금융상품 판매업자 등'으로 확대하여 금융투자업자에 해당하지 않는 은행 등이 직접 발행하는 경우에도 설명의무의 적용을 확대하고 있다.[36]

② 발행 공시

금융감독원은 ELS를 포함한 파생결합증권의 발행인에게 다음과 같이 헤지거래를 할 수 있는 점과 그러한 거래로 인한 가격변동 가능성을 공시하도록 안내하고 있다.[37]

> 발행인은 본 증권과 관련하여 기초자산, 기초자산 구성종목, 기초자산 또는 기초자산 구성종목과 관련된 선물, 옵션 등 파생상품의 매매, 비거주자를 포함한 다른 기관과의 장외파생상품거래 등의 헤지거래를 수행할 수 있습니다. 이러한 헤지거래로 인하여 기

36) 제19조(설명의무 등)
① 금융상품판매업자 등은 일반 금융소비자에게 구매권유(금융상품 자문업자가 자문에 응하는 경우를 포함한다)를 하는 경우 및 일반 금융소비자가 요청하는 경우에는 다음 각 호에서 정하는 금융상품에 관한 중요한 사항(일반 금융소비자가 요청하는 경우에는 요청한 사항에 한한다)을 일반 금융소비자가 이해할 수 있도록 설명하여야 한다.

37) 금융감독원, 파생결합증권 신고서 작성 가이드라인(2012. 3. 8).

초자산의 가격이 변동될 수 있으며, 그 결과 본 증권의 상환금액에 영향을 미칠 수도 있습니다. 특히 발행인의 헤지거래에 의해 자동 조기상환평가일 또는 만기평가일에는 기초자산의 대량매매가 이루어질 수 있으며, 그중 만기평가일에는 기초자산가치의 변동으로 인한 위험관리 및 본 증권의 상환금액 확보를 위하여 발행인은 보유하고 있는 기초자산을 전부 또는 일부 매도할 수 있습니다. 또한 발행인은 금융투자업을 영위하는 금융기관으로서 현재 일상적인 업무의 일환으로 증권의 인수·중개 및 매매거래를 수행하고 있으며, 그 거래대상에 본 증권의 기초자산, 기초자산 구성종목 또는 기초자산과 관련된 파생상품 등이 포함될 수 있습니다. 이러한 거래는 발행인의 정상적인 영업 활동의 일부이지만, 그러한 영업 활동의 결과로 기초자산가격이 급격히 변동될 수 있으며, 그에 따라 본 증권의 가치 또한 급격히 하락할 수 있습니다.

2006년 3월 8일 ELS를 발행한 증권사는 그 사업설명서에 "S증권은 본 증권과 관련하여 기초자산, 기초자산 구성종목, 기초자산 또는 기초자산 구성종목과 관련된 선물·옵션 등 파생상품의 매매, 기초자산 또는 기초자산 구성종목과 관련된 선물·옵션 등의 헤지거래를 수행할 수 있다. 이러한 헤지거래로 인하여 기초자산의 가격이 변동될 수 있으며, 그 결과 본 증권의 상환금액에 영향을 미칠 수 있다"라는 내용을 공시하고 있다.[38] 단순히 '상환금액에 영향을 미칠 수 있다'가 아니라 손실 발생 가능성 등 헤지거래로 인한 위험을 보다 상세히 공시할 필요가 있다.[39]

③ 방법적 정당성

(i) 시장 영향의 축소를 통한 해결

헤지거래를 위하여 보유하고 있는 주식 물량의 기준가결정일에서의 처분과 관련한 문제를 해결하는 방법으로는 시장 영향을 고려하여 처분하

38) 대법원 2016. 3. 10. 선고 2013다7264 판결.
39) 성희활, 앞의 논문(주 30), 79면.

도록 하는 것이다. 한국거래소 시장감시위원회는 2009년 9월 21일 "ELS 기초주식의 공정시세 형성을 위한 헤지거래 가이드라인을 제시하여 2009년 10월 1일부터 시행하고 있다.[40] 동 가이드라인은 ELS의 기초자산인 주식의 공정한 가격 형성을 위한 기준으로서 한국거래소 시장감시 규정상 위규행위에 대한 구체적 판단기준과 회원의 주의사항을 제시한 것이다.[41] 동 가이드라인은 최선주의의무를 기본원칙으로, 사전파악에 의한 내부통제, 시장 영향을 최소화하는 매매양태, 이해충돌 시 고객 이익 우선의무라는 구조로 구성되어 있다.

법원에서도 위 가이드라인의 기준을 시세조종에의 해당 여부의 판단에 고려하고 있다.[42] 다만 헤지거래의 정당성과 관련하여 한국거래소가 제시한 가이드라인의 준수만으로 방법적 정당성의 요건을 충족한 것으로 볼 수 있는가? 한국거래소가 회원사에 대하여 제재의 대상이 아니라는 의미에서 제시한 기준이 모든 경우의 헤지거래의 정당성을 판단하는 기준이 될 수는 없을 것이다. 그러나 발행인과 헤지거래 상대방에게 예측가능한 행위기준은 제시해야 한다는 점에서 방법적 정당성을 판단하기 위한 기준을 제시하는 것은 필요하다.

(ii) 헤지거래 기록의 유지 · 관리

금융회사의 헤지거래 기록은 영업의 본질적 부분으로서 사후적 분쟁

---

40) 한국거래소 시장감시위원회, ELS기초주식의 공정시세 형성을 위한 헤지거래 가이드라인(2009. 9. 21, 시행 2009. 10. 1).

41) 엄세용, 앞의 논문(주 32), 22면.

42) 서울고등법원 2012. 11. 1. 선고 2011나104712 판결. 한편 피고의 10퍼센트+VWAP 지시를 준수함으로 인하여 대우증권과 BNP증권은 매도를 지시받은 수량 중 일부를 매도하지 못하였고, 거래가격을 보더라도 피고는 이 사건 기준일에 전체 VWAP가격 4만 5,457원보다 높은 4만 5,491원의 VWAP가격(대우증권 4만 5,498원, BNP증권 4만 5,484원)으로 신한지주 보통주를 매도하였으며, 피고의 이 사건 기준일의 거래행위는 한국거래소의 위 가이드라인도 충족하는 내용이었다.

해결이나 이사의 충실의무 이행 여부를 확인하기 위하여 반드시 유지 · 관리되어야 하는 것이다. 이와 관련하여 이러한 기록이 제대로 보존되지 않고 있다는 주장이 있다.[43] 헤지거래에 관한 방법론과 시기 및 상대방의 판단에 관하여 유지 · 관리되는 기록은 헤지거래의 정당성을 확인하는 중요한 자료가 될 것이다.

(2) 자본시장법 제178조 제1항 제1호의 부정거래행위

1) 부정한 수단, 계획 또는 기교를 사용하는 행위의 의의

특정시점의 기초자산가격 또는 그와 관련된 수치에 따라 권리 행사 또는 조건성취 여부가 결정되거나 금전 등이 결제되는 구조로 되어 있는 금융투자상품의 경우, 사회통념상 부정하다고 인정되는 수단이나 기교 등을 사용하여 그 금융투자상품에서 정한 권리 행사나 조건성취에 영향을 주는 행위를 하였다면, 이는 그 금융투자상품의 거래와 관련하여 부정행위를 한 것으로서 자본시장법 제178조 제1항 제1호를 위반한 행위에 해당한다.[44]

2) 손해배상 청구권자의 범위

자본시장법 제179조는 부정거래행위 등의 배상책임에서 손해배상 청구권자의 범위와 관련하여 "제178조를 위반한 자는 그 위반행위로 인하여 금융투자상품의 매매, 그 밖의 거래를 한 자가 그 매매, 그 밖의 거래와 관련하여 입은 손해를 배상할 책임을 진다"고 규정하고 있다. 여기에

43) 김주영, "헤지거래기법을 이용한 투기거래와 이에 대한 법적 규제," 증권법연구 제12권 제3호(2011), 한국증권법학회, 217-218면.
44) 대법원 2015. 4. 9.자 2013마1052, 1053 결정.

서 손해배상 청구권자의 범위와 관련하여 조문상 '위반행위'와 '금융투자상품의 매매, 그 밖의 거래'가 이루어진 시간적 전후 관계를 기준으로 위반행위 이후에 이루어진 거래에 대하여 위반행위로 인하여 입은 손해를 청구할 수 있다고 보는 견해(제1설)와 위반행위 전후를 불문하고 이루어진 거래에 대하여 위반행위로 인하여 입은 손해를 청구할 수 있다고 보는 견해(제2설)의 2가지가 있을 수 있다.

이에 대하여 대법원은 "특정시점의 기초자산가격 또는 그와 관련된 수치에 따라 권리 행사 또는 조건성취의 여부가 결정되거나 금전 등이 결제되는 구조로 되어 있는 금융투자상품의 경우에 사회통념상 부정하다고 인정되는 수단이나 기교 등을 사용하여 그 금융투자상품에서 정한 권리행사나 조건성취에 영향을 주는 행위를 하였다면, 이는 그 금융투자상품의 거래와 관련하여 부정행위를 한 것으로서 자본시장법 제178조 제1항 제1호를 위반한 행위에 해당하고, 그 위반행위로 인하여 그 금융투자상품의 투자자의 권리 · 의무의 내용이 변경되거나 결제되는 금액이 달라져 투자자가 손해를 입었다면 그 투자자는 그 부정거래 행위자에 대하여 자본시장법 제179조 제1항에 따라 손해배상을 청구할 수 있다고 하여 제2설을 채택하였다.[45] 타당한 접근이라고 생각한다.[46]

3) 증권 관련 집단소송

집단소송제의 활성화를 위하여 주목해야 할 몇 가지 사항을 정리한다. 첫째, 증권 관련 집단소송법상 소송 허가요건을 해석함에 있어서 "증권

---

45) 대법원 2015. 4. 9.자 2013마1052, 1053 결정 ; 김상연, "자본시장법 제179조 제1항에 따른 손해배상 청구권자의 범위(2015. 4. 9.자 2013마1052, 1053 결정 : 공2015상, 682)," 대법원판례해설 제103호(2015년 상), 법원행정처, 280-302면.

46) 다만 입법론으로는 대법원 판례의 취지를 반영하여 손해배상 청구권자의 범위를 명확히 하는 입법이 필요하다고 생각한다.

관련 집단소송법의 주요목적은 증권의 거래과정에서 발생한 집단적인 피해를 효율적으로 구제하기 위한 것이므로 증권 관련 집단소송의 허가요건을 해석할 때에는 다수 피해자의 효율적 구제를 어렵게 하는 방향으로 엄격하게 해석하는 것은 바람직하지 않다"고 설시한 것은 매우 중요한 의미를 가진다.[47] 둘째, 소송 허가요건과 손해배상책임의 성립 여부와 같이 본안 소송에서 판단할 사항을 구분한 것도 같은 이유에서 중요한 발전이라고 생각한다.[48]

V. 결론

ELS 관련 소송 중 헤지거래에 관한 불공정거래 또는 조건성취 방해의 문제에 대한 판단기준은 결국 발행인과 투자자 간 이해상충을 어떻게 볼 것인가의 문제라고 할 수 있다. 현재까지 법원의 결론은 헤지거래의 정당성을 떠나 주로 투자매매업·투자중개업 인가를 가진 증권회사인 발행인의 이익보다는 투자자의 이익이 우선되어야 한다는 단순한 원칙을 재확인한 것으로 이해된다. 투자자와의 이해상충 상황에서 헤지거래의 정당성은 대상거래가 헤지에 해당하는지 여부가 아니라 투자자에 대한 정보공시가 이루어졌는지라는 관점에서의 정보의 정당성과 시장 영향의 고려를 포함한 방법의 정당성에서 찾을 수밖에 없다.

나아가 대법원은 자본시장법 제178조 제1항 제1호의 부정거래행위에 따른 손해배상 청구권자의 범위를 동법 제178조 일반적 부정거래행위의

47) 서울중앙지방법원 2013. 9. 9.자 2012카기1273 결정.
48) 서울고등법원 2016. 1. 29.자 2015라619 결정.

취지를 고려한 문언에 대한 새로운 접근법으로 유연하고 폭넓은 해석을 하고 있다. 신종 금융상품에 대한 투자자 보호의 또 다른 방어수단인 불공정거래 규제의 유연한 적용을 위한 시도라는 점에서 환영할 만하다. 증권 관련 집단소송법상 소송 허가요건을 해석함에 있어서도 "다수 피해자의 효율적 구제를 어렵게 하는 방향으로 엄격하게 해석하는 것은 바람직하지 않다"고 한 것과 집단소송법상 소송 허가요건과 손해배상책임의 성립 여부와 같이 본안 소송에서 판단할 사항을 구분한 것은 집단소송제도의 활성화라는 관점에서 중요한 발전이라고 생각한다. 나아가 증권관련 집단소송법의 적용대상에 금융상품판매규제위반을 포함하는 것도 고려할 수 있다. 현재까지 알려진 바에 따르면 현재 진행 중인 H지수를 기초자산으로 하는 ELS관련 분쟁은 불완전판매가 주로 문제되고 있다. 본고에서는 진행 중인 사건이라 추후 과제로 한다.

10

주가연계증권 관련 소송을 통해 본 불공정거래 규제상 쟁점*

김연미**

I. 들어가며

2009년 이후 진행된 주가연계증권(Equity Linked Securities. 이하 'ELS') 관련 소송에서는 기존의 이른바 작전세력에 의한 시세조종이나 불공정거래행위와는 다른 새로운 유형의 행위가 문제 되었는데, 해당 행위가 위법한 것인지 여부에 대해 민사 및 형사소송을 통해 치열하게 다투어졌다. 자본시장의 변화에 따라 새로운 유형의 불공정거래가 성립할 수 있다는 점을 분명하게 드러내 준 사례라고 할 수 있겠다.

문제 된 ELS의 구조를 간략히 설명하면 특정종목의 주식을 기초자산으로 지정하고 일정한 조기상환기준일에 해당 종목의 종가가 상환기준가격

---

* 이 논문은 BFL 제80호(2016. 11)에 게재된 글을 수정 · 보완한 것이다.
** 성균관대학교 법학전문대학원 부교수

이상이면 약정된 금액으로 증권을 조기상환하고, 만기까지 조기상환이 되지 않으면 만기상환기준일에 해당 종목의 종가가 만기상환기준가격 이상이면 또한 약정된 수익률을 합하여 만기상환을 하지만, 만기상환기준일의 종가가 해당 가격에 못 미치면 주가하락률에 따라 원금손실이 있게 되는 파생결합증권이다. ELS의 발행사는 기초자산의 가격변동에 따른 위험을 회피하기 위하여 기초자산의 가격변동에 따른 파생상품의 가격변동비율(델타값)을 ELS기간 내내 계산하고 그 값에 따라 기초자산 보유량을 조절하게 된다(델타헤지).[1] ELS 발행사는 델타헤지를 직접 수행하거나 발행한 ELS와 동일한 구조의 스왑계약을 다른 금융기관(헤지금융사)과 체결하며, 이 경우에는 헤지금융사가 기초자산의 가격변동에 따른 위험을 인수했기 때문에 델타헤지를 수행한다. 중도상환기준일 또는 만기에 기초자산의 가격이 기준가격에 근접하게 되면 델타값이 급증하여 기초자산의 보유량이 늘어나는데, 지급조건이 충족되면 더 이상 기초자산을 보유할 필요가 없게 되므로 델타값이 0이 되어 보유하던 기초자산을 전량 매도하게 된다. 그런데 중도상환기준일 또는 만기 당일 지급조건이 충족되는 것으로 믿고 발행사 또는 헤지금융사가 장중에 델타헤지를 위해 보유하던 기초자산을 전량 매도한 결과, 기초자산의 가격이 하락하여 오히려 지급조건이 충족되지 않게 되는 경우가 발생하였다.

이와 같이 ELS의 헤지거래로 중도상환이 무산되거나 만기에 원금손실이 발생하자, 사회적으로 큰 파장이 일어나고 투자자들이 민원을 제기하였다. 한국거래소에서는 감리를 실시하여 2009년 7월 문제 된 증권회사들에 대하여 회원 제재조치를 내렸고,[2] 2009년 9월 금융위원회에서는 전

---

1) 델타헤지에 대한 상세한 소개는 나승철, "주가연계증권에 있어서 발행사와 투자자 사이의 이해상충," 기업법연구 제24권 제4호(2012), 한국기업법학회 참고.

2) 한국거래소 시장감시위원회 보도자료, 회원 및 임직원에 대한 시장감시위원회 조치내

반적인 제도개선을 위하여 「ELS 발행 및 운영 관련 제도개선방안」을 발표하였으며,[3] 한국거래소에서는 특히 헤지와 관련하여 유사한 민원이 발생하지 않도록 「ELS 기초주식의 공정시세 형성을 위한 헤지거래 가이드라인」을 발표하였다.[4] 이러한 조치들과 여러 상황에 따라, 분쟁이 발생한 사안들과 같이 개별 종목을 기초자산으로 하는 ELS보다는 복수의 지수를 기초자산으로 하는 ELS상품이 증가하게 되었다.[5] 또한 당시의 자본시장과 금융투자업에 관한 법률(이하 '자본시장법')이 그러한 행위를 규제하는 데 미흡하다고 판단하여 자본시장법의 시세조종행위 및 그에 따른 손해배상 규정이 정비되었다.[6] 그러나 투자자들과의 분쟁은 쉽게 해결되지 아니하였고 다양한 소송이 제기되었는데 소송별로, 심급별로 일관된 판단이 나온 것은 아니다. 더불어 ELS 헤지거래와 관련된 많은 발표와 연구성과물이 나왔다.[7]

용(2009. 7. 21).

3) 금융위원회 보도자료, ELS 발행 및 운용관련 제도개선방안(2009. 9. 10).

4) 한국거래소 시장감시위원회, ELS 헤지거래 가이드라인(2009. 9. 22). 이 가이드라인은 이미 발행되어 만기가 도래하지 않은 ELS의 기초주식 헤지거래에도 적용된다고 명시되어 있다.

5) 박선종, "파생결합증권의 규제에 관한 연구," 한국금융법학회 특별학술대회 발표자료, 2016. 9.

6) 2013년 5월 28일 법률 제11845호로 자본시장법을 개정하면서 제176조 및 제177조를 정비하였다.

7) 해당 쟁점을 중점적으로 다룬 자료로 김주영, "헤지거래기법을 이용한 투기거래와 이에 대한 법적 규제," 증권법연구 제12권 제3호(2012. 1), 한국증권법학회 ; 김주영, "파생결합증권거래와 민법 제150조," BFL 제75호(2016), 서울대학교 금융법센터 ; 김창희, "주가연계증권 연계 불공정거래행위 : 상환평가일에 이루어진 기초자산 대량매각행위의 위법성을 중심으로," 저스티스 제137호(2013), 한국법학원 ; 김홍기, "ELS 델타헤지의 정당성과 시세조종에 관한 연구," 상사판례연구 제29권 제2호(2016), 한국상사판례학회 ; 김홍기, "자본시장법상 연계불공정거래 규제체계 및 입법론 해석론에의 시사점," YGBL 제2권 제2호(2010), 연세대학교 법학연구원 글로벌비즈니스와 법센터 ; 나승철, 앞의 논문(주 1) ; 나지수, "주가연계증권 델타헤지거래 관련 분쟁의 분석," 증권법연구 제17권 제1호(2016), 한국증권법학회 ; 맹수석, "ELS투자에 있어서 증권회사의 고객보

ELS 헤지거래 및 관련된 소송과정에서 여러 쟁점이 드러났지만, 이 글에서는 자본시장법상 불공정거래 규제에 한정하여 논의를 진행하고자 한다.

II. 주요소송의 경과

1. 개요

중요사건들의 내용을 간추리면 다음과 같다.

〈표 1〉 ELS 불공정거래 중요사건 개요

<table>
<tr><th rowspan="2">순번</th><th>유형</th><th>사건번호</th><th>시기</th><th>적용법조</th></tr>
<tr><th>피고인 · 피고</th><th>헤지유형</th><th colspan="2">심급별 결과</th></tr>
<tr><td rowspan="2">1</td><td>형사</td><td>대법원 2015. 6. 11. 선고 2014도11280 판결[8]</td><td>중도상환일</td><td>자본시장법 제176조 제3항(시세고정행위)</td></tr>
<tr><td>미래에셋트레이더</td><td>자체 헤지</td><td colspan="2">제1심 무죄, 제2심 유죄, 제3심 상고기각(유죄)[9]</td></tr>
<tr><td>2</td><td>형사</td><td>서울중앙지방법원 2015. 8. 6. 선고 2011고단3416 판결</td><td>중도상환일</td><td>증권거래법 제188조의4 제2항 제1호(현실거래 시세조종)</td></tr>
</table>

호의무," 선진상사법률연구 제72호(2015), 법무부 상사법무과 ; 양기진, "ELS 헤지활동에 관한 판결 동향과 투자자보호 쟁점 : 시세조종 의도 판단 시의 이해상충회피 · 관리의무를 중심으로," 증권법연구 제17권 제2호(2016), 한국증권법학회 ; 엄세용, "자본시장에서의 ELS 규제 및 감독방향 : ELS 헤지거래 가이드라인을 위주로," YGBL 제2권 제2호(2010), 연세대학교 법학연구원 글로벌비지니스와 법센터 ; 이숭희, "ELS 분쟁의 현황과 법적 쟁점," YGBL 제2권 제2호(2010), 연세대학교 법학연구원 글로벌비지니스와 법센터.

8) 제1심은 서울중앙지방법원 2013. 3. 13. 선고 2011고단4640 판결, 제2심은 서울중앙지방법원 2014. 8. 22. 선고 2013노1066 판결.

9) 제2심에서는 벌금 1,000만 원을 선고하였고, 상고기각으로 그대로 확정되었다.

<table>
<tr><td>2</td><td>대우증권
트레이더</td><td>자체 헤지</td><td colspan="2">제1심 유죄[10](항소하지 않아 그대로 확정)</td></tr>
<tr><td rowspan="2">3</td><td>민사</td><td>대법원 2016. 3. 10. 선고 2013다7264 판결[11]</td><td>중도상환일</td><td>증권거래법 제188조의4 제3항(시세고정행위) → 민법 불법행위</td></tr>
<tr><td>BNP파리바은행
신영증권</td><td>백투백헤지[12]</td><td colspan="2">제1심 및 제2심 원고 패소, 제3심 상고기각(원고 패소)</td></tr>
<tr><td rowspan="2">4</td><td>민사</td><td>대법원 2016. 3. 24. 선고 2012다108320 판결[13]</td><td>만기</td><td>자본시장법 제176조 제4항(연계시세조종) 및 사기적 부정거래</td></tr>
<tr><td>BNP파리바은행</td><td>백투백헤지</td><td colspan="2">제1심 및 제2심 원고 패소, 제3심 상고기각(원고 패소)</td></tr>
<tr><td rowspan="2">5</td><td>민사</td><td>대법원 2016. 3. 24. 선고 2013다2740 판결[14]</td><td>만기</td><td>자본시장법 제176조 제3항(시세고정), 제178조 제1항 제1호(사기적 부정거래), 제179조 및 민법 불법행위</td></tr>
<tr><td>도이치은행</td><td>백투백헤지</td><td colspan="2">제1심 원고 승소, 제2심 원고 패소, 제3심 파기환송(원고 승소취지)</td></tr>
<tr><td rowspan="2">6</td><td>민사[15]</td><td>대법원 2015. 5. 14. 선고 2013다2757 판결[16]</td><td>중도상환일</td><td>증권거래법 제52조(투자자 보호의무) → 민법의 조건성취 방해[17]</td></tr>
<tr><td>대우증권</td><td>자체 헤지</td><td colspan="2">제1심 및 제2심 원고 패소, 제3심 파기환송(원고 승소취지)</td></tr>
</table>

10) 징역 8개월, 집행유예 2년이 선고되고 확정되었다.
11) 제1심은 서울중앙지방법원 2011. 11. 24. 선고 2011가합46604 판결, 제2심은 서울고등법원 2012. 12. 14. 선고 2011나102884 판결.
12) ELS 발행사인 신영증권은 공동피고인 BNP파리바은행 외에도 UBS 및 리먼브러더스와도 백투백스왑계약을 체결하였다.
13) 제1심은 서울중앙지방법원 2011. 11. 24. 선고 2010가합51302 판결, 원심은 서울고등법원 2012. 11. 1. 선고 2011나104712 판결.
14) 제1심은 서울중앙지방법원 2012. 1. 12. 선고 2010가합27835 판결, 제2심은 서울고등법원 2012. 12. 14. 선고 2012나12360 판결.
15) 앞 2번 형사사건과 동일한 사안이다.
16) 제1심은 서울중앙지방법원 2010. 5. 28. 선고 2009가합116043 판결, 제2심은 서울고등법원 2012. 12. 14. 선고 2010나58607 판결.
17) 원심에서는 시세고정 및 사기적 부정행위도 주장하였다.

7	민사[18]	대법원 2015. 5. 14. 선고 2013다3811 판결[19]	중도상환일	증권거래법 제52조(투자자 보호 의무) → 민법의 조건성취 방해[20]
	대우증권	자체 헤지	제1심 원고 승소, 제2심 원고 패소, 3심 파기환송(원고 승소취지)	
8	집단[21]	대법원 2015. 4. 9. 선고 2013마188 결정(소송허가), 서울중앙지방법원 2017. 1. 20. 선고 2012가합17061 판결(본안)	만기	자본시장법 제178조 제1항 제1호(사기적 부정거래) 및 제179조 손해배상
	도이치은행	백투백헤지	소송 허가 확정 후 제1심 원고 승소, 피고가 항소했으나 항소 취하로 종결	
9	집단	대법원 2015. 4. 9. 선고 2013마1052, 1053 결정(소송허가), 서울중앙지방법원 2010가합1604(본안)	만기	자본시장법 제178조 제1항 제1호(사기적 부정거래) 및 제179조 손해배상
	RBC	백투백헤지	소송 허가 확정 후 제1심 진행 중 재판상 화해로 종결	

2. 형사사건

자본시장법상 불공정거래에 대하여는 형사처벌 규정을 두고 있으므로, 형사사건에서 불공정거래 여부를 판단한 것은 중요한 의미를 가진다. 형사사건으로 확정판결을 받은 것은 2건으로, 미래에셋증권 제357회 ELS와 대우증권 제195회 ELS에 대한 것이다. 한국거래소의 감리결과 2009년 7월 거래소의 제재를 받은 것도 미래에셋증권과 대우증권이었으며, 당시 미래에셋증권에 대하여는 회원제재금 1억 6,500만 원 및 관련 직원에 대한

18) 앞 2번 형사사건 및 6번 민사사건과 동일한 사안이다.

19) 제1심은 서울중앙지방법원 2010. 7. 1. 선고 2009가합90394 판결, 제2심은 서울고등법원 2012. 12. 14. 선고 2010나71761 판결.

20) 원심에서는 시세고정 및 사기적 부정행위도 주장하였다.

21) 앞 5번 민사사건과 동일한 ELS에 대한 집단소송이다.

징계요구를, 대우증권에 대하여는 회원제재금 5,000만 원을 부과하였다.[22] 거래소 제재는 자율규제이나 그후 금융감독원에서도 자본시장법 등 위반 여부를 조사하여 2009년 12월경 수사기관에 통보되었고[23] 수사를 거쳐 기소되었다.[24]

두 사건 모두 ELS 발행증권사가 자체적으로 헤지거래를 하였으며, 중도상환기준일에 헤지거래로 인한 기초자산 처분으로 기초자산의 가격이 조건성취가격에 미달하여 중도상환이 무산되었다. 두 사건 모두 문제 된 헤지거래를 담당한 직원 개인이 피고인으로 형사처벌을 받았으며, 양벌규정[25]이 있음에도 불구하고 해당 법인은 기소되지 아니하였다.

미래에셋증권 사건은 자본시장법 제176조 제3항의 시세고정행위로 기소되어 제1심에서는 무죄판결을 받았으나 제2심에서 유죄판결을 받았고 대법원에서 상고를 기각하여 그대로 확정되었다. 반면 대우증권의 경우는 유사한 사안임에도 제1심에서 현실거래에 의한 시세조종(증권거래법 제188조의4 제2항 제1호)의 성립을 인정하였으며, 검사 및 피고인이 모두 항소하지 않아 그대로 확정되었다.

3. 민사사건

투자자들이 ELS 헤지거래와 관련하여 금전적인 청구를 한 민사사건에서는 다양한 주장을 하였으며, 반드시 자본시장법상 불공정거래임을 전

---

22) 한국거래소 시장감시위원회, 앞의 보도자료(주 2).
23) 이승희, 앞의 논문(주 7), 47면.
24) 위 두 사안 이외에 외국계 금융은행의 트레이더 여럿이 기소되었으나, 피고인 불출석으로 재판이 순조롭게 진행되지 않았다(김주영, "주가연계증권 시세조종 관련 대법원 판결의 현황과 분석," 한국금융법학회 특별학술대회 발표자료, 2016. 9).
25) 증권거래법 제215조 ; 자본시장법 제448조.

제로 청구를 하는 것은 아니다. 당사자의 주장과 법원의 판단 중에 불공정거래 성립과 관련된 내용의 범위에서 살펴보겠다.

대법원까지 간 민사사건은 모두 6건이나, 대우증권이 피고가 된 2건은 동일한 회차로 발행된 ELS의 조건불성취가 문제 된 건으로 사실관계와 당사자의 주장 및 법원의 판단이 동일하다. 또한 이 사건에 해당되는 ELS 헤지거래에 대하여 대우증권 트레이더는 위에서 본 바와 같이 형사 유죄판결을 받았다. 현실거래에 의한 시세조종을 인정한 형사판결과 달리 민사소송에서는 자본시장법의 시세조종에 대한 손해배상을 주장하지 않고 민법 제150조의 조건성취 방해를 주장하였으며, 예비적으로 시세고정 및 사기적 부정거래를 이유로 한 민법 제750조에 따른 손해배상을 청구하였다. 대우증권 두 사건 모두 원심에서는 원고가 패소하였으나 대법원에서 파기환송하였는데, 증권회사의 투자자 보호의무 위반을 이유로 중도상환조건의 성취를 방해한 것으로 볼 여지가 있다는 이유로 원심을 파기하였고, 더 나아가 시세고정이나 사기적 부정거래 성립 여부에 대하여는 판단하지 않았다.

BNP파리바은행이 피고가 된 두 사건과 도이치은행이 피고가 된 사건은 ELS 발행 증권회사가 별도로 있고 이 발행사들이 위험헤지를 위하여 각각 BNP파리바은행 및 도이치은행과 백투백스왑을 체결하였는데, BNP파리바은행 및 도이치은행이 헤지과정에서 기초자산의 가격을 기준가격에 미달하게 하여 중도상환이 무산되거나 만기에 원금손실이 초래되었다. BNP파리바은행이 피고인 두 사건은 별개의 ELS와 관련되었는데, 시세조종(시세고정 또는 연계시세조종) 및 사기적 부정거래를 주장하였으나 법원에서 이를 인정하지 않았다. 반면 도이치은행이 피고인 사건은 시세고정과 사기적 부정거래를 원인으로 민법 제750조에 의한 손해배상 또는 자본시장법 제179조에 의한 손해배상을 청구하였는데, 원심은 피고의 책임을 인정하지 아니하였으나 대법원은 피고에게 책임이 있다는 취지로 파기환송하였다. 도이치은행 사건은 아래 집단소송 허가결정이 난 사건과 동일한 사안으로, 대법원이 2015년 4월 9일 집단소송 허가결정에서 사기적 부정거래가 성립할 수 있다고 인정하였기 때문에 그 논리를 그대로 따른 것으로 보인다.

4. 증권 관련 집단소송 사건

ELS 헤지거래와 관련하여 2건의 증권 관련 집단소송이 제기되었다. 자본시장법에 따른 불공정거래에 해당해야 증권 관련 집단소송의 대상이 될 수 있기 때문에 집단소송 허가결정은 중요한 의미를 가진다. ELS 헤지거래와 관련해서는 법문상의 집단소송요건을 그대로 충족하지 못하는 문제가 있었는데, 대법원에서는 제도의 취지에 따라 법문을 해석하여 허가결정을 확정하였으며, 문제 된 요건 일부와 집단소송 수행과정에서 제기된 절차적인 문제 일부는 개정작업이 논의 중이다.[26)]

집단소송이 제기된 2건은 모두 ELS 발행증권사와 백투백스왑을 체결한 외국계 금융기관을 상대로 제기되었는데, 사기적 부정거래를 원인으로 한 자본시장법 제179조에 의한 손해배상을 청구하는 것으로 집단소송 허가결정이 확정되었다. 집단소송 제소단계에서는 시세조종에 의한 손해배상도 청구하였으나, 집단소송 불허가 및 이에 대한 항고·재항고를 거치면서 사기적 부정거래에 의한 손해배상만을 청구하는 것으로 정리되었다.

도이치은행이 피고가 된 집단소송[27)]은 2012년 3월 집단소송이 제기되

26) 법무부 보도자료, 증권 관련 집단소송제 확대도입방안 마련(2018. 9. 21).
27) 집단소송의 상세한 진행상황은 대법원의 증권 관련 집단소송 공고를 참고하였다 (http://www.scourt.go.kr/portal/notice/securities/securities.jsp).

었으나, 소송 허가가 확정된 2016년 5월[28] 이후에야 본안이 진행되었다. 이후 2016년 10월에 변론준비기일을, 11월에 단 1회의 변론기일을 열고 바로 변론을 종결하고 2017년 1월 20일 제1심 판결이 선고되었는데, 피고에게 만기상환원리금에서 실수령액을 뺀 금액과 지연손해금을 지급하라는 원고 전부승소였다. 제1심 판결의 내용은 별소로 진행한 대법원 2016. 3. 24. 선고 2013다2740 판결의 내용과 동일하다. 집단소송 제1심 판결에 피고가 항소하였으나, 2017년 7월 7일 항소를 취하함으로써 원고 전부승소인 제1심 판결이 그대로 확정되었다. 구성원은 피해자 494명 중 일반소송을 제기한 18명과 제외신고를 한 12명을 제외한 464명이다.

로열 뱅크 오브 캐나다(Royal Bank of Canada)를 상대로 한 집단소송[29]은 2010년 1월 집단소송이 제기되었고 소송허가가 확정된 2016년 3월[30] 이후 본안이 진행되었다. 한편 집단소송과 별도로 투자자 142명이 동일한 청구를 구하는 민사소송을 진행하였는데, 별도의 소송진행 중 2016년 11월 30일 서울고등법원에서 피해금액의 124퍼센트에 해당하는 금원을 지급하는 내용으로 조정이 성립하였다(서울고등법원 2014나5540호). 2016년 6월 이후 진행된 집단소송에서도 화해가 성립하여 2016년 12월 21일 법원에 화해허가를 신청하였으며, 2017년 2월 15일 화해 허가결정이 나와

---

28) 제1심에서는 소송 허가결정을 내렸으나 항고심에서 불허가결정을 내렸고 대법원에서 2015. 4. 9.자 2014마188 결정으로 소송 허가취지로 파기환송하였다. 파기환송 후 다시 소송 허가결정과 이에 대한 재항고, 재항고기각으로 2016년 5월에 가서야 소송 허가가 확정되었다.

29) 집단소송의 상세한 진행상황은 대법원의 증권 관련 집단소송 공고를 참고하였다(http:// www.scourt.go.kr/portal/notice/securities/securities.jsp).

30) 제1심에서 소송 불허가결정을 내렸고 항고심에서도 불허가결정을 내렸으나, 대법원에서 2015. 4. 9.자 2014마1052, 1053 결정으로 소송 허가취지로 파기환송하였다. 파기환송 후 다시 소송 허가결정과 이에 대한 재항고, 재항고기각으로 2016년 3월에 소송 허가가 확정되었다.

소송이 종료되었다. 화해내용은 구성원 412명 중 제외신청을 한 4명, 법원 조정이 성립한 142명을 제외한 266명의 손해액 — 만기상환조건이 성취되면 받았을 금액(122퍼센트)과 실제 상환금액(74.6퍼센트)의 차액(47.4퍼센트)에 해당하는 금액 — 의 110퍼센트를 피고가 지급하고, 피고가 별도로 소송비용 및 분배비용으로 3,000만 원을 지급하기로 하였다.

III. 자본시장법상 불공정거래의 성립 여부

위에서 본 바와 같이 동일한 또는 유사한 행위에 대하여 현실거래에 의한 시세조종, 시세고정, 연계시세조종, 사기적 부정거래가 주장되었고 일부는 인정되었다.[31] 이하에서는 우선 불공정거래 해당 여부가 왜 중요한지에 대하여 간단히 살펴본 후 위 세 유형을 살펴보겠다. 또한 2013년 개정된 자본시장법의 내용도 함께 살펴본다.

1. 불공정거래 성립의 의미

ELS 투자자의 궁극적인 목표는 헤지거래로 무산된 원래의 조건대로 조기상환 또는 만기상환을 받는 것으로, 결국 민사소송에서 승소하는 것이 목적이다. 그런데 문제 된 헤지거래가 자본시장법상 불공정거래에 해당

31) 성희활, "자본시장법상 연계 불공정거래의 규제현황과 개선방향," 금융법연구 제6권 제2호(2009. 12), 한국금융법학회, 77면에서는 해당 사안을 불공정거래로 규제하는 데 따른 어려움을 지적하면서 현실거래로 인한 시세조종은 "매매를 유인할 목적"을 인정하기가 어려워, 시세고정행위는 사안과 같이 주가를 변동시키는 행위가 아니라 특정가격에 고정시키려는 행위를 규율하는 것이어서 성립하기 어렵고, 사기적 부정행위는 아직 판례가 적극적으로 이용하고 있지 않아 성립 여부가 확실하지 않다고 지적하였다.

하는지 여부에 따라 민사소송에서의 승패가 그대로 결정되는 것은 아니다. 위 대우증권 민사사건에서 보았듯이 불공정거래에 해당하지 않아도 민법 제150조에 따른 조건성취 방해로 인정될 가능성은 얼마든지 있으며, 민법상 손해배상을 청구하는 것도 가능하다.

한편 자본시장법에서는 불공정거래에 대하여 형사처벌 규정과 함께 손해배상 특칙을 규정하고 있는데,[32] 이러한 손해배상 특칙을 이용하려면 문제 된 행위가 해당 불공정거래에 해당하여야 한다. 일반적으로 자본시장법의 손해배상 특칙은 피해를 본 투자자들의 소송 수행을 돕기 위해 입증책임을 전가하거나 완화하는 등 의미 있는 규정을 두고 있으나,[33] 시세조종에 대한 손해배상 규정(2013. 개정 전의 제177조)은 소송 수행과정에서 투자자들에게 의미 있는 내용이 들어 있지 아니하였고 특히 ELS 조건성취 방해에 따른 손해에는 적용하기 어려운 구조로 되어 있었다. 이러한 이유로 2013년 자본시장법 개정에서 제177조를 대폭 손질하였다.

민법 제750조에 따라 손해배상을 구하거나 민법 제150조에 따라 조건성취 방해를 주장하는 경우에도 피고의 헤지거래가 자본시장법상 불공정거래에 해당된다면, 불법행위 또는 신의성실에 반하는 조건성취 방해로 인정받는 데에 큰 도움이 될 것이다. 특히 문제 된 헤지거래가 자본시장법상 불공정거래에 해당하여 조사나 처분을 받게 된다면 그 과정에서 나온 자료는 민사소송에서 중요한 의미를 가진다. 민사소송의 원고인 투자자들은 피고인 증권회사나 금융기관이 어떻게 헤지거래를 하였는지에 대한 정보를 입수하기가 매우 어렵다는 점에서 불공정거래로 조사를 받는지 여부가 민사소송의 승패에 사실상의 영향을 미칠 수 있다.

---

32) 시세조종에 대하여는 제177조, 사기적 부정거래에 대하여는 제179조.
33) 예컨대 발행시장 공시에 대한 자본시장법 제125조, 유통시장 공시에 대한 자본시장법 제162조 등.

마지막으로 증권 관련 집단소송은 적용대상을 한정하고 있으므로, 자본시장법 제177조 또는 제179조에 따른 손해배상에 해당하지 않으면 집단소송 자체가 허용되지 않는다.[34] 따라서 자본시장법상 불공정거래가 성립하는 것이 집단소송의 요건이 된다.

2. 시세조종의 요건 및 해당 여부

(1) 시세조종행위의 구분

자본시장법은 제176조에서 시세조종행위를 규정하고 있으며, 크게 (i) 위장거래에 의한 시세조종(동조 제1항), (ii) 현실거래에 의한 시세조종(동조 제2항 제1호), (iii) 표시 등에 의한 시세조종(동조 제2항 제2호 및 제3호), (iv) 시세의 고정 · 안정행위(동조 제3항), (v) 연계시세조종(동조 제4항)으로 구분된다. 문제 된 ELS 헤지거래는 위장거래나 허위표시를 이용한 거래는 아니므로 현실거래에 의한 시세조종, 시세고정 또는 연계시세조종이 문제 될 수 있다. 대우증권 형사사건은 현실거래에 의한 시세조종을 인정하였으나, 미래에셋증권 형사사건은 시세고정행위로 인정하였고, BNP파리바은행 민사사건에서는 시세고정행위 및 연계시세조종을 주장하였으나 성립을 인정하지 않는 등 사안마다 다른 법조를 적용하거나 다른 결론에 도달하고 있다.

이하에서는 2013년 개정 전 자본시장법을 중심으로 어떤 시세조종이 성립하는지를 살펴보겠다. ELS 분쟁 중 일부는 증권거래법이 적용되나, 시세조종 부분은 크게 변하지 않았으므로 자본시장법을 중심으로 살펴본다.

---

34) 증권 관련 집단소송법 제3조 제1항 제3호.

(2) 현실거래에 의한 시세조종행위[35)]

第176조(시세조종행위 등의 금지) …. ② 누구든지 상장증권 또는 장내파생상품의 매매를 유인할 목적으로 다음 각 호의 어느 하나에 해당하는 행위를 하여서는 아니 된다. 1. 그 증권 또는 장내파생상품의 매매가 성황을 이루고 있는 듯이 잘못 알게 하거나 그 시세(증권시장 또는 파생상품시장에서 형성된 시세, 전자증권중개회사[36)]가 상장주권의 매매를 중개함에 있어서 형성된 시세, 그 밖에 대통령령으로 정하는 시세를 말한다. 이하 같다)를 변동시키는 매매 또는 그 위탁이나 수탁을 하는 행위

현실거래에 의한 시세조종은 시세조종 규제의 핵심이나[37)] 시장에서의 모든 주문과 거래는 수요와 공급의 일부를 이루어 시세에 영향을 줄 수 밖에 없으므로 정상적 거래와 현실거래로 인한 시세조종의 구분이 분명하지 않다는 문제가 있다.

현실거래에 의한 시세조종의 요건은 (i) 상장증권 또는 장내파생상품에 대하여(대상), (ii) 매매를 유인할 목적으로(주관적 요건), (iii) 매매가 성황을 이루고 있는 듯이 잘못 알게 하거나 시세를 변동시키는 매매(객관적

---

35) 증권거래법 당시의 조문은 다음과 같다.
제188조의4(시세조종 등 불공정거래의 금지)
….
② 누구든지 유가증권시장 또는 코스닥시장에서의 매매거래를 유인할 목적으로 다음 각 호의 1에 해당하는 행위를 하지 못한다.
1. 단독으로 또는 타인과 공모하여 유가증권의 매매거래가 성황을 이루고 있는 듯이 잘못 알게 하거나 그 시세를 변동시키는 매매거래 또는 그 위탁이나 수탁을 하는 행위

36) 다자간매매 체결회사로 개정되었다.

37) 윤영신, "현실거래에 의한 시세조종행위," 증권법연구 제2권 제1호(2001), 한국증권법학회, 11면.

요건)를 하는 것이다. 시세변동을 유발하는 객관적 행위만으로 구성하지 않고 주관적 요건으로 매매유인목적을 요구하는 것은 미국 1934년 증권거래소법(Securities and Exchange Act of 1934) 제9조 (a)항 (2)호와 동일하다.[38)]

법원에 의하면 객관적 요건에 해당하는 변동거래는 시세에 영향을 주는 모든 행위가 아니라 "본래 정상적인 수요 · 공급에 따라 자유경쟁시장에서 형성될 시세 및 거래량을 시장요인에 의하지 아니한 다른 요인으로 인위적으로 변동시킬 가능성이 있는 거래"를 말한다.[39)] 반면 주관적 요건인 유인목적은 단순한 변동거래에 대한 고의 또는 인식을 넘어서는 것으로, "인위적인 조작을 가하여 시세를 변동시킴에도 불구하고, 투자자에게는 그 시세가 유가증권시장에서의 자연적인 수요 · 공급의 원칙에 의하여 형성된 것으로 오인시켜 유가증권의 매매에 끌어들이려는 목적"을 말하지만, 다른 목적과의 공존 여부나 어느 목적이 주된 것인지는 문제 되지 아니하고 목적에 대한 인식의 정도도 미필적 인식으로 충분하다고 본다.[40)]

법문의 형식으로는 주관적 요건(유인목적)과 객관적 행위(변동거래)가 별도로 성립할 수 있는 것처럼 보이지만, 실제로는 두 요건이 엄격하게 구분하여 입증되는 것은 아니다. 변동거래와 유인목적의 각 요건에 해당하는지의 여부는 모두 "그 유가증권의 성격과 발행된 유가증권의 총수,

---

38) It shall be unlawful for any person .... (2) to effect, alone or with 1 or more other persons, a series of transactions in any security .... creating actual or apparent active trading in such security, or raising or depressing the price or such security, for the purpose of inducing the purchase or sale of such security by others.
미국 1934년법 제정 당시 유인목적이 삽입된 이유는 자신의 거래에 의해 시장가격이 영향을 받지 않는다고 생각하고 투자하는 사람은 없기 때문에 유인목적 없이는 모든 투자자가 처벌될 위험이 있어서라고 한다[윤영신, 앞의 논문(주 37), 14면].

39) 대법원 2006. 5. 11. 선고 2003도4320 판결 ; 대법원 2007. 11. 29. 선고 2007도7471 판결.

40) 대법원 2007. 11. 29. 선고 2007도7471 판결.

가격 및 거래량의 동향, 전후의 거래상황, 거래의 경제적 합리성과 공정성, 가장 혹은 허위매매 여부, 시장관여율의 정도, 지속적인 종가관리 등 거래의 동기와 태양 등 여러 간접사실을 종합적으로 고려하여" 판단된다.[41)]

즉 동일한 간접사실에 의하여 변동거래 여부와 유인목적의 유무를 판단하게 되기 때문에, 객관적인 변동거래에 해당하지만 유인목적이 인정되지 않는 경우나 유인목적은 인정되지만 변동거래에 해당하지 않는 경우는 현실적으로 있기 어렵다. 실제로 판결문에서도 변동거래와 유인목적을 엄격하게 구분하여 인정하기보다는, 거래동기나 경제적 유인을 포함한 여러 간접사실에 비추어 변동거래와 유인목적을 함께 인정하는 경우가 대부분이다.[42)] 결국 통상적인 거래관행에서 벗어난 행위에 해당하여 객관적인 요건을 충족하면 주관적 요건도 충족하게 되는 경우가 대부분이다.[43)]

이 점에서, 유인목적을 요구하는 미국 1934년 증권거래소법과 유사한 법문의 구조임에도 현실거래에 의한 시세조종은 실제로 EU의 시장남용 규제와 유사한 방식으로 집행되고 있다고 볼 수 있다. EU의 시장남용 규제는 미국 1934년 증권거래소법과 달리 유인목적을 명시적으로 요구하지 않고 (i) 금융상품…의 공급, 수요 또는 가격에 관한 거짓 또는 오해를 유발시키는 시그널을 주거나 줄 가능성이 있거나, (ii) 하나 또는 수 개의 금융상품…의 가격을 비정상적 수준 또는 인위적인 수준으로 만드는 거

---

41) 대법원 2013. 7. 11. 선고 2011도15056 판결.

42) 박임출, "시세조종의 구성요건인 변동거래와 유인목적," 증권법연구 제12권 제2호(2011. 9), 한국증권법학회, 239면은 가격변동에 금전적 이해관계를 가지는 자가 그 증권의 매매과정에서 가격을 변동시키기 위하여 비합리적·비경제적 수단을 사용한 사실이 객관적으로 증명되면 유인목적도 존재한다고 인정되며, 결국 변동거래와 유인목적은 분리될 수 없다고 본다.

43) 남궁주현, "현실매매에 의한 시세조종행위의 성립요건에 관한 고찰," 증권법연구 제12권 제2호(2011. 9), 한국증권법학회, 275면.

래, 거래의 주문, 기타의 행동을 시장남용행위로 규정하되, 그 행위자가 그 거래·주문·행동에 정당한 이유가 있고, 용인되는 시장관행에 따랐음을 입증하는 경우에는 그렇지 아니하다고 규정하고 있다.[44)·45)]

이러한 운용에 비추어 현실거래에 의한 시세조종에서 유인목적을 아예 삭제하여야 한다는 주장도 나온다.[46)] 최근 현실거래에 의한 시세조종을 인정한 사안[47)]은 기초자산의 종가를 기준가격 이상으로 상승시켜 옵션을 녹아웃시키려는 당사자와 종가를 기준가격 아래로 떨어뜨려 녹아웃을 방지시키려는 당사자 모두 기초자산을 매매한 경우로, 두 당사자 모두 현실거래에 의한 시세조종에 대하여 유죄가 인정되었는데, 법원은 "일반투

---

44) Regulation (EU) No 596/2014 of the European Parliament and of the Council of 16 April 2014 on Market Abuse (Market Abuse Regulation)
Article 12
1. For the purposes of this Regulation, market manipulation shall comprise the following activities :
(a) entering into a transaction, placing an order to trade or any other behaviour which :
(i) gives, or is likely to give, false or misleading signals as to the supply of, demand for, or price of, a financial instrument, a related spot commodity contract or an auctioned product based on emission allowances ; or
(ii) secures, or is likely to secure, the price of one or several financial instruments, a related spot commodity contract or an auctioned product based on emission allowances at an abnormal or artificial level ; unless the person entering into a transaction, placing an order to trade or engaging in any other behaviour establishes that such transaction, order or behaviour have been carried out for legitimate reasons, and conform with an accepted market practice as established in accordance with Article 13 ;

45) 미국에서도 실질적이고 직접적인 금전적 이익을 가진 사람이 주가를 상승시키기 위하여 적극적인 행위를 하였을 때에는 시세조종의 목적이 있다고 추정하고(prima facie case) 유인목적도 추정되며, 행위자가 그러한 목적이 없었음을 입증하는 방식으로 운용된다[한국증권법학회, 자본시장법 주석서 I(개정판), 박영사, 2015, 1107면].

46) 남궁주현, 앞의 논문(주 43), 275면 이하.

47) 대법원 2012. 11. 29. 선고 2012도1745 판결.

자자들 입장에서 보면… 매매가 성황을 이루고 있는 듯이 오인하여 다른 사람들의 매매거래를 유인할 가능성이 있고… 다음 날에도 다른 사람들의 매매거래를 유인할 개연성이 있는 점"에 비추어 유인목적이 인정된다고 하였다.[48] 이 설시에 의하면 어느 정도 규모의 현실거래가 있게 되면 유인목적은 항상 인정되므로, 객관적 요건과 구분되는 유인목적은 의미가 없게 된다.

반면 특히 유인목적에서 인식하는 시세의 변동 가능성을 거래압력에 의한 시세변동과 정보동기에 의한 시세변동으로 구분하고, 현실거래에 의한 시세조종에서 요구하는 유인목적은 후자에 한하여 인정되어야 한다는 견해가 있다.[49]

(3) 현실거래에 의한 시세조종행위 성립 여부

ELS의 중도상환기준일 또는 만기상환기준일에 ELS 발행사 또는 헤지금융사가 델타헤지를 위해 기초자산을 처분하는 것이 현실거래에 의한 시세조종행위로 인정되려면, 법문상으로는 (i) 기초자산의 처분행위가 객관적으로 시세변동거래에 해당하고 (ii) 행위자의 주관적인 유인목적이 인정되어야 한다. 그러나 앞 (2)에서 보았듯이 현실적으로 객관적인 시세변동거래와 유인목적이 엄격하게 구분되지 않으므로, 문제 된 헤지거래가 인위적인 시세변동거래에 해당하는지 여부에 따라 현실거래에 의한 시세조종 성립이 결정된다고 볼 수 있다.

---

48) 제1심 판결인 서울중앙지방법원 2011. 1. 28. 선고 2010고합11 판결.

49) 박임출, 앞의 논문(주 42), 232면 이하. 이 입장에서는 전자의 경우 필요에 따라 사기적 부정행위로 규제할 수 있다고 한다.

1) 시세변동거래[50]

① 시세의 변동 정도

시세변동거래 판단에 있어 실제로 시세가 변동될 필요는 없고 시세변동의 개연성이 있으면 충분하다고 보나,[51] ELS 헤지 관련 문제 된 사안은 모두 조건성취가 예상되었으나 헤지거래로 조건성취가 무산되었으므로 실제로 시세가 변동한 상황이다. 시세변동의 폭은 문제 되지 않고 미미한 변동으로도 충분하고,[52] 시세의 상승 또는 하락뿐만 아니라 시세의 상승이나 하락을 변동시키는 거래와 인위적인 시세고정 모두 변동거래로 인정될 수 있다.[53] 즉 조건성취가격보다 1틱 아래로 주가를 변동시키는 것으로도 변동거래로 인정될 수 있다.

대우증권 사건에서는 당일 정오부터 종가 동시호가 전까지 조건성취가격인 10만 8,500원 이상으로 가격이 형성되자 일련의 시세변동성 주문을 내서 결국 조건성취가격보다 500원 낮은 가격으로 종가를 마감시켰는데, 형사판결에서 시세변동행위로 인정되었다. 반면 미래에셋 사건에서는 조건성취가격이 9만 6,000원인데 접속매매시간대에 9만 4,800원에서 9만 9,300원까지 변화하자, 일련의 시세변동성 주문을 내서 결국 조건성취가격보다 100원 낮은 9만 5,900원에 고정시켰는데, 현실거래에 의한 시세조종이 아닌 "시세의 고정행위"로 유죄를 인정하였으나, 동일한 행위는 시

50) 아래 사항 중 대우증권 형사사건 이외에는 현실거래에 의한 시세조종이 아닌 시세고정행위 여부에 대한 판단이나, 현실거래에 의한 시세조종 성립을 인정하기 위한 간접사실로도 동일하게 적용될 수 있다.

51) 한국증권법학회, 앞의 책(주 45), 1098면.

52) 김영기, "현실거래에 의한 시세조종과 유인목적," 형사판례연구 제21호(2013. 6), 한국형사판례연구회, 332면.

53) 로앤비, 온주 제176조(박 준 집필).

세변동거래로 충분히 인정될 수 있다고 생각된다.

② 경제적 동기

시세변동거래의 동기로는 해당 증권의 매입 또는 보유 자체로 발생하는 경제적 이익 이외에 새로운 증권 발행으로 인한 경제적 이해관계, 그 밖의 거래나 규제에 대상증권의 시세가 영향을 주는 이해관계가 있는데,[54] ELS의 경우는 세 번째에 해당한다.[55] ELS의 구조상 발행사와 투자자는 일방의 이익이 반드시 타방의 손실을 초래하는 이해상충의 관계에 있게 된다.[56] 이 위험을 관리하기 위하여 발행사는 델타헤지를 하거나 위험을 헤지금융사에 넘기며, 헤지금융사는 다시 델타헤지를 하게 된다. 그러나 델타헤지의 불완전성으로 위험을 완전히 중립화하는 것은 불가능하며, 위험이 중립화되어도 조건성취를 방해하면 발행사 또는 헤지금융사가 운용수익을 독점할 수 있기 때문에 이해상충관계가 사라지는 것은 아니다.[57]

③ 델타헤지에 의한 정당성

문제 된 사안에서 발행사 또는 헤지금융사는 모두 델타헤지에 따라 당일 중으로 기초자산에 해당하는 주식을 처분할 필요성이 있었고, 그에 따라 처분한 것이므로 위법하지 않다는 주장을 하였다. 법원의 입장은 델타헤지의 불완전성이나 트레이더의 재량 개입 등을 이유로 델타헤지 주장만으로 당연히 정당한 거래가 되는 것은 아니고 구체적인 거래의 태양을 검토하겠다는 입장으로 보인다. 미래에셋 형사사건에서는 한국거래소가

54) 로앤비, 앞의 주석(주 53).

55) 세 번째에 해당하는 경우로 주식을 보유한 증권사의 영업용 순자본비율 제고, 펀드수익률 상승을 통한 펀드투자 유인, 국민연금 위탁자산의 수익률 상승을 통한 신용평가등급 획득, 주식투자대회 상금 획득 등이 예시되고 있다[로앤비, 앞의 주석(주 53)].

56) 이숙연, "금융투자상품의 투자자 보호에 대한 연구," 사법논집 제59집(2015), 법원행정처, 315-316면.

57) 나승철, 앞의 논문(주 1), 201-206면.

2009년 7월 21일 실시한 헤지거래 가이드라인을 따른 ELS 발행사들이 기존 발행한 ELS와 관련된 위험관리에 문제가 없었다는 사실에 주목하여, 델타헤지라고 하여 모두 정당화되는 것은 아니라고 판단하였다.

한편 발행사나 헤지금융사의 입장에서는 조건이 확정적으로 성취되기까지 계속 델타헤지를 수행해야 하므로 조기상환을 예상해서 델타값을 0으로 계산하고 당일 중으로 주식을 처분하는 것 자체가 델타헤지에 맞지 않는다는 주장이 있다.[58] 종가가 결정되어 조건이 확정된 이후에야 델타값이 0이 되므로 그후 처분하는 것이 정상인데, 아직 종가결정이 확정되지 않은 시점에 오버나이트 리스크(overnight risk)를 피하기 위하여 처분을 하다 보니 주가에 영향을 주는 것이다. 이러한 주장과 같이 조기상환평가일 또는 만기상환평가일 당일 장중에 보유주식을 전량 처분하는 것 자체가 상당하지 않다면 그대로 위법한 시세변동거래에 해당될 것이다. 그러나 법원은 당일 처분 자체를 위법하다고 인정하지는 않았다.

④ 거래의 태양 등

시세변동성과 경제적 동기가 인정된다면 위법한 시세변동거래인지 여부는 주문가격과 거래량, 시장관여율의 정도, 접속매매시간대의 거래와 단일가매매시간대의 거래, 분산주문 여부 등 거래의 태양에 따라 좌우되는 것으로 보인다. 대우증권 형사사건에서는 특히 단일가매매시간대에 그 시간대 전체 매도주문의 79퍼센트를 차지하는 주문을 하고, 그중 상당수를 기준가격 이하의 가격으로 주문한 점을 중요시하였다. 미래에셋 형사사건에서는 한국거래소가 2008년 12월 ELS 헤지거래 시 과도한 종가관여주문을 금지하는 공문을 수차례 보냈음에도 동시호가시간대에 조건성

58) 성희활, 앞의 논문(주 31), 74면 이하. 특히 조기상환일의 경우에는 조기상환조건이 불성취되면 다음 조기상환일 또는 만기까지 계속하여 델타헤지를 수행해야 하므로 의미가 큰 주장이다.

취가격보다 낮은 가격으로 예상체결가를 하락시키는 주문을 5회에 걸쳐 제출한 점을 주목하였다.

반면 BNP파리바은행이 피고가 된 두 사건에서는 모두 BNP파리바은행이 당일 접속매매시간대에 상당한 물량을 기준가격 이상으로 매도하려고 주문을 제출하였고, 접속매매시간대에 체결되지 않은 잔량을 단일가매매시간대에 처분한 점에 주목하여 위법하지 않다고 보았다.

⑤ 투자자 보호의무 위반 여부

ELS 발행사는 투자자에게 ELS를 판매한 금융투자업자로서 이해관계가 상충하는 투자자를 보호할 의무가 있다. 이러한 보호의무를 위반하여 헤지거래를 한 점이 위법한 시세변동거래의 성립에 영향을 주는지가 문제된다. 현실거래에 의한 시세조종을 인정한 대우증권 형사사건에서는 조건성취 여부에 따라 대우증권과 ELS 투자자의 이해관계가 상충된다는 점을 지목하면서 "델타헤지거래로 기초자산을 매도하는 것은 기본적으로 위험회피라는 자신의 이익을 위하여 하는 것이므로, 그 과정에서 투자자의 신뢰나 이익이 부당하게 침해되어서는 안 된다", "중도상환조건의 성취 여부에 최소한의 영향을 미치는 방법으로 헤지거래를 해야 한다", "피고인의 행위는 투자자 보호의무를 게을리한 것으로 신의성실에 반하여 본건 ELS의 중도상환조건 성취를 방해한 것"이라고 유죄의 이유를 제시하였다. 이러한 설시에 의하면, 투자자 보호의무를 위반한 헤지거래는 "투자자에 대한 위법한 시세변동행위"이지만 시장의 다른 참여자들에 대해서는 위법하지 않을 수도 있다는 의미로 해석될 수 있어 주의를 요한다.

2) 유인목적

주관적 요건인 유인목적을 인정할 수 있는지에 대하여는, 문제 된 ELS 헤지거래의 목적은 종가를 기준가격 이하로 하락시켜 조건성취를 방해하는 것이고 기초자산의 매매거래 자체에 목적이 있는 것이 아니므로 유인목적이 인정되지 않는다는 견해가 있을 수 있다.[59] 특히 거래 압력에 의한 시세변동의 경우 유인목적을 인정하기 어렵다는 견해에 의하면,[60] 델타헤지거래의 목적은 기초자산잔량을 전액 처분하는 것이고 새로운 주문을 유발하는 것이 아니며, 단일가매매시간대에 저가로 매도주문을 하는 것도 단일가매매시간대의 매수잔량을 먼저 흡수하여 거래를 체결하려는 의도이지 새로운 매수세나 매도세를 유인하려는 것이 아니므로, 그 결과 기초자산의 가격이 하락하더라도 거래 압력에 의한 시세변동일 뿐이어서 시세조종의 주관적 요건으로는 부족하게 된다.

그러나 유인목적에 미필적고의 정도의 인식으로 충분하다는 법원의 태도에 비추어 보면, 델타헤지거래로 거래 압력에 의한 시세변동이 있으면 그에 그치지 않고 새로운 거래가 유인될 개연성을 배제할 수 없으므로, 유인목적을 인정하는 데에 무리가 없을 것으로 보인다. 위에서 본 현실거래 시세조종에 대한 대법원 2012. 11. 29. 선고 2012도1745 판결에서 유인목적을 인정한 것도 동일한 맥락으로 보인다.

대우증권 형사사건에서는 "ELS가 조기상환조건을 충족하는 경우 운용손실이 확정될 것으로 판단하여… ELS 헤지운용을 하면서 누적된 전체 운용손실 확대를 방지하기 위하여"라고 경제적 동기를 먼저 인정한 다음 유인목적에 대하여는 "XXX 주식의 종가를 중도상환 성취가격 아래로 떨어뜨려 매매를 유인할 목적으로…"라고만 설시하여, 유인목적이 어느 정도 인정되는지에 대하여 분명한 기재를 하지 않았다. 객관적 행위의 인정

59) 미래에셋증권 형사사건에서 현실매매에 의한 시세조종이 아닌 시세고정행위로 기소하였고 BNP파리바은행과 도이치은행 민사사건에서 시세고정행위를 주장한 것도 유인목적의 입증이 불분명한 것이 이유가 되었을 것으로 짐작한다.
60) 박임출, 앞의 논문(주 42), 232면 이하.

으로 유인목적은 충분히 인정될 수 있다는 법원의 입장이 드러난 것으로 보인다.

(4) 시세의 고정행위[61]

제176조(시세조종행위 등의 금지)
….
③ 누구든지 상장증권 또는 장내파생상품의 시세를 고정시키거나 안정시킬 목적으로 그 증권 또는 장내파생상품에 관한 일련의 매매 또는 그 위탁이나 수탁을 하는 행위를 하여서는 아니 된다. 다만, 다음 각 호의 어느 하나에 해당하는 경우에는 그러하지 아니하다.
〔각 호 : 안정조작, 시장조성〕

시세의 고정 · 안정행위는 인위적인 시세를 목적으로 한다는 점에서 현실거래에 의한 시세조종과 본질적인 차이가 없다.[62] 법조문의 형태도 다른 시세조종과 달리 주관적 목적과 객관적 행위가 엄격하게 구분되지 아니하며, 허용되는 안정조작과 시장조성행위에 더 중점을 두는 모습으로 되어 있다. 형태는 1934년 증권거래소법 제9조 (a)항 (6)호와 유사하다.[63]

---

61) 증권거래법 당시의 조문은 다음과 같다.
제188조의4(시세조종 등 불공정거래의 금지)
….
③ 누구든지 단독 또는 공동으로 유가증권의 시세를 고정시키거나 안정시킬 목적으로 유가증권시장 또는 코스닥시장에서의 매매거래 또는 그 위탁이나 수탁을 하지 못한다. 다만, 다음 각 호의 어느 하나에 해당하는 경우에는 그러하지 아니하다.

62) 로앤비, 앞의 주석(주 53).

63) It shall be unlawful for any person …. (6) to effect either alone or with one or more other persons any series of transactions for the purchase and/or sale of any security …. for the purpose of pegging, fixing, or stabilizing the price of such security in contravention of such rules and regulations as the Commission may

굳이 요건을 분석하면 (i) 상장증권 또는 장내파생상품에 대하여(대상), (ii) 시세를 고정시키거나 안정시킬 목적으로(주관적 요건), (iii) 시세를 고정시키거나 안정시키는 일련의 매매(객관적 요건)를 하는 것으로 구분할 수 있으나, 주관적 요건과 객관적 요건이 엄밀하게 구분되지 않아 시세고정행위에 대한 고의 또는 인식 이외의 주관적 요건을 요구하는 것인지 분명하지 않다. 유인목적을 요구하지 않는 이유로 시세를 고정 · 안정시킬 목적만으로도 자유경쟁시장의 정상적인 작동을 방해하는 행위로 볼 수 있기 때문이라고 설명한다.[64] 시세변동행위의 경우 유인목적이라는 주관적 요건을 요구하는 것과 균형을 맞추기 위하여, 시세고정행위의 경우에도 일정 기간 동안 필요에 따라 매수와 매도를 반복함으로써 시세를 목표주가에 고정시키는 일련의 행위를 원칙적인 규제대상으로 하고, 한 건의 주문이나 거래의 경우는 특별한 사정이 없는 한 현실거래에 의한 시세조종이나 사기적 부정거래로 규율하는 것이 조문 간 균형에 맞는 것으로 생각된다.

다만 법원에서는 주식을 높은 가격으로 자전거래시키기 위하여 시장조작에 의하여 높은 가격을 형성하는 매매거래를 하고 그 가격으로 자전거래를 한 경우 시세고정행위로 인정한 예가 있다.[65] 이 사안은 구 증권거

prescribe as necessary or appropriate in the public interest or for the protection of investors.

구 증권거래법 제188조의4 제3항은 "누구든지 단독 또는 공동으로 대통령령이 정하는 바에 위반하여 유가증권의 시세를 고정시키거나 안정시킬 목적으로 유가증권시장 또는 코스닥시장에서의 매매거래 또는 그 위탁이나 수탁을 하지 못한다"고 규정하고 있었으나, 이러한 법규정은 명확성의 원칙에 반한다는 이유로 헌법재판소에서 위헌결정이 나온 후(헌법재판소 2005. 12. 29. 2003헌가17 결정) 지금의 법문의 형태로 개정되었다.

64) 로앤비, 앞의 주석(주 53).

65) 대법원 2004. 10. 28. 선고 2002도3131 판결.

래법이 적용되었고 단 한 번의 거래로도 시세고정행위가 성립한다고 보았는데, "일련의 매매"를 요구하는 자본시장법의 조문에 의하면 시세고정행위가 성립하지 않는다.[66] 입법적으로는 시세고정행위의 반복성 · 계속성을 완화해야 한다는 견해가 있으나,[67] 현재의 규정으로는 안정조작이나 시장조성에 준하는 것으로 볼 수 없는 일회적 거래는 현실거래에 의한 시세조종이나 사기적 부정거래로 의율하는 것이 상당할 것으로 보인다.

(5) 시세고정행위 성립 여부

미래에셋증권 형사사건에서는 시세고정행위로 유죄를 인정하였는데, 앞 (3)에서 본 바와 같이 경제적 동기, 주문가격과 거래량, 시장관여율의 정도, 접속매매시간대의 거래와 단일가매매시간대의 거래, 분산주문 여부 등 거래의 태양을 면밀히 검토하여 성립을 인정하였다.[68] 시세고정행위가 성립하려면 위에서 본 현실거래에 의한 시세조종과 같은 정도로 비정상적이거나 인위적 조작을 하는 행위일 것을 요구하는 것으로 볼 수 있다. 다만 일반적인 안정조작이나 시장조성은 일정 기간 동안 매수와 매도를 반복함으로써 시세를 목표주가에 고정시키는 행위로, 가격이 너무 상승하거나 너무 하락하는 것을 모두 저지하는 일련의 거래를 하는데, ELS 헤지거래는 기준일 당일의 종가에만 관여하였고 기준가격 미달만을

---

66) 로앤비, 앞의 주석(주 53) ; 임재연, 자본시장법과 불공정거래, 박영사, 2014, 438면.
67) 한국증권법학회, 앞의 책(주 45), 1122면.
68) BNP파리바은행 민사사건(대법원 2016. 3. 10.선고 2013다7264 판결)에서도 시세고정행위 여부를 판단할 때에는 그 증권 등의 성격과 발행된 그 증권 등의 총수, 가격 및 거래량의 동향, 전후의 거래상황, 거래의 경제적 합리성과 공정성, 시장관여율의 정도, 지속적인 종가관리 등 거래의 동기와 태양 등의 간접사실을 종합적으로 고려하여 판단한다고 설시하였다. 다만 이 사건에서는 구체적인 거래의 태양을 검토한 결과 시세고정행위가 성립하지 않는다고 판단하였다.

의도하기 때문에 안정조작이나 시장조성 정도의 시장관여가 있는 것으로 보기 어렵다는 점에서, 시세고정행위보다는 현실거래에 의한 시세조종으로 의율하는 것이 타당해 보인다.

(6) 연계시세조종행위[69)]

> 제176조(시세조종행위 등의 금지)[70)]
> ….
> ④ 누구든지 상장증권 또는 장내파생상품의 매매와 관련하여 다음 각 호의 어느 하나에 해당하는 행위를 하여서는 아니 된다.
> ….
> 3. 증권의 매매에서 부당한 이익을 얻거나 제삼자에게 부당한 이익을 얻게 할 목적으로 그 증권과 연계된 증권으로서 대통령령으로 정하는 증권의 시세를 변동 또는 고정시키는 행위

ELS 헤지거래의 본질은 파생결합증권인 ELS의 조기상환 또는 만기상환과 관련하여 부당한 이익을 얻을 목적으로 해당 ELS와 연계된 기초자산인 상장주식의 시세를 변동 또는 고정시킨 것으로, 주관적 목적과 행위의 태양으로는 연계시세조종으로 규율하는 것이 가장 적합하다. 다만 대부분의 ELS가 비상장증권이라는 점에서 "상장증권 또는 장내파생상품의 매매와 관련하여"라는 조건을 충족하지 못하는 것으로 볼 여지가 있고,[71)] 부당한 이익을 보게 되는 행위는 이미 적법하게 발행한 ELS의 조기상환

69) 선물거래법에서 현선연계 시세조종행위를 규제하고 있었으며, 자본시장법에서는 제176조 제4항으로 연계시세조종행위의 유형을 규정하였다.
70) 2013년 개정 전의 조문이다.
71) 임재연, 앞의 책(주 66), 446면.

또는 만기상환 여부인데 이를 "증권의 매매"라고 볼 수 있는지도 의문이 있을 수 있다.

BNP파리바은행 민사사건 중 2013다2740 사건의 제1심 판결에서는 연계시세조종행위 주장과 관련, "제3호에서 말하는 증권을 상장증권으로 한정하여 해석할 이유가 없다"고 하여 연계시세조종이 성립할 수 있는 것으로 판단하였다. 다만 이 사건에서는 델타헤지를 위한 정당한 거래로 인정되어 연계시세조종이 성립한다고 보지 않았다.

2013년 개정된 연계시세조종행위의 조문은 다음과 같다.

> 제176조(시세조종행위 등의 금지)
> ….
> ④ 누구든지 증권, 파생상품 또는 그 증권·파생상품의 기초자산 중 어느 하나가 거래소에 상장되거나 그 밖에 이에 준하는 경우로서 대통령령으로 정하는 경우에는 그 증권 또는 파생상품에 관한 매매, 그 밖의 거래(이하 이 항, 제177조 및 제443조 제1항 제7호에서 "매매 등"이라 한다)와 관련하여 다음 각 호의 어느 하나에 해당하는 행위를 하여서는 아니 된다. (각 호 생략)

3. 사기적 부정거래행위[72)]

> 제178조(부정거래행위 등의 금지)
> ① 누구든지 금융투자상품의 매매(증권의 경우 모집·사모·매출을 포함한다. 이하 이 조 및 제179조에서 같다), 그 밖의 거래와 관련하여 다음 각 호의 어느 하나에 해당하는 행위를 하여서는 아니 된다.
> 1. 부정한 수단, 계획 또는 기교를 사용하는 행위

72) 증권거래법 당시의 조문은 다음과 같다.
제188조의4(시세조종 등 불공정거래의 금지)

ELS 헤지거래 사건은 종래의 시세조종행위와는 다른 형태의 불공정행위로 볼 수 있다. 2013년 자본시장법 개정 이후로는 연계시세조종으로 규율할 수 있지만, 위반행위 당시의 연계시세조종의 규정으로는 비상장으로 발행되는 ELS에서 부당한 이익을 얻을 목적으로 상장증권인 기초자산의 시세를 변동 또는 고정시키는 행위가 규제되는지 분명하지 않았다. 이와 같이 자본시장에서는 새로운 금융상품이 나오면서 예상하지 못한 불공정행위가 나타날 수 있는데, 이에 효과적으로 대처하기 위하여 추상적이고 포괄적인 금지규정을 둔 것이 제178조이다.[73] 그렇다면 ELS 헤지거래는 논란의 여지가 있는 시세조종이나 시세고정행위로 처단하기보다는 사기적 부정거래행위로 규율하는 것이 더 상당한 것으로 생각된다.

제178조의 "부정한 수단, 계획 또는 기교"의 의미에 대하여는 논의가 많으나, ELS 헤지거래가 앞에서 본 바와 같이 비정상적이거나 인위적 조작을 하는 행위로 인정된다면 부정한 수단으로 인정되는 데에 문제가 없다고 본다. 더 나아가 부정한 수단을 '사회통념상 부정하다고 인정되는 일체의 수단, 계획 또는 기교'라고 보는 법원의 입장에 의하면,[74] 투자자 보호의무를 위반한 헤지행위만으로도 충분히 부정한 수단으로 인정될 수 있을 것이다.[75]

….

④ 누구든지 유가증권의 매매, 기타 거래와 관련하여 다음 각 호의 1에 해당하는 행위를 하지 못한다.

1. 부당한 이득을 얻기 위하여 고의로 허위의 시세 또는 허위의 사실 기타 풍설을 유포하거나 위계를 쓰는 행위

73) 한국증권법학회, 앞의 책(주 45), 1148면.

74) 대법원 2011. 10. 27. 선고 2011도8109 판결.

75) 동일한 행위가 증권거래법의 "부당한 이익을 얻기 위하여 위계를 쓰는 행위"에 해당할 것인지는 분명하지 않다. 법원은 위계에 대하여 '거래 상대방이나 불특정 투자자를 기망하여 일정한 행위를 유인할 목적의 수단, 계획, 기교 등'을 말하는 것이고, 기망이라 함은 객관적 사실과 다른 내용의 허위사실을 내세우는 등의 방법으로 타인을 속이

제178조와 제176조 각 항 등 다른 불공정거래와의 관계에 대하여, 제178조는 다른 명시적인 불공정행위에 대한 보충적인 조항이라는 견해와 양자가 별개의 조항이고 상상적 경합관계에 있을 수 있다는 견해가 대립되고 있다.[76] 도이치은행 민사사건에서 대법원은 원고 패소를 선고한 원심을 파기환송하면서 문제 된 행위가 시세고정행위 또는 사기적 부정거래행위에 해당할 수 있다고 판시하였는데, 하나의 행위에 시세조종과 사기적 부정거래행위가 모두 성립할 수 있다는 취지로 보인다. 증권 관련 집단소송 허가사건에서는 문제 된 행위를 사기적 부정거래행위로 인정하여 소송허가가 확정되었다.

4. 평가

문제 된 ELS 헤지거래가 현실거래에 의한 시세조종에 해당하는지, 시세고정행위에 해당하는지 아니면 사기적 부정거래에 해당하는지는 실제로 형사처벌의 법정형이 동일하므로 아무 차이가 없다.[77] 시세조종에는 제177조의 손해배상 규정이, 사기적 부정거래에는 제179조의 손해배상 규정이 별도로 마련되어 있지만, 제177조(2013. 개정 전)의 손해배상 규정은 ELS 조건성취 무산에 따른 손해를 구하는 데에는 이용되기 어려운 구조이고[78] 제179조는 일반적인 손해배상 규정과 다르지 않아서 이 부분에

는 것을 의미한다고 보고 있는데(대법원 2010. 12. 9. 선고 2009도6411 판결), ELS 헤지거래에 적극적인 기망행위와 그로 인하여 유인되는 행위로 파악할 수 있는 행위는 없어 보인다.

76) 김영기, 앞의 논문(주 52), 357면.

77) 로앤비, 온주 제178조(임재연 집필).

78) 개정 전의 제177조는 다음과 같이 시장에서 시세조종 대상증권을 거래하는 것을 전제로 손해배상책임을 구성하고 있어, 피해자들이 대상증권을 직접 거래하지 아니하는 ELS 헤지거래와 같은 사안에서는 적용되기 어려웠다.

서도 의미 있는 차이가 있는 것은 아니다.

단순히 학술적인 흥미를 넘어서 실질적으로 어떤 차이를 가져오는지도 살펴볼 필요가 있다. 이는 해당 불공정거래로 규제하려는 대상을 어떻게 규정하느냐와도 관계되며, 그 결과 누가 어디까지 보호대상이 되느냐의 문제와 연결된다고 생각된다.

우선 문제 된 헤지거래를 ELS 발행사가 직접 수행한 경우와 백투백스왑계약을 체결한 헤지금융사가 수행한 경우의 차이가 있다. ELS 발행사와 ELS 투자자 사이에는 직접적인 거래관계가 있고, 불공정거래가 인정

제177조(시세조종의 배상책임)
① 제176조를 위반한 자는 그 위반행위로 인하여 형성된 가격에 의하여 해당 상장증권 또는 장내파생상품의 매매를 하거나 위탁을 한 자가 그 매매 또는 위탁으로 인하여 입은 손해를 배상할 책임을 진다.
2013년 5월 28일 법률 제11845호로 개정된 제177조 제1항은 다음과 같으며, 사안들과 같이 ELS 헤지거래로 조기상환이나 만기상환이 무산된 경우의 손해배상은 제3호에 해당하게 된다.
제177조(시세조종의 배상책임)
① 제176조를 위반한 자는 다음 각 호의 구분에 따른 손해를 배상할 책임을 진다.
1. 그 위반행위로 인하여 형성된 가격에 의하여 해당 증권 또는 파생상품에 관한 매매 등을 하거나 그 위탁을 한 자가 그 매매 등 또는 위탁으로 인하여 입은 손해
2. 제1호의 손해 외에 그 위반행위(제176조 제4항 각 호의 어느 하나에 해당하는 행위로 한정한다)로 인하여 가격에 영향을 받은 다른 증권, 파생상품 또는 그 증권·파생상품의 기초자산에 대한 매매 등을 하거나 그 위탁을 한 자가 그 매매 등 또는 위탁으로 인하여 입은 손해
3. 제1호 및 제2호의 손해 외에 그 위반행위(제176조 제4항 각 호의 어느 하나에 해당하는 행위로 한정한다)로 인하여 특정 시점의 가격 또는 수치에 따라 권리행사 또는 조건성취 여부가 결정되거나 금전 등이 결제되는 증권 또는 파생상품과 관련하여 그 증권 또는 파생상품을 보유한 자가 그 위반행위로 형성된 가격 또는 수치에 따라 결정되거나 결제됨으로써 입은 손해
이에 따라 문제 된 ELS 헤지거래는 민법 제150조의 조건성취 방해를 적용한 것과 동일한 금액을 손해배상으로 청구할 수 있게 되었으나, 다른 새로운 형태의 시세조종이 나타나는 경우 법조문에 명시되지 아니한 손해배상은 자본시장법이 아닌 민법 제750조에 따라 청구해야 하느냐의 문제가 생긴다. 인과관계 있는 모든 손해를 배상하는 원칙에 의하되, 일정한 경우 손해배상을 추정하는 형태의 법조문이 더 바람직하다.

되지 않아도 거래관계나 금융투자업자의 투자자 보호의무 등을 이유로 ELS 발행사의 헤지행위를 규율할 근거가 있다. 반면 백투백스왑계약을 체결한 헤지금융사는 ELS 투자자와 직접적인 거래관계가 없어서 거래관계나 고객 보호의무로는 충분히 규제할 수 없게 된다. 그러나 헤지금융사는 계약 상대방이 같은 조건의 ELS를 발행하고 그 위험을 관리하기 위하여 계약을 체결하는 것을 알았을 것이므로, 헤지금융사가 조건성취를 방해하는 헤지거래를 했다면 발행사의 조건성취 방해와 같은 정도의 가벌성이 있다고 보아야 한다. 백투백헤지과정에서의 시세조종이 문제 된 사안에서 원고가 민법 제150조가 아닌 자본시장법의 불공정거래에 따른 손해배상조항이나 민법 제750조를 주장한 이유도 ELS 투자자와 직접적인 계약관계를 인정할 수 없기 때문으로 생각되는데, 헤지금융사를 ELS 발행사의 이행 보조자로 볼 수 있다면[79] 이 경우에도 민법 제150조를 주장할 수 있을 것이다.

또한 다음과 같이 위반행위자의 의도와 피해자의 범위가 달라질 수 있다.

〔사례 1〕 ELS 발행금액과 백투백헤지 계약금액 사이에 괴리가 있을 수 있다. 예를 들어 A증권사가 100억 원의 ELS를 발행하였는데, 그중 30억 원은 스스로 헤지를 하고 70억 원에 대하여 X금융사와 백투백헤지를 한 경우, X금융사가 헤지거래과정에서 조건성취를 방해했다면 피해자는 100억 원의 ELS 투자자 모두이다. 그러나 X금융사가 의도한 부당한 이익은 70억 원에 한정된다.[80]

〔사례 2〕 A증권사가 100억 원의 ELS를, B증권사가 50억 원의 ELS를 발행하였고 조건은 동일하다. A증권사는 100억 원에 대해 자체 헤지과정에서 조건성취를 방해했다면

79) 이상훈, "최근 ELS 소송과 민법상 조건성취 방해 법리," 민사법학 제76호(2016), 한국민사법학회, 18-19면.

B증권사가 발행한 ELS 투자자들도 A증권사에 대하여 손해배상을 구할 수 있는가? 만일 A증권사가 X금융사와 백투백헤지를 하였고 X금융사가 헤지과정에서 조건성취를 방해했다면, B증권사가 발행한 ELS 투자자들이 X금융사에게 손해배상을 구할 수 있는가?

〔사례 3〕 A증권사가 100억 원의 제1회 ELS를, 50억 원의 제2회 ELS를 발행하였고 제1회는 기초자산이 1만 원 미만일 때, 제2회는 기초자산이 1만 500원 미만일 때 원금손실이 난다. A증권사와 제1회 ELS에 대한 백투백헤지계약을 한 X금융사가 헤지과정에서 기초자산의 가격을 1만 원 미만으로 하락시키려고 시도하였으나 실패하여 1만 200원에 종가가 형성되었다. 제1회 ELS 투자자들은 손해배상을 구할 필요가 없지만 제2회 ELS 투자자들이 손해배상을 구할 수 있는가?

〔사례 4〕 A증권사가 100억 원의 제1회 ELS를, 50억 원의 제2회 ELS를 발행하였고 제1회는 기초자산이 1만 원 미만일 때, 제2회는 기초자산이 1만 500원 미만일 때 원금손실이 난다. A증권사와 제1회 ELS에 대한 백투백헤지계약을 한 X금융사가 헤지과정에서 기초자산의 가격을 1만 원 미만이 되지 않도록 주의를 기울여서 1만 200원에 종가가 형성되었다. 제1회 ELS 투자자들에 대하여는 보호의무 위반이 없지만 제2회 ELS 투자자들에 대하여 불공정거래가 성립할 수 있는가?

시세조종의 규제대상을 어떻게 규정할 것이냐에 대하여는 (i) 자연적인 수요·공급에 의하여 가격이 결정되는 공개시장의 보호 및 이에 대한 투자자의 신뢰를 보호의 대상으로 한다면 거래행위자의 동기를 불문하고 시장의 가격에 인위적인 영향을 미치는 행위는 규제대상이 되며(시장교란설), (ii) 반면 투자자들에게 오인을 유발하여 거래를 하도록 함으로써 이익을 얻으려는 행위를 규제대상으로 할 수도 있고(편취설), (iii) 행위자의

80) BNP파리바은행 민사사건(2013다7264)의 경우, 발행사인 신영증권은 동일한 회차의 ELS와 관련하여 UBS·리먼브라더스와도 헤지거래를 하였다.

사기적 의사를 규제대상으로 하면서도 투자자의 거래유인에 한정하지 않고 시장 외에서 다른 방법으로 이익을 얻는 행위까지 규제대상으로 볼 수도 있다(가격이용설).[81] 사례 1과 2의 경우 시장교란설의 입장에서는 모두 위법하지만, 반면 편취설이나 가격이용설의 입장에서는 행위자의 사기적 의사를 고려하게 된다. 다만 현행 자본시장법의 시세조종은 대체로 시장교란설의 입장을 취하는 것으로 보이고,[82] 다만 연계시세조종에서는 연계증권 등에서 부당한 이익을 얻을 목적을 요구하여 시장교란설에 추가하여 가격이용설의 입장도 반영된 것으로 보인다. 대우증권 형사사건에서는 투자자 보호의무를 위반한 것이 시세조종행위가 되는 것처럼 설시하기도 하였는데, 그렇다면 행위자가 보호의무를 부담하는 투자자들에 대한 관계에서는 위법한 시세조종이 되지만 그 이외의 자들에 대한 관계에서는 정상적인 현실거래로 인정될 수 있는 것인지 의문이 있을 수 있다. 그러나 동일한 가격을 특정인에게는 인위적인 시세로, 다른 자들에게는 정상적인 시세로 본다는 것 자체가 시장가격의 개념과 맞지 않으며, 특히 불공정거래의 규제목적에서는 그렇게 볼 이유도 없다.

사례 3과 4의 경우 행위자의 주관적 의도와 무관하게 객관적 사정만으로 인위적인 시세변동거래를 인정할 수 있는지와 관계된다. 시세조종은 의도와 달리 실패하더라도 불공정거래로 처벌대상이 되는데, 손해배상 여부는 이에 더하여 손해 발생 여부와 인과관계도 고려하게 된다. 사례 3과 4는 결과적으로 기초자산의 가격이 1만 200원이 되어 제1회 ELS 투자자들은 상환금을 지급받고 제2회 ELS 투자자들은 상환금을 받지 못하

81) 윤영신, 앞의 논문(주 37), 5-6면. 명칭은 논의의 편의상 붙인 것이다.
82) 시세고정행위는 명시적으로 유인목적이나 오인목적을 요구하지 않으며, 현실거래에 의한 시세조종은 유인목적을 요구하기는 하지만 법원에서 미필적 인식으로도 충분하다고 보고 있어서 시장교란설에 맞게 운영되고 있다.

게 되었다는 점에서는 동일하다. 그러나 사례 3의 경우 제1회 ELS 투자자들에 대한 관계에서도 부당한 이익을 얻을 목적이 인정되지만, 사례 4는 제2회 ELS 투자자들에 대한 관계에서도 부당한 이익을 얻을 목적이 인정되지 아니한다. "특정투자자" 또는 "특정그룹"에 대한 시세조종이라는 개념을 상정하기는 어렵지만, 부당이득액에 따라 가중처벌이 되는 현행 자본시장법 구조[83]에서는 부당이득액을 계산해야 하고 부당이득액을 계산하려면 누구에 대한 관계에서 시세조종을 의도하였는지를 고려하지 않을 수 없다. 더 나아가 A증권사의 동일한 트레이더가 제1회 ELS와 제2회 ELS에 대한 델타헤지를 수행하고 있다면, 동일한 기초자산에 따른 위험을 통합하여 관리하기 때문에 D+1일의 거래 시 당연히 제2회 ELS의 조건성취 여부를 고려해야 한다.

위의 문제는 현실거래로 인한 시세조종, 시세의 고정행위, 연계시세조종에 모두 적용될 수 있다. 사기적 부정거래도 동일하게 파악하여야 하는가? 사기적 부정거래의 보호법익 역시 시세조종과 마찬가지로 재산적 법익이 아니라 사회적 법익으로 파악되고 있고, 침해의 위험성만 있으면 성립되는 위험범으로 파악되고 있다.[84] 그러나 사기적 부정거래는 적용대상을 상장증권이나 장내파생상품 또는 이에 연계된 상품에 한정하지 않고 있고 장내거래나 시세가 있는 증권으로 한정하지도 않고 있어, 거래행위자의 동기를 무시한다면 지나치게 적용범위가 넓어질 수 있다.

---

83) 자본시장법 제443조.

84) 로앤비, 앞의 주석(주 77). 거래의 공정성 및 유통의 원활성 확보라는 사회적 법익이고 주식 소유자 등 개개인의 재산적 법익은 직접적인 보호법익이 아니다(대법원 2011. 10. 27. 선고 2011도8109 판결).

IV. 나오며

ELS에 있어 기초자산의 가격변동 위험을 회피하기 위한 델타헤지는 ELS 발행의 경제적 근거가 되는 행위로, 그에 따른 현실거래를 부정할 수는 없다. ELS 발행사가 정당한 방법으로 조건성취 시 상환자금을 마련하고 수익도 창출할 수 있어야 ELS 발행 자체가 정당화되며, 그러한 정당한 방법이 없다면 ELS는 파생상품이 아닌 도박에 불과하게 된다. 반면 ELS 발행사나 헤지금융사가 ELS 상환조건의 성취 여부에 관여할 수 있다면 이 거래는 사기도박에 가깝게 되는데, 사기도박은 법적으로는 도박이 아니라 사기일 뿐이다. 사기도박임을 공시하고 설명하였다고 하여 사기가 성립하지 아니한다고 볼 수는 없다. 그러나 현실거래가 있다면 시세에 영향을 미칠 수밖에 없는 것도 사실이다.

ELS 헤지거래와 관련된 시세변동행위는, 개별 종목을 기초자산으로 하는 ELS의 발행이 급감함에 따라 더 이상 발생할 위험이 없는 것으로 보인다. 그러나 개별 종목을 대상으로 한 옵션이나 파생거래는 계속 수요가 있는데, 대법원 2012. 11. 29. 선고 2012도1745 판결과 같이 양 당사자 모두에게 조건성취를 유발하거나 방해하려는 경제적 동기가 있어서 그 동기에 따른 현실거래가 일어날 가능성은 매우 크다. 또한 지수를 지표로 파생상품 등의 계약을 구성하는 경우 지수 자체에 영향을 주는 행위를 하는 것 역시 불가능한 것은 아니며, 이때 해당 지수를 이용하는 금융상품이나 투자자들은 훨씬 많을 것이므로 누가 어디까지 손해배상을 구할 수 있는지의 문제가 발생하게 된다.

이 글에서 제기한 문제들이 앞으로 나타날 새로운 유형의 불공정거래를 해결하는 데에 어느 정도 도움이 될 것을 기대한다.

〈별첨 1〉

Ⅲ. 4.에서 제기한 문제와 관련하여 도이치은행 옵션쇼크에 대한 손해배상 사건들을 살펴 볼 필요가 있다. 도이치은행 옵션쇼크는 2010년 11월 발생한 시세조종 사건으로, 도이치은행과 도이치증권이 한국거래소에 상장된 코스피200지수 파생상품에 대해 콜옵션을 매도하고 풋옵션을 매수하는 등 지수하락시 이득을 보는 투기적 포지션을 취한 후, 옵션만기일(2010. 11. 11.) 장 마감 동시호가 시간에 도이치은행이 보유한 코스피200 구성종목 약 2조 3,700억 원 상당을 직전가보다 낮은 가격으로 매도하여 당일 코스피200 지수를 급락시켰고, 그 결과 장내 파생상품에서 약 450억원의 수익을 얻은 사건이다. 만기가 동일한 코스피200지수 장내 파생상품에 반대포지션으로 투자하였던 투자자들이 도이치은행 및 도이치증권에 대하여 손해배상 청구를 한 사안에 대하여 법원은 자본시장법 제177조 및 민법 제756조에 따라 손해배상책임을 인정하였다(대법원 2018. 7. 24 선고 2018다215664판결 등). 반면, 해외 장외시장에서 만기일이 동일한 코스피200 지수옵션을 거래한 외국 금융회사들이 도이치은행 및 도이치증권에 대하여 손해배상을 청구한 사안에서, 법원은 시세조종으로 제178조의 부정행위가 성립하고 시세조종자는 시세조종행위와 관련된 금융투자상품의 투자자로서 시세조종자와 대립되는 이해관계를 가지게 된 자에 대하여 제179조의 손해배상책임을 부담한다고 전제하고, 해외장외시장에서 옵션거래를 체결한 자들의 손해는 상당인과관계가 인정될 수 없다고 기각하였다(대법원 2023. 12. 21. 선고 2017다249929 판결). 연계 시세조종의 손해배상책임을 확대한 2013년 개정내용에 대한 법원의 입장은 아직 확인할 수 없으나, 이러한 법원의 태도에 의하면 연계 시세조종과 관련된 손해배상청구권자를 매우 좁게 해석하게 되고 Ⅲ. 4.의 사례 3, 4의 경우 손해배상책임이 부정될 가능성이 있다.

찾아보기_사항

〈ㅁ〉

〈ㅂ〉

〈ㅅ〉

〈ㅇ〉

〈ㅈ〉

찾아보기_판례

편저자 약력

》 정순섭

1987년 서울대학교 법과대학 사법학과 졸업
2002년 호주 멜버른대학교(Ph. D.)
2007~현재 서울대학교 법학전문대학원 교수

주요 논문 및 저서

「금융감독기관의 감독배상책임에 관한 연구」(상사법연구, 2013)
「자본시장법상 불공정거래와 보호법익 : 시세조정과 부당이득을 중심으로」(상사판례연구, 2012)
「금융시장환경의 변화와 금융규제체계의 정비(상)」(증권법연구, 2001)
『은행법』(2017)
『자본시장법』(2013)

》 노혁준

1994년 서울대학교 법과대학 공법학과 졸업
2002년 서울대학교 법학박사(Ph. D.)
2007년~현재 서울대학교 법학전문대학원 교수

주요 논문 및 저서

「주식회사와 신탁에 관한 비교 고찰 : 재산분리 기능을 중심으로」(증권법연구, 2013)
『글로벌 법제 논의의 현황과 전망』(2018)
『회사법』(공저, 2018)
『BFL 총서 1 지주회사와 법』(공저, 2015)
『BFL 총서 8 회사분할의 제 문제』(편저, 2013)

보정판 **BFL 총서 ⑭**
증권 불공정거래의 쟁점(제1권)

초 판 1쇄 발행 | 2019년 6월 5일
보정판 1쇄 발행 | 2024년 7월 10일

지은이 | 정순섭 · 노혁준 편저
발행인 | 고화숙
발행처 | 도서출판 소화
등록 | 제13-412호
주소 | 서울시 영등포구 버드나루로 69
전화 | 02-2677-5890
팩스 | 02-2636-6393
홈페이지 | www.sowha.com

ISBN 978-89-8410-513-3 94080
ISBN 978-89-8410-284-2 (세트)

값 31,000원

잘못된 책은 언제나 바꾸어 드립니다.

이 도서의 국립중앙도서관 출판예정도서목록(CIP)은
서지정보유통지원시스템 홈페이지(http://seoji.nl.go.kr)와
국가자료종합목록 구축시스템(http://kolis-net.nl.go.kr)에서
이용하실 수 있습니다. (CIP제어번호 : CIP2019020319)